청년일자리

기본일자리

양재덕

홍익세상

□ 저자의 말 □

2021년 일자리 보장제란 책을 출간하였다. 20년간 일자리와 씨름을 해오던 실업극복인천본부는 일자리에만 파묻혀서는 그 대안이 없다는 인식 속에 나온 결과물이다.

고민과 연구의 결과물로 기본일자리란 화두를 던진 것이다.
즉. 일자리는 기업만이 해결할 수 있다는 타성적 사고에서 벗어나 정부가 나서서 보다 적극적으로 책임 있게 나서라는 발상의 전환이었다.

이제 일자리 보장제란 기본일자리개념에서 각론으로 들어가 청년 일자리란 책을 내놓게 되었다.
청년 일자리에 이어 앞으로 노인 일자리, 자활 일자리, 사회적 기업 일자리. 장애인 일자리, 마을기업 일자리, 협동조합 일자리, 경력단절 일자리를 차례대로 내놓을 계획이다.

청년 일자리란 책이 나오기까지 필자는 어려운 제한된 환경 속에 주경야독으로 졸저를 내놓게 되었다.

학문과 지식이 부족한 노동현장 출신 필자가 주경야독으로 책을 쓴다는 것은 매우 어려운 일이었다.

그러나 사회적 경제 일자리에 20~30년을 일해 온 필자는 "일자리"란 화두에 골몰하지 않을 수 없었다. 일자리에만 파묻혀 일한다는 것은 마치 큰 산의 숲속에서 길을 잃고 헤매는 것과 같은 처지라고 생각되었다. 산속에서 길을 잃고 헤메면 어느 방향으로 가야 산속을 즐기며 산속을 벗어나 사람이 살 수 있는지를 알 수 없는 것과 같았다. 그래서 답답한 심정으로 일자리란 화두에 집중하게 됐고, 앞으로도 계속 할 것이다.

이 책은 청년 일자리의 마지막 결론이 아니고, 앞으로도 계속 연구해 나갈 중간 정도의 로드맵이라 할 수 있다. 방향성이라 할 수 있다.

이 방향성을 바탕으로 더 구체적인 장·단기 계획에 맞춰 현실적이고 실용적인 대안들이 모색되고 연구되어야 할 것이다.
이 책의 연구는 답답한 심경에 국내에 나와 있는 모든 연구서, 저서, 보고서 등을 모두 섭렵하여 정리했다고도 할 수 있다.

이 책은 5개 부문으로 이루어져 있다.

1부에서는 청년들의 실업률, 청년실업극복을 위한 정부의 고용정책사를 정리하였다.

2부에서는 앞으로 청년들의 일자리를 해결하는데 있어서는 미래에 도래하는 아니 이미 와 있는 4차 산업혁명을 이해하는 것이 중요하므로 4차 산업혁명을 이해하는데 주력하였다.

4차 산업혁명의 토대 위에 전개되는 산업경제에서 일자리가 나오기 때문이다. 4차 산업혁명의 IT디지털을 깊이 이해해야만 기업운영은 물론 일자리를 대처할 수 있기 때문이다.
4차 산업혁명의 주요 내용인 반도체, 자율자동차, AI, 사물인터넷, 빅데이터, 플랫폼, 메타버스를 이해하도록 노력했다.
게다가 다가올 그린 뉴딜 정책, 중소기업의 IT디지털화, 건설 산업의 IT디지털화를 소개하였다.

3부에서는 2부의 4차 산업혁명의 환경 속에 구체적으로 청년들의 일자리를 어떻게 구현할 지를 고민하였다.
국가의 주요 정책이 기술 강국이어야 한다는 인식 속에 반도체, 그린뉴딜, 중소기업, 건설 산업, 공공부문, 사회서비스부문 그리고 영세상공인 부문에서도 청년들의 역할을 찾는 노력을 하였다.
재래시장, 소공장, 자영업자등도 다루었다.

4부에서는 청년일자리를 일자리 보장제 관점에서 정리하였다.
이미 부분적으로 정부는 청년일자리에서 일자리 보장제를 실천하고 있다.
이를 보다 더 적극적으로 모든 청년 실업자에게 보장되도록 노력할 필요가 있다는 논리를 전개하였다.

5부에서는 청년들의 미래직종 17가지를 선택하여 정리하였다.
미래직업을 준비하는 청년 학생들에게 조금이라도 도움이 됐으면 하는 심정으로 정리하였다.

이 책은 청년일자리의 방향성을 잡는 안내서라 할 수 있다.
앞으로 이 방향성 토대위에 더욱 구체적인 일자리가 연구 개발되어 청년들에게 실용적인 대안을 만들어 가야 할 것이다.

필자가 주경야독으로 관련 서적들을 섭렵하고 메모하여 정리하는데 실업본부의 박숙경 총무의 헌신적인 공헌이 컸다. 박숙경 총무가 없었다면 아마도 이 책이 나오지 못 할 수도 있었을 것이다. 헌신적인 노력의 박숙경 총무에게 감사드린다.

그리고 유망한 미래 직종 17가지를 정리 하는데는 양민정 교사의 노력이 컸다. 고등학교 진로 지도교사로서 직종을 선택하고, 자료를 찾아 정리하는데 많은 도움을 주었다. 바쁘신 학교생활에서도 도움을 주신 양민정 선생께 감사드린다.

그리고 이 책이 나오기까지 2년간을 자료를 찾고, 읽고 섭렵하는데 이해하고 도와주신 실업본부의 동지들, 특히 유상목동지의 성실하고 헌신적인 도움이 컸다. 감사드린다.

그리고 나의 아내 이흥구에게도 감사드린다. 2년 동안을 식탁과 거실에 100여권의 책과 연구 논문, 연구보고서를 창고처럼 지저분하게 쌓아놓고 공부하는데 얼굴하나 찌푸리지 않고 이해하며 협조해 준 것에 감사 드린다.

이 모든 것이 하나로 합쳐져 이 작은 성과물이 나온 것이다.
끝으로 출판에 힘써주신 도천수 선생께도 감사드린다.

□ **추천사1** □

모든 사람들의 일자리를 위한 지치지 않는 열정과 꿈

옥우석(인천대교수)

양재덕 (사)실업극복국민운동 인천본부 이사장님은 뼛속까지 실천가이십니다. 인천 지역에서 일자리와 관련된 행사라면, 세미나, 포럼, 토론회, 각종 위원회 등 어느 곳에서나 이사장님을 뵐 수 있습니다.

시장과 정부, 그 어느것도 채우지 못한 채 남겨져 있는 실업이라는 절망스러운 공간을, 시민운동의 힘으로 메꿔 보고자 불철주야 현장에서 땀을 흘리고 계십니다. 양재덕 이사장님이 수십 년 동안 보이는 곳에서, 또 보이지 않는 곳에서 흘렸던 피와 땀을 통해 얻었던 소중한 경험들을 한 권의 책으로 집필하셨다는 반가운 소식을 들었습니다.

소득불평등의 심화와 고용불안정성이라는 현상은 현대 자본주의 시장경제체제의 본질적인 속성이라고 할 수 있습니다.
세계화의 진전에 따라 국가 간 경쟁이 갈수록 치열해지고, 인공지능 등으로 대표되는 소위 4차산업혁명에 따른 일자리 소멸에 대한 비관적인 예상까지 대두되면서, 구조적 실업과 일자리의 불안정성, 그리고 일자리 양극화에 대한 우려와 걱정은 누구도 피해 갈 수 없는 세상이 되어가고 있습니다. 특히 배움을 마치고 노동시장에 진입해야 하는 청년들이 이러한 불안정성의 중심에

놓여 있다는 사실은 누구도 부정할 수 없을 것입니다.

양재덕 이사장님의 이번 저서는 기존의 일자리정책과 사회보장정책을 전면적으로 재편하는 것을 목표로 하는 "청년 일자리보장제"라는 매우 도전적인 정책을 제안하고 있습니다.

현대 복지국가의 사회보장제도는 광범위한 사각지대의 존재와 같은 결정적인 결함을 해결하는 데 한계를 보이고 있습니다. 일자리보장제는 정부가 국민들에게 최소한의 일자리를 제공하여 한다는 대담한 제안을 담고 있습니다. 일자리보장제는 과거 일각에서 제기되었던 '기본소득제'에 비해서는 재정적 실현가능성이 훨씬 큰 것으로 판단되지만, 아직 담론 수준의 문제제기인 만큼 수많은 시행착오를 통한 수정과 보완이 필요할 것입니다.

일자리 매칭을 시장이 아닌 관료제도가 주도할 때 발생할 수 있는 미스매칭, 도덕적 해이, 그리고 소위 '낙인효과' 등 다양한 세부 문제들을 해결할 수 있는 방안을 함께 고민하여야 할 것입니다. 그럼에도 불구하고, '청년 일자리보장제'라는 대담하고 획기적인 기획에 대해서, 현대 사회에서 일자리 문제를 고민하는 모든 사람들은 한편 도발적으로 보일 수 있는 이 제안에 대해 진지하게 논의하고 고민할 필요가 있습니다.

청년일자리보장제 제안을 위해 양재덕 이사장님의 이번 저서는 청년실업의 현황, 청년 고용정책의 역사와 현재, 4차산업혁명과 일자리, 미래 유망직종 등의 주제에 대하여 이론과 실천을 넘나드는 폭넓은 제안들을 담고 있습니다.

일자리 정책을 고민하는 모든 정책입안자들과 현장 실천가들에게 진심으로 이 책의 일독을 권하고 싶습니다.

□ 추천사2 □

미래의 자원인 청년 일자리에 관한 치밀한 고민

도성훈(인천광역시 교육감)

평생을 노동자와 민중의 권익을 위해 애써 오신 양재덕 선배께서 이번에는 이 땅의 미래 자산인 청년들의 심각한 취업 문제를 꼼꼼하게 분석한 『청년 일자리』란 책을 발간하셨습니다. 진심으로 축하드립니다.

청년 실업은 현재 우리 사회가 안고 있는 심각한 사회문제 중 하나입니다. 우리 사회의 주요 인력 중 하나인 청년들이 일하고 싶어도 부족한 일자리와 치열한 경쟁 때문에 일을 할 수 없다는 건 국가의 미래를 위해서도 큰 문제입니다.

하지만 청년 실업과 일자리 문제는 청년들만의 힘으로는 해결하기는 어렵습니다.
정부와 기업의 적극적인 의지와 대책은 물론이고, 무엇보다 청년들 스스로가 이 문제를 극복하기 위해 치열하게 노력해야 합니다.
청년들이 안정적인 일자리를 찾을 수 있는 환경이 마련되어야만 우리 사회의 미래 또한 밝아질 수 있습니다.
그러한 의미에서 이렇듯 엄중한 시기에 우리 사회의 화두인 청년 실업 문제와 일자리 대책까지 치밀하게 고민한 이 책이 발간되었다는 건 여러 가지로 의미가 있다고 하겠습니다.

특히 이 책에서는 심각성만 장황하게 제시한 게 아니라 정부 대책의 성과와 한계, 그리고 기업의 역할과 유망한 미래 직종까지 두루 소개하여 그 실용성을 높였습니다.

이는 이 책이 가진 크나큰 미덕이 아닐 수 없습니다. 인천 교육청에서는 항공, 바이오, 반도체 등 인천의 전략산업 중심의 학과 개편 및 인천형 직업교육 혁신 지구를 운영하고, 대중예술고, 글로벌셰프고, 바이오과학고, 소방고 글로벌스타트업학교를 만들고, 반도체고 지정을 마쳤습니다.

앞으로도 인천시교육청은 다양한 교육과정, 다양한 지원체제 구축은 물론, 직업계고의 교육환경 개선 및 일자리 보장을 위해 최선을 다하겠습니다.

이 책이 일자리를 원하는 청년들은 물론이고, 청년실업을 극복하기 위한 대책마련과 일자리 창출을 고민하는 정부와 기업들에 실질적인 도움을 주는 유익한 자료로 활용될 수 있게 되기를 진심으로 기원합니다.

□ 추천사3 □

청년일자리 출판을 진심으로 축하드립니다.

김교흥(국회의원)

양재덕 국민기본일자리포럼 대표님께서는 실업 극복과 일자리 창출 분야에 있어 풍부한 경험과 이론을 겸비한 최고의 전문가입니다.

양재덕 대표님의 한 평생을 집대성한 이 책은 오늘 날 청년 일자리 문제를 꿰뚫고 있을 뿐 아니라, 미래를 위한 놀라운 통찰을 보여주고 있습니다.

일자리는 인간의 삶을 규정하는 척도입니다. 태어나면서 삶을 마감하는 순간까지 인간은 일과 함께 살아갑니다. 청년의 희망과 미래를 담아내고, 중장년에겐 가정의 안정과 유지를, 그리고 노년은 여유로운 삶을 누릴 일자리가 필요합니다.

지금 대한민국이 겪고 있는 저성장의 위기, 저출산 고령화, 청년실업, 경제적 불평등과 양극화 등 국가위기의 근본원인은 바로 좋은 일자리가 부족하기 때문입니다. 특히 청년 일자리의 부족은 매우 심각해서, 2023년 8월 기준 구직을 포기한 채 '그냥 쉬는 청년'이 68만명에 달합니다.

그야말로 국가비상사태입니다. 따라서 일자리 문제의 해결을 위해 비상경제조치 수준의 특단의 대책이 필요합니다. 국가가 동원할 수 있는 모든 정책수단과 재정능력을 총 투입해서 반드시 해결해야 합니다.

최고의 복지는 '양질의 일자리'를 계속해서 만들어내는 것입니다. 그런 점에서 "근로의 권리는 곧 일자리 청구권"이라는 양재덕 대표님의 말씀에 크게 공감합니다.

이 책은 일자리의 본질부터 목적과 의미, 일자리의 미래와 함께 정부 지원 등 많은 것을 다루고 있습니다. 생생한 현장 경험에서 나온 다양한 정책 제언을 담고 있는 이 책이 청년 일자리 활성화를 위한 길라잡이가 될 것이라 믿어 의심치 않습니다.

양재덕 대표님의 책 발간을 다시 한번 축하드리며, 저도 국회에서 청년 일자리 창출을 위한 법·제도 방안 마련에 최선을 다하겠습니다. 감사합니다.

□ **추천서 4** □

양재덕 그리고 일자리

박우섭(전 미추홀구청장)

내가 아는 양재덕 선배는 일자리에 미친 사람이다.
그냥 미친게 아니고 아주 독하게 미쳐서 집까지 날리고 온갖 아쉬운 소리를 여기 저기 하면서 일자리를 위해서 동분서주 하는 사람이다. 미쳐야 미친다는 말은 만고의 진리다.

청년 일자리 책의 원고를 읽어보고 다시 한번 양재덕선배의 일자리에 대한 열정과 **뼈**를 깍는 노력에 감탄했다. 차기에 대통령이 되고자하는 정치인이나 국가의 미래를 위한 일을 도모하는 사람은 반드시 이 책을 읽고 이 책의 내용을 어떻게 실현할 것인가를 고민해 주기 바란다.

저자는 이 책에서 근로의 권리는 헌법에 보장된 국민의 기본권이기 때문에 일자리 보장은 100% 국가의 책임이라고 주장한다. 그리고 국민은 국가에 대해서 일자리를 청구할 수 있는 권리를 가진다고 주장한다. 이렇게 주장만 했다면 그것은 누구나 할 수 있는 소리일 뿐 일자리에 미친 사람의 평생에 걸친 활동과 연구의 결과물로서는 부족하다 할 것이다. 그러나 저자는 우리를 실망시키지 않고 국가가 일자리 보장의 문제를 어떻게 해결할 수 있는지를 아주 구체적으로 제시하고 있다.

저자는 이 책에서 특별히 청년일자리에 집중하고 있다.
4차 산업혁명시대에 대한 분석을 통해 반도체 산업에서 20만 명의 일자리, 그린 뉴딜에서 10만 명의 일자리, 중소기업에서 30만 명의 일자리, 건설 산업에서 20만 명의 일자리를 만들어야 한다고 제안하고 있다.

특히 중소기업공단 주변에 아파트를 지어서 임대료를 국가와 기업이 보조해 줌으로써 주거문제와 교통문제를 동시에 해결하고, 중소기업의 스마트화를 위해 대학과 기업의 산학 R&D연구소를 만들라고 주문한다. 건설 산업에 대한 청년들의 관심을 높이기 위해서는 최저 낙찰제를 지양하고 최고가치 낙찰제를 실시하고 가치 성심사제도를 도입할 것을 제안하고 있다.

저자의 강점은 역시 공공부문 사회서비스 일자리에서 드러나고 있다. 공공부문 사회서비스 일자리 확대는 국민의 삶의 질 향상, 사회서비스의 질 향상, 고용창출, 사회적 가치 실현이라는 일석사조의 정책임을 갈파하면서 강조하고 있다. 그밖에 재래시장, 소공장, 자영업으로 대별되는 영세 소상공인 부문까지 역시 저자의 당양한 삶의 경험이 없으면 그냥 책상머리에 앉아있어서는 나올 수 없는 주옥같은 내용들이다.

다시 한번 국가의 미래를 걱정하는 분들의 일독을 강력히 추천 드리고 양재덕 선배의 노고에 감사드린다.

□ 추천서5 □

실업의 현장에 성찰해온 청년실업대책

유필우(전 인천사회복지협의회장)

양재덕 「실업극복인천본부」 이사장이 청년 일자리 대책에 대한 연구와 현장 경험 등을 묶어 책으로 출판하게 되었음을 뜻 깊게 생각합니다.
이 책은 실업의 구조와 청년일자리, 4차 산업 혁명 등 현황을 분석하고 이를 토대로 청년 실업대책을 제시하고 있다는 점에서 남다른 관심을 갖게 하고 있습니다.

지난 1998년 IMF사태이후 지금까지 20여 년간 시민운동가로서 실업의 현장에서 끊임없이 활동 하고 성찰해온 소중한 경험과 깨달음들을 세상에 알려야 한다는 소명의식과 현재 정부가 추진하고 있는 청년일자리 대책이 그 중요성에 비해 효과적인 대안이 되지 못하고 있다는 나름대로의 문제 인식 등이 이 책을 출간하게 된 배경이라고 믿고 있습니다.

제가 양재덕 이사장과 처음 만나게 된 것은 20여 년 전인 1998년 인천시 정무부시장으로 부임했을 때입니다. 그때는 IMF 국가 비상 사태 하에서 수많은 기업과 자영업자들이 연쇄적으로 도산하는 등 경제와 실업의 문제가 심각한 위기상황이었습니다.

이에 인천시는 실업극복 대책 위원회와 실업극복 실무 대책위원회를 발족시켜 국가 비상사태에 대응하게 되었는데, 제가 실업극복실무위원회 위원장이 되어 민노총, 한노총, 시민사회단체, 학계, 기업 등을 망라 하는 범시민적 위원회를 구성하고 실업극복에 진력한 바 있었습니다.

이때 시민단체를 대표하는 양재덕 이사장과 함께 일할 기회가 있었습니다.

그는 과묵하면서도 치밀한 판단력으로 실업현장의 각종 어려움을 헤쳐 나가는 것을 보면서 마음속으로 참 능력 있는 시민운동가요 신뢰할만한 지역의 일꾼으로 미더워 하였습니다.

양재적 이사장은 지금도 실업극복운동에 정진하면서 자활사업, 사회적기업, 평생교육, 임산부케어 등 다양한 사업들을 끈기 있게 추진하고 있는 인천 실업운동계의 대표적 인물입니다.

여기서 이 책의 내용을 좀 더 자세히 들여다 볼 필요가 있겠습니다.

무엇보다도 청년실업관련 각종 통계가 일목요연하게 정리되 있고 통계가 갖고 있는 함의(含意)도 분석되고 있어 우리나라 청년실업의 실상을 잘 파악할 수 있으며, 4차산업혁명, 미래유망직종산업의 제시 등 첨단산업의 중요성을 거론하면서 향후 청년 실업대책은 반드시 4차산업을 염두에 두고 수립해야하며 4차산업의 키워드인 반도체와 디지털 IT산업, 녹색뉴딜산업, 중소기업의 SMART 공장화등 중요성을 강조 하고 있습니다.

특히 중소기업의 구인난과 청년일자리 구직난 현상과 한국청년들이 중소기업을 선호하지 않는 현상을 어떻게 극복할 수 있는지 문제제기도 하고 있습니다. 이와 함께 청년실업과 관련된 문제는 민간, 정부 기업의 협력과 컨소시엄을 통해 해결해야 한다고 방법론을 제시하고 있는 것은 타당한 판단이라고 생각합니다.

그러나 이 책의 결론부문에서 제시한 몇 가지 대책은 좀 더 세심한 검토와 판단이 필요한 사안이라고 생각합니다. 자본주의시스템 속에서 기업보다 국가가 일자리를 제공해야 한다는 발상의 전환이 필요하다는 관점, 청년일자리 국가보장제는 헌법이 정한 국민의 기본권으로 단순한 선언적 규정이 아니라는 제언 등은 앞으로 많은 논의와 판단이 필요한 부분이라고 생각 합니다.

양이사장께서 앞으로 청년실업문제에 더욱 정진하시어 획기적 대안을 마련할 수 있기를 기대하며 책을 쓰시느라 수고하신 노고에 경의를 표합니다.

감사합니다.

□ 목차 □

1부 청년일자리의 문제제기

1-1. 들어가는 말
1-2. 심각한 청년의 실업률
  1-2-1. 청년기준 규정의 문제점
  1-2-2. 확장실업률의 심각성
  1-2-3. 더욱 심각한 청년실업의 현실
  1-2-4. 심각한 미스매치
1-3. 한국의 청년고용 정책사
  1-3-1. 청년고용정책의 시작
  1-3-2. 대학의 취업대책
  1-3-3. 국민취업지원제도
  1-3-4. 인턴제도
  1-3-5. 정부의 청년 직업훈련
  1-3-6. 고용장려금
  1-3-7. 소결 문제제기

2부 4차산업혁명에 대한 이해

2-1. 들어가는 말
2-2. 4차산업혁명의 주요 내용들
  2-2-1. 4차산업혁명과 반도체
  2-2-2. 4차산업혁명과 자율자동차
  2-2-3. 4차산업혁명과 플랫폼
  2-2-4. 4차산업혁명과 빅데이터
  2-2-5. 4차산업혁명과 사물인터넷(IoT)
  2-2-6. 4차산업혁명과 인공지능(AI)
  2-2-7. 4차산업혁명과 메타버스
    2-2-7-1. 증강현실세계

2-2-7-2. 라이프로깅
　　　2-2-7-3. 거울세계
　　　2-2-7-4. 가상세계
　　2-2-8. 4차 산업혁명과 그린뉴딜
　　　2-2-8-1 기후위기와 탄소중립
　　　2-2-8-2 그린뉴딜의 개념
　　　2-2-8-3 그린뉴딜과 4차 산업혁명과의 관계성
　　2-2-9. 4차 산업혁명과 중소기업
　　　2-2-9-1 4차 산업혁명시대의 중소기업 개괄
　　　2-2-9-2 중소기업의 스마트공장화
　　　2-2-9-3 중소기업의 스마트공장화 현황
　　　2-2-9-4 중소기업의 스마트공장화 전망과 계획
　　　2-2-9-5 중소기업의 스마트공장화 청년고용
　　2-2-10. 4차 산업혁명과 건설 산업
　　　2-2-10-1 들어가는 말
　　　2-2-10-2 건설 산업과 4차 산업혁명과의 관계
　　　2-2-10-3 건설 산업의 디지털화 수준과 현황
　　　2-2-10-4 건설 산업의 디지털화에 따른 청년고용
　　　2-2-10-5 소결

3부 청년일자리 대책

　3-1. 들어가는 말
　3-2. 청년의 고용지표
　　3-2-1. 청년 인력공급 현황
　　3-2-2. 청년인구(생산가능인구)의 감소
　　3-2-3. 청년 취업 현황
　　3-2-4. 청년 실업자
　　3-2-5. 청년 비경제 활동인구
　　3-2-6. 청년 비경제 활동인구의 주요 부분
　　3-2-7. 청년층 니트족의 문제
　3-3. 국가의 목표 - 청년일자리 - 기술 강국
　　3-3-1. 기술 강국의 중요성

    3-3-2. 반도체란 핵심키워드
    3-3-3. 메모리 반도체와 비메모리 반도체
    3-3-4. 반도체가 국가경제에서 차지하는 비중
    3-3-5. 기술 강국 - 반도체 강국이 한국의 살 길이다.
    3-3-6. 세계 각국의 반도체 경쟁, 전망
    3-3-7. 삼성전자의 반도체 세계 1위
        3-3-7-1 삼성전자의 반도체 세계 1위 기술
        3-3-7-2 메모리반도체의 3차 세계전쟁
        3-3-7-3 삼성전자가 세계 제1위 강자가 된 요인
    3-3-8. 반도체 전사 20만 명을 양성하라
3-4. 그린 뉴딜 - 10만 양성
    3-4-1. 들어가는 말
    3-4-2. 한국판 그린 뉴딜
        3-4-2-1 한국판 그린 뉴딜의 핵심 내용
    3-4-3. 그린기술산업의 현황과 전망
    3-4-4. 그린직업(Green Jobs)
    3-4-5. 그린뉴딜 인력개발
    3-4-6. 그린뉴딜관련 자격과 대응
    3-4-7. 미래 그린뉴딜 직업의 준비
3-5. 중소기업이 답이다.
    3-5-1. 들어가는 말
    3-5-2. 중소기업의 정의
    3-5-3. 사업체수
    3-5-4. 종사자수
    3-5-5. 중소기업의 수출
    3-5-6. 대기업, 중소기업의 임금격차
    3-5-7. 중소기업의 경제적 비중
    3-5-8. 중소기업의 당면과제
    3-5-9. 고용을 위한 중소기업의 혁신안-청년고용을 위한 개혁
    3-5-10. 30만 명의 교육 훈련 대책
3-6. 건설 산업에서의 청년 고용 - 20만 명 고용하라
    3-6-1. 들어가는 말
    3-6-2. 건설 산업 현대화(Ⅰ) - 제도 개혁

3-6-2-1. 현황 건설 산업의 문제점
　　　3-6-2-2. 건설 산업 제도 개혁
　　　　- 적정가격 입찰, 적정 임금, 직무숙련등급제,
　　　　　건설노무자 경력 데이터베이스화, 직업훈련
　　3-6-3. 건설산업현대화(Ⅱ) - 디지털 혁신
　　3-6-4. 혁신에 성공한 선진적인 나라들
3-7. 공공부문 사회서비스 일자리
　　3-7-1. 공공부문 사회서비스 일자리 개념
　　3-7-2. 공공부문 사회서비스 일자리의 한국과 OECD비교
　　3-7-3. 공공부문 사회서비스의 미래 전망
3-8. 영세 소상공인 부문의 연착륙
　　3-8-1. 우리나라 재래시장 현황
　　3-8-2. 우리나라 재래시장 종사자 수
　　3-8-3. 재래시장의 미래전망
　　3-8-4. 소공장의 현황과 종사자수
　　3-8-5. 소공장의 당면 과제
　　3-8-6. 자영업자 현황과 종사자수
　　3-8-7. 자영업의 미래 전망
　　3-8-8. 자영업자 한국과 OECD 비교
　　3-8-9. 자영업자의 해결 과제

4부 청년일자리 보장제

　4-1. 일자리 보장제의 개념
　4-2. 근로의 권리는 곧 일자리 청구권이다.
　4-3. 근로의 권리가 기본권이 되는 이유
　4-4. 근로의 권리와 근로 의무 관계
　4-5. 왜 일자리 보장제인가?
　4-6. 일자리 보장제의 시뮬레이션
　4-7. 청년 일자리보장제의 실천 전개

5부 유망한 미래직종 17개

5-1. 반도체 기술자
5-2. 데이터 과학자 및 분석가
5-3. 인공지능 및 기계학습 엔지니어
5-4. 사이버 보안 전문가
5-5. 의료 인공지능 개발자
5-6. 환경 과학자 및 기술자
5-7. 로봇 공학자 및 로봇 제어 시스템 엔지니어
5-8. 게임 개발자 및 디자이너
5-9. 블록체인 개발자
5-10. 가상 현실(VR) 및 증강 현실(AR) 개발자
5-11. 자율 주행 자동차 엔지니어
5-12. 그린 에너지 기술자
5-13. 건강 관리 정보 시스템 분석가
5-14. 디지털 마케터
5-15. 스마트팜 기술 전문가
5-16. 로봇 프로세스 자동화(RPA) 전문가
5-17. 스마트 공장 전문가

1부. 청년 일자리의 문제제기

1-1 들어가는 말

청년이 살면 나라가 살고 청년이 죽으면 나라도 죽는다. 청년실업의 심각성에 대하여 청년 일자리를 고민하고자 본연구는 시작된다. 본연구는 4부로 되어 있다.

1부에서는 청년의 실업률이 심각함을 구체적 자료로 점검한 후 정부는 그 심각한 청년 실업대책으로 어떻게 해왔는지를 정리한다. 그리고 실업대책의 문제점이 무엇인지를 점검한다.

2부에서는 청년고용대책을 세움에 있어 고려해야 할 상황을 정리해봤다. 현재와 미래에 도래할 일자리를 이해하기 위해선 반드시 산업구조 즉 4차 산업혁명을 이해해야 할 것이다. 그래서 4차 산업혁명을 이해할 수 있도록 산업혁명의 핵심부문 9가지를 정리했다.

3부에서는 1부에서의 청년의 문제점을 2부에서의 4차 산업혁명 속에서 그 해법을 찾아보려고 노력을 기울였다.

4부에서는 청년일자리 보장제에 대해서 설명했다.

5부에서는 앞으로 도래할 유망직종 15개를 예시하는 것으로 이 연구는 구성되었다.

1-2 심각한 청년의 실업률

코로나19는 경제상황에 미치는 영향이 큼으로 코로나19 이전 2019년을 통계기준으로 정하여 정리한다.

1-2-1 청년기준 규정의 문제점

2019년 청년의 실업률은 8.9%로 386,000명이 청년 실업자이다. (출처:2019.통계청)

이는 전국 실업률 3.4%의 2배 이상이다.

2019년 청년실업률은 OECD 평균 10.5%보다는 낮으나 일본의 4.4%보다 2배 높은 수치다. 그러나 OECD나 일본의 청년 규정은 15세~24세인데, 한국은 15세~29세까지를 청년으로 규정하여 통계를 작성한다. 한국의 청년규정은 25세부터 29세까지가 포함되어 폭이 OECD보다 더 넓은 것이다. 그런데 25세부터 29세까지는 가장 노동력이 왕성한 취업 상태임으로 이들을 청년으로 포함할 경우, 한국의 청년실업률은 낮아질 수밖에 없다.

실제 한국청년의 15세~19세 고용율은 7.4%, 20세~24세 42.9%, 25세~29세는 70.7%로 25세~29세가 압도적으로 고용률이 높기 때문에 한국 청년의 실업률은 OECD나 일본과 단순 비교는 수치상의 문제가 있다

1-2-2 확장실업률의 심각성

2019년 12월 한국 청년들의 확장실업률은 20.8%다.

확장실업률이란 통계청의 조사내용으로 보통 실업률보다 더 내용과 범위가 넓다. 그 내용을 보면 파트타임을 현재 하고 있으나 그것만으로는 생활이 안 되어 더 많은 시간의 파트타임 일자리를 원하는 청년들이 99,000명, 일을 할 수 있으나 조사기간에 구직활동을 안 한 청년과 그 기간에 구직활동은 했으나 개인 사정으로 일자리가 나와도 일을 할 수 없었던 청년(이들을 잠재경제활동인구라 함) 601,000명을 포함하면, 실제 청년실업률은 20.8% (통계청 발표로 확장실업률이라 함)

그러니 실제 청년실업률을 통계청은 20.8%로 파악하고 있는 것이다.

1-2-3 더욱 심각한 청년 실업의 현실

공식적인 통계청의 2019년도 청년실업자는 386,000명(실업률 8.9%)으로 발표했다. 그러나 실제는 어떠한가?

```
통계청발표  청년실업자    386,000명(2019.12 고용동향 통계청)
추가 알바 취업원청년      99,000명(         "              )
잠재경제 활동청년        601,000명(         "              )
쉬고 있는 청년          360,000명(         "              )
구직단념청년            131,000명(         "              )
니트족청년             240,000명(         "              )
취업준비생             748,000명(         "              )
              총계  2,565,000명
```

실질적인 청년실업자는 2,565,000명이 된다.
여기에 경제활동청년 6,510,000명(통계청 발표 청년 경제활동인구 4,331,000명 + 추가 알바 취업원 99,000명, 잠재 경제활동청년 601,000명, 쉼청년 360,000명, 니트족 청년 240,000명, 취업준비생 748,000명)으로 나누면 청년 실업률은 39.4%가 된다. 청년의 반 정도인 40%가 실업자인 것이다.

*잠재경제 활동청년 = 실업자 조사기간에 구직활동을 안 한자와 구직활동은 했으나 일자리가 나왔을 때 개인 사정으로 취업을 못한 자는 비경제활동인구로 실업자에서 제외.
*추가 알바 지원생= 1주에 1~17시간 알바생으로 추가 알바를 원하는 청년으로 통계상 실업자는 아니지만 내용적으로 실업자.
*쉼청년= 아무 일도 하지 않고 집에서 쉬고 있어 비경제활동인구로 실업자에서 제외.
*구직단념자=취업을 희망하고 취업도 할 수 있으나 노동시장 사유로 구직활동을 안 함으로써 비경제 활동인구로 실업자에서 제외 전체 구직단념자에 청년비율을 적용계산)

*취업준비생=취업준비생은 실제 실업자이나 노동청에 구직활동을 안 함으로써 비경제활동인구로 분류 실업자가 아니다.
*니트족(NEET족)=니트족이란Not Employment(취업안함)Not Education(학교안다님,교육거부) Not Train(직업훈련도 안함) 즉 집에서 쉬는 자를 말하는데, 통계청이 집계한 60만 명 중 이미 위에서 쉼청년 36만 명을 제외한 24만 명을 말한다. 이들 24만 명은 미혼으로 집에서 가사나 육아를 돕고 있다는 청년들을 말한다. (통계청)

1-2-4 심각한 미스매치—구인난과 구직난
중소기업은 사람을 못 구하고, 청년들은 갈 곳이 없다.
2021년 구인인원(일자리) 2,829,040명, 구직인원(구직건수) 5,138,533명, 취업건수 1,802,365명
(출처:2021년 워크넷-한국고용정보원)
사람을 못 구한 일자리 수는 103만 개이다.
사람(구직자)이 513만명인데도, 취업에 성공한 사람은 180만명으로, 103만개의 일자리는 사람을 못 구했다. 그리고 구직활동을 했던 청년 실업자는 32만명은 일자리를 못 구했다. 왜 그럴까? 청년들이 원하는 일자리가 없기 때문이다. 청년 실태조사에 의하면 청년들의 50% 이상이 중소기업을 기피하는 것으로 나와 있다. 청년들은 대부분 대기업, 공기업, 공무원등을 원한다. 그런데 그런 대기업은 중소기업에 비하여 일자리가 부족하다. 대기업의 고용인은 186만명으로(10.4%) 중소기업의 고용인 1607만명(89.4%)이다(출처:중소벤처기업부 통계)
*중소기업=자산 5000억원이하. 3년간 평균매출액 1500억원-800억원이하의 기업을 말함(2015년 중소기업법)

중소기업을 기피하는 가장 큰 이유는 대기업에 비해 임금이 너무 싸기 때문이다. 중소기업의 대졸초임금은 대기업의 61%에 해당

한다. 대기업을 100으로 보았을 때 중소기업은 61이란 뜻이다. 즉 대기업의 대졸초임임금은 중소기업의 1.64배이다. (일본은 1.13배) 같은 일을 하고도 대기업은 중소기업의 1.64배를 받으니, 청년들은 대기업을 가고 싶어 할 수밖에 없다. 대부분 대학을 졸업한 한국의 청년들이 원하는 대졸자에 맞는 일자리가 부족한 것이다.

한국의 대학진학률은 세계 최고이다. 2021년도 대학진학률은 79.8%, 2022년도 대학진학률은 79% (과학고, 외고등 특성화고 제외)이다.

이는 OECD평균 41%, 카나다58%, 영국49%, 미국46%, 일본 37%, 독일28% 등에 비해 월등히 높은 수치이다. 청년들의 80%가 대학에 진학함으로 졸업 후 자기에게 맞는 대기업 등을 찾는데 일자리는 부족한 것이다. 장래 비전도 없고, 임금도 싼 중소기업에 안 가려고 하니 청년 실업이 높을 수밖에 없다.

1-3 한국의 고용정책사

1-3-1 청년고용정책의 시작

한국의 청년고용정책은 김대중 정부부터 시작했다.
IMF 외환위기(1998~2002)때, 청년인턴제와 청년공공근로를 실시했지만, IMF,종결과 함께 청년일자리도 끝난다.
노무현 정권시대 – 체계적인 청년고용정책은 노무현 정권 때 실시되었다.
2004년 '청년실업해소특별법'으로 본격적인 청년고용정책을 실시하였다.
청년고용문제는 1998년 고용안정센터(취업+고용업무)로 시작하여 2006년 고용지원센터로 전환(취업+실업급여+직업훈련), 2010년 취업성공패키지 사업을 전개하게 된다.
인력과 예산의 부족으로 정부는 청년고용서비스를 2005년 민간에게 일부를 위탁하게 된다.

민간위탁사업은 이후 '취업성공청년패키지사업'으로 시행된다. 2009년 1만 명에서 2010년 2만 명으로 확대되었다. 2011년 일자리 효율화 방안으로 '청년뉴스타트프로그램'을 실시하였으며, 동 프로그램은 고졸이하 실업자, 니트 청년까지도 대책을 세웠다.

취업성공패키지 연도별 규모

(단위: 명, 백만 원)

연도		목표인원	참여자수	예 산
2009		10,000	9,091	10,387
2010		20,000	25,230	19,712
2011		50,000	63,967	57,386
2012	총계	226,000	143,249	139,620
	저소득	70,000	76,418	
	청년	51,000	41,573	
	중장년	105,000	25,258	
2013	총계	230,000	208,775	169,642
	저소득	100,000	102,721	
	청년	130,000	70,034	
	중장년		36,020	
2014	총계	250,000	193,745	217,085
	저소득	130,000	106,986	
	청년	120,000	68,262	
	중장년		18,497	
2015	총계	360,000	295,402	337,426
	저소득	180,000	137,331	
	청년	130,000	133,472	
	중장년	50,000	24,599	
2016	총계	340,000	366,158	349,362
	저소득	145,000	145,369	
	청년	150,000	192,727	
	중장년	45,000	28,062	
2017	총계	361,000	352,132	441,081
	저소득	136,000	129,881	
	청년	190,000	198,697	
	중장년	35,000	23,554	
2018	총계	311,000	308,291	502,943
	저소득	121,000	104,255	
	청년	160,000	187,046	
	중장년	30,000	16,989	
2019	총계	249,000	223,056	390,751
	저소득	122,000	102,765	
	청년	103,000	104,497	
	중장년	24,000	15,794	

자료: 고용노동부(2018; 2020), 고용노동백서.

(출처:「청년층 인력수급 및 노동시장분석」에서 재인용)
취성패의 청년취업 목표는 년간 10만~17만 명을 목표로 하여 예산은 매년 1,000억 원~1,800억 원을 투입시킨다.

민간위탁(청년취업성공패키지)의 문제점은 참여자 관리 부족 인원과 중소기업에 취직된 청년의 고용유지가 50% 미만이라는 점이다.

1-3-2 대학의 취업대책

박근혜 정부 때는 청년, 대학 취업지원으로 '대학창조일자리센터'를 실시하였다.
이것은 문재인 정부 때 '대학일자리센터'로 전환되어 2018년 '청년일자리대책'을 발표한다.
내용은 '청년구직활동 지원금'으로 청년 구직자에게 2018년 3개월간 30만 원 씩, 2019년 6개월간 50만 원씩을 지원하는 것이다.
조건은 구직활동계획서, 월별 구직활동 보고서를 제출토록 한 것이었다.
청년 20만 명을 (총 17개 사업) 목표로 지원액 1,180억 원을 투입하였다.
2021년 구직단념 NEET족에게 '청년도전지원' 사업을 전개하였다.
내용은 발굴된 NEET족에게 '청년도전지원'사업 프로그램을 이수하면(32시간) 10만원을 지급하고, 2단계 프로그램을 이수하면 추가로 10만 원을 지급하는 것이었다.
문제는 어떻게 NEET족을 발굴하는가와 20만 원 지급으로 일자리 참여 의욕이 고취될 수 있는가이다.

1-3-3 국민취업지원제도

2021년 정부는 '국민취업지원'제도를 실시한다.
내용은 월 50만 원씩 6개월간 지급하며, 취업 지원을 돕는 것(Ⅰ형)과 취업 지원만 하는(Ⅱ형)것으로 나뉜다.
2021년도 목표는 청년 28만 명에게 지원하는 것이다.

취업지원서비스로서 일정한 소득이하인 자가 구직활동을 해야만 하고(Ⅰ형),
직업훈련, 일 프로그램에 참여(Ⅱ형)조건이다.

2021년 중앙부처 청년층 고용서비스 사업

(단위: 명, 백만 원)

사업명	청년층 지원 목표인원	청년 예산	관련 중앙부처
구직단념 청년 발굴 및 고용서비스 연계	5,000	7,260	고용 노동부
대학일자리센터 운영 대학생 진로탐색 강화		18,200	
중소기업 탐방 프로그램	10,000	2,972	
해외 취업지원	7,682	52,625	
고졸자 후속 관리 도입		1750	교육부
대학생 진로탐색 지원	900	809	
청년장병 진로/취업지원 강화	156,460	5,813	국방부
항공일자리 취업지원센터 통한 항공산업 분야 취업지원 강화	2,072		국토부
중점 육성분야 산업지원 확대	13,339	55	병무청
청춘 디딤돌 병역진로설계 서비스 활성화		2,414	
의무복무 전역군인 중 보훈대상 미등록 경상이자에 대한 취업 지원	77		보훈처
청년 중장기복무 전역군인에 대한 전직서비스 지원		6,940	
지역기업 인식개선 및 취업연계 지원	7,000	3,200	산업부
경력단절예방 지원 강화	2,700	8,504	여가부
청년여성 역량 강화		20	
기업인력 애로센터 활용 취업지원	2,550	8,094	중기부
탈북 청년 취업역량 강화 사업	60	20	통일부
총 계	207,840	118,676	

자료: 관계부처합동(2021), 2021년 청년정책 시행계획[중앙행정기관 과제별 시행계획].
「청년층 인력수급 및 노동시장 분석」에서 재인용」

1-3-4 인턴제도

IMF 시기 대학주도인턴제(1999~2001), 세계금융 위기시(2009~2012), 대학주도인턴제는 대학이 정부에 신청하면 정부가 규모를 정해 지원하였다. 보통 40만 원(대기업)~50만 원(중소기업)을 지원하는 것인데 총 3만 명을 지원하였다.

대부분 중소기업에 편중되었으나 취업으로 연계되기가 어려웠다.

세계금융위기 후 이명박 정부 때 '청년고용대책''으로 실시
내용은 '취성패'와 '중소기업청년인턴제'로서 6개월간 임금의 50%를 지원하는 것이다.
2009-31,250, 2010-29,580, 2011-32,419, 2012-43,931, 2013년 '청년고용촉진특별법' 제정으로 청년을 15세~29세에서 15세~34세로 확장하였다.
따라서 청년인턴은 34세까지로 확대되었다.
2016 : 중소기업 청년인턴제는 정규직 이전 지원에서 정규직 전환 이후로 「청소년내일채움공제」가 실시되었다.
2021년 청년인턴제는 13개 사업 3만 3,426명, 지원액 3,141억 원으로 지원되었다.

2021년 중앙부처 청년층 인턴제 사업

(단위: 명, 백만 원)

사업명	청년층 지원 목표인원	청년 예산	관련 중앙부처
ICT 학점연계 프로젝트 인턴십	345	2,993	과기부
이공계 전문기술 연수	1,235	12,036	
도시재생뉴딜 청년인턴	500	8,876	국토부
청년 체험형 일자리 지원	22,000		기재부
농식품분야 해외 인턴십 지원	60	754	농식품부
식품/외식기업 청년 인턴십	300	870	
공공데이터 개방 및 이용활성화 지원 교육	7,660	98,226	행안부
공공데이터 청년인턴십 사업	1,020	186,288	
글로벌 농업인재 양성	63	1,625	농진청
해외산림청년인재 육성	13	191	산림청
지역 중소기업 R&D 산업인턴 지원		1,080	중기부
수산식품 청년마케터 육성	20	300	해수부
해운항만물류 전문인력 양성사업 산학연계 지원	210	935	
총 계	33,426	314,174	

자료: 관계부처합동(2021), 2021년 청년정책 시행계획[중앙행정기관 과제별 시행계획].

「청년층 인력수급 및 노동시장분석」에서 재인용

1-3-5 정부의 청년 직업훈련

21년도 정부의 직훈 목표는 21만 3,052명으로 1조 1,642억 원을 투입하였다.
그린뉴딜의 국민내일 배움카드의 7만 5000명, 디지털 실무인재 양성 8만 명, 산업 수요 맞춤으로 고용노동부와 과기부가 3만 4,000명이었다.

2021년 중앙부처 청년층 직업훈련 사업

(단위: 명, 백만 원)

사업명	청년층 지원 목표인원	청년 예산	관련 중앙부처
국민내일배움카드(비진학 일반고 특화과정)	6,800	54,067	고용노동부
국민내일배움카드(그린뉴딜 분야 신규 지정)	75,202	410,528	
기업대학	186		
디지털 융합훈련 플랫폼 구축[K-디지털 플랫폼]		5,000	
디지털 핵심 실무인재 양성사업[K-디지털 크레딧]	60,000	30,000	
디지털 핵심 실무인재 양성사업[K-디지털 트레이닝]	20,015	186,432	
미래유망분야 맞춤형 훈련	1,800	21,321	
산업계 주도 청년 맞춤형 훈련	1,485	7,691	
산업현장 수요맞춤형 청년 기술인력 양성	17,356	32,002	
일·학습 병행제		270,233	
청년고용지원 등[지역산업맞춤형 청년 특화 지원 사업]	8,000	20,000	
K-Shield 주니어	350	1,400	과학기술정보통신부
SW마에스트로 과정	150	8,596	
기업연계 청년 기술전문 인력양성	670	11,088	
데이터 청년인재 양성	514	1,900	
이노베이션 아카데미	1,350	35,011	
차세대 보안 리더	190	3,800	
혁신성장 청년인재 집중양성	17,000	34,000	
청년귀농 장기교육	150	1,205	농식품부
스마트 농업 전문가 육성	75	3,376	농진청
문화콘텐츠 R&D 전문인력 양성	100	6,201	문체부
콘텐츠 창의인재 동반사업	420	10,859	
대졸 청년에 대한 방위산업분야 전문교육 제공	169	1,998	방사청
지역전문가 양성 및 공급	700	2,796	산업부
의료기기 규제과학 전문가 양성 및 취업지원		1,802	식약처
의약품 규제과학 전문가 양성교육	150	150	
해외조달 전문인력 양성	20	20	조달청
청년 해기인력 공급기반 강화	200	400	해수부
총 계	213,052	1,164,269	

자료: 관계부처 합동(2021), 2021년 청년정책 시행계획[중앙행정기관 과제별 시행계획].

1-3-6 고용장려금

정부는 21년도 청년고용에 대해 장려금을 지원한다.
총 63만 명에게 4조 2,000억 원을 지원한다.
내용의 핵심은 '청년내일채움공제'(중소기업에 취업하여 2년만 근무하면 3,000만 원을 지원하는 제도 – 3만 명 목표)와 '청년디지털일자리' 지원이다.
(중소기업에서 IT직무로 청년 신규 채용 시 임금의 일부 최대 180만 원, 최대 6개월   -11만 명 목표)이다.
(출처:「청년층 인력수급 및 노동시장분석」에서 재인용)

1-3-7 소결 – 문제 제기

청년 일자리 정책은 그 핵심이 '중소기업에 취업하여 보조금 주는 제도'라 정리할 수 있다.
2021년도 직훈 지원으로 그린뉴딜에 75,000명 지원(4,000억 지원), 디지털 인재양   성 8만 명(2,100억)을 제외하면, 대부분 중소기업취업과 연관하여 보조금을 지원   하는 것이 골자라고 할 수 있다.

핵심을 요약하면 청년들이 중소기업에 취업하여 2년~5년 근무하면, 3,000만 원을 지원하는 '청년내일채움공제'가 주요 정책이다. 총 38만 명 목표에 1조 7,000억   원을 지원하였다.
그 존속기간을 지나면 3,000만 원을 받고, 청년들은 그 직장을 떠난다.
여기에 문제가 있다.
그래서 청년의 욕구 상태와 중소기업을 들여다볼 필요가 있다.
1-2 에서 살펴보았듯이 청년들의 실업률은 심각하다. 그래서 정부는 청년실업률을 낮추기 위해 안간힘을 쓰고 있다.
다급한 실업률 낮추는 노력으로 우선 취업자의 90%가 일하고 있는 중소기업으로 밀어 넣는 방법이 대책이었다.(1-3의 내용)

2021년 중앙부처 청년층 고용장려금 사업

(단위: 명, 백만 원)

사업명	청년층 지원 목표인원	청년 예산	관련 중앙부처
청년 디지털 일자리 사업	110,000	1,028,720	고용 노동부
청년고용지원 등(청년추가고용장려금)	90,000	1,201,802	
청년고용지원 등(특별고용촉진장려금)	20,000	120,000	
청년내일채움공제	352,000	1,401,694	
고교 취업연계 장려금 지원	31,000	133,000	교육부
청년 석박사 연구인력 일자리 지원	104	1,401	산업부
청년재직자 내일채움공제	30,000	313,401	중기부
국제옵서버 인력 확대	25	540	해수부
총 계	633,129	4,200,558	

자료: 관계부처 합동(2021), 2021년 청년정책 시행계획[중앙행정기관 과제별 시행계획].

다시 말해서 정부의 청년고용정책은 청년들이 가기 싫은 중소기업에 가도록 하여 3년~5년 근무하면, 3,000만 원의 지원금을 지원하는 것이다.

그것은 청년을 고용할 경우 기업에도 인센티브를 줌으로써 청년 고용을 촉진하고 있다.

이 정책은 청년 실업문제의 표피적 임시적, 즉자적 방법이므로, 청년 실업문제를 보다 장기적이고, 근본적인 대책이 요구된다.

2부. 4차산업혁명에 대한 이해

2-1 들어가는 말

'4차산업혁명'이란 용어가 요즈음 많이 회자 되고 있다. 그러나 그것을 정확히 이해하기가 쉽지 않고 학술적으로도 정리된 바가 없다.

몇몇 학자들이 주장하고, 그 용어를(4차산업혁명) 세상에서 사용하다 보니 그냥 늘 미래의 세계 정도로 받아들이고 있다.

뭔가 새로운 시대, 디지털시대, 인공지능(AI), 로봇, 자율주행차 등이 출현하는 시대인 것 같은데 정확히 손에 잡히지는 않는다. 그러다 보니 우리는 4차산업혁명에 대하여 이해도가 부족하고 담론이 부족하다.

따라서 정책수행의 주요 위치에 있는 정책 입안자들조차도 헷갈리면서 우왕좌왕 한다. 그 결과 산업정책, 고용정책, 교육정책에서 획기적인 정확한 대안이 못 나오고 있다. 그래서 4차산업혁명에 대하여 간단히 정리해 보고자 한다.

<4차산업혁명의 기원>

4차산업혁명은 2016년 1월 다보스포럼에서 주제로 삼은 뒤 세계적 유행어가 됐다.

그러나 4차산업혁명은 2011년 독일의 '인더스트리4.0'(Industry 4.0)을 시발점으로 보는 이도 있고, 3차 산업혁명(디지털혁명)의 연장으로 보는 이도 있다.

<4차 산업혁명의 의미>

4차산업혁명은 4차산업인가? 혁명인가? 혁명이란 단어에 방점이 있다.

혁명이란 생산양식 자체가 근본적으로 변화할 때 쓰는 말이다. 많은 양의 변화 발전이 아니라 과거와 질적으로 시스템이 바뀔 때, 우리는 이를 혁명이라고 한다.
디지털의 보급으로 시작된 3차 혁명의 연속이 아니라, 3차 혁명과 그 제도, 생산양식, 생활, 정치, 문화가 근본적으로 바뀐다는 의미다. 그래서 혁명이라고 한다.
4차 산업혁명은 하나의 명칭일 뿐이고, 그 실체는 현재 발달 된 과학 문명이다. 지난 3차 산업혁명은 아날로그를 디지털로 바꿔놓은 혁명이다.
필름으로 사진을 찍던 카메라 시대에서 디지털카메라로 수백 장을 찍는 시대가 3차 산업혁명 시대다. 이제는 그런 카메라도 필요 없고 핸드폰으로 무한대로 찍어내는 시대다. 핸드폰에 내장된 디지털 반도체, 즉 AP란 반도체가 있기에 디지털카메라나 필름 카메라와 그 차원을 달리하는 것이다.

2-2 4차산업혁명의 주요 내용 들

2-2-1 4차산업혁명과 반도체

4차산업혁명은 이전의 산업기반을 통째로 바꾸는 근본적 화이다. 변화의 내용은 센서와 AI가 역할을 하지만, 그 AI와 센서의 핵심은 반도체이다.
반도체의 역할은 정보수집과 종합, 분석, 명령, 수행이 이루어진다.
그래서 산업계에서만 2025년엔 센서가 약 1조 개, 2030년엔 10조 개의 센서가 사용될 것으로 추정된다. 그 센서는 곧 반도체로 구성된다. 0과 1의 디지털기술로 빅데이터를 만들어 내는 기계가 반도체인 것이다.
50년대는 철강(steel)이 산업의 중심 역할을 했다. 산업의 쌀이었다.
그러나 80년대는 산업의 쌀이 반도체가 되었다.
철강의 시대는 저물어가고 반도체가 산업발전에 결정적인 역할을 하게 된 것이다.
반도체산업은 우리나라 수출의 20%를 차지하고, 9년째 수출 1위를 유지하고 있다.
4차산업혁명은 반도체에 의해서 전개되고 발전된다.

반도체산업의 위력은 어느 정도인가?
전 세계 메모리반도체 시장의 1위 공급업체인 삼성전자는 일본의 반도체, 전자기기 6개 회사의 자산총합의 2배, 판매량 총합의 2배 이상이나 된다.
80년대 초, 세계 반도체와 전자기기 생산의 80% 이상을 점령한 일본의 6개 전자회사(소니, 파나소닉, 히타치, 도시바, 후지쓰, 미쓰비시 등 6개 회사)가 반도체에서 삼성에 패하여 일본 6개 회사 전체를 합쳐도 삼성의 반도 안 되는 것이다.
80년대 초, 삼성은 소니나 파나소닉, 도시바 등에 명함도 못 내미는 작은 회사였다. 세계 반도체 시장을 점령한 삼성전자는 40년 만에 세계 굴지의 회사가 된 것이다.
(삼성전자 시가 총액 3,133억 불로 세계 25위)
모든 '산업의 쌀'인 반도체는 4차산업혁명의 핵심 키워드이다.
반도체가 산업의 핵심무기이기 때문에 현재 미국과 중국은 반도체 패권 전쟁을 하고 있다. 그 전쟁의 핵심 쟁탈목표가 반도체가 되는 것이다.
반도체는 절대 권력이고 4차산업혁명의 판도를 바꾸는 비밀병기이다.
데이터를 만들고 이를 처리하는 소프트웨어의 핵심이 반도체인 것이다.
2차 산업혁명의 석유의 시대가 가고, 데이터 시대가 왔다.
21세기의 석유는 '데이터'다. 데이터 시대에는 당연히 데이터를 만드는 반도체가 핵심이다. 4차산업혁명에 반도체가 없으면 불가능하다. 미국은 반도체에서 세계 최고의 기술을 가지면서도 생산은 한국, 대만에 밀리고 있다.
세계 반도체 시장의 40% 이상을 소비하는 중국도 역시 생산은 한국, 대만에 의존하고 있다.
반도체기술의 최강 미국은 생산에서 세계 12% 비중을 차지하고 있고, 중국은 14
나노 이상의 낮은 단계만을 생산할 수 있을 뿐이다.
3나노 공정에 들어간 한국과 대만이 세계 시장을 장악하고 있다.
10나노 이하의 첨단 반도체에서 대만이 63%, 한국이 37%를 생산하고 있다.
미국은 14나노 이하 반도체 제조 첨단장비의 대중국 수출금지, 슈퍼컴퓨터용 고성능 그래픽카드(GPU) 수출금지, 시스템반도체와 AI 반도체뿐 아니라 D램과 낸드 등 메모리 반도체에 대하여 18nm 이하 장비, 128단 이상 첨단장비 공급을 중단시켰다. 미국은 한국 뿐 아니라 일본과 네덜란드를 강력하게 대중국 봉쇄에 참여시켰다. 네덜란드는 EUV 장비에 이어 DUV 장비도 대중국 금수, 일본은 반도체 제조 장비 23개 품목을 대중 수출금지를 단행했다.
미·중의 패권 전쟁은 바로 반도체 전쟁인 것이다.

반도체는 미국 벨 연구소에서 1948년 발명하였다.
처음에는 트랜지스터를 발명한 것인데 트랜지스터란 전송하다(Transfer)와 저항하다 (Resister)의 두 단어 합성어이다.
그 뒤 여러 개의 반도체 소재를 하나의 작은 반도체 속에 집어넣는 방법을 발명하였는데, 이것이 집적회로이다.
반도체 이전에는 진공관이 반도체의 역할을 했다.
진공관은 스위치와 증폭 기능을 한 것이다. 그러나 진공관은 내구성, 짧은 수명, 높은 소비전력, 발열 문제 등으로 트랜지스터로 대체 발전하게 된 것이다.
더 많은 계산, 더 많은 기능을 요구하게 된 기계는 트랜지스터를 여러개 연결하게 되었고 긴 전선의 연결은 외부 충격에 파손되기 쉽고 회로가 작동하지 않을 때 어디서 문제가 발생한 것인지 찾아내기가 어려워졌다. 그래서 하나의 판 위에 여러 반도체 부품을 연결하여 회로를 구성하는 집적 회로가 등장했다.
집적 회로의 개발로 대량 생산의 문이 열린 것이다.
산업이 발전할수록 더 많은 데이터 처리와 더 복잡한 연산이 요구된다.
이는 곧 더 많은 트랜지스터가 필요하게 되는 것이고, 그것은 곧 '어떻게 하면 더 많은 트랜지스터를 집행할 수 있을까'의 문제다.
그 답은 3가지다.
첫째, 집적 회로 면적을 넓히는 방법,
둘째, 집적 회로를 수직으로 쌓는 방법,
셋째, 트랜지스터 크기를 작게 만드는 방법이다.

▷ 나노기술
트랜지스터를 작게 만드는 기술을 나노기술이라 한다. 나노기술이란 원자와 분자, 초분자 크기로 물질을 사용하는 능력을 말한다.
1나노m은 1/10억m를 말한다.
머리카락 굵기의(100um=마이크로미터) 10만분의 1에 해당하는 크기이다.
조그만 휴대폰에 데이터의 저장용량이 1GB(GB=기가비트, 정보통신 데이터의 양을 나타내는 단위. 메가=100만. 기가 =1,024메가)의 1,000배인 1테라바이트(TB)이다.
손톱만 한 반도체에 수억 개의 데이터가 들어갈 수 있는 것은 나노 단위의 반도체 집적회로 기술로 반도체 '집적고'가 높아졌기 때문이다.

나노기술은 우리 생활의 필수품이 되어있다.

휴대폰 속의 칩, Led 형광등, 공기청정기, 에어컨, 자외선차단제, 세탁기, 노트북 등에서 IT(정보통신), AI(인공지능)바이오, 로봇, 3D프린팅 등 모든 산업에 이용되고 있다. 정부는 '제5기 나노기술종합발전계획'에 따라 2022년부터 2030년까지 12조 7,000억 원을 투자하여 나노기술이 접목된 핵심소재, 부품, 장비개발을 추진하고 있다. 2020년 기준 나노기술 활용기업의 규모는 862개, 148조4,000억 원, 종업원 15만 6천 명, 이 중 중소기업이 89.2%, 중견기업 78개(9.1%), 대기업 15개(2.2%) 이다.
(출처: 2021 나노융합산업조사-세상을 뒤바꿀 미래기술)

▷ IDM, 팹리스, 파운드리
IDM(Integrated Device Manufacture)이란 반도체 개발에서 생산, 판매까지 모든 과정을 혼자 처리하는 회사를 말한다.
대표적인 IDM은 삼성전자, SK하이닉스, 인텔이 있다.
반도체 업계의 두 번째 형태는 팹리스(fabless)이다. 제조설비, 공장을 뜻하는 'Fabrication' 패브리케이션과 '없다'라는 의미 less의 합성어이다.
제조는 안 하고 반도체를 설계만 하는 회사를 말 한다.
팹리스 대표적 회사는 퀄컴(Qualcomm)과 암(ARM), 엔비디아, 애플이 있다.
이들은 제품 생산에 드는 비용과 인력을 아끼는 대신 개발 및 마케팅에 전념한다.
세 번째는 파운드리(Foundry)로 팹리스 회사에서 설계한 반도체의 생산만을 전문으로 하는 회사이다.
반도체 칩의 제조설비는 막대한 비용이 들기 때문에(하나의 팹라인 설치에 15조원 소요) 대규모 반도체 칩을 제조하는 업체가 아니면, 반도체 제조설비, 팹(Fab)을 직접 보유하기가 어렵다.
이처럼 팹리스의 요구로 반도체 칩을 생산하는 기업이 파운드리 이다.

삼성전자의 화성 사업장 파운드리 공장은 인천공항 3개 지을 만큼의 비용이 투자되었다고 알려졌다.
파운드리는 모바일, 인공지능, 사물인터넷(Iot) 등에서 다양한 반도체가 급증하면서 파운드리 시장이 더욱 커지고 있다.

▷ 시스템 반도체와 메모리 반도체
반도체는 메모리 반도체와 비메모리 반도체로 나뉜다.
한국의 반도체가 메모리 중심이기 때문에 메모리 아닌 것을 비메모리 반도체라 하는데, 이는 한국에서만 사용하는 용어이고, 외국에서는 시스템반도체라 한다.
2022년 기준 한국 메모리 반도체는 세계 점유율 72% 수준으로 세계 1위이다.
비메모리 반도체(시스템반도체) 점유율 3%이다.
세계 반도체 시장의 메모리 반도체 비중은 30%, 비메모리(시스템반도체)는 70%이다. 컴퓨터를 예를 들어보면, 사용자가 자판기로 명령하면 컴퓨터는 명령을 해석하고, 연산, 제어를 하는데 이 과정이 시스템반도체(비메모리반도체)로 CPU라고 한다. (CPU=Central Processing Unit)
그러나 이러한 해석, 연산, 제어는 기억을 해야 그 결과를 보전하고 다시 사용할 수 있다. 그 기능을 하는 반도체가 메모리 반도체이다.
단기 기억을 하는 RAM(Random Access Memory)과 장기기억을 담당하는 ROM(Read Only Memory)이 대표적 메모리 반도체이다.

▷ 시스템 반도체
시스템 반도체 시장은 356조 원으로 전체 반도체 시장의 55.6%를 차지한다.
시스템 반도체는 CPU, GPU(그래픽처리에 특화), AP(스마트폰의 두뇌), AI(인공지능)반도체 NPU등 CIS(빛을 전기 신호로 바꿔주는 이미지 센서)등이 있다. CPU는 시스템 반도체(비메모리 반도체)이다.
NPU, GPU, AP등 'P'자가 들어가면 시스템 반도체이다.
CPU는 컴퓨터의 두뇌 역할을 한다.

* CPU
CPU는 제어, 산술, 논리, 작은 용량의 메모리등 3기능이 서로 긴밀히 소통하며, 기억, 해석, 연산, 제어기능을 수행한다. CPU 제조의 강자는 인텔과 AMD이다.
인텔은 CPU시장의 63%, AMD는 37%를 차지하고 있다.('21년 기준)
* GPU
GPU는 그래픽의 첨단 반도체이다. 그래픽은 픽셀이라는 작은 점들이 모여
만들어진다. 요즘 많이 사용되는 4K해상도 모니터는 830만 개의 픽셀로 구성되어 있고, 하나의 픽셀이 1,670만 개의 색을 낼 수 있다.
GPU는 엔비디아(NVIDIA), AMD, 인텔 세 곳에서 만든다.
'21년 기준 GPU시장이 56%를 NVIDIA, 26%를 AMD, 18%를 인텔이 점유하고 있다.
* AP (스마트폰의 두뇌)
반도체산업을 PC 다음으로 두 번째 부흥시킨 제품이 스마트 폰이다.
스마트폰에는 두뇌 역할을 하는 AP(Application Processor)란 반도체가 들어있다. 컴퓨터 본체엔 CPU, GPU, 모뎀, RAM과 ROM, 오디오, 입출력 장치 등이 있어 그것을 연결하는 메인보드가 있어야 한다.
그래서 그 크기가 클 수밖에 없다.

스마트폰에는 이러한 큰 메인보드를 설치할 수 없으므로 하나의 조그만 반도체 칩에 PC의 여러 기능을 집적해 놓아야 한다.
이렇게 소형의 집적된 기능의 반도체가 AP이다. 손톱만한 크기의 사이즈에 그 많은 부품들이 들어가야 한다. 그래서 단일 칩 시스템(SOC:System on Chip)이라 한다.
'21년 기준 AP 시장점유율은 미디어텍 38%, 퀄컴 30%, 애플 15%, 유니SOC 11%, 삼성전자 5%, 하이실리콘 1%이다.
그 외에도 시스템반도체에는 NPU 2세대 AI반도체, 뉴로모픽 반도체(3세대 AI반도체), CIS(빛을 기록하는 반도체), 이미지센서 등이 있다.
'21년 기준 CIS 시장은 24조 5천억 원으로 소니 39%, 삼성전자 23%, 옴니비전 13% 기타이다.

▷ 메모리 반도체

메모리 반도체는 '21년 기준 177조 원 규모로 전체 반도체 시장 27.7%를 차지하고 있다. 삼성전자와 SK하이닉스가 전 세계 시장의 72%를 차지하여, 20년 전 20개가 넘는 메모리 반도체 회사를 모두 몰락시키고, 현재 마이크론과 함께 3개 회사가 독차지하고 있다.
메모리 반도체에는 크게 RAM(휘발성메모리)과 ROM(비휘발성메모리)이 있다.

* RAM

 RAM은 Random Access Memory의 약자, RAM은 주기억장치라 불리며, CPU는 연산에 필요한 많은 정보를 RAM에 저장한다. 일반적으로 말하는 RAM이 DRAM이다.
DRAM은 'Dynamic RAM'의 약자로 1개의 트랜지스터와 1개의 키패시터(콘덴서)가 연결되어 있다. CPU의 데이터는 DRAM에 저장한다.

삼성전자는 1983년에 64KDRAM을 개발했다. 손톱만 한 크기의 칩 속에 64,000개의 트랜지스터를 집적하고 15만개의 소자를 800만 개의 선으로 연결해 8,000자의 글자를 기억하는 것이다.
삼성은 64KDRAM 개발로 메모리 반도체에서 세계 정상에 오르게 된 것이다.
DRAM은 컴퓨터 CPU옆에서 필요한 각종 데이터를 기억했다가 빠른 속도로 전달하는 장치이다.
ROM은 Read Only Memory, 이전엔 읽는 것만 가능한 메모리인데 요즘엔 읽고 쓰기가 자유로운 ROM이 등장했다.
ROM은 주기억장치인 RAM의 보조장치, 전원을 꺼도 저장하는 비휘발성 메모리 장치이다. D램의 세계 시장은 삼성전자가 42.3%, SK하이닉스 29.7%, 마이클론이 22.3% 기타이다.

* 낸드플래시
ROM 중 특이한 반도체를 낸드플래시라 한다.
D램은 처리속도가 빠르지만, 전원이 꺼지면 데이터가 저장되지 않는다.
낸드플래시는 속도가 느리지만, 전원이 꺼져도 데이터를 보존할 수 있다.
수많은 데이터를 저장 보관할 수 있는 대용량의 데이터산업 서버가 필요한 가운데 낸드플래시가 더욱 필요하게 되었다.
삼성전자가 2013년 쌓기 시작한 낸드플래시는 2020년 176단을 쌓았고 SK하이닉스는 2020년 176단, 2022년 238단을 쌓았고, 앞으로 500단, 1,000단을 쌓을 계획을 하고 있다.
낸드플래시 시장은 삼성전자 33.1%, 2위 SK하이닉스 19.5%, 3위 일본의 키옥시아 19.2%, WDC 14.2%, 마이크론 10.2%이다.

2-2-2 4차산업혁명과 자율자동차
반도체를 구하지 못하면 자동차 메이커는 자동차를 생산하지 못

하고 있다.
현대차 한 대를 새로 구입하는데 6개월~1년 정도 걸리는 것은 반도체를 구하지 못하기 때문이다.
이것은 현대 자동차 뿐 아니라 세계의 모든 자동차 메이커들이 똑같다.
2021년 기준으로 반도체 공급 부족으로 북미는 258만대, 유럽은 251만대, 중국 167만대, 기타 180만대를 못 만들고 있다. 주문자들은 1년씩 기다려야 했다.
그래서 폭스바겐은 10만대를 못 만들고, 아우디는 1만 명을 휴직시켰고, 포드는 20% 감산, 조업, 중단하였으며, 도요타는 중·미·일 공장의 생산축소, 현대는 특근 취소, 생산 감소, 한국지엠 50% 감산을 해야만 했다.
(출처: 자율주행차와 반도체의 미래 p61. 권영화)

보통 자동차엔 반도체가 300개, 전기자동차엔 1,000개, 자율자동차엔 3,000개 이상 20,000개가 들어가는 것으로 알려졌다.
4차 산업에서 자동차용 반도체가 가장 크게 증가할 것으로 전망된다.
차량용 반도체는 다품종 소량생산으로 매력이 없어, 굴지의 반도체 메이커들이 관심 갖지 않았다. 그래서 차량용 반도체의 수요 공급에 균형이 안 맞아 자동차 생산에 차질이 온 것이다.
전기차에서 자율주행차로 변화 발전하는 단계에서 반도체는 폭발적으로 수요가 늘고 있다. 현재 반도체 시장의 10% 정도인 차량용 반도체는 앞으로 20%를 점할 것으로 예상된다.
차량제조 원가에서도 2030년이 되면 반도체가 차량의 20% 차지하는 것으로 나와 있다. 그래서 미국의 인텔, 독일의 보쉬, 그 외 모든 자동차 메이커들이 자체적으로 반도체생산에 집중 투자를 하고 있다.
자동차는 현재 이동하는 운반수단의 기계이지만, 점차 이동하는 바퀴 달린 스마트폰으로 변화 발전하고 있다.
자율주행으로 운전은 기계가 알아서 가고, 그 안에서 문화공간으로 인간은 즐길 뿐이다.
그러므로 거기에 반도체가 수없이 많이 소요되게 되는 것이다.
자율주행의 자동차는 나르는 택시로 발전하고 드론, 운반 로봇과 함께 모빌리티로 귀착할 수밖에 없다. 여기 모빌리티로 발전하는 그 핵심이 반도체로써 수요가 폭발하는 것이다.
그래서 TSMC, 삼성전자, 인텔 등 반도체 메이커들이 차량용 반도체 생산에 대폭 투자를 늘리고 있다
팹리스 회사들도(MVIDIA, 퀄컴, 브로드컴, AMD등) 차량용 반도체를 설계할 수 있도록 대폭 투자하여 자동차 메이커와 합작하고 있다.
최근 반도체 생산은 빅테크 기업이 모빌리티용 반도체 생산에 뛰어들고 있다.
구글, 애플, 메타(페이스북), 마이크로소프트, 아마존, 바이두, 알리바바, 테슬라 등이 뛰어들고 있다.
(출처: 자율주행차와 반도체의 미래. 권영화)

이런 빅테크 기업들은 필요 반도체를 설계하여 TSMC나 삼성전자 같은 파운드리에
위탁하여 생산할 수밖에 없다. 1개의 팹 건설에 보통 15조 원이 들기 때문이다.
완전 자율주행인 반도체의 기술이 관건이다.
현재 3 나노기술이 개발되고 있는데, 앞으로 3년 내에 2나노 기술이 개발될 것으로
예상된다.
모빌리티 시대로 진입함에 따라 전체 반도체 중 AI 반도체가 차지하는 비중이 높아져 미래엔 약 1/3이 AI 반도체가 될 거란 전망이 나오고 있다.

자율주행이 실현되기 위해선 AI 반도체의 역할이 무엇보다도 중요하다.
현재 3단계의 자율주행차가 5단계의 완전 자율주행차가 되면 1대당 보통 20,000개 이상의 반도체가 쓰일 전망이다.
모빌리티 산업은 자동차의 3배 이상으로 커질 전망이다. 자율주행엔 AI 반도체가 필수적이다. AI 반도체는 스스로 데이터를 파악하고 수집할 뿐 아니라 추론까지 할 수 있어야 한다. 현재 자율주행차는 미국과 중국이 시장을 주도하고 있다.

2-2-3 4차산업 혁명과 플랫폼
디지털 인터넷의 발달은 필연적으로 플랫폼 혁명을 이룬다.
플랫폼이라면 버스나 전철의 승강장에서 사람들이 모여 승차하는 곳이다.
전통시장이나 백화점도 플랫폼의 일종이다.
4차 산업혁명에서는 인터넷으로 한다는 점에서 그 이전과 개념이 근본적으로 다르다.
범위, 속도, 편의성, 효율성에서 혁명적이다.
4차 산업혁명의 플랫폼은 인터넷에서 연결로 이루어진다.
전화기를 예를 들면 전화기 1대면 연결은 없다. 2대면 1개의 연결이 가능하다.
4대면 6개의 연결이 가능하다. 12대면 66개, 100대면 4,950개의 연결이 가능하다.
이렇게 인터넷에 연결된 기기가 2,000년에는 5억 개에서 2012년엔 120억 개의 기기와 30억 명의 사람이 연결된다.
2020년엔 연결된 사물의 개수가 500억 개를 넘어서 사람과 사람, 사람과 데이터, 기기와 기기가 연결됐다. 이러한 연결 기능을 적극적으로 이용한 기업들이 탄생했다.
곧 세계적인 새로운 기업. 페이스북, 트위터, 카카오톡, 애플, 아마존, 알리바바 등은 이렇게 탄생된다.

(출처: 건설산업의 새로운 미래. p55. 이상호)

2016년 세계경제포럼(다보스포럼)은 향후 10년간 새로운 가치의 60~70%는 데이터와 플랫폼에서 창출될 것으로 전망했다.
10년 전에는 전통적인 에너지 금융들이 세계 경제를 이끌었다. 액슨 모빌, GE, 페트로브라스 등이 세계 경제를 주도하던 시대와 달리 요즘은 구글, 애플, 아마존, 페이스북, 마이크로소프트 등 디지털 강자들과 테슬라, 우버, 에어비엔비등 신흥 플랫폼 기업들이 세계 경제를 이끌고 있다.

- 시가총액 -

2009년	순위	2019년
액슨모빌	1	애플
월마트	2	마이크로소프트
차이나모바일	3	알파벳
중국공산은행	4	아마존
GE	5	페이스북
P&G	6	버크셔 해서웨이
마이크로소프트	7	알리바바
폭스바겐	8	JP모건체이스
로열더치셸	9	텐센트
페트로차이나	10	VISA
존슨앤존슨	11	존슨앤존슨
AT&T	12	월마트

(출처: 디지털플랫폼 트랜드와 종횡무진디지털전환. 김준연)
2019년엔 시가 총액 10개 중 7개 기업이 플랫폼, 기업디지털 기업은 기존 사업과 플랫폼을 결합해 업계 경계를 허물고 압도적인

경쟁력으로 세계 시장을 선점한다.
빅데이터와 IoT, 인공지능, 블록체인기술로 수요와 공급의 가치 사슬은 선형사슬에서 네트워크로 바뀌고 있다.
전통적인 자동차 산업은 디지털 플랫폼의 등장과 자동차에 대한 기술의 통합으로 인해 상당한 변화를 겪고 있으며 전기차 자율주행 카세이링, 커넥티드카 등 네트워킹을 위한 가치체계로 변하고 있다.

▷ 전기 차량 - 테슬라는 전기 동력 열차와 첨단 소프트웨어 및 연결 기능을 결함 함으로써 그 가치를 높이고 있다.
▷ 커넥티드카 - 디지털플랫폼은 자동차를 커넥티드 장치로 변화시키고 있다. 요즈음 차량들은 GPS 네비게이션 실시간 교통업데이트, 엔터테이먼트 옵션 및 원격 차량 모니터링을 가능케 한다. 그것은 다양한 반도체센터, 인터넷 연결, 소프트웨어가 있기에 가능한 것이다.
▷ 자율주행 - 디지털 플랫폼은 자율주행차나 자율주행차의 길을 열어주고 있다.
웨이모, 우버, 전통자동차 등은 자율주행에 많은 투자를 하고 있다.
이러한 차량은 고급센서, 기계 학습알고리즘 및 데이터 처리에 의존하여 사람의 개입 없이 탐색 작동한다. BMW와 벤츠의 경쟁 상대는 자동차를 만들지 않는 우버가 되고, 이마트 등 마켓은 포털업체인 네이버가 경쟁상대가 되고 있다.

2-2-4 4차산업혁명과 빅데이터
빅테이터는 4차산업혁명의 '재료' 역할을 한다.
데이터란 무엇인가?
1854년 나이팅게일은 자원봉사자 38명과 터키의 영국군 야전병원으로 갔다.

그녀는 깜짝 놀랐다. 왜냐하면 많은 환자가 전쟁에서의 부상이 아닌 야전병원에서의 감염된 다른 질병으로 죽어가는 것을 목격했기 때문이다.

나이팅게일은 이러한 사실을 객관적으로 파악할 필요를 느꼈다. 그녀는 세계 최초로 의무기록표를 만들었다. 입원환자의 부상내용, 치료내용, 추가 질병감염 여부, 치료결과 등을 매일 매일 꼼꼼하게 기록하고 월별로 종합했다.

이 조사를 통해 영국당국은 부상병이 야전병원에서 치료 되기는 커녕 다른 감염된 질병으로 죽는다는 사실에 놀랐다. 이러한 조사 통계가 '데이터'이다.

4차 산업혁명 시대엔 정보통신기술이 발달하여 앞에 언급했듯이 몇 십 조의 기가바이트 데이터가 나타났다. 이를 빅데이터라 한다.

사물인터넷(IoT)과 인공지능이 발달하여 데이터는 더욱 많이 생산되고 수집, 분석, 실시된다.

2021년 데이터량은 79 제타바이트(ZB,1ZB=1조 1,000억 기가바이트)이다.

이는 지구에서 태양까지 6번 왕래할 수 있는 숫자이다.

2025년에는 181 ZB로 늘어난다고 추정된다. 이러한 방대한 빅데이터는 사물인터넷(IoT)과 AI가 있어 수집, 분석, 계산 사용하는 것이 가능하다.

(출처: 세상을 뒤바꿀 미래기술. p75.이데일리 미래기술 특별취재팀)

이러한 빅데이터의 활용 여부가 향후 기업의 생존을 좌우할 것이다.

세상 사람들이 구글, 네이버, 메타(페이스), 애플 등이 제공하는 빅데이터들의 서비스를 무료로 이용하지만, 사람들의 이용 행동은 데이터로 쌓여 기업들의 이익추구에 쓰이는 것이다.

이러한 빅데이터를 처음 이용한 구글, 애플, 메타(페이스), 아마존을 제외하면 이를 활용하고 있는 기업은 6%에 불과한 것으로 조사됐다.
(출처: 미·영·일·인도 등 8개국 기업 임원 조사결과 - 세상을 뒤바꿀 미래기술. P81 전음배)

2-2-5 4차산업혁명과 사물인터넷(IoT)

컴퓨터와 스마트폰에는 인터넷이 연결되어있다.
그런데 모든 사물에 디바이스란 센서를 부착하여, 이것을 인터넷에 연결시킨 것을 사물인터넷(IoT)이라고 한다.
컴퓨터와 스마트폰이 내장된 반도체 칩이 컴퓨터로 인정되지 않은 사물 안으로 들어가는 것을 말한다. 세상의 모든 물건들이 컴퓨터가 되어간다는 뜻이다.
사물인터넷(Internet of Things)을 활용한 스마트홈 기술은 이제 우리의 일상 활동이 되어가고 있다.
출근을 하였을 때 가스 불을 켜놓고 출근했을 경우, 스마트폰 앱을 켜서 가스레인지의 불을 끄는 것이 IoT의 기능이다.
컴퓨터나 휴대폰을 통해 인터넷에 연결하는 것이 아니라 TV, 냉장고, 세탁기 등 가전제품과 자동차, 책상, 쇼파 등 가구 그 자체에 센서와 통신 기능을 넣어 인터넷에 곧바로 연결하는 것이다.
(출처: 세상을 뒤바꿀 미래기술.p75.이데일리미래기술특별취재팀)

IoT에서 가장 중요한 것은 바로 '센싱(ssensing)이다. 즉 감지원리가 발달 된 물리, 화학, 기계적 변화를 전기적 특성으로 바꿔 데이터화하여 IoT 플랫폼에 전달된다.
온도를 전기로 변환하는 열전, 빛을 전기로 바꾸는 광전, 물체에 가해지는 압력의 저항값. 압저항. 전압을 유도하는 압전, 열이 저항 변화를 일으키는 초전, 자기장에서 나오는 자기변형. 그 외 수많은 과학의 발달로 센싱이 발전해왔다.
이러한 발달된 센싱이 반도체의 발달로 초소형 정밀기계기술

(MEMS=Micro-Electro Mechanical Systems)과 실제로 웨이퍼(Wafer)=직접 회로를 만드는 얇은 판)를 비롯한 반도체에 수렴되며 IoT가 비약적으로 발전하게 된 것이다.

센서를 통해 수집된 정보는 AI를 통해 분석, 정리하여 제어 행동 장치에 명령되어 수행되는 것이다.

스마트폰으로 에어컨, 세탁기, 냉장고를 제어하는 일은 이제 일상적인 일이 되어

가고 있다. 스마트 오븐은 조리할 때 메뉴를 고르면 자동으로 조리시간을 조절한다.

최근에는 산업에서 IoT를 도입하고 있다.

산업 IoT는 제조에서부터 에너지, 건설. 농업 등 산업현장 일선에 IoT 기술을 적용

하여 생산성을 높이고 있다.

최근에는 IoT에 지능형 인공지능 AI를 결합하는 추세다.

IoT 센서로 수집된 정보를 분석, 결합하여 행동 실시를 명하는 것이다.

이러한 IoT는 스마트가정, 스마트도시, 스마트 공장을 만들어가고 있다.

그래서 IoT의 수요는 거대한 시장을 형성한다.

2022년까지 IoT 기기는 모든 네트워크 기기의 51% (146억 개)를 점하고 있다.

1992년 평균 22달러였던 센서 가격이 2014년엔 1.4달러로 떨어져 공급의 문턱을 낮추고 있다. 2020년 현재 1,000억 개의 디바이스가 인터넷에 연결된 것으로 추정된다. 가격 면에서 2021년 790억 불(약 105조원) 수준의 스마트홈 시장규모는 2026년에는 2,800억 불(약 374조원)로 예상된다.

(출처: 세상을 뒤바꿀 미래기술.p75.이데일리미래기술특별취재팀) 이러한 IoT의 보급과 일상적 사용이 4차산업혁명을 만들어가는 것이다.

2-2-6 4차 산업혁명과 인공지능(AI)

인공지능(AI) 알파고가 세계 바둑의 1인자 이세돌 9단과 중국의 커제 9단을 이기며 세계는 인공지능에 많은 관심을 갖게 되었다. AI는 이제 빅데이터의 분석정리에서 창작영역까지 발전해가고 있다.

인공지능이란 인간의 지능을 시뮬레이션, 확장, 발전시키는데 각종이론, 방법, 기술, 응용시스템을 연구하는 분야다.

컴퓨터 과학의 한 분야인 인공지능(AI)은 현재 로봇개발, 음성인식, 이미지인식 등 다양한 영역에 활용되고 있다.

이러한 인공지능의 발달은 최첨단 반도체와 빅데이터가 있어 가능해진 것이다.

수많은 데이터에서 유의미한 정보를 수집하고 그 정보에서 필요한 지식을 요약하여 활용가능토록 비즈니스적으로 이용한다.

즉 데이터는 디지털로 기록된 숫자, 문자, 이미지 등을 의미하며 정보는 기록된

데이터의 의미 있는 조합이다.

지식은 수많은 정보를 통하여 활용 가능한 규칙을 뽑아낸다.

이런 것이 가능한 것은 수많은 빅데이터를 기억하는 메모리반도체가 있고 기억된 데이터를 분석하고 정리 요약하며 창조할 수 있는 기능의 첨단 비메모리 반도체가 있어서 가능한 것이다.

자율 주행하는 사람이 목적지만 입력하면 차가 알아서 가장 효율적인 교통상황과 주변 환경을 파악하여 목적지까지 안전하게 이동한다.

자율주행차는 주행 시 만날 수 있는 다양한 상황을 판단하는 장치, 주변을 감지하는 각종 센서, 그리고 판단을 집행하는 액추에이터(actuator. 작동기)로 구성된다.

이 중 가장 중요한 것은 AI 시스템이다.

주변 상황을 감지한 데이터를 가장 신속히 대처하지 못하면 사고가 나기 때문에, 판단하여 행동 명령을 하는 AI가 중요한 것이

다. 그래서 AI에 최첨단 반도체가 있어야만 가능한 것이다. 독일은 4차 산업혁명의 근원을 제조업의 혁신으로 봤다.
2011년 'Industry 4.0'에서 공장의 혁신정책을 내놓은 것이다.
제조업의 혁신 내용은 스마트 공장화하는 것이다.
스마트공장이 4차산업혁명의 핵심 엔진으로 본 것이다.
스마트 공장이란 스마트제품, 스마트모빌리티, 스마트그리드, 스마트빌딩, 스마트물류 등을 포괄한다.
이러한 내용을 '사물인터넷에 모두를 연결하고 '서비스인터넷'에 종합한다. 여기에 수많은 데이터를 종합하고 분석·판단하는 AI 기능이 첨가된다. 그러므로 스마트제조는 신제품의 빠른 제조, 제품 요구에 대한 적극적 대응, 제조과정과 공급 사슬망의 실시간 최적화가 가능한 첨단 지능형 시스템으로 원자재에서부터 최종제품의 시장배송까지 총체적 연결을 지향한다.
기존의 컴퓨터는 인간의 전산 능력을 배가하는 능력을 가짐에 비해 AI는 인간 관여없이 스스로 학습하고 종합 분석하여 결정을 내리는 획기적 변화가 도래한 것이다.
구글, IBM, 마이크로소프트, 애플, 페이스북, 바이두, 알리바바, 삼성 등이 AI에 적극 참여하여 앞으로 자율주행 의료기술, 유전자분석, 신약개발, 금융거래 등에 획기적인 발전이 전망된다.

2-2-7 4차산업혁명과 메타버스

인류는 아날로그 시대에서 3차 산업혁명을 거치며 디지털시대로 접어들었다.
그 디지털시대가 꽃을 피어 4차 산업혁명 시대를 만들어 냈다.
즉, 스마트폰, 컴퓨터, 인터넷의 디지털 미디어와 디지털 지구를 메타버스라 한다.
메타버스는 초월적 가상과 우주를 뜻하는 메타와 유니버스의 합성어이다.
현실을 초월한 가상세계를 말한다.

페이스북, 인스타그램, 카카오스토리에 일상을 올리는 것, 인터넷 카페에서의 활동, 그리고 온라인 게임은 모두 메타버스에서 태어난 것이다.

메타버스는 증강현실세계, 라이프로킹세계, 거울세계, 가상세계로 분류된다.

메타버스를 운영하는 아마존은 1,880조 원으로 세계 4위, 유튜브의 구글은 1,200조원으로 세계 5위, 라이프로킹의 페이스북은 시가 총액 900조 원으로 세계 6위, 게임의 텐센트는 매출 770조 원으로 세계 8위다.

세계 시가 총액 8개 기업중 절반이 메타버스 관련 기업이다.

메타버스의 기업들은 유통, 제조 기업을 능가하고 있다. 보다 세부적으로 설명해 본다.

2-2-7-1 증강현실세계

증강현실은 가상의 사물을 실제 세계 위에 보여주는 기술을 말한다.

복잡한 기계장치 제작이나 전투기 조립공정에 증강현실을 도입하면 획기적인 효과를 거둘 수 있다. 도면에 따라 2,000개 이상의 부품을 순서대로 조립하면 많은 시간과 시행착오가 발생하지만, 증강현실을 사용할 경우 작업자가 헤드셋을 통해 작업 과정에 따라 부품과 도면정보가 정확하게 제공된다.

전투기 조립공장은 너무 복잡해서 기술자들을 훈련시키는데 만 몇 년이 걸린다.

그러나 증강현실이 도입되면 작업 정확도가 90% 생산속도가 30% 향상된다.

유럽 항공기 제조회사는 증강현실시스템을 이용해 3주 이상 걸리는 제조공정을 3일로 줄였다. 보잉747-8 항공기는 증강현실을 이용해 작업시간을 25% 단축하고 0%의 오류를 기록했다.

(출처: 메타버스, 김상균)

2-2-7-2 라이프로깅

디지털기술을 이용하여 개인의 삶의 다양한 측면을 지속적으로 기록하는 작업을 말한다.

우리가 자주 사용하는 소셜미디어(SM), 페이스북, 인스타그램, 트위터, 카카오스토리 등은 모두 라이프로깅이다.

라이프로깅에 참여하는 사람들은 두 가지 주요 역할을 한다.

첫째, 학습, 업무, 일상, 모든 순간을 이미지와 영상으로 기록해 온라인 플랫폼에 저장한다. 모든 스토리는 스마트폰 카메라를 사용하거나 웨어러블 기기를 통해 정보를 수집한다.

둘째, 다른 사용자가 올린 라이프로깅 스토리지를 보고 자신의 생각을 문자로 남기거나 자신의 라이프로깅 사이트에 올려 이모티콘으로 자신의 감정을 표현하고 나중에 다시 보거나 공유한다.

라이프로깅의 개념은 아날로그 시대의 다이어리가 대표적인 라이프로깅이다.

소셜미디어에 공유하고 싶은 주요 내용은 자신의 생각, 하고 있는 활동, 추천하고 싶은 것, 알려 주고 싶은 뉴스 기사, 다른 사람의 라이프로그, 느끼는 감정, 앞으로의 계획 등이다. 이 과정에서 방송 편집 등의 현상이 발생한다.

다른 사람들에게 알리고 싶지 않은 나의 실제 모습을 대부분 지워버리고 한마디로 현실에서 보여주고 싶지 않은 나를 배제하고, 이상적인 자신의 모습을 추가해서 라이프로깅을 즐기는 추세다.

페이스북은 매일(2019) 15억 6천만 명이 접속한다. 이런 페이스북은 558억 달러(약70조 원)의 매출을 올렸고(2018) 2018년 영업 이익률은 44%(약 29조 원)였다. 현대차 매출은 97조 원, 영업이익은 2조4,000억 원이었다.

세계 판매1위 토요타는 영업이익이 24조 6,000억(2018년)이다.

(출처: 메타버스,김상균)

2-2-7-3 거울세계

물리적(현실)세계를 디지털로 복제한 것을 거울세계라 한다. 물리적 현실을 센서, 위성, 카메라 및 데이터 수집 기술로 수집된다. 수집 후 데이터를 처리, 결합하여 현실 세계를 상세하게 표현한다. 대표적인 것은 구글지도 서비스, 에어비엔비, 카카오톡이다.

▷ 구글 지도 서비스
구글은 인터넷 지도서비스에서 도로, 건물 모습을 나타내고 주소까지 싣는다. 거리의 모습을 사람이 실제 찍은 사진과 항공사진까지 제공한다. 구글은 2005년부터 서비스를 지금까지 제공하고 있다.
많은 돈을 투자함으로 이제는 세계의 모든 지도를 장악한 거대한 권력자가 된 것이다.

▷ 에어비엔비
에어비엔비는 개인 소유의 아파트, 오피스텔, 주택을 에어비엔비에 등록하고 사용하지 않는 기간에 타인에게 임대하는 방법이다. 숙소의 위치, 방, 침대, 주방, 욕실을 공개하여 이용객이 확인할 수 있도록 하는 것이다.
매일 하루 200만 건이 거래된다. 즉 하루 200만 명이 200만 개의 객실을 이용하는 세계 최대의 호텔을 경영하고 있는 것이다. 이러한 기적은 메타버스란 과학을 이용함으로 가능한 것이다.

▷ 카카오톡
카카오톡은 한국인의 94.9%(3,743만명 2019.12 기준)가 이용하고 있다. 카카오는 네비, 택시 불러주기, 대리운전, 버스노선안내. 지하철 노선 안내, 주차장 찾기를 안내한다. 금융결제, 은행 서비스, 카카오TV 등을 운영하는 카카오는 시가 총액 34조 5,000억 원(2020.8 기준)으로 국내기업 9위를 기록한다. 8위인 현대 자동차(시가 36조 3,000억 원)과 비등한 사업 규모이다.
(출처: 메타버스,김상균)

2-2-7-4 가상세계

가상세계는 현실에 존재하지 않는 전혀 다른 세계이다.
가상의 에너지, 신기한 물건, 환타지적 세계나 이야기를 꾸민 세계를 말한다.
가상세계는 크게 나누어 게임형태, 비게임 형태로 나누어진다.
미국의 13세 미만 아이들은 유튜브보다 로블록스에서 2.5배 정도의 시간을 더 보낸다. 넷플릭스보다 16배 정도 시간을 로블록스 메타버스에서 보낸다
(출처: 메타버스,김상균)
포트나이트, 마인크래프트, 로블록스와 같은 게임들은 수백만 명의 단골 사용자들을 갖고 있다.
페이스북, 인스타그램, 트위터와 같은 소셜미디어 플랫폼은 완전한 메타버스 경험은 아니지만, 소셜상호작용, 콘텐츠공유, 가상표현을 제공한다. 가상세계에서는 가상콘서트, 이벤트를 하여 수백만 명의 시청자가 모여들기도 한다. 가상마켓에서는 사용자가 암호 화폐를 이용하여 가상로지자산 및 서비스를 사고 팔 수도 있다.
요약하면 메타버스의 가상 세계는 사용자가 디지털 세계 내에 몰입하여 이루어진다.
사용자는 가상세계에서 다른 사용자와 실시간으로 상호작용할 수 있다. 그들은 디지털공간에서 대화에 참여하고 다양한 활동에 참여할 수 있다.

2-2-8 4차 산업혁명과 그린뉴딜

2-2-8-1 기후위기와 탄소중립

2019년 9월 2일부터 2020년 2월 13일까지 5개월간 호주에서 산불이 났다.
남북한 면적의 85%에 해당하는 18만6,000㎢가 불에 탄 것이다.
시드니 서쪽엔 섭씨 48.9℃의 이상 고온이 일어나고, 산불의 연기는 태평양을 넘어 아메리카대륙, 동경만, 한국 남해안, 뉴질랜드를 뒤덮었다.
연기는 태양을 가리고 기온은 떨어졌다. 이 산불로 34명의 사람이 죽었고, 30억 마리의 동물이 죽은 것으로 밝혀졌다.
이런 산불은 캘리포니아와 브라질 아마존에서도 일어났다.
이번 산불뿐 아니라 미국 플로리다와 이탈리아 베네치아에 선 대홍수로 해면이 상승하여 전 세계 해안지역에 경보를 울렸다.
이러한 산불은 지구의 온난화 기후 이상이 원인으로 밝혀졌다.
1880년부터 현재까지 지구의 온도가 1℃ 상승했는데, 대부분 근래 50년 만에 올라간 것으로 밝혀졌다. 지구의 기온상승은 왜 일어났을까?
그것은 바로 탄소(C)의 배출이 원인으로 밝혀졌다.
화석연료가 불에 탈 때 산소를 흡수하여 CO_2가 발생하고 공기 중 CO_2는 오랫동안 머물면서 지구의 기온을 상승시킨다는 것이다.
현재 상태로 지구의 화석연료가 에너지원으로 사용된다면, 2100년경에는 지구의 온도가 4℃ 상승하는 것으로 과학자들은 계산했다.
(출처: 수소자원혁명.p32. 마르코알베리.김종명 역)

4℃가 상승하면 아마존 열대우림이 말라 소멸하고, 그린랜드와 남극빙하가 녹아 해수면이 10m 상승하는 것으로 계산된다.

여기에 지구 온난화는 강력한 온실가스, 메탄가스가 방출되어 지구에 생명체가 살수 없는 상태가 된다고 과학자들은 예상했다.
그래서 세계 각국 전문가들이 2015년 파리에 모여 파리협정을 체결하였다. 2050년까지 탄소(CO_2)를 'ZERO'화(중립화)하기로 그리고 글로벌(global)기업들은 향후 10~20년을 내다보니 탄소중립을 하지 않으면 기업 운영이 어려울 것으로 판단하여 대책을 세우기 시작했다.
4차산업혁명까지는 화석연료를 에너지원으로 이루는 문명이다.
그런데 4차산업혁명까지 발전된 문명은 지구 온난화로 생존의 위기에 봉착했다.
그래서 모든 나라 과학자들은 지구 온난화 주범인 화석연료에 의한 탄소 중립을 목표로 세웠다. 그 대안이 화석연료(석탄, 석유, 가스) 대신 수소가스로 에너지를 바꾸는 것이다. 특히 유럽의 국가들은 탄소(석유, 석탄, 가스)사용 모든 기업에 탄소세를 부과하고 2021.7월 탄소 국경세를 도입하여 탄소사용제품(철강, 자동차 등)에 관세를 부과키로 했다.
탄소 국경세는 2023년부터 3년간 과도기를 거쳐 2026년부터 본격 시행키로 했다.
(철강, 시멘트, 비료, 알루미늄, 전기, 수소 6개 분야부터 실시 이후 확대)
수소는 석유의 3배, 석탄의 6배나 되는 발열량의 연료이다.
수소는 화석연료와 달리 탄소를 전혀 배출하지 않는다. 탄소는 산화하여 CO_2가 되지만 수소는 산화하여 H_2O(물)이 된다.
지구표면의 2/3가 물이다. 그런데 H_2O인 물이 H_2와 O로 분리하는데 전기가 필요하다. 이 전기는 태양광, 풍력, 수력, 지력이 이용된다. EU는 2030년까지 연간 1,000만 톤의 수소를 생산하며 2050년까지 EU 전역에 화석연료를 사용하지 않는 탄소중립 EU를 실시할 계획이다.
EU는 2030년까지 승용차 370만대, 경상용차 50만대, 트럭 4만

5,000대, 열차 570대를 수소연료로 사용할 계획이다.
(출처: 2050 탄소중립사회의 문을 여는 열쇠. 수소. p177. 우경봉)

2030년까지 수소의 주요 수요처는 EU가 될 전망이다. 호주는 광활한 국토에 태양광이 천혜 조건을 갖추고 있다. 중동, 아프리카의 사막 또한 태양열의 좋은 조건을 갖고 있다. 호주는 45조 원의 시설 투자로 수소를 생산할 계획이다.
머지않아 호주, 중동, 남미, 아프리카에서 생산된 수소가 석유를 대체하는 연료가 되어 한국, 일본, 중국, 북미, 유럽 등지에 수출될 것으로 예측된다.
한국은 2020년 탄소 중립을 선언하였다.
EU와 미국의 '탄소 국경세'로 제조 산업 연료가 탄소 중립화가 안 되면 살아남을 수가 없다. 한국은 수출주도형 국가이기 때문이다. 멕켄지컨설팅회사는 예측하였다.
2030년까지 3,000억 달러. 2050년까지 2조 달러로 수소산업이 발전할 것이며, 수소산업의 일자리는 3,000만 개에 달할 것으로 전망했다.
(출처: 2022.한국경제대전망 P183, 우경봉)

2-2-8-2 그린뉴딜의 개념
그린뉴딜은 기후위기와 경제위기를 동시에 극복하기 위한 일련의 정책과 사업을 말한다. 녹색 성장에서 한 걸음 더 나아가, 기존의 산업사회구조를 재편·전환하고 그 과정에서 발생할 수 있는 격차를 해소하고 사회안전망 구축을 통해 공동체의 지속가능한 발전을 도모하는 것을 말한다.

▷ 그린뉴딜의 주요 목표
* 기후위기 대응: 온실가스 배출을 감축하고 탄소 중립 사회를

실현하기 위한 정책과 사업을 추진한다.
* 경제 활성화: 녹색 산업과 일자리를 창출하여 경제를 활성화한다.
* 사회적 정의 실현: 녹색 전환 과정에서 발생할 수 있는 격차와 불평등을 해소하고 사회적 형평성을 제고한다.

▷ 그린뉴딜의 구체적인 정책과 사업
- 에너지: 신재생에너지 확대, 에너지 효율 향상, 에너지 수요 관리
- 환경: 기후변화 적응, 환경오염 저감, 자연 생태계 보전
- 교통: 대중교통 활성화, 친환경 자동차 보급, 자전거 이용 확대
- 주거: 에너지 효율 개선, 친환경 건축물 확대
- 산림: 산림 복원, 산림 탄소흡수원 확대
- 농업: 친환경 농업 확대, 탄소중립 농업 실현
- 산업: 녹색 산업 육성, 녹색 기술 개발

▷그린뉴딜은 전 세계적으로 확산되고 있는 정책의 개념
미국, 유럽연합, 중국 등 주요 국가들은 그린뉴딜을 통해 기후위기 대응과 경제 활성화를 동시에 달성하기 위해 노력하고 있다. 한국에서도 2020년 7월, 한국판 뉴딜 종합계획을 발표하고 그린뉴딜을 핵심 정책으로 추진하고 있다.
한국판 뉴딜의 그린뉴딜 분야 예산은 2025년까지 총 73조 원으로, 에너지, 환경,
교통, 주거, 산림, 농업, 산업 등 다양한 분야에서 녹색 전환을 추진할 계획이다.
요약하면 그린뉴딜은 '기후위기'와 '경제위기'라는 두 가지 위기를 동시에 극복하기 위한 중요한 정책이다. 그린뉴딜의 성공적인 추진을 통해 지속가능한 미래를 만들어 나갈 수 있을 것으로 기

대된다.

2-2-8-3 그린뉴딜과 4차산업혁명과의 관계성

그린뉴딜과 4차산업혁명은 서로 밀접하게 연관되어 있다. 4차산업혁명은 정보통신기술(ICT)을 기반으로 한 혁명으로, 다양한 산업과 사회 전반에 걸쳐 변화를 가져오고 있다.
그린뉴딜은 이러한 4차산업혁명의 기술을 활용하여 기후위기 대응과 경제 활성화를 동시에 달성하기 위한 정책이다.
그린뉴딜과 4차산업혁명의 관계성은 다음과 같이 요약할 수 있다.
4차산업혁명의 기술은 그린뉴딜의 실현을 위한 핵심적인 역할을 한다. 예를 들어, 신재생에너지 발전, 에너지 효율 향상, 교통 및 주거의 친환경화, 기후변화 적응 등 그린뉴딜의 주요 분야에서 4차산업혁명의 기술이 활용될 수 있다.
그린뉴딜은 4차산업혁명의 기술을 확산하고 발전시키는 데 기여한다. 그린뉴딜의 추진을 통해 4차산업혁명의 기술에 대한 수요가 증가하고, 이에 따라 기술 개발과 투자가 활성화될 것으로 기대된다.
구체적으로, 그린뉴딜과 4차산업혁명의 관계성을 다음과 같은 세 가지 측면에서 살펴볼 수 있다.

1. 기술적 측면

4차 산업혁명의 기술은 그린뉴딜의 실현을 위한 핵심적인 역할을 한다. 예를 들어, 다음과 같은 기술이 그린뉴딜의 주요 분야에서 활용될 수 있다.

- 에너지 분야
풍력, 태양광, 수소 등 신재생에너지 발전, 에너지 효율 향상, 에너지 수요 관리 등에 인공지능(AI), 사물인터넷(IoT), 빅데이터 등 4차 산업혁명의 기술이 활용될 수 있다.
- 환경 분야
기후변화 적응, 환경오염 저감, 자연 생태계 보전 등에 인공지능, 빅데이터, 로봇공학 등 4차 산업혁명의 기술이 활용될 수 있다.
- 교통 분야
대중교통 활성화, 친환경 자동차 보급, 자전거 이용 확대 등에 자율주행, 빅데이터, 5G 등 4차 산업혁명의 기술이 활용될 수 있다.
- 주거 분야
에너지 효율 개선, 친환경 건축물 확대 등에 3D 프린팅, 인공지능, 빅데이터 등 4차 산업혁명의 기술이 활용될 수 있다.
- 산림 분야
 산림 복원, 산림 탄소흡수원 확대 등에 인공지능, 빅데이터, 드론 등 4차 산업혁명의 기술이 활용될 수 있다.
- 농업 분야
친환경 농업 확대, 탄소중립 농업 실현 등에 인공지능, 빅데이터, 로봇공학 등 4차 산업혁명의 기술이 활용될 수 있다.

2. 경제적 측면

그린뉴딜은 4차 산업혁명의 기술을 확산하고 발전시키는 데 기여함으로써 경제
활성화에 기여할 수 있다. 그린뉴딜의 추진을 통해 4차산업혁명의 기술에 대한
수요가 증가하고, 이에 따라 기술 개발과 투자가 활성화될 것이다.
이는 새로운 일자리 창출과 경제 성장으로 이어질 수 있다.

3. 사회적 측면

그린뉴딜은 4차산업혁명의 기술을 활용하여 기후위기 대응과 사회적 형평성 제고에 기여할 수 있다. 예를 들어, 다음과 같은 방식으로 그린뉴딜과 4차산업혁명이 연계될 수 있다.

기후위기 대응으로 인공지능, 빅데이터, 로봇공학 등 4차산업혁명의 기술을 활용하여 기후변화에 대한 예측과 대응을 강화할 수 있다.

사회적 형평성 제고면에서 4차산업혁명의 기술을 활용하여 녹색전환 과정에서 발생할 수 있는 격차와 불평등을 해소할 수 있다. 결론적으로, 그린뉴딜과 4차산업혁명은 서로 밀접하게 연관되어 있으며, 서로의 발전을 촉진하는 관계에 있다고 할 수 있다. 그린뉴딜과 4차산업혁명의 융합을 통해 지속가능한 미래를 만들어 나갈 수 있을 것이다.

2-2-9 4차 산업혁명과 중소기업

2-2-9-1 4차산업혁명시대의 중소기업개괄

4차산업혁명은 인공지능(AI), 사물인터넷(IoT), 빅데이터, 클라우드 컴퓨팅 등 첨단 정보통신기술(ICT)의 융합으로 기존 산업과 사회 전반에 걸쳐 급격한 변화를 가져오는 시대를 의미한다. 중소기업은 한국 경제의 근간을 이루는 중요한 주체로, 전체 기업의 99.9%, 종사자의 89.6%를 차지하고 있다. 따라서 4차산업혁명은 중소기업에게 새로운 기회와 도전이 공존하는 시대로 볼 수 있다.

< 4차 산업혁명 시대 중소기업의 기회>

4차 산업혁명은 중소기업에게 다음과 같은 기회를 제공한다.

- 새로운 시장 창출

4차 산업혁명으로 인해 새로운 제품과 서비스가 등장하고, 기존 시장의 재편이 이루어질 것으로 예상된다. 중소기업은 이러한 변화에 발맞춰 새로운 시장을 창출할 수 있는 기회를 갖게 된다.

- 생산성 향상

첨단 ICT 기술을 활용하면 생산성 향상, 비용 절감, 신제품 개발 등의 효과를 얻을 수 있다. 중소기업은 이러한 기술을 도입하여 경쟁력을 강화할 수 있다.

- 글로벌 진출 확대

4차산업혁명으로 인해 글로벌 시장의 경계가 허물어지고, 새로운 사업 기회가 창출될 것으로 예상된다. 중소기업은 첨단 ICT 기술을 바탕으로 글로벌 시장 진출을 확대할 수 있다.

<4차 산업혁명 시대 중소기업의 과제>

4차 산업혁명은 중소기업에게 다음과 같은 과제도 안겨 준다.

- 기술 투자 부담

첨단 ICT 기술을 도입하기 위해서는 높은 투자 비용이 필요하다. 중소기업은 이러한 부담을 감당하기 어려울 수 있다.

- 인력난

4차산업혁명 시대에는 첨단 ICT 기술을 활용할 수 있는 인력이 요구된다. 중소기업은 이러한 인력을 확보하기 어려울 수 있다.

- 규제

4차산업혁명으로 인해 새로운 기술과 서비스가 등장하면서, 새로운 규제가 도입될 가능성이 있다. 중소기업은 이러한 규제에 적응해야 한다.

<4차산업혁명 시대 중소기업의 대응 방안>

중소기업은 4차산업혁명 시대에 대비하여 다음과 같은 노력을 기울여야 한다.
* 첨단 ICT 기술 도입 : 중소기업은 4차산업혁명 시대에 필요한 첨단 ICT 기술을 도입하여 경쟁력을 강화해야 한다. 이를 위해서는 정부의 지원이 필요하다.
* 인력 양성 : 중소기업은 4차산업혁명 시대에 필요한 인력을 양성하기 위한 노력을 기울여야 한다. 이를 위해서는 기업의 자체적인 노력과 정부의 지원이 필요하다.
* 규제 완화 : 정부는 4차산업혁명 시대에 필요한 규제를 완화하여 중소기업의 혁신을 촉진해야 한다. 정부는 중소기업의 4차산업혁명 대응을 지원하기 위해 다양한 정책을 추진하고 있다.
대표적인 정책으로는 다음과 같은 것들이 있다.
* 중소기업 혁신성장 지원 : 정부는 중소기업의 혁신성장을 지원하기 위해 R&D 자금 지원, 기술보증, 인력 양성 등의 정책을 추진하고 있다.
* 온라인 비즈니스 지원 : 정부는 중소기업의 온라인 비즈니스 진출을 지원하기 위해 온라인 쇼핑몰 입점 지원, 온라인 마케팅 지원 등의 정책을 추진하고 있다.
* 글로벌 진출 지원 : 정부는 중소기업의 글로벌 진출을 지원하기 위해 해외 시장 진출 지원, 해외 판로 개척 지원 등의 정책을 추진하고 있다.

중소기업은 이러한 정부 정책을 활용하여 4차산업혁명 시대에 성공적으로 대응해야 할 것이다.

2-2-9-2 중소기업의 스마트공장화

중소기업의 스마트공장화는 4차산업혁명 시대에 중소기업이 경쟁력을 강화하기 위한 필수적인 요소이다. 스마트공장은 인공지능(AI), 사물인터넷(IoT), 빅데이터, 클라우드 컴퓨팅 등 첨단 ICT 기술을 활용하여 생산성을 향상시키고, 품질을 개선하며, 고객 만족도를 높이는 지능형 공장을 말한다.

중소기업의 스마트 공장화는 다음과 같은 효과를 기대할 수 있다.
* 생산성 향상 : 자동화, 디지털화, 데이터 기반 의사결정 등을 통해 생산성을 향상시킬 수 있다.
* 품질 개선 : 데이터 분석을 통해 품질 불량을 사전에 예방하고, 품질을 향상시킬 수 있다.
* 고객 만족도 향상 : 고객 요구를 파악하고, 맞춤형 제품과 서비스를 제공하여 고객 만족도를 향상시킬 수 있다.
* 경쟁력 강화 : 스마트공장을 통해 경쟁력을 강화하고, 새로운 시장을 창출할 수 있다.

중소기업의 스마트공장화는 다음과 같은 단계로 추진될 수 있다.

▷ 준비 단계: 스마트공장 도입을 위한 준비 작업을 수행한다.
▷ 기초 단계: 기본적인 스마트공장 시스템을 구축한다.
▷ 고도화 단계: 스마트공장 시스템을 고도화하여 생산성과 품질을 향상시킨다.
▷ 확산 단계: 스마트공장을 전 공장에 확대 적용한다.

중소기업은 스마트공장 도입을 위한 정부의 지원을 활용할 수 있다. 정부는 중소기업의 스마트공장 도입을 지원하기 위해 다양한 정책을 추진하고 있다. 대표적인 정책으로는 다음과 같은 것들이 있다.

- 스마트공장 구축 지원

스마트공장 구축을 위한 자금 지원, 기술 지원, 컨설팅 지원 등을 제공한다.
- 스마트공장 인력 양성 지원
스마트공장 운영에 필요한 인력을 양성하기 위한 교육 지원을 제공한다.
- 스마트공장 확산 지원
스마트공장을 전 공장에 확대 적용하기 위한 지원을 제공한다.
중소기업은 이러한 정부 정책을 활용하여 스마트공장을 성공적으로 도입하고, 경쟁력을 강화할 수 있을 것으로 기대된다.

2-2-9-3 중소기업의 스마트공장화 현황

<중소기업의 스마트공장화 현황>
중소기업의 스마트공장화는 2017년부터 정부의 지원을 바탕으로 지속적으로 확대되고 있다. 2023년 7월 기준으로 중소기업의 스마트공장 수는 2만 8,675개로, 2017년 대비 20.20% 증가했다. 스마트공장을 도입한 중소기업의 비중도 2017년 2.4%에서 2023년 15.3%로 증가했다.

중소기업의 스마트공장화는 다음과 같은 분야에서 진행되고 있다
제조 : 설비 자동화, 생산 공정 최적화, 품질 관리 강화 등이 이루어지고 있다.
유통 : 물류 자동화, 고객 맞춤형 서비스 제공 등이 이루어지고 있다.
서비스 : 디지털 서비스 개발, 고객 경험 개선 등이 이루어지고 있다.

<중소기업의 스마트공장 기술 수준>
중소기업의 스마트공장 기술 수준은 크게 4단계로 분류할 수 있다.

- 기초 단계: 기본적인 스마트공장 시스템을 구축한 단계이다.
- 고도화 단계: 스마트공장 시스템을 고도화하여 생산성과 품질을 향상시킨 단계이다.
- 확산 단계: 스마트공장을 전 공장에 확대 적용한 단계이다.
- 혁신 단계: 스마트공장을 기반으로 새로운 제품과 서비스 개발을 추진하는 단계이다.

2023년 기준으로 중소기업의 스마트공장 기술수준은 기초 단계와 고도화 단계가 각각 45%, 40%를 차지하고 있다. 확산 단계와 혁신 단계는 각각 10%, 5%를 차지하고 있다.

중소기업의 스마트공장화는 4차산업혁명 시대에 중소기업이 경쟁력을 강화하기 위한 필수적인 요소로, 앞으로도 지속적으로 확대될 것으로 전망된다.

2-2-9-4 중소기업 스마트공장화의 전망과 계획

중소기업 스마트공장화는 다음과 같은 전망을 가지고 있다.

확산 속도 가속화 : 정부의 지원과 기업의 자발적인 노력으로 중소기업 스마트공장화의 확산 속도가 가속화될 것으로 전망된다.

기술 고도화 : 인공지능, 빅데이터, 클라우드 컴퓨팅 등 첨단 기술의 발전으로 중소기업 스마트공장 기술이 고도화될 것으로 전망된다.

신시장 창출 : 스마트공장을 기반으로 새로운 제품과 서비스가 개발되고, 새로운 시장이 창출될 것으로 전망된다.

<중소기업 스마트공장화 계획>

정부는 중소기업 스마트공장화의 확산을 위해 다음과 같은 계획을 추진하고 있다.

스마트공장 구축 지원 확대: 스마트공장 구축을 위한 자금 지원, 기술 지원, 컨설팅 지원 등을 확대하고 있다.

스마트공장 인력 양성 지원 강화 : 스마트공장 운영에 필요한 인력을 양성하기 위한 교육 지원을 강화한다.
스마트공장 확산 지원 강화 : 스마트공장을 전 공장에 확대 적용하기 위한 지원을 강화한다.
정부는 이러한 계획을 통해 2025년까지 중소기업 스마트공장 수를 4만 개로 확대하고, 스마트공장 핵심 기술을 100개 이상 개발하는 것을 목표로 하고 있다.
<중소기업의 대응 방안>
중소기업은 정부의 지원을 활용하여 스마트공장을 성공적으로 도입하고, 경쟁력을 강화하기 위한 노력이 필요하다. 중소기업은 다음과 같은 대응 방안을 고려할 수 있다. 스마트공장 도입 준비 단계부터 정부 지원을 활용한다.
스마트공장 구축을 위한 자금, 기술, 인력을 확보한다. 스마트공장 도입 효과를 지속적으로 모니터링하고, 개선한다. 중소기업은 이러한 대응 방안을 통해 스마트공장을 성공적으로 도입하고, 4차산업혁명 시대에 경쟁력을 강화할 수 있을 것으로 기대된다.

2-2-9-5 중소기업의 스마트공장화 청년고용

<중소기업의 청년고용>
스마트공장 도입은 청년고용에 결정적인 영향을 미치는 것으로 나타났다. 2023년 기준으로 스마트공장을 도입한 중소기업의 청년고용률은 43.7%로, 스마트공장을 도입하지 않은 중소기업의 청년고용률(37.7%)보다 6% 더 높다.

스마트공장 도입은 청년들이 첨단 기술을 활용하고, 새로운 직무를 경험할 수 있는 기회를 제공한다. 또한, 스마트공장 운영에 필요한 인력을 확보하기 위해 기업들이 청년 인재 채용에 적극적으로 나서고 있다.

<중소기업의 스마트공장화 전망>
중소기업의 스마트공장화는 앞으로도 지속적으로 확대될 것으로 전망된다. 정부는 중소기업의 스마트공장화 확산을 위해 다양한 정책을 추진하고 있으며, 기업들도 스마트공장 도입에 대한 관심이 높아지고 있다.
스마트공장화는 중소기업의 생산성 향상, 품질 개선, 경쟁력 강화에 기여할 것으로 기대된다. 또한, 청년고용 증가에도 긍정적인 영향을 미칠 것으로 전망된다.

2-2-10 4차 산업혁명과 건설 산업

2-2-10-1 들어가는 말
세계 GDP성장에서 건설 산업 부문의 생산성은 가장 낮다.
그것은 대부분의 산업부문이 디지털문명을 이용하는데 반해, 건설 산업은 그
이용률이 낮기 때문이다.
4차 산업혁명 시대에 건설 산업 부분만 재래식 방법에 의존하다 보니 생산성은 낮고건설노동이 힘들고 젊은이들은 기피한다.
디지털 기술, 신소재, 고도의 자동화 기술 등을 4차산업혁명 시대엔 융합해야 한다.
사물인터넷을 통한 재료, 노동, 장비의 생산성에 대한 분석, 모바일 기기를 통한 건설
사업 관리 앱, 베이스컨트롤타워, 빅데이터를 활용하여 생산성을 높일 수 있다.
4차산업혁명 기술만 제대로 활용하면 건설 산업의 생산성을 14~15% 올릴 수 있고, 비용을 4~6% 절감할 수 있다.
(출처: 건설산업의 새로운 미래 P94.이상호)

2-2-10-2 건설 산업과 4차산업혁명과의 관계

건설 산업도 4차산업혁명의 영향을 크게 받고 있으며, 다음과 같은 변화가 나타나고 있다.

건설 생산성 향상 : 드론, 로봇, 3D 프린팅 등 첨단 기술을 활용하여 건설 생산성을 향상시키고 있다.

건설 품질 개선 : 빅데이터, AI 등을 활용하여 건설 품질을 개선하고 있다.

건설 안전 강화 : IoT, 5G 등을 활용하여 건설 안전을 강화하고 있다.

건설 환경 친화성 강화 : 3D 프린팅, 스마트 시티 등 기술을 활용하여 건설 환경 친화성을 강화하고 있다.

건설 산업과 4차산업혁명의 관계는 다음과 같이 정리할 수 있다.

건설 산업은 4차산업혁명의 주요 수혜 산업 : 건설산업은 4차산업혁명 시대에 요구되는 첨단 기술을 도입하여 생산성 향상, 품질 개선, 안전 강화, 환경 친화성 강화 등을 추진하고 있다.

건설 산업은 4차산업혁명의 주요 동력 산업 : 건설 산업은 4차산업혁명의 핵심 기술인 인공지능, 사물인터넷, 빅데이터 등을 활용하여 새로운 제품과 서비스 개발, 새로운 시장 창출 등을 추진하고 있다.

건설 산업은 4차산업혁명 시대에 새로운 도전과 기회가 공존하는 산업이다.

건설 산업은 4차산업혁명에 적극적으로 대응하여 새로운 기회를 창출하고, 경쟁력을 강화해야 한다.

<건설 산업의 4차산업혁명 대응 방안>
건설 산업은 4차산업혁명에 대응하기 위해 다음과 같은 노력을 기울여야 한다.

첨단 기술 도입 : 건설 생산성 향상, 품질 개선, 안전 강화, 환경 친화성 강화 등을 위해 첨단 기술을 도입해야 한다.
인력 양성 : 첨단 기술을 활용할 수 있는 인력을 양성해야 한다.
규제 완화 : 4차산업혁명 기술 도입을 촉진하기 위해 규제를 완화해야 한다.

건설 산업은 이러한 노력을 통해 4차산업혁명 시대에 새로운 도전과 기회를 활용하여, 경쟁력을 강화할 수 있을 것으로 기대된다.

2-2-10-3 건설 산업의 디지털화 수준과 현황

건설 산업의 디지털화 수준은 2023년 기준으로 아직 초기 단계에 머물러 있는 것으로 평가된다. 건설 산업은 전통적으로 노동 집약적 산업으로, 첨단 기술 도입에 대한 투자가 상대적으로 부족했기 때문이다.
그러나 최근 들어 건설 산업에서도 디지털 기술 도입에 대한 관심이 높아지고 있다. 4차 산업혁명 시대에 경쟁력을 강화하기 위해서는 첨단 기술을 활용하여 생산성
향상, 품질 개선, 안전 강화, 환경 친화성 강화 등을 추진해야 한다는 인식이
확산되고 있기 때문이다.
건설 산업의 디지털화 현황을 살펴보면 다음과 같은 특징을 확인할 수 있다.
건설 현장의 디지털화 : 드론, 로봇, 3D 프린팅 등 첨단 기술을 활용하여 건설 현장의 생산성, 품질, 안전을 향상시키는 노력이 이루어지고 있다.
건설 설계 및 시공의 디지털화 : 3D 모델링, BIM, VR/AR 등 기술을 활용하여 건설 설계 및 시공의 효율성을 높이고 있다.
건설 자재 및 장비의 디지털화 : 사물인터넷(IoT)을 활용하여 건

설 자재 및 장비의 관리 및 유지보수를 효율화하고 있다.

건설 산업의 디지털화는 앞으로도 지속적으로 확대될 것으로 전망된다.
정부는 건설 산업의 디지털화 확산을 지원하기 위해 다양한 정책을 추진하고 있으며, 기업들도 첨단 기술 도입에 대한 투자를 확대하고 있다.

<건설 산업의 디지털화 전망>
건설 산업의 디지털화는 다음과 같은 효과를 기대할 수 있다.
생산성 향상 : 건설 현장의 자동화, 건설 설계 및 시공의 효율화 등을 통해 생산성을 향상시킬 수 있다.
품질 개선 : 빅데이터, AI 등을 활용하여 품질을 개선할 수 있다.
안전 강화 : IoT, 5G 등을 활용하여 안전을 강화할 수 있다.
환경 친화성 강화 : 3D 프린팅, 스마트 시티 등 기술을 활용하여 환경 친화성을
강화할 수 있다.
건설 산업은 디지털화를 통해 생산성 향상, 품질 개선, 안전 강화, 환경 친화성 강화 등을 추진하여 경쟁력을 강화하고, 새로운 시장을 창출할 수 있을 것으로 기대된다.

2-2-10-4 건설 산업의 디지털화에 따른 청년고용

건설 산업의 디지털화는 청년고용에 긍정적인 영향을 미치고 있다.
건설 산업의 디지털화는 다음과 같은 측면에서 청년고용에 긍정적인 영향을 주고 있다.
새로운 일자리 창출 : 디지털 기술은 건설 산업의 새로운 시장을 창출할 것으로 예상된다. 예를 들어, 3D 프린팅 기술은 기존의

건설 방식으로는 불가능했던 새로운 건축물을 가능하게 할 것으로 예상된다.
이러한 새로운 시장의 창출은 청년들의 일자리 창출로 이어질 것으로 기대된다.
고숙련 인력 수요 증가 : 디지털 기술은 건설현장의 자동화, 건설 설계 및 시공의 효율화를 촉진할 것으로 예상된다. 이러한 변화는 건설현장에서의 단순 노동 수요를 감소시키고, 고숙련 인력 수요를 증가시킬 것으로 예상된다.
청년 인재 채용 확대 : 건설 산업은 디지털 기술 도입을 위해 청년 인재 채용을 확대할 것으로 예상된다. 건설 산업은 디지털 기술을 활용할 수 있는 인력을 확보하기 위해 청년 인재 채용에 적극적으로 나설 것으로 예상된다.
2023년 기준으로 스마트공장을 도입한 중소기업의 청년고용률은 43.7%로, 스마트공장을 도입하지 않은 중소기업의 청년고용률(37.7%)보다 6% 더 높다는 것은 스마트공장 도입이 청년 고용에 긍정적인 영향을 미칠 수 있음을 보여 주는 사례이다.
물론, 디지털화로 인해 단순 노동 일자리가 감소할 수 있다는 우려도 있다. 그러나 건설 산업은 노동집약적 산업에서 지식 집약적 산업으로 전환되고 있으며, 이러한 변화는 청년 인력의 고용 기회를 확대할 것으로 기대된다.

결론적으로, 건설산업의 디지털화는 청년고용에 긍정적인 영향을 미칠 것으로 기대된다. 건설산업은 디지털화를 통해 새로운 일자리 창출, 고숙련 인력 수요 증가, 청년 인재 채용 확대 등을 추진하여 청년고용을 확대할 수 있을 것으로 보인다.

2-2-10-5 소결
이상 4차산업혁명의 이해를 위해 주요부문들을 정리해 보았다.
4차산업혁명의 이해에서 내리는 결론은 청년들의 실업대책, 고용

정책에서는 4차산업혁명을 반드시 염두에 두고 기획해야 한다는 것이다.

4차산업혁명의 핵심 키워드인 반도체와 디지털IT산업을 중심으로 발전시키며, 그와 연관하여 중소기업, green뉴딜, 건설 산업을 발전시키며 거기서 청년들의 일자리 대책을 세워야 한다는 것이 결론의 요체이다.

3부. 청년 일자리 대책

3-1 들어가는 말

청년의 실업률이 높기 때문에 우선 시급히 실업률을 낮추는 것이 급하다.

그러다 보니 정부는 청년 당사자들이 가기 싫은 중소기업에 모든 역량을 동원하여 들어가게 한다. 이것이 지금까지의 정부의 청년 고용정책의 골자이다.

▷ 정부는 "취업성공패키지" 사업으로 2009년 1만 명 목표로 시작하여 2017년 19만 명, 2018년 16만 명, 2019년 103,000명을 목표로 한다.

국가의 예산도 2009년 100억 원에서 2017년 1,986억 원, 2018년 16,000억 원, 2019년 1,030억 원을 투하했다. 그리고 이런 사업을 민간단체에 위탁했다.

민간단체는 이런 목표에 일정부분 달성해야만 인센티브로 성과급을 받게 된다.

민간단체가 청년들을 취업시킬 수 있는 곳은 중소기업밖에 없다. 민간단체는 기를 쓰고 취업 알선을 한다. 그리고 일단 취업하도록 하여 일정 성과로 성과급을 받는다. 그러나 입사한 청년들은 6개월을 못 버틴다.

6개월 이상을 버틴 청년 취업자는 50%가 안 된다.

▷ 정부는 2021년도 "국민취업지원제도"로 '취업성공패키지'와 '청년구직활동지원금'을 결합하여 28만 명의 청년취업을 목표로 한다.

구직노력 청년에게 월 50만 원씩 6개월간 지원한다. 여기엔 일정한 구직활동에 필요한 조건을 맞추어야 한다.

▷ 정부는 2013년 '청년고용촉진특별법'으로 청년인턴제를 실시한다.

이것은 2016년 '중소기업청년인턴제'로 발전하여 이전의 취업 노력자 지원에서 취업 이후 인턴제로 되었다. 2021년 33,000명에게 3,141억 원의 예산을 투하하였다.
▷ 정부는 2016년부터 "청년내일채움공제" 제도를 실시한다. 중소기업에 취업한 청년이 2년간 근속하면 3,000만 원을 지원하는 제도이다.
열악한 중소기업의 저임금을 보충해주는 제도이다.

3-2 청년의 고용지표

3-2-1 청년 인력 공급현황

2022년 청년의(15-29세) 인구수는 8,567천 명이며, 이 중 취업자는 3,996천 명, 실업자 272천 명, 비경제활동 청년 4,299천 명이다.

<청년인구수(15-29세)>

단위: 천 명

총 청년의 수	경제활동 인구		비경제활동 인구수
	취업자	실업자	
8,567	3,996	272	4,299
	46.6%	3.2%	50.2%

(출처: 고용동향-통계청)

청년실업률 = 실업자÷경제활동인구 = 6.37%

청년의 반이 경제활동에 참여하지 않는 비경제활동 인구라는 것이 심각한 문제다.

청년은 앞으로 계속 줄어든다. 그것은 한국의 출생률이 저하되기 때문이다.

<출생률>

년도	2000	2010	2018	2020	2021	2022
출생률	1.48	1.2	0.98	0.84	0.81	0.78
출생자	640,089	470,171	326,822	272,337	260,562	249,000

(출처: 고용동향-통계청)

이러한 출생률 저하는 필연적으로 감소된 생산가능인구로 귀착된다.

이는 이미 확정된 출생률 지수로 변동 불가능한 수치다.

청년은 앞으로 계속 줄어든다. 2022년 기준으로 2027년 200만 명 감소, 2030년 320만 명 감소. 2040년 850만 명 감소가 예상된다.

<향후 한국의 생산가능(15세-64세) 인구>

단위: 만 명

년도	2020	2022	2023	2027	2030	2040	2050	2070
생산가능인구	3,664	3,700	3,637	3,500	3,400	2,865	2,419	1,736

(출처: 고용동향-통계청)

<청년인구>

단위: 천 명

구분	2014	2015	2016	2017	2018	2019	2020	2021	2022
인구	9,395	9,380	9,363	9,282	9,149	9,060	8,911	8,770	8,567
경활인구	4,179	4,253	4,334	4,333	4,312	4,331	4,133	4,023	4,269
비경활인구	5,216	5,127	5,029	4,949	4,837	4,729	4,778	4,567	4,219

(출처: 고용동향. 통계청)

3-2-2 청년인구(생산가능인구)의 감소

청년은 2014년 9,395천 명에서 2022년 8,567천 명으로 828천 명이 줄었다.

그런데 경제활동인구는 4,179천 명에서 4,269천 명으로 90천 명이 늘었다.

이를 좀 더 세분화해서 청년 인구의 연령대별로 조사해보면 15세 이상 20세 미만의 청년은 2014년 3,196천 명에서 2021년 2,312천 명으로 884천 명 감소했고, 20세 이상 29세 미만이 6,199천 명에서 6,459천 명으로 260천 명이 증가했다.

요약하면 2014~2021년까지 20세 미만의 청년은 매년 평균 111천 명씩 계속 감소하였다.

<15~19세>

단위: 천 명

구분	2014	2015	2016	2017	2018	2019	2020	2021
경활인구	270	274	271	270	226	217	178	188
비경활인구	2,926	2,850	2,795	2,652	2,533	2,401	2,275	2,124
생산가능인구	3,196	3,124	3,066	2,922	2,759	2,618	2,453	2,312

(출처: 고용동향-통계청)

<20~29세>

단위: 천 명

구분	2014	2015	2016	2017	2018	2019	2020	2021
경활인구	3,909	3,979	4,063	4,063	4,086	4,114	3,955	4,016
비경활인구	2,290	2,277	2,234	2,297	2,303	2,328	2,503	2,443
생산가능인구	6,199	6,256	6,297	6,360	6,389	6,442	6,448	6,459

(출처: 고용동향-통계청)

3-2-3 청년 취업현황

2021년 전국 취업자는 27,273천 명이었다. 이는 2016년 26,409천 명 보다 864천 명이 증가한 것이다.

이에 반해 청년 취업자는 2016년 3,908천 명에서 2021년 3,877천 명으로 31천 명이 줄었다. 즉 전국은 취업이 늘었는데 청년은 준 것이다.

이는 한국의 일자리는 늘었는데, 청년은 인구도 감소하고 청년 일자리에 대하여 고용주는 중장년으로 대체한 결과라고 생각된다.

<청년과 전국 취업자 수>

단위: 천 명

	2016	2017	2018	2019	2020	2021
전체취업	26,409	26,725	26,822	27,123	26,904	27,273
청년취업	3,908	3,907	3,904	3,945	3,763	3,877

(출처: 고용동향-통계청)

연령대별 청년 취업자 상태를 보면 2013년부터 2020년까지는 경제활동인구와 비슷한 양상을 보였다. 15세 이상 24세까지는 취업자가 감소한 반면 25세~29세까지는 생산가능인구가 증가한 현실의 반영으로 판단된다.

<연령대별 청년 취업자>

단위: 천 명

구분	2013	2014	2015	2016	2017	2018	2019	2020
15~20세 미만	225	245	245	244	247	205	198	162
20~25세 미만	1,251	1,337	1,402	1,402	1,368	1,292	1,272	1,181
25~30세 미만	2,253	2,220	2,217	2,262	2,292	2,408	2,475	2,420

(출처: 통계청-경제활동인구조사)

<산업별 청년층 취업자 수>

(출처: 통계청-경제활동인구조사)

청년의 직업별 취업형태를 보면, 전문가 및 관리 종사자가 제일 많고, 그 다음이 사무직, 다음은 서비스업종이며, 그 다음 농림·어업 숙련 종사자이었다.

이상으로 청년 취업자를 통해 살펴보았는데, 이는 청년층 인력수요에 해당한다고 볼 수 있다. 15세 이상 35세 미만 청년층 취업자 수는 청년경제활동인구와 같이 감소하는 양상을 보였다.

<직업별 청년층 취업자 수>

(출처: 통계청-경제활동인구조사)

3-2-4 청년 실업자

통계청 자료에 의하면 2022년 15세~29세까지의 청년 생산가능인구(청년인구수)는 8,567천만 명 중 취업자 3,996만 명으로 실업자 272천 명, 비경제활동인구 4,299천 명이었다.

청년의 50%가 비경제활동인구로 노동시장에 참여하지 않는 것으로 나타났다. 청년실업자는 272천 명으로 청년 실업률은 6.4%였

(단위: 천 명)

구분	2013년	2014년	2015년	2016년	2017년	2018년	2019년	2020년
A	15	19	19	16	14	16	17	15
B	1,978	1,993	1,963	1,952	1,911	1,860	1,861	1,834
C	1,762	1,731	1,686	1,640	1,598	1,589	1,522	1,467
D	720	782	801	818	816	815	877	795
E	774	792	792	779	758	721	729	710
F	55	51	42	39	38	37	42	47
G	364	359	353	374	351	371	376	348
H	586	592	619	572	538	521	525	492
I	422	445	477	449	475	487	490	551

주: A 관리자, B 전문가 및 관련 종사자, C 사무 종사자, D 서비스 종사자, E 판매 종사자, F 농림·어업 숙련 종사자, G 기능원 및 관련 기능 종사자, H 장치·기계 조작 및 조립 종사자, I 단순노무 종사자.

다.
(전체 실업자 873천 명, 실업률 3%)
연도별 청년 실업자를 보면 2014년 378천 명에서 2021년 326천 명으로 다소 줄었다. 이는 2015년 '16년~'19년까지 계속 청년 실업자가 늘다가 2020년도에 1만 6천 명이 줄었다.

청년 실업자 수>

단위: 천 명

(단위: 천 명)

구분	2013년	2014년	2015년	2016년	2017년	2018년	2019년	2020년
A	64	59	51	46	47	50	56	58
B	2	3	2	3	4	3	2	2
C	1,266	1,270	1,300	1,240	1,199	1,145	1,073	1,041
D	21	14	18	16	16	14	19	18
E	17	19	15	21	20	22	27	27
F	253	262	254	235	243	260	266	282
G	1,023	1,078	1,038	1,005	982	962	931	899
H	194	176	186	184	179	182	188	227
I	573	649	691	744	739	724	786	708
J	322	329	343	336	330	344	359	345
K	275	257	224	219	226	230	203	198
L	52	41	36	47	56	42	46	44
M	441	436	447	436	407	391	411	412
N	288	271	281	276	278	261	262	262
O	192	207	191	185	189	233	218	223
P	631	647	639	597	556	519	536	508
Q	614	635	616	627	616	626	622	606
R	178	161	189	191	179	177	196	185
S	269	248	227	230	234	229	232	211
T	1	1	0	0	0	0	1	1
U	0	2	2	2	2	2	2	2

주: A 농업, 임업 및 어업, B 광업, C 제조업, D 전기, 가스, 증기 및 공기조절 공급업, E 수도, 하수 및 폐기물 처리, 원료 재생업, F 건설업, G 도매 및 소매업, H 운수 및 창고업, I 숙박 및 음식점업, J 정보통신업, K 금융 및 보험업, L 부동산업, M 전문, 과학 및 기술 서비스업, N 사업시설 관리, 사업지원 및 임대 서비스, O 공공행정, 국방 및 사회보장 행정, P 교육서비스업, Q 보건업 및 사회복지서비스업, R 예술, 스포츠 및 여가 관련 서비스업, S 협회 및 단체, 수리 및 기타 개인 서비스업, T 가구 내 고용활동 및 달리 분류되지 않은 자가소비 생산활동, U 국제 및 외국기관.

구분	2014	2015	2016	2017	2018	2019	2020
청년전체	378	389	426	426	408	386	370
15~19	25	29	27	23	21	19	16
20~24	151	165	170	163	155	153	142
25~29	201	195	229	240	232	215	213

(출처: 통계청-경제활동인구조사)

연령대별로 보면 15세 이상 29세 미만 청년실업자 중 가장 큰 비중을 차지하는 것은 25세~29세까지이다. 그 다음이 20세 이상 24세까지이다.

25세 이상 29세까지 실업자는 21만 3천 명이다. 20세 이상 24세까지는 14만 2천 명이다. 25세~29세까지 청년의 실업자는 2014년 대비 12천 명이 증가한 것이고, 24세 이하는 실업자가 9천 명씩 줄었다.

25세 이상 29세까지 실업자가 증가한 이유는 경제활동인구가 증가한 것이 원인으로 판단된다. 25세 이상 29세까지의 경제활동인구는 201천 명(('14년)에서 2020년 263.2천 명으로 62.2천 명이 증가했다.

요약하면 25세 이상 29세 이하 청년의 실업자 증가는 청년의 생산가능인구 감소와 동시에 경제활동인구가 늘었기 때문으로 분석된다.

(2013-25세 이상 29세 이하 경제활동인구 242.5천명, 2020-경제활동인구 263.2천 명) 통계청 규정상 실업자란 조사 대상 주간에 수입 있는 일을 하지 않았고, 지난 4주간 일자리를 찾아 적극적으로 구직활동을 하였던 사람으로서 일자리를 주어지면 즉시 취업이 가능한 자를 말한다. (통계청 규정- 실업자 정의)

청년 실업률이 가장 높은 연령대는 20세 이상 25세 미만으로

10.7%인데 이는 고등학교나 대학 졸업 후 너무 어려서 수요처에서 쉽게 고용을 선호하지 않는 현상으로 파악된다.

<청년의 실업률>

단위: %

구분	2013	2014	2015	2016	2017	2018	2019	2020
15~19	10.3	9.3	10.6	10.0	8.7	9.3	8.6	8.8
20~24	9.2	10.2	10.5	10.8	10.6	10.7	10.7	10.7
25~29	7.1	8.3	8.1	9.2	9.5	8.8	8.0	8.1

(출처: 고용동향-통계청)

교육수준별 실업자를 보면 중·고등학교 졸업 학력 실업자 수가 많았다.

고등학교 졸업 청년 실업자는 2020년 19만 4천 명으로 2013년 18만 5천 명보다 1만 명이 늘어났다. 그 다음은 대학 졸업 실업자인데 2020년 16만 3천 명으로 2013년 13만 3천 명보다 3만 명이 증가했다.

<교육 수준별 청년층 실업자 추이>

(단위: 천 명)

구분	2013년	2014년	2015년	2016년	2017년	2018년	2019년	2020년
초등학교 졸업 이하	2	2	1	2	1	1	0	0
중학교 졸업	14	9	12	11	9	12	12	10
고등학교 졸업	185	211	210	218	198	206	192	194
전문대 졸업	96	97	97	94	110	98	94	102
4년제 대학 졸업	133	154	157	197	210	198	188	163
대학원 졸업	7	10	8	11	9	9	8	7
청년층 계	437	484	486	534	536	524	494	475

(통계청-경제활동인구조사)

<교육 수준별 청년층 실업자 추이>

(단위: %)

구 분	2013년	2014년	2015년	2016년	2017년	2018년	2019년	2020년
초등학교 졸업 이하	6.7%	10.5%	7.4%	10.2%	2.7%	5.3%	1.1%	1.3%
중학교 졸업	10.3%	6.8%	9.3%	8.0%	6.3%	8.6%	8.3%	8.0%
고등학교 졸업	7.4%	8.2%	8.2%	8.6%	8.1%	8.6%	8.0%	8.3%
전문대 졸업	5.3%	5.6%	5.9%	5.9%	7.2%	6.7%	6.5%	7.2%
4년제 대학 졸업	5.5%	6.1%	6.0%	7.5%	7.8%	7.4%	7.0%	6.2%
대학원 졸업	3.5%	4.6%	3.4%	4.4%	4.1%	4.3%	3.5%	3.0%

(통계청-경제활동인구조사)

2020년 청년층 실업률은 고졸이 8.3%로 가장 높고, 그 다음이 중학교 졸업 8.0%, 대졸이 6.2%이다. 이것은 저학력의 청년들이 대학졸업보다 직장 구하기가 어렵다는 사회현상으로 파악된다.
그러나 사회 총체적으로 볼 때, 고졸 이하 청년 실업자가 20만 4천 명, 전문대 이상 대졸 고학력 실업 청년이 27만 2천 명으로 더 많다.
이는 고학력에 맞는 양질의 일자리를 더욱 많이 준비할 필요성을 제기하는 것이다.

3-2-5 청년 비경제 활동인구
비경제활동인구란 노동시장에 참여하지 않는 생산가능인구를 말한다.
즉 취업자도 실업자도 아닌 생산가능인구를 비경제활동인구라 한다.

청년층 생산가능인구는 감소하면서 비경제활동인구는 청년의 절반을 차지한다.

<2023 비경제활동인구(전체와 청년)>

단위: 천 명

	전체					청년층				
	23.1	23.2	23.3	23.4	23.5	23.1	23.2	23.3	23.4	23.5
생산가능인구	45,352	45,355	45,367	45,372	45,379	8,489	8,468	8,454	8,434	8,416
취업자	27,362	27,714	28,223	28,432	28,835	3,912	3,853	3,907	3.881	4,005
실업자	1,024	890	840	804	787	246	291	300	267	247
비경제활동인구	16,965	16,751	16,304	16,135	15,756	4,330	4324	4,246	4,285	4,164
비경제활동인구비율						51%	51.1%	50.2%	50.8%	49.47%

(통계청-경제활동인구조사)

연도별 청년 비경제활동인구는 서서히 줄어들고 있다.
그러나 여전히 50%이다. 감소이유는 생산가능인구가 줄어드는 것에 비례하기 때문이다.

<청년층 비경제활동인구>

단위: 천 명

구분	2018	2019	2020	2021	2022
청년인구	9,149	9,060	8,911	8,770	8,567
비경활청년	4,837	4,729	4,778	4,567	4,299
비율(%)	52.86	52.19	53.62	52.07	50.18

(통계청-경제활동인구조사)
연령대별 비경제활동청년을 보면, 15세 이상 20세 미만이 3,274천 명으로 제일 많고 20세 이상 25세 미만이 1,554천 명으로 그 다음이다.

15세 이상 20세 미만의 비경제활동인구는 2013년 3,023천 명에서 2020년 2,274천명으로 줄었는데 이것은 저출산으로 생산가능인구가 감소했기 때문이다.
반면 20세 이상 25세 미만, 25세 이상 29세까지의 청년 비경제활동인구는 늘어났다. 전자는 2013년에 비해 2020년에 3만9천 명이 증가했고, 후자는 10만 명 증가했다. 이는 2013년부터 2019년까지의 생산가능인구가 소폭 증가한 영향이라 할 수 있겠다.

<연령대별 비경제활동인구 추이>

단위: 천 명

구분	2013	2014	2015	2016	2017	2018	2019	2020
15~19세	3,023	2,926	2,850	2,795	2,652	2,533	2,401	2,274
20~24세	1,515	1,496	1,472	1,472	1,492	1,511	1,501	1,554
25~29세	849	794	805	761	805	792	827	950
비경활청년	5,387	5,216	5,127	5,028	4,949	4,836	4,729	4,778

(통계청-경제활동인구조사)

학력별 청년 비경제활동인구를 보면, 2020년 고등학교 졸업자가 제일 많고(251만 9천명) 그다음이 중졸(147만 명) 기타이다. 그러나 이들 중 다수는 정규 교육기관에 다니는 학생들이다.

<교육별 청년 비경제활동인구>

단위: 천 명

구분	2013	2014	2015	2016	2017	2018	2019	2020
초등학교졸업	398	397	425	382	361	352	336	306
중학교졸업	2,080	2,002	1,945	1,940	1,831	1,730	1,593	1,470
고등학교졸업	2,717	2,612	2,448	2,408	2,420	2,409	2,408	2,519
전문대졸업	483	411	392	364	363	343	360	366
4년제대졸업	650	666	714	708	701	659	665	741
대학원졸업	39	51	54	46	41	46	48	56

(출처: 통계청. 경제활동인구조사)

정규 교육기관에 다니는 학생을 제외했을 때 순수 청년 비경제활동인구는 고졸이 971천 명으로 제일 많고, 그 다음이 4년대 졸과 전문대졸이 뒤따랐다.

<정규교육자 제외 청년비정규활동인구>

단위: 천 명

구분	2013	2014	2015	2016	2017	2018	2019	2020
초등학교졸업	20	22	29	22	24	19	16	13
중학교졸업	78	79	81	70	71	79	77	71
고등학교졸업	1,115	1,043	1,024	1,001	975	941	935	971
전문대졸업	483	411	392	364	363	342	360	366
4년제대졸업	608	597	646	639	633	610	619	686
대학원졸업	33	43	42	36	33	36	39	47
계	2,337	2,195	2,214	2,132	2,099	2,027	2,046	2,154

(출처: 통계청.경제활동인구조사)

3-2-6 청년 비경제활동인구의 중요 부분

청년층 비경제활동인구는 생산가능인구의 감소와 함께 점차 감소되지만, 여전히 청년 생산가능 인구에서 차지하는 비중은 높다. 출생률 저하로 생산가능인구가 축소되어가는 한국의 실정에서 비경제활동인구를 노동시장으로 견인하는 정책은 매우 중요하다고 할 수 있다.

청년 비경제활동인구 중 주요 부문인 취업준비자, 쉬었음인구, 구직단념자, 잠재경제활동인구를 정리할 필요가 있다.

2022년 3월 기준 취업준비자 78만 명, 쉬었음 인구 42.3만, 구직단념자 8.5만 명, 잠재경제활동인구 56만 명, 도합 184,8만 명이다. 이들은 비경제활동인구에 포함되나 실제적으로 실업자이기 때문에 이들의 고용대책이 시급하고 중요하다.

<청년(15세-34세) 비경제활동인구>

단위: 만 명

구 분	취업준비	쉬었음	구직단념자	잠재경제활동인구	계
청년 비경활인구	78	42.3	8.5	56	184.8

(출처: 통계청-2022.3 고용동향에서 정리)

실업자 27만 2천 명과 청년 비경제활동인구의 주요 부문 184만 8천 명(취업준비생, 쉬었음, 구직 단념자, 잠재경제활동인구) 합한 212만 명을 청년 경제활동 인구수(448만 명)로 나누면 실업률은 47.32%이다.

3-2-7 청년 니트족의 문제

청년 니트족이라 함은 청년들 중 취업해서 생산 활동을 하지 않으면서 교육이나 직업 훈련을 받지 않는 자들을 말한다.
OECD는 정규교육에 참여하지 않고 일하지 않는 15세이상 30세 미만 청년을 니트로 규정했다. 한국에서도 NEET족을 어떻게 규정할 것인가는 확정된 바는 없다.
그러나 NEET족 상태에 있는 청년들이 있기 때문에 명확히 규정하고 대책을 세울 필요가 있다.
한국의 NEET족은 통계청 조사 자료에 근거하여 규정할 수 밖에 없다.
통계청 통계자료에 '쉬었음'으로 응답한 청년과 '미혼이면서 육아나 가사노동을 하고 있는 청년들을 NEET족으로 규정한다.
단순히 '쉬었음'으로 응답한 자만을 NEET족으로 규정하는 학자도 있지만 미혼이면서 '가사나 육아'를 한다는 것은 한국 사회 풍습상 니트족에 속할 수 밖에 없기 때문이다.
정규교육 외 입시학원이나 취업 준비 학원 등을 다니는 청년들은 제외한다.

교육과 취업(구직)준비를 하기 때문이다.
청년이라면 15세부터 29세까지를 규정하지만, NEET족은 사회문제점에서 심각함으로 35세까지를 규정한다.
이상과 같은 규정으로 청년 NEET족을 보았을 때, 15세이상 35세 미만의 니트족은 2020년 60만 7천 명으로 추산된다.
이를 연령대별로 분석해보면 25세~29세가 244천 명으로 제일 많고 20세~24세가 193천 명, 30~34세가 136천 명이다.

<연령대별 청년층 니트족>

단위: 천 명

구분	2013	2014	2015	2016	2017	2018	2019	2020
15~19	34	34	36	25	30	31	30	35
20~24	165	144	165	148	168	168	183	193
25~29	136	120	132	125	127	136	178	244
30~34	132	113	101	99	108	101	120	136
청년니트족	467	412	434	397	432	437	511	607

(출처: 통계청-경제활동인구조사)

2020년을 중심으로 볼 때 25세 이상 29세까지가 244천 명으로 가장 많고 40.1%를 차지한다. 그 다음이 20~24세, 그 다음이 30세 이상 34세까지이다. 25세 이상 34세까지 적극적 경제활동을 해야 할 청년들이 집에서 쉬고 있는 숫자가 380천 명으로 NEET족의 71.9%를 점하고 있다.
출산율 저하로 생산가능인구가 감소하는 현실에 이들 니트족을 적극적으로 노동시장에 진입하도록 안내하는 것이 무엇보다도 중요한 사회적 과제라 하겠다.

학력별 NEET족을 보면 고등학교 졸업 청년 니트가 제일 많아 314천 명으로 51.7%였다. 다음 전문대, 대학졸업 니트족은 263천 명으로 44.5%나 되었다.

대학 진학을 못한 고졸 청년과 전문대 이상 고학력 졸업 청년들이 구직활동을 하다 뜻대로 안되어 포기하고 집에서 그냥 쉬게 되는 상황이 발생하게 된다. 이는 곧 사회문제가 되는 커다란 문제이다.

적극적인 대책이 요구된다고 할 수 있다.

<교육 수준별 청년층비경제활동인구 니트 추이>

(단위: 천 명)

구 분		2013년	2014년	2015년	2016년	2017년	2018년	2019년	2020년
규모	초등학교 졸업 이하	7	3	7	5	2	2	3	2
	중학교 졸업	20	18	17	10	16	22	24	21
	고등학교 졸업	276	231	243	221	239	241	279	314
	전문대 졸업	85	77	66	63	75	76	93	120
	4년제 대학 졸업	75	79	94	97	96	93	108	143
	대학원 졸업	4	4	7	2	3	4	4	7
	청년층 계	467	412	434	397	432	437	511	607
비중	초등학교 졸업 이하	1.5%	0.7%	1.6%	1.1%	0.5%	0.5%	0.6%	0.3%
	중학교 졸업	4.2%	4.3%	4.0%	2.6%	3.8%	4.9%	4.7%	3.5%
	고등학교 졸업	59.1%	56.1%	56.1%	55.5%	55.3%	55.1%	54.6%	51.7%
	전문대 졸업	18.2%	18.6%	15.3%	15.8%	17.5%	17.4%	18.3%	19.7%
	4년제 대학 졸업	16.1%	19.1%	21.6%	24.3%	22.2%	21.3%	21.2%	23.6%
	대학원 졸업	0.8%	1.1%	1.5%	0.6%	0.8%	0.8%	0.7%	1.2%
	청년층 계	100.0%	100.0%	100.0%	100.0%	100.0%	100.0%	100.0%	100.0%

(출처: 통계청-경제활동인구조사)

3-3 국가의 목표 – 청년일자리 – 기술 강국

3-3-1 기술 강국의 중요성

청년의 일자리를 어디서 구해야 될까?
우선은 일자리가 상대적으로 많은 중소기업에서 찾아야만 되나?
국가의 장래를 생각한다면 청년의 일자리는 기술 강국에서 나오는 일자리에 초점이 맞춰져야 한다. 그래야만 국가가 살고 청년이 살 수 있다.
현재 한국은 세계 10위의 강국이다. 경제와 군사적 측면을 말한다.
이는 우리 역사상 2번째의 강국 현상이다.
첫 번째는 1,400년 전 고구려 때이고 지금이 두 번째 강국이라 할 수 있다.
1,400년 전 고구려는 중국에 대적할만한 강국이었다.
중국 대륙을 통일한 수나라는 주변의 모든 나라들에 무릎을 꿇게 했고 조공을 하도록 속국을 만들었지만, 고구려만이 조공을 거부하자 대대적인 전쟁을 일으킨다.
612년 수나라는 전투병 군사 113만 명에 보급부대 250만 명, 총합 363만 명의 역사 이래 전무후무한 대군으로 대고구려 침략 전쟁을 일으켰다.
고구려는 수나라 대군을 여지없이 격파하여 결국 수나라가 무너지게 만들었다.
그토록 고구려는 강했었다.
오늘날 한국의 경제와 군사는 과거 고구려에 필적할 만큼 강하다.
GDP의 규모로 볼 때 한국은 2010년에 세계 14위, 2015년에 11위, 2020년 10위, 2021년 GDP 1조 8,000억 불로 10위이다.

<세계 GDP 순위>

단위:10억US$

순위	국가	2018	2019	2020	2021	2022
1	미국	20,533	21,381	21,060	23,315	25,462
2	중국	13,894	14,280	14,687	17,820	17,963
3	일본	5,040	5,118	5,048	5,005	4,231
4	독일	3,974	3,888	3,889	4,259	4,072
5	인도	2,702	2,835	2,671	3,150	3,385
6	영국	2,878	2,857	2,704	3,122	3,070
7	프랑스	2,791	2,728	2,639	2,957	2,782
8	이탈리아	2,091	2,011	1,897	2,114	2,010
9	캐나다	1,725	1,743	1,647	2,001	2,139
10	러시아	1,657	1,693	1,493	1,836	2,240
11	브라질	1,916	1,873	1,476	1,649	1,920
12	호주	1,428	1,392	1,326	1,552	1,675
13	한국	1,725	1,651	1,644	1,817	1,673

(출처: 한국은행)

한국의 자랑, 한국 기업의 세계적 위상.
기업 시가를 기준으로 볼 때 한국 삼성전자는 반도체 기업 중 세계 3위로 416조 6,809억 원이다. SK하이닉스 71조 9,266억 원으로 세게 12위의 시가총액을 갖는다.

<세계반도체기업 시가총액>-2022년 6월 기준

단위: 원

순위	기 업	시가총액	국 가
1	TSMC	571조 9,335억	대만
2	NVIDIA	504조 2,637억	미국
3	SAMSUNG	416조 6,809억	한국
4	Broadcom	269조 4,321억	미국
5	ASML	256조 0,854억	네덜란드
6	intel	199조 0,422억	미국
7	QUALCOMM	185조 8,303억	미국
8	Texas Instruments	182조 6,037억	미국
9	AMD	181조 8,205억	미국
10	SONY	133조 7,887억	일본
11	Micron Technology	84조 7,459억	미국
12	SK hynix	71조 3,636억	한국

(출처: 네이버블로그)

매출액 면에서 세계 반도체 시장은 미국, 대만, 한국, 일본, 네덜란드 4개국의 기업이 주도하고 있다.

반도체 산업의 지난 20년 간 연간 성장률은 13%였다. 2021년 현재 가장 앞선 반도체 생산 기업은 대만의 TSMC, 한국의 삼성전자, 미국의 인텔이다.
이 세 회사가 세계 TOP3다.
인텔은 현제 7nm을 생산하는 수준이고, 대만의 TSMC와 한국의 삼성전자는 3nm을 생산하는 최강국의 수준이다.

<반도체 세계기업의 매출액 순위>

단위: 백만$

2020년 순위	2019년 순위	기 업	국 적	매 출 액
1	1	인텔	미국	73,894
2	2	삼성전자	한국	60,482
3	3	TSMC	대만	45,420
4	4	SK하이닉스	한국	26,470
5	5	Micron	미국	21,659
6	7	퀄컴	미국	19,374
7	6	브로드컴	미국	17,066
8	10	엔비디아	미국	15,884
9	8	T1	미국	13,088
10	9	인피니언	EU	11,069
11	16	미디어텍	대만	10,781
12	14	키옥시아	일본	10,720

(출처: 네이버블로그)

이러한 경제 대국이 이제는 구조적 문제점을 들어내 놓고 있다.

▷첫째: GDP 성장률의 저성장 문제
2020년 이후 우리의 GDP성장률은 낮아지기 시작하여 2021년부터 1.6%로 지속적인 저성장이 고착되어 가고 있다. OECD(경제협력개발기구)는 2023년도 한국 GDP 성장률을 1.5%, ADB(아시아개발은행)는 1.3%를 예측했는데 이는 한국은행과 IMF의 1.4% 예측과 거의 비슷하다.

<대한민국 경제성장률>

연도	성장률	연도	성장률	연도	성장률
1963	9.0%	1984	10.6%	2005	4.3%
1964	9.5%	1985	7.8%	2006	5.3%
1965	7.2%	1986	11.2%	2007	5.8%
1966	12.0%	1987	12.7%	2008	3.0%
1967	9.1%	1988	12.0%	2009	0.8%
1968	13.2%	1989	7.1%	2010	6.8%
1969	14.6%	1990	9.9%	2011	3.7%
1970	10.1%	1991	10.8%	2012	2.4%
1971	10.5%	1992	6.2%	2013	3.2%
1972	7.2%	1993	6.9%	2014	3.2%
1973	14.9%	1994	9.3%	2015	2.8%
1974	9.5%	1995	9.6%	2016	2.9%
1975	7.8%	1996	7.9%	2017	3.2%
1976	13.2%	1997	6.2%	2018	2.9%
1977	12.2%	1998	-5.1%	2019	2.2%
1978	11.0%	1999	11.5%	2020	-0.7%
1979	8.7%	2000	9.1%	2021	4.1%
1980	-1.6%	2001	4.9%	2022	2.6%
1981	7.2%	2002	7.7%	2023	1.4%(예상)
1982	8.3%	2003	3.1%		
1983	13.4%	2004	5.2%		

(출처: 위키백과)

▷ 둘째: 출산율 저하, 인구감소, 고령화 문제
출생아 수가 1991년 71만 명, 2000년 64만 명, 2010년 47만

명, 2020년 27만 명, 2021년 26만 명이다.

<출생아 수>

1960	1970	1980	1990	2000	2010	2020	2021	2022
1,080,535	1,006,645	862,835	649,738	640,089	470,171	273,337	260,562	249,186

(자료: 통계청)

2021년 현재 인구수는 세계 28위이지만 계속되는 저출산율로 생산 가능 인구는 계속 줄어들고, 고령화가 높아져 장래 생산가능 인구의 절대량이 축소되는 위험에 직면해 있다.

<대한민구 인구규모>

년도	인구수
1949년	20,166,756
1970년	31,435,252
1980년	37,406,815
1995년	40,419,652
2005년	47,041,434
2010년	47,990,761
2015년	51,069,375
2019년	51,849,861
2020년	51,779,203

(출처:대한민국 행안부. 통계청 자료에서 요약정리)

한국의 인구수는 2020년부터 감소가 시작되고 있다.

<대한민국 장래인구 추계>

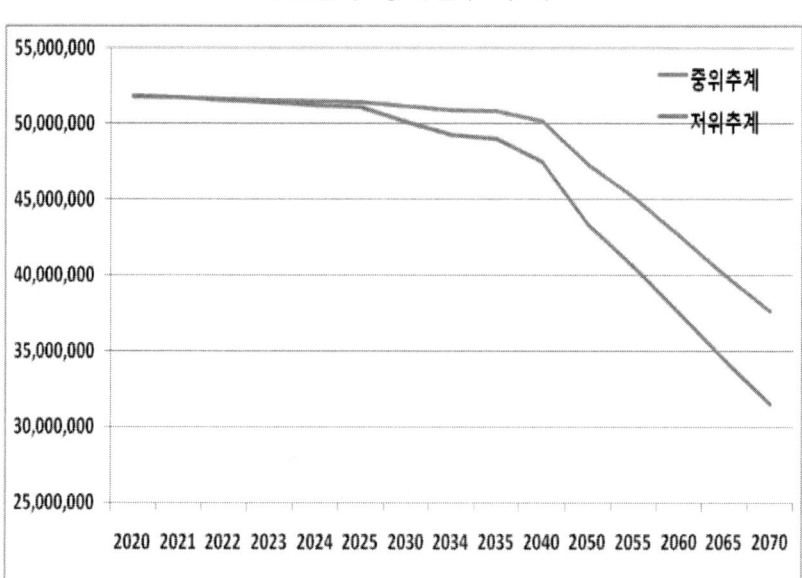

(출처: 통계청)

고령화 역시 큰 문제로 나타나고 있다.
한국의 고령화 속도는 세계 최고 수준으로, 65세 이상 노인 비율이 7% (고령화사회)에서 14%(고령사회)로 2배 증가하는데 18년 정도 걸렸다. 한국은 2018년 기준 노인 빈곤률 (43.4%)은 OECD 국가 중 가장 높으며 OECD 평균(14.8%)의 약 3배 수준이다. 2025년 한국은 노인 비율 20%를 넘어서며 초고령사회에 진입할 것으로 예상된다.
▷ 셋째: 제조업 기술 수준
그런데 한국제조업의 기술 수준은 세계 최고대비 80%를 약간 넘으나 점차 그 수치가 떨어지고 있다.

기술 수준이 떨어진다는 것은 세계 시장에서 밀리고 국내적으로는 인구의 감소로 제조업의 전망이 흐릴 수밖에 없다.

중국과의 기술력도 2007년 평균 3.8년에서 2015년 3.3년으로 좁혀지고 있다.

		세계최고대비 기술수준			세계최고대비기술수준기업비율			중국과의 기술격차(년)		
		2015	2011	2007	2015	2011	2007	2015	2011	2007
제조업전체		80.8	81.9	81.3	9.5	14.7	13.8	3.3	3.7	3.8
산업유형	정보통신	78.8	83.3	83.3	6.5	13.2	-	2.6	2.9	-
	자동차	81.4	81.9	81.0	3.4	9.6	4.7	3.7	4.2	3.6
	조선	72.7	77.3	78.2	15.6	22.2	26.3	3.7	3.1	3.6
	기계장비	81.8	82.7	81.3	9.7	15.9	13.6	4.0	4.0	4.0
	철강금속	82.7	82.0	83.7	16.9	18.5	11.1	3.1	3.9	4.1
	화확	79.6	83.2	80.5	12.2	19.8	16.5	3.5	3.9	3.8
	전기기계	86.0	82.6	76.9	14.3	13.5	15.4	3.3	3.3	3.6
	정밀기기	79.5	84.9	85.6	11.4	19.1	4.2	3.4	4.1	3.5
	섬유	81.4	78.7	73.4	5.5	6.1	21.1	3.0	4.0	4.1
	중화확공업	81.0	81.9	81.4	10.5	15.5	13.0	3.5	3.8	3.7
	경공업	81.4	78.6	78.7	7.3	6.1	14.6	2.9	4.0	3.9
규모별	대기업	85.2	83.9	84.1	14.3	17.6	19.0	3.5	4.0	-
	중소기업	80.2	81.5	80.7	8.8	14.0	12.7	3.3	3.7	-

(자료:산업연구원 2015년 한국제조업의 업종별 기술 수준 및 개발 동향 한국 경제론 P74 김호범에서 재인용)

▷ 넷째 : 연구개발비

제조업의 연구개발비는 한국이 GDP 대비론 이스라엘 다음으로 높다(2019년 4.6%) 그러나 절대액 규모에서는 미국, 중국, 일본에 한참 뒤떨어진다. 미국은 한국의 6.4배, 중국은 5.1배, 일본은 1.9배이다.

미국은 2019년 GDP대비 비율 면에서는 세계 8위이지만, 절대액은 중국을 제외한(3~6위) 모든 주요 국가의 총액보다 1,600억 불이 많고 중국도 GDP 대비는 13위이지만, 나머지 4개국(일본, 독일, 영국, 프랑스)을 합친 것보다도 많다.

기술개발의 절대액이 많다는 것은 주요 전략산업에 집중투자할 경우, 가장 무서운 성과로 생산성을 높일 수 있다는 소리다.

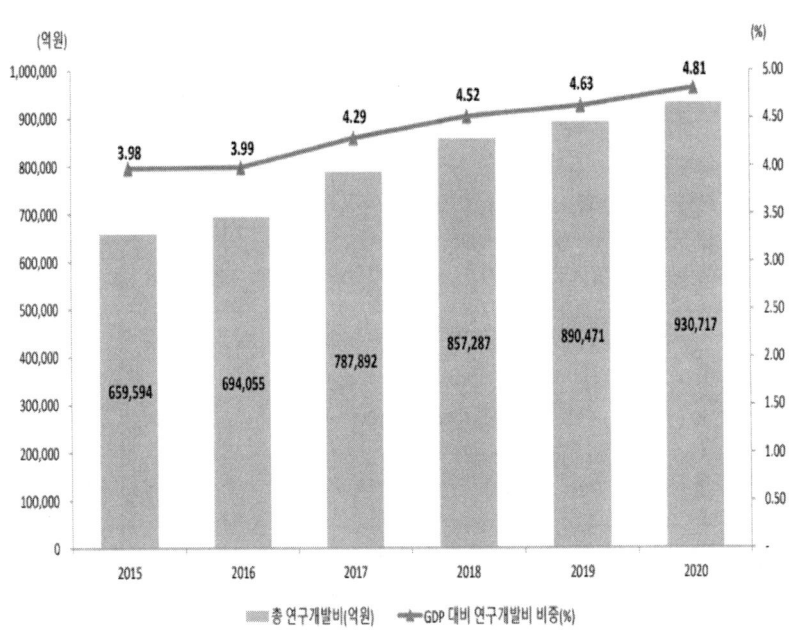

전반적인 추세로 볼 때 한국은 불리할 수밖에 없다.
제조업 평균이 선진 기술에 비해 평균 80% 못 미치는 수준인데,

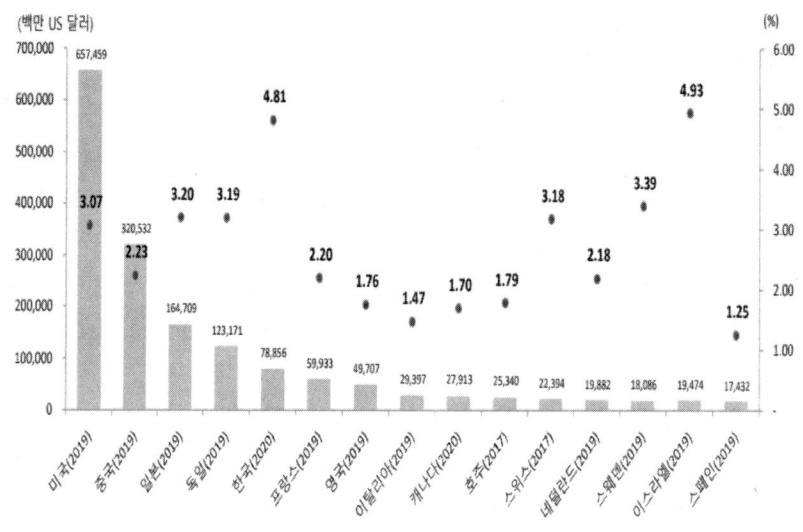

기술개발 연구비에서 밀리기 때문에 더욱 불리한 것이다. 즉, 미국, 중국, 일본, 독일 등 선진국의 기술개발비에서 절대량이 밀리다 보니 향후 기술격차는 더욱 벌어질 수밖에 없는 상황이다.

1,400년 전 수나라의 300만 대군을 격파시켰던 고구려도 50년 후 국가경영을 잘못하여 당나라에 멸망한 역사적 경험이 있다. 세계 10위의 경제 강국 한국이 국가경영을 잘못하면 고구려처럼 멸망 내지 추락할 수 있다. 아르헨티나의 경우처럼.

그런데 우리에게 유일한 무기가 있다.

그것은 바로 세계 최강의 반도체 생산기술이 있는 것이다. 이 반도체 생산기술을 기점으로 우리는 기술 강국의 국가목표 국시를 세워 기술을 개발하고 인력을 준비한다면 우리는 세계 10위 이상의 강국이 될 수 있다.

제조업 기술하면 반도체 중심의 첨단 기술과 중소기업의 IT 디지털화 기술로 생산성을 높이는 것이다. 반도체 하면 4차 산업 혁명의 핵심 키워드이다.

3-3-2 반도체란 핵심 키워드

반도체는 4차 산업혁명의 핵심키워드다.
반도체는 산업의 쌀이고 미· 중 쟁탈 전쟁의 목표 보물이다.
세계 최고의 반도체 첨단 기술을 가지고 있는 미국은 반도체 생산에서 세계 12%에 불과하고, 세계 최대의 반도체 시장을 가지고 있는 중국은 첨단 반도체 생산기술이 없다. 첨단 반도체가 없이는 4차 산업혁명은 불가능하다.
첨단 반도체의 생산은 한국과 대만이 쥐고 있다.
거대한 중국 시장에 붙어있는 반도체 공장에 미국은 불안하여 527억 불로 한국 삼성전자와 대만 TSMC를 미국으로 강력히 끌어들이고 있다.
플랫폼 기업은 전 세계 인류 고객의 공짜 정보를 가지고 무한대의 광고모델, 프리미엄 모델로 떼돈을 벌었고, 폭주하는 데이터양에 서버는 터져나갔다. 코로나-19로 모든 기업들이 침체기에 접어들 때도 반도체 업체만이 초호황을 누렸다.
코로나-19는 세계 모든 나라 사람들을 묶어놓았다.
여행이 금지되었고, 시장에 사람을 못 나가게 하고, 집회, 행사들을 금지했다. 소비생활, 문화생활, 경제생활이 얼어붙었다.
아이러니컬 하게도 온라인 반도체 분야는 그 반대로 호황을 누린 것이다. 이러한 호황은 코로나-19가 정리되어 수그러들자, 이번에는 반도체 회사들이 공급 과잉으로 영업 적자를 보고 있다.
반도체 생산에는 여러 나라의 최고 기술, 기능들이 결합 되어야 생산이 된다.
미국의 설계기술(팹리스), 미국, 일본의 소재, 부품. 네덜란드의 노광장비가 한곳에 모여 생산에 노하우가 있는 대만과 한국에서 만들어지고 있다.

일본이 작은 소재 하나로 한국을 흔들려 했고, 네덜란드의 노광장비 하나는 세계 반도체 생산의 Top3인 삼성, TSMC, 인텔을

꼼짝 못 하게 한다. 노광장비가 없으면 세계 최고의 기술도 생산이 중단되어야만 하기 때문이다.

반도체 공급이 부족하여 세계의 모든 차 생산이 지연되고 있다.

보통 차 1대 주문에 6개월에서 1년이 걸리는 이유는 반도체 공급이 부족하기 때문이다. 4차 산업의 핵심인 인공지능엔 IP란 첨단 반도체가 있어야 하고 5G, 6G 통신망에 첨단 반도체가 있어야 한다.

스마트폰, 자율주행 자동차, 메타버스엔 첨단 반도체가 반드시 있어야 한다. 그리고 더욱 세계 첨단 무기인 미사일, 인공위성이 정밀도 있는 기능을 발휘하려면 반드시 첨단 반도체가 있어야 한다.

반도체 생산은 아시아에서 73%를 만들고 미국은 12%를 만드는 수준이다.

배터리는 92%를 아시아에서 만들고 미국은 하나도 만들지 못 한다.

3-3-3 메모리 반도체와 비메모리 반도체

반도체는 기능에 따라 메모리 반도체와 비메모리 반도체로 나뉜다.

한국은 메모리 중심으로 만들어짐으로 메모리 반도체를 반도체의 주요 부문으로 생각하고 그 외 메모리가 아닌 기능의 반도체를 비메모리 반도체라 한다.

그래서 메모리가 반도체의 중심인 것처럼 생각되고 비메모리는 부수적인 반도체처럼 생각되어지곤 한다.

그러나 전세계 반도체 시장의 70%가 비메모리 반도체이고 30%가 메모리 반도체이다. 즉 반도체 사용 용도에서 비메모리가 훨씬 더 많이 사용되고 있다. 비메모리 반도체는 한국에서만 사용되는 용어이고 외국에서는 '시스템'반도체란 용어를 쓴다.

반도체 시장은 메모리 반도체가 30%, 비메모리(=시스템)반도체가

70%이다. 2022년 기준 한국의 메모리 반도체 시장 점유율은 70%이고 비메모리(=시스템)반도체는 3%이다. 세계 반도체 시장의 70%를 차지하는 비메모리(=시스템)반도체는 설계를 미국이, 생산은 대만이 1위를 차지하고 있다.

반도체 생산이 이루어지려면 반도체 설계와 장비, 부품, 소재가 결합되어야 가능하다. 반도체 설계엔 미국의 퀄컴, 엔비디아, 브로드컴 등 6개 회사(세계 10대 회사 중 6개 회사가 미국계)가 78.2%를 차지하고 나머지는 대만 기업이 32%를 차지하고 있다. 반도체 생산에 필수적인 장비가 있어야 되는데 장비는 반도체 생산 8대 공정에 필요한 장비를 말한다. 장비 제조의 세계적인 국가는 미국, 일본, 네덜란드이다. 전세계 반도체 생산 장비는 이들 세 나라가 거의 다 공급하고 있다.

미국이 38.9%, 일본이 19.4%, 네덜란드가 18.3%이다. 특히 이 중 네덜란드의 ASML이 공급하는 극자외선을 이용하는 EUV 노광장비는 세계 유일함으로 이들 장비 공급에 따라 반도체 생산이 결정된다.

세계 장비시장의 16.7%로 세계 장비시장 점유율이 2위이지만 이 장비가 없으면 반도체 생산이 불가함으로 가장 중요한 유일무이한 핵심 장비가 된다.

그 외에도 장비에 들어가는 부품이 필요하다. 자동차 생산에 25,000개의 부품이 들어가듯이 반도체 장비에도 수많은 부속품이 들어가야 되는데 여기엔 일본, 미국이 80%이상 공급하고 있다.

마지막으로 반도체 생산에는 다양한 재료(소재)가 필요하다. 소재에는 실리콘웨이퍼, 포토마스크의 핵심 부품인 블랭크마스크 재료인 쿼츠글래스, 감광액, CMP슬러리가 있는데 이들 제조엔 일본, 독일, 미국, 한국이 중심을 이루고 있다.

<시스템반도체>
시스템 반도체는 세계 반도체 시장의 55.6%를 차지한다.
시스템 반도체는 다음과 같은 것이 있다.

<CPU>
컴퓨터엔 CPU란 반도체가 들어가야 한다. 컴퓨터의 제어, 산술, 논리, 유닛의 기능과 함께 저장(메모리)이 갖추어져야 한다.
그래서 CPU와 메모리 반도체가 함께 들어가야 한다. CPU 반도체는 인텔과 AMD가 강자이다. 인텔이 63%, AMD가 37%의 세계 시장을 점하고 있다.

<GPU>
모니터 화면에 정교하고 다양한 색상을 내는데 GPU가 필요하다. GPU의 모니터엔 830만개의 픽셀로 정교한 그래픽이 가능하고 1,670만개의 색상을 낼 수 있다.
CPU가 소수의 일류요리사라면 GPU는 수천 명의 알바생의 단순노동과 같다.
GPU는 엔비디아((NVIDIA),AMD,인텔 등 3곳에서 생산된다. 전체 시장의 56%, 26%, 18%를 점하고 있다.

<AP>
2000년대 후반 반도체 산업을 다시 한번 부흥시킨 제품이 바로 스마트폰이다.
이 스마트폰에 두뇌 역할을 하는 것이 AP(Application Processor)란 반도체이다.
컴퓨터 본체엔 초록색 기판위에 CPU, GPU, 인터넷 통신의 모뎀, RAM, ROM 전력관리, 오디오, 입출력<Input Output>등이 장착되어 있다. 당연히 크기가 클 수 밖에 없다.
그러나 스마트폰에는 이렇게 큰 기기 반도체를 실을 수 없다.

그래서 하나의 반도체칩에 컴퓨터의 모든 기능들을 집적해 놓아야 한다.
이 집적된 반도체가 바로 AP반도체이다.
손톱만한 사이즈 안에 그 많은 기능이 모두 집적되어야 한다.
삼성은 2007년 AP사업에 뛰어들어 자신의 스마트폰에 탑재하고 애플 등에 공급
하였다.
그러다가 2010년 스마트폰 제조사들은 AP를 직접 만들기 시작했다.
2022년 기준 대표적 스마트폰 제조사인 삼성전자, 애플, 화웨이가 모두 AP를 직접 설계하고 있다.
2022년 현재 AP시장은 미디어텍 38%, 퀄컴 30%, 애플 15%, unisoc 11%, 삼성 5%를 점하고 있다.

<2세대 AI반도체 - NPU>

방대한 양의 데이터에서 의미있는 정보를 찾아내려면 수많은 양을 처리하여 필요한 정보를 제공해야만 한다.
그 기능이 바로 NPU 반도체이다. 수천만 수억의 데이터를 기억하고 처리하고 전송해야 되는데 그 기능이 바로 NPU이다.
NPU는 다수의 CPU가 하나의 칩에 탑재된 구조이며, CPU는 독립적으로 연산처리 하면서도 서로 연산결과에 영향 줄 수 있도록 설계되어있다.
NPU는 애플, 화웨이, 삼성전자, 퀄컴 등이 만들고 있다.
NPU외에도 FPGA, ASIC이란 반도체가 AI의 기능역할을 하는 것도 있다.
ASIC이란 반도체는 특정상황에 맞춘 설계의 AI인데 대량생산으로 제작 단가를 낮추는 대중성 있는 AI에 장착한다.

<3세대 AI반도체 -뉴로모픽 반도체>

AI반도체는 그 형태 기능에 따라 1세대, 2세대, 3세대로 3분한다. 1세대는 GPU의 대규모 병렬연산능력과 CPU 소프트웨어로 구현된 AI연산결과를 분석. 활용한 AI시기를 말한다.
2세대 AI는 NPU를 활용하여 AI를 만든 것이고, 3세대 AI반도체는 뉴로모픽(Neuromorphic,신경모사)반도체이다. 뉴로모픽은 인간의 뇌 속 신경망을 모방하여 그동안 CPU에서 난제였던 사람들의 목소리, 생김새, 필체등을 처리할 수 있게 개발된 것이다.

<CIS>
CIS는 이미지센서로 3차원의 빛 정보를 2차원의 사진정보로 만드는 반도체이다.
CIS는 미국이 개발했지만 일본의 소니, 캐논, 니콘이 강자로 떠오르고 있다.
CIS는 자율주행차, 로봇, 드론에 적극 이용하고 있다.
CIS의 시장 점유율은 소니 39%, 삼성전자 23%, 옴니버스 13%, 기타 25%이다.
기타 시스템 반도체로 DSP, ISP, DDI, PMIC등이 있다.

<메모리 반도체>
메모리 반도체는 세계 시장에서 27.7%를 점한다.
23년 전 만해도 20개가 넘는 메모리 반도체 회사가 있었지만, 지금은 삼성전자가 거의 다 재패하고 SK하이닉스와 마이크론이 남아있다.
메모리반도체는 RAM과 ROM,, NAND와 NOR가 있다.

<RAM>
CPU가 연산에 필요한 정보를 RAM에 요구하여 사용하는 반도체

이다.
RAM은 전원 공급이 차단되면 저장한 데이터가 소멸되는 휘발성 메모리이다.
RAM은 일반적으로 DRAM을 말하는데 'Dynamic RAM'의 약자이다.
CPU는 데이터를 주고 DRAM은 데이터를 받아 저장한다.
컴퓨터란 데이터를 주고받는 과정이다. DRAM은 SDR과 DDR 방식이 있는데 DDR 방식이 SDR 방식보다 2배 속도가 빠르다.
현재는 DDR1에서 DDR5까지 있는데 숫자가 클수록 속도가 빠른 최신형이다.
DRAM의 시장점유율은 삼성전자 42.3%, SK하이닉스 29.7%, 마이크론 22.3%, 기타이다.

<ROM>
보조기억장치로 불리는 ROM은 Read Only Memory(읽는것만 가능한 메모리)
ROM은 주기억장치인 RAM을 보조하는 동시에 데이터를 저장하는 역할을 안다.
전원을 끄더라도 데이터가 보존되는 비휘발성 메모리이다.

<NAND>
플레시메모리를 바둑판처럼 연결하면 하나의 평면에 수많은 메모리가 집적되어 큰 용량이 된다.
연결방식에 따라 NAND와 NOR플레시 메모리로 나누어진다.
현재는 NAND플레시를 주로 사용한다.
경제성에서 NAND플레시가 NOR플레시 메모리보다 앞서기 때문이다.
NAND플레시 메모리 용량을 키우는 방법으로 평면에 연결하는 방법과 아파트처럼 위로 쌓는 방식이 있다.

삼성전자가 세계 최초로 2013년 24단을 쌓으며 시작했는데 2020년엔 176단, 현재는 200단을 넘어서고 있다.
NAND메모리반도체는 메모리의 시장 40%를 차지하는데 1위는 삼성전자(33,1%), 2위 SK하이닉스(19.5%), 3위 일본의 키옥시아 (19.2%), 4위 WDC(14.2%), 5위는 미국의 마이크론(10.2%)이다.

3-3-4 반도체가 국가 경제에서 차지하는 비중

▷ 반도체 생산액 비중
반도체는 한국 주력 산업 중 가장 큰 비중을 차지하고 있다.
반도체는 생산, 투자, 수출 등 각 부문에서 국내 경제를 이끌어 온 대표적 산업이다.
제조업 산업 생산에서 반도체 생산이 차지하는 비중은 '20년 9.5%였다.
'20년 제조업 내 부문별 비중은 자동차 12.6%, 반도체 9.5%, 음식료 6.9%, 석유화학 6.3%, 철강 5.8%였다.

<반도체 생산액 비중(제조업 총생산액 대비)>

(단위:%)

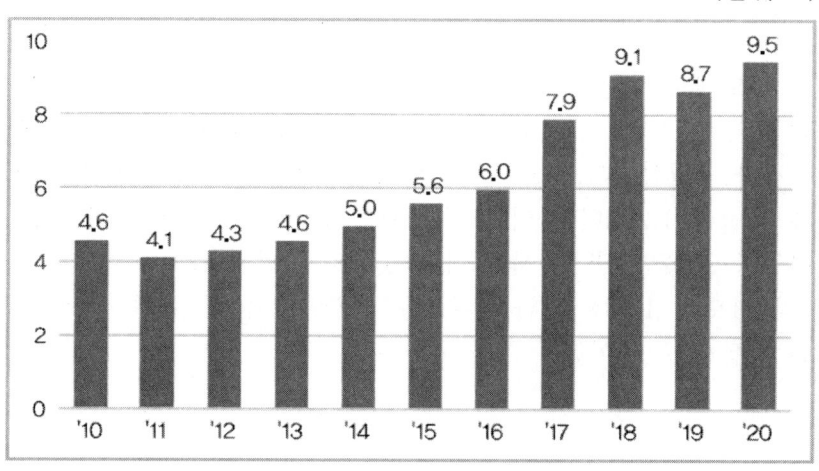

(김천구,박현준)(대한상공회의소. vol.9. 반도체 산업의 국내 경제

기여와 미래 발전전략)

반도체 설비 투자는 대규모 장치 산업이며, 기술변화가 빨라 주기적으로 대규모 투자가 이루어지고 있다. 전 산업 투자 중 반도체 투자 비중은 2010년 14.1%에서 2021년은 27.6%까지 증가하고 있다.

<반도체 투자 비중(전산업대비)>

(단위:%)

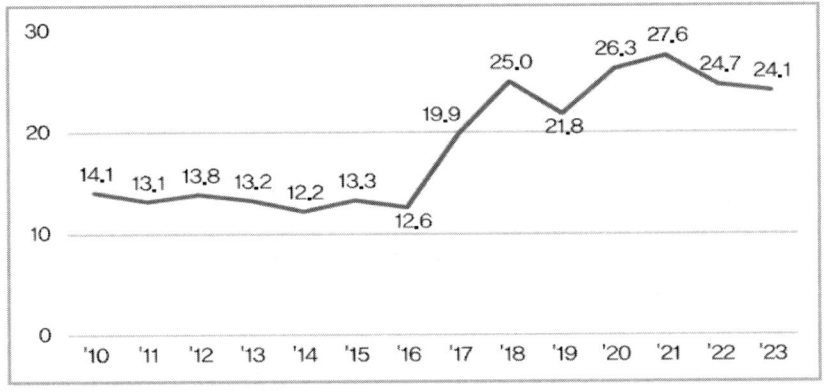

(김천구,박현준)(대한상공회의소. vol.9. 반도체 산업의 국내 경제 기여와 미래 발전전략)

▷ 반도체의 수출
한국 수출 상품 중 반도체 비중은 가장 큰 규모이며, 지속해서 증가하는 양상이다. 2022년 한국 수출액은 6,839억 불이며, 반도체 수출은 1,292억 불이며, 전 산업 중 반도체 수출이 차지하는 비중이 2022년 19%까지 증가할 것으로 예상된다.
1위 반도체 18.9%, 2위 석유제품 9.2%, 3위 석유화학 7.9%, 4위 자동차 7.9%이었다.

<전산업대비 반도체 수출 비중>

(단위:%)

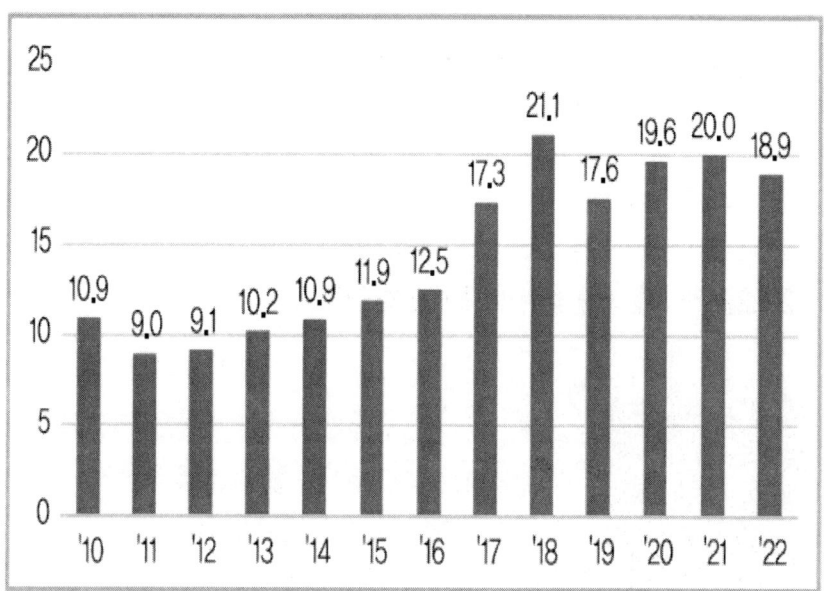

(김천구,박현준)(대한상공회의소. vol.9. 반도체 산업의 국내 경제 기여와 미래 발전전략)

반도체 산업의 고용 측면은 자본 집약도로 인하여 상대적으로 고용 창출이 낮다. 고용 유발계수가(명/10억 원) 1.77명으로 서비스업 9.2명, 제조업 4.7명보다 낮다.
반도체 산업 종사자는 '20년 15만 명으로 전 산업 2,481만 명 중 0.6%에 불과하다.

▷ 세계적 기업의 반도체 수출
2022년 세계 반도체 시장은 5천 801억 달러였다. (세계 반도체 시장 통계기구 WSTS발표) 특히 메모리 반도체 시장 규모는 DRAM 800억 불, 낸드플래시 600억불, 시스템 반도체 3,700억 불(2022년도)이었다.

세계 시장에서 삼성반도체의 비중은 2022년도 655억 8,500만 불, SK하이닉스 362억 2,900만 불로 TSMC에 이어 2위, 4위를 점하고 있다.
세계 상위 10대 반도체 수출기업 중 2위, 4위를 점하고 있다.

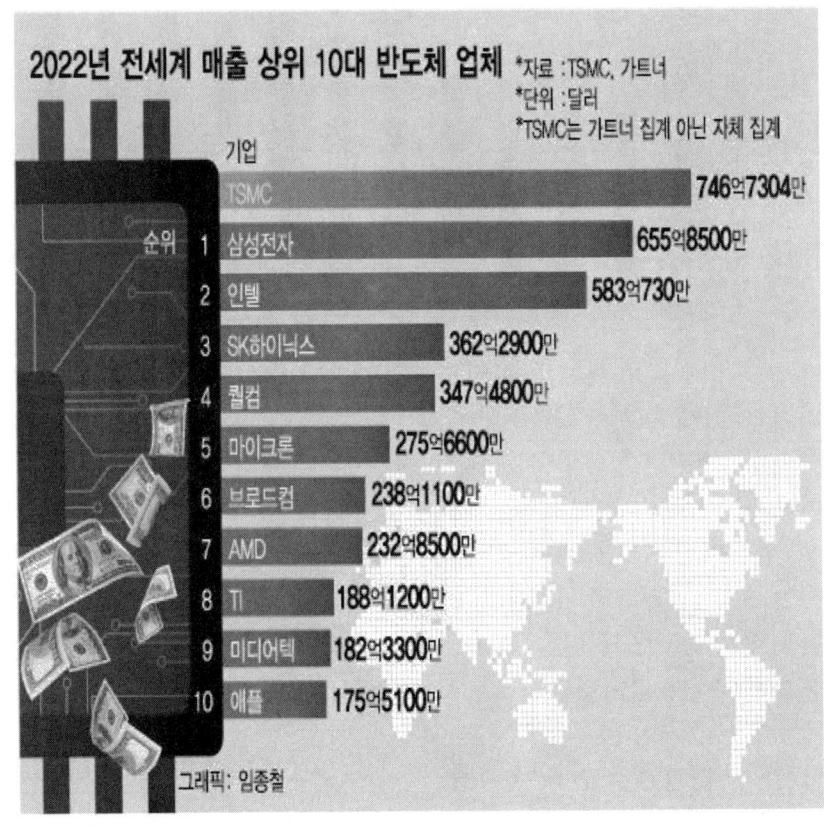

반도체는 한국 수출품목의 2013년부터 현재까지 1위이다.
2018년도 한국 수출 중 반도체 수출이 20.9%, 19년도 17.3%, 20년 19.4%, 21년 19.9%를 차지하고 있다.

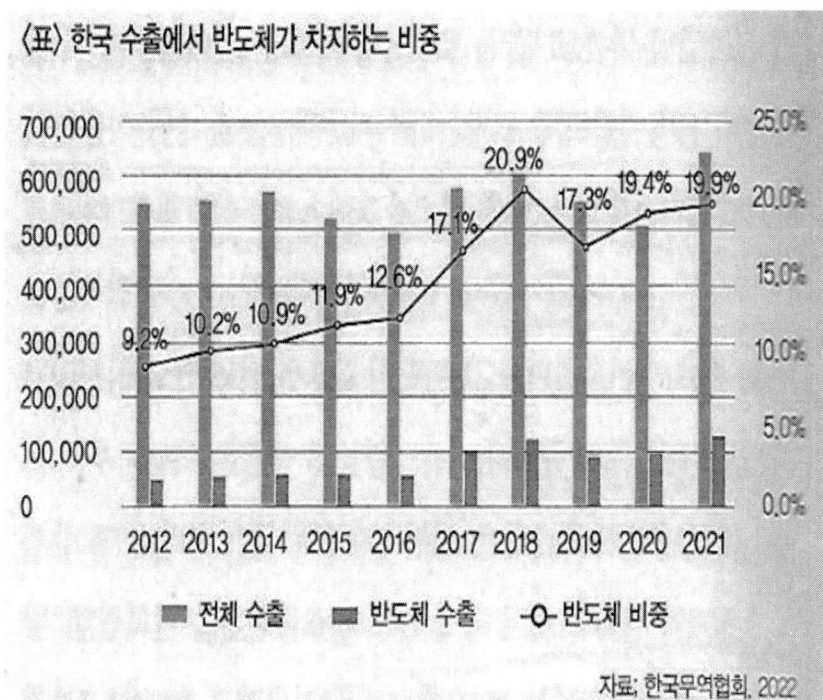

〈표〉 한국 수출에서 반도체가 차지하는 비중

자료: 한국무역협회, 2022

국가별로 보면 중국이 39.7%로 압도적으로 비중이 크다. 2019년도 수출품목 비중을 보면 반도체 17.9%, 2위 자동차 12.2%, 3위 석유화학 11.3%, 4위 철강 8.1%, 5위 디스플레이 5.6%, 6위 조선 3.9%, 7위 휴대폰 3.4%이다.

▷ 대만의 1인당 국민소득 한국 추월

2022년도 한국의 1인당 국민소득은 32,661 달러이고, 대만은 33,565 달러이다.(한국은행)
대만의 국민소득이 한국을 추월한 것은 반도체 때문이다.
대만은 시가 총액 상위 10사 중 6개 기업이 반도체와 IT 기업이다.

세계 파운드리 시장에서 TSMC는 58.5% 1위, 2위인 삼성전자는 15.8%, 대만의 UMC 6.3%, 7위 PSMC 1.2%로 대만은 세계 시장의 67%를 점하고 있다.

2023년 3월 현재 TSMC의 시가 총액은 4,640억 불로 세계 시가 총액 11위, 삼성전자는 3,133억 불로 세계 25위이다.

▷ 반도체의 종사자 수와 임금수준

<반도체 종사자 수(전산업대비)>

(단위:만명)

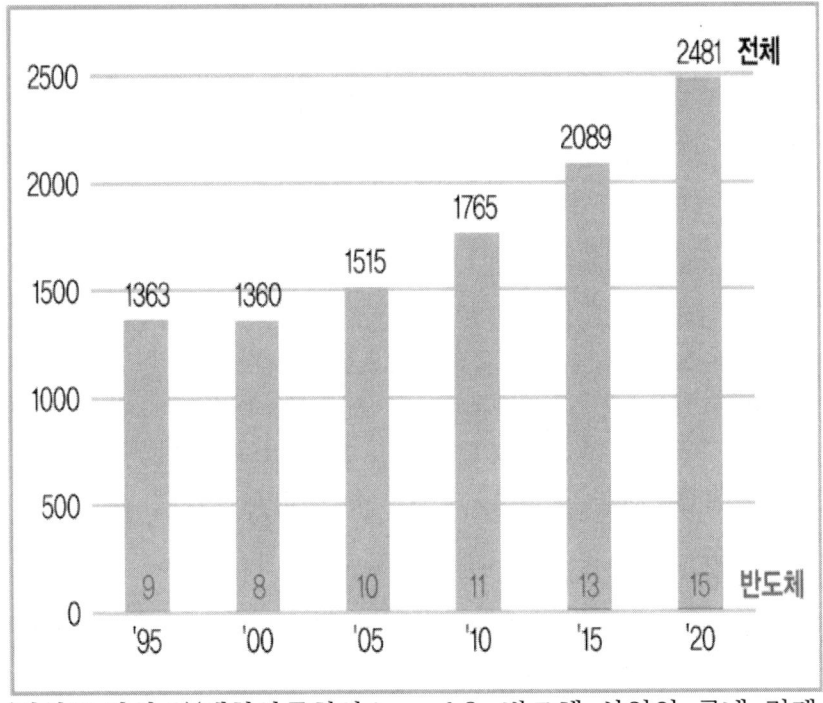

(김천구,박현준)(대한상공회의소. vol.9. 반도체 산업의 국내 경제 기여와 미래 발전전략)

반도체 산업은 고용 유발효과는 낮으나 높은 임금 수준으로 고용의 질적인 측면은 매우 높다.

<국내 주력산업 1인당 연평균임금>

(단위:만원)

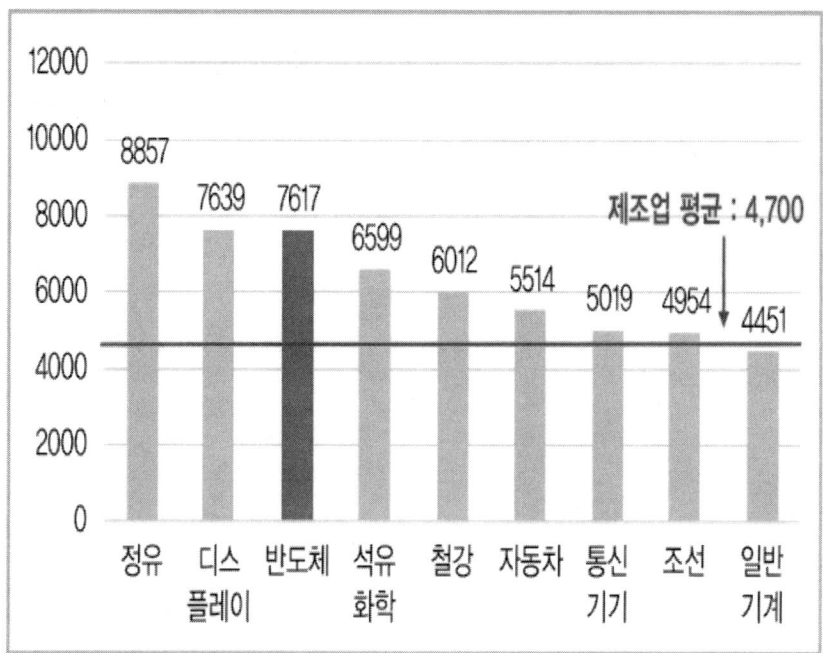

(김천구,박현준)(대한상공회의소. vol.9. 반도체 산업의 국내 경제 기여와 미래 발전전략)

반도체 산업의 연평균임금(2020년)은 7,617만 원이었다. 이것은 제조업 평균 4,700만 원을 훨씬 능가하는 것이고, 정유 (8,857만 원), 디스플레이(7,639만 원)등에 이어 3번째 높은 임금 수준이다.

▷ 반도체의 경제성장기여도
경제 성장률에서 반도체의 기여도는 높고 중요하다.
2010년에서부터 2022년까지 국내 경제 연평균 성장률 3.0%에서 반도체 수출이 성장에 0.6% 기여하였다.
동 기간 반도체의 성장 기여율은 28.3%를 기록하였다.

2022년 2.6%인 국내 경제 성장률이 반도체 부문을 제외하면 1.9%까지 낮아진다.

<반도체 수출 제외 시 경제성장률>

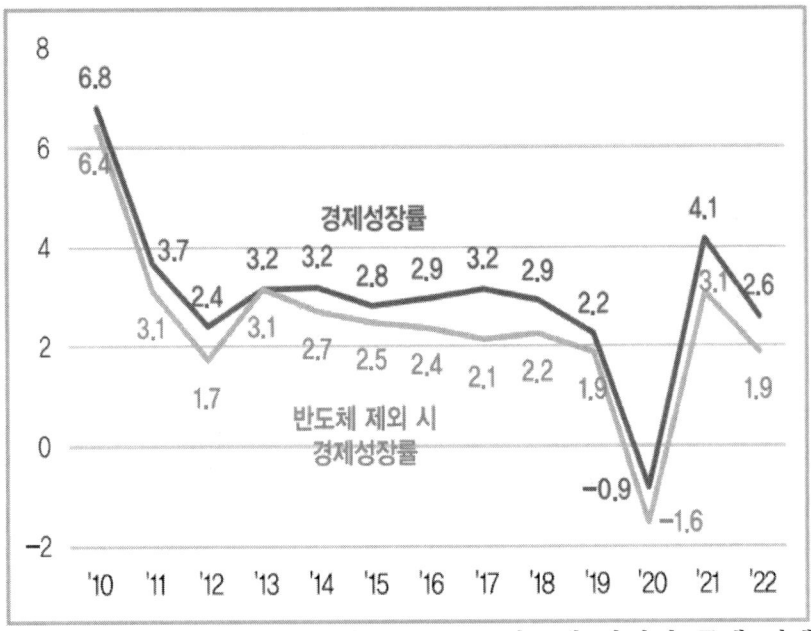

(김천구,박현준)(대한상공회의소. vol.9. 반도체 산업의 국내 경제 기여와 미래 발전전략)

반도체 수출이 10% 감소하면 국내 경제 성장률은 0.64% 하락하게 된다. 반도체 수출의 저조로 2023년 한국 GDP 성장률은 1.4% 예측(IMF)했다.

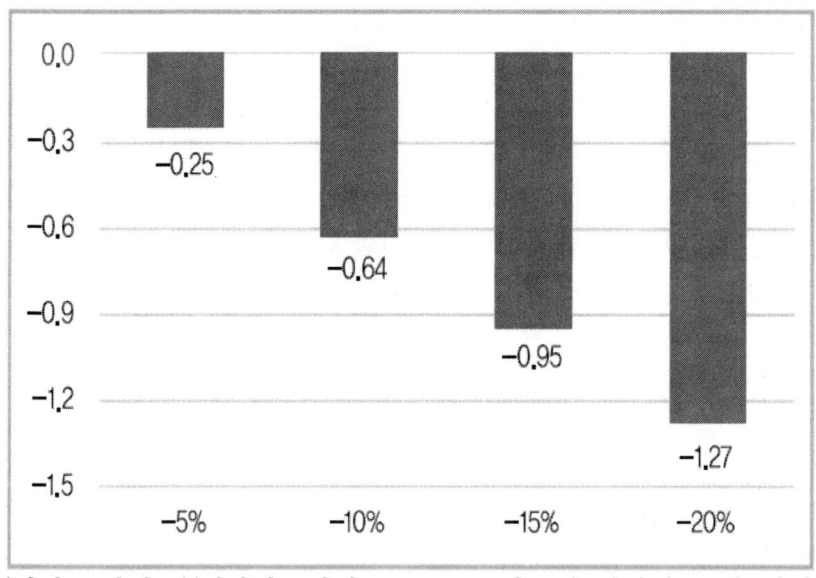

<반도체 수출 감소에 따른 경제성장률 하락 폭>
(단위:%)

(김천구,박현준)(대한상공회의소. vol.9. 반도체 산업의 국내 경제 기여와 미래 발전전략)

3-3-5 기술 강국 - 반도체 강국이 한국의 살 길이다

G1 미국과 G2 중국은 세계 패권전쟁을 하고 있다. 패권전쟁의 핵심이 바로 첨단 반도체이다. 2030년이면 미국의 GDP를 추월하는 G2 중국이 두려워 G1 미국은 중국 견제의 방법으로 첨단 반도체의 중국 수출을 금지시켰다. 중국을 견제하여 미국을 넘보지 못하게 하는 것이지만 그 구체적 목표는 한국과 대만의 반도체 기업에 족쇄를 채워 중국에 못 들어가게 하고 미국으로 유인하는 것이다.

이 반도체가 4차산업혁명의 핵심 심장이란 사실을 이해하지 못하면 모든 산업. 고용, 교육정책에 헤맬 수밖에 없다. 누구나 반도체가 중요하다는 것은 알지만 반도체 앞날에 구체적 대책을 내놓지 못하면 반도체의 중요성을 이해한다고 할 수 없다. 구한말 흥선대원군은 신미양요, 병인양요에서 미국과 프랑스를 물리치면서 자만에 빠져 결국 나라를 망치고 말았다. 즉, 강력한 경제를 바탕으로 개발된 무기의 힘은 재래식 약체 조선을 지킬 수 없는 것이다. 결국 강한 제국주의에 먹히고 말았던 것이다.

한국은 메모리 반도체의 세계 1위 강대국이다. GDP의 10% 수출의 20%를 점하는 주요 산업이다. 3nm반도체를 만들 수 있는 세계에서 대만과 함께 유일한 나라이다. 세계 반도체 시장의 30%를 점하는 메모리 반도체의 70%이상을 공급하는 곳이 한국이다. 한국은 메모리 반도체의 세계 1인자이지만 시스템 반도체의 시장 점유율은 3%에 불과하다.

3나노 반도체 생산의 유일한 국가이면서도 시스템 반도체에선 대만에 밀리고 있다. 메모리 반도체의 세계 1위를 지켜낼 수 있을까?

그리고 시스템 반도체의 대만을 따라 잡을 수 있을까가 당면과제이다.

천문학적 국가 지원으로 추격하는 중국과 제국주의적 강압으로 제압하는 미국의 압력에 한국은 계속 세계 1위의 기술과 시장 점유율을 지켜낼 수 있을까?

미국의 경제를 넘보던 일본은 1980년대에 강력한 미국의 제제로 반도체가 망하고 잃어버린 30년으로 추락하는 국가가 되었다.

이제 G2에서 G1을 넘보는 중국을 짓밟기 위해 반도체로 조여오는데 거기에 한국과 대만이 걸린 것이다.

세계 제1의 기술과 시장을 점유하고 있기 때문이다. 메모리 반도체는 1970년대에 일본은 미국의 반도체 기업을 죽였다. 미국은 1980년대에 일본의 반도체를 죽였고, 2000년엔 대만이 독일의 반도체 기업을 죽였다. 2010년엔 한국이 대만의 반도체 기업을 죽였다.

적자생존의 법칙이다.

이제 반도체 기술은 2나노기술의 막바지에 도달해 있다.
2나노이하의 실리콘의 물리적 한계에서 새로운 기술이 혁신 발명이 없으면 한계에 부딪힐 수밖에 없다. PC, 핸드폰, 노트북 시대에서 자율 주행차, 나는 택시, 운반의 드론시대에 어떻게 기술을 개발하고 대처하느냐가 주요 당면 과제이다.
고 이건희 삼성전자 회장은 말했다.
반도체는 1류 이고 기업은 2류, 행정은 3류, 정치는 4류 라고 경고와 경멸을 했다.
머리가 없는 3류, 4류가 1류의 반도체 기업을 방해해선 안 된다. 정치는 1류의 반도체 기업이 계속 세계 1위를 지키도록 경제와 인력을 지원해야 한다. 세게 시스템 반도체의 팹건설 계획을 보면 대만 10개, 중국 6개, 일본 1개, 한국 1개, 미국 4개, EU가 4개이다.
그리고 메모리 반도체의 팹건설을 보면 대만 1개, 중국 1개, 일본 2개, 한국 5개, 미국 1개이다.
(2023~2026년 자료:SEMI WFF)

한국은 현재 대만과 함께 2나노 첨단 반도체를 개발 중임으로 미국의 7나노 개발에 헤매고 있는 인텔에 앞서있다. 이러한 상황에서 시스템반도체 개발과 메모리 반도체의 지속적 안전 보장 지원책을 국가는 적극적으로 수행해야 된다. 시스템 반도체 시장 점유가 3%에서 두 자리 숫자가 되게 하고 메모리 반도체에선 삼성전자, SK하이닉스. 마이클론 3자에서 마이클론을 제거하는 구체적 작전을 세워 삼성전자와 SK하이닉스가 세계 시장을 완전 독점할 수 있도록 해야 한다.
장비, 부품, 소재에서도 국내 생산 점유율이 50%가 넘도록 국가가 적극 노력해야 한다. 2019년 일본이 수출금지로 한국 반도체 생산이 매우 어려웠던 경험을 잊어서는 안 된다.

3-3-6 세계 각국의 반도체 경쟁. 전망

<미국>

미국은 반도체가 미국의 국가안보, 일상생활뿐 아니라, 경제 모든 부문에 필수적인 산업으로 여기며 반도체 생산력의 상실은 반도체 공급망 뿐 아니라 미국 전체 산업 경쟁력의 위협으로 간주하고 있다.

미국의 반도체 생산은 최근 37%에서 12%로 급감하고 머지않아 한자리수로 급감함에 위기의식을 느끼고 강력한 대책을 세웠다.

Chip4 동맹으로 한국의 메모리, 대만의 시스템 반도체, 일본의 장비, 미국의 설계 및 장비 분야를 묶어서 중국을 봉쇄하는 정책을 펼치고 있다.

그리고 527억불을 지원하여 한국과 대만기업을 미국으로 유치하고 있다.

미국의 첨단 시스템 반도체 생산은 인텔이 유일하며 첨단 메모리 반도체 생산은
마이크론이 유일하다.

<중국>

중국은 2021년 「14차 5개년계획」에서 반도체 산업 육성방안을 발표했다.

미국의 포위망에 대처하는 대책으로 향후 5년 간 반도체 기업에 183조3,400억원을 투자 지원키로 했다.

BAT(Baidu, Alibaba, Tencent) 3사를 중심으로 수많은 반도체 기업들이 중국 정부의 적극 후원에 많은 노력을 기울이고 있다.

2020년 현재 중국은 반도체 생산량 기준으로는 일본과 함께 공동 3위(15%)이지만 장비. 부품, 소재는 모두 해외에 의존하고 있다.

중국은 2025년까지 반도체 자급률 70%를 목표로 국가 총력을

집중하고 있다. 중국은 2007년 LCD TV 국산화율 80%를 목표로 시작한 정책에 임입어 2017년 세계 LCD 생산능력 34.1% 차지하여 한국(30%)을 앞지르기 시작했다. 이에 화웨이, 샤오미가 성장하며 애플과 삼성전자를 앞지르고 세계 시장을 점령하기 시작했다. 이에 미국은 중국을 봉쇄하기 시작했고, SMIC, YNTC등이 건재하며 중국 정부는 자체 개발에 박차를 가하며 특히 인재 육성에 힘을 쏟고 있다.

<대만>
대만은 세계 반도체 생산 22%로 세계 1위의 국가이다.
팹리스-파운드리-OSAT로 이어지는 반도체 생태계를 갖고 있다.
대만은 파운드리 기업인 TSMC, UMC, PSMC, VIS등이 있다.
이들이 세계 파운드리 시장의 64%를 장악하고 있다.
대만은 3나노를 생산하며, 2나노를 개발 중에 있는 세계 제1의 기술 생산국이다. 그러나 대만엔 2가지 약점이 있다.
첫째, 장비, 부품, 소재, 소프트웨어 1P 분야의 해외 의존도가 높은 것이고, 둘째, 인력 유출이다. 중국의 반도체 육성 정책으로 대만의 인재들을 빼가는 것이다. 언어문제가 해결되고 대만 기업 연봉의 몇 배를 주고 인재를 중국이 빼가는 것이다. 대만은 2022년 현지 기업의 R&D, 설비투자 공제율을 기준 15%에서 25%로 높였다.

<한국>
한국은 세계 반도체 시장의 19.3%를 차지하는 세계 2위의 국가이다.
생산력 측면에서도 대만의 22%에 이어 2위(21%)이다.
메모리 반도체에서는 D램 시장의 72%, 낸드프레시의 52.6%를 점하고 있다. 시스템 시장에서는 3% 수준으로 낮은 수준이다.
한국 역시 장비, 부품, 손재 부문에 취약하여 해외에 의존하고 있다.
2019년 일본의 수출금지로 한국 기업들이 생산에 어려움을 겪은 바 있다. 삼성전자는 2030년까지 171조원 투자 계획을 갖고 있는데 정부 차원의 지원 정책은 미국, 중국에 비해 매우 낮은 수준이다.
한국 반도체 기업의 나아갈 과제는 첫째, 메모리 반도체의 세계 1위를 지속하여 지키는 일, 둘째, 파운드리 생산을 3%에서 두 자리로 늘리는 일, 셋째, 장비. 소재. 부품을 개발하여 국내 자급율을 50%이상 높이는 것이 중요한 과제라 할 것이다.

<일본>
일본은 1990년대까지만 해도 세계 10대 반도체 회사 중 6개 회사가 일본 회사였다.
현재 세계 반도체 시장 매출액 15개 중 일본은 키옥시아(KIOXIA)하나 뿐이다.
일본은 90년대의 잃어버린 과거를 회상하며 적극 유지 부활 노력을
하고 있다. 2021년 소니그룹과 TSMC가 일본 구마모토에서 반도체를 2024년 생산할 계획이다.
2022년 일본은 토요타, 소니, 키옥시아, NTT, 소프트뱅크, NEC, 텐소, 미스바시 등8개사가 연합한 라피더스는 IBM과 협력하여 2027년부터 2나노 반도체를 생산할 계획을 추진 중이다.

<EU>
전 세계 시장의 IP생산의 40.4%를 생산하는 영국의 ARM, 세계 유일의 EUV 장비를 만드는 네덜란드의 ASML, 차량용 반도체 기업인 독일의 인피니언과 보쉬, 스위스의 ST마이크론일렉트로닉스, 네덜란드의 NXP등이 있다.
독일은 반도체 사업 육성을 위해 32개 프로젝트에 총 100억 유

로 투자 계획을 발표했다. 반도체 분야에서 EU는 미국, 중국, 대만, 일본, 한국과 경쟁하고 있다. EU의 글로벌 반도체 생산 비중을 현재 10%에서 2030년까지 20% 수준으로 확대할 계획이다.

3-3-7 삼성전자의 반도체 세계 1위

3-3-7-1 삼성전자의 반도체 세계 1위 기술

삼성전자의 메모리 반도체가 세계 1위가 되는 역사를 보면 반도체의 역사를 이해할 수 있다.
1868 로버트노이스와 고든무어는 메모리 반도체 회사를 차렸다. 그것이 바로 「인텔」이다.
1970년 인텔은 세계 최초로 1킬로비트용량의 D램을 개발했다. 인텔의 D램은 메모리 시장을 석권하였다.
그러나 1980년 일본의 히타치, 후찌쓰, 일본전기 등이 공격적으로 D램에 도전하여 인텔을 좌초시켰다.
일본기업들은 정부의 지원에 힘입어 "10%의 법칙"으로 도전하였다.
즉 인텔의 D램보다 무조건 10% 낮은 가격으로 대시한 것이다.
인텔이 10%를 낮추면 일본의 회사들은 인텔보다 10% 더 낮은 가격으로 공격작전을 펼쳤다.
결국 몇 년 만에 일본기업들은 D램 시장의 70~80%를 장악하게 되었다.
결국 인텔은 1년 간 고민 끝에 1985년 D램 사업에서 철수하게 된다.
가격경쟁으로 인텔을 좌초시킨 일본의 기업들은 한국의 삼성전자를 만나 주저앉게 된다.
삼성의 이병철 회장이 1983년도 도쿄에서 반도체 사업을 선언했을 때, 미국 인텔이나 일본의 미쓰비시는 비웃었다.
삼성이란 구멍가게에서 어떻게 반도체 사업을 할 수 있느냐였다.

미국이나 일본처럼 국가의 지원 아래 과학기술, 소재, 장비, 자본 등이 갖춰지지 않으면 불가능한 사업이 반도체 사업이다. 그러나 삼성전자는 1992년 64메가 D램을 세계 최초로 개발하며 반도체 업계를 뒤집어 놓았다.

즉 삼성은 기술력으로 이전의 세계 굴지의 반도체 업체를 엎어버린 것이다.

당시 삼성전자의 낸드프래시 황창규 사장은 '황의 법칙'을 내놓았다. 황의 법칙이란 낸드플래시 메모리 용량이 매년 2배로 증가한다는 이론이다.

"무어의 법칙"이 2년마다 반도체 성능 2배로 느는 것에 반해 "황의 법칙"은 낸드플래시 메모리 용량이 매년 2배로 증가한다는 내용의 법칙을 선언하여 황창규 사장은 매년 2배씩 성능을 좋게 개선하며 메모리 반도체를 내놓은 것이다.

이러한 앞서가는 기술에 일본의 히타치, 후찌쓰, 일본전기, 소니, 파나소닉 등은 모두 삼성전자에 굴복하여 반도체 사업을 접게 된다. 이렇게 삼성전자 반도체는 64메가 D램을 개발 후 지금까지 세계 1위의 생산기술을 지켜오고 있다.

3-3-7-2 메모리 반도체의 3차 세계전쟁

< 1차 전쟁 >
1971년 인텔은 IBM에서 발명한 DRAM을 상용화에 성공.
1974년 인텔의 D램 점유율은 82.9%였다. 여기에 일본은 1950년부터 트랜지스터 라디오, 휴대용 계산기를 만들며 1971년도 D램을 개발하고 이후 정교하고 수요(제품 생산의 유효제품 생산비율)을 높여 생산원가를 낮추는데 성공한다.
1984년 일본 기업 NEC, 도시바, 히다치 등에 의해 메모리 반도체 전쟁이 시작된다.
일본 기업들의 공격적인 저가 공세로 D램 가격은 1년 만에 3달러에서 0.30달러로 폭락, 제2의 진주만 공격을 시작.당시 삼성전자의 64KD램 생산원가는 1.70달러였다.
1개 팔 때마다 1.40달러의 적자 발생. 한해 누적 적자 2억 달러, 결국 일본기업의 저가 공격에 1.3%까지 시장 점유율이 추락한 인텔은 사업철수.이후 15년간 메모리 반도체 시장은 일본이 석권. 일본이 이길 수 있었던 요인은 기술력과 저가 공격 판매 때문이었다.
일본기업의 수율은 80%, 미국은 50%였다. 100개를 만들 때 일본은 80개가 쓸 수 있는 반도체가 나오고 미국은 50개만 쓸 수 있는 것을 만들어 저가 공세가 가능했다.

< 2차 전쟁 >
1985년 마이클론, 인텔, AMD,내셔널 등 미 기업들은 일본 기업을 반덤핑혐의로 ITC(국제무역위원회)에 제소, 미국은 일본 메모리 반도체에 덤핑 마진 21.7%~188%을 확정. 1985년 미·일반도체 협정으로 일본을 압박. 일본내 미국산 반도체 시장점유율 20% 조건으로 압박. 이 틈에 한국 반도체 기업이 발 빠르게 행동.1970년대 PC등장, 80년대에 본격적인 보급으로 시장 확대.
일본의 '고품질, 고가정책'에 대해 삼성전자는 '싸고 수요에 필요한 D램 개발'로 시장의 요구에 호응. 여기에 삼성전자는 stack기술의 채택(쌓기기술)으로 일본의 트렌치 방식을 압도했다.
(일본의 NEC, 도시바, 미국의 T1, IBM, 현대전자, 금성 등은 트렌치기술을 고수)
삼성전자는 우수한 경쟁상대 기업들을 제 2군으로 몰락시키며, 3년의 적자를 1년의 이익으로 복구했다.
1990년대가 되면 삼성전자는 1조원의 손실을 감수하며 200mm(=20cm) 웨이퍼 공정을 결정. 당시 반도체 업계는 150mm(15cm) 웨이퍼였기 때문에 위기의 모험을 강행했던 것이다.
웨이퍼가 크면 더 많은 칩을 만들어 좋긴 하지만 장비까지 다 바꿔야 하기 때문에 엄청난 비용이 들어서 위험의 모험이 따랐다. 새로 시도하는 모험이라 불량률(수율)의 위험도 뒤따를 수 있는 모험이었다.
결과는 대박이었다.
150mm보다 80% 높은 생산성을 달성하며 사상 최대의 호황을 맞이했다.
일본은 불황의 누적 적자로 NEC, 히타치의 메모리 반도체와 미스비시의 D램 부문이 합쳐서 엘피다(Elpida)를 설립. 한국은 IMF 위기로 기업이 어려워지자 대만의 많은 기업들은 기회를 포착하여 메모리 반도체에 뛰어든다.
2008년 세계 금융위기에 더해 주력 D램 가격이 6.8달러에서 0.50달러로 폭락. 이런 폭락의 당시 위기 속에 한국의 삼성전자는 큰 손해를 보면서 더 큰 투자를 했다.
결과는 삼성-14%, 하이닉스-51%, 마이클론-48%, 대만난야 -106%,
대만의 이노테-58% 영업 손실을 냈다.
세계 2위 D램 생산기업 독일의 키몬다는 파산, 일본의 엘피다는 정부 지원으로 간신히 연명, 대만 기업들은 철수한다.
결국은 세계 메모리 반도체는 삼성전자, 하이닉스, 마이클론 세 회사만 남게 되었다.

< 3차 전쟁 >
전쟁에서 지면 지는 기업은 문을 닫고 이긴 기업은 그동안의 손해를 짧은 기간 내에 회복하게 된다. 일본과 대만의 기업들은 2차 전쟁에서 손해 본 막대한 손실을 복구하고자 2010년 3차 전쟁을 일으킨다.
생산시설과 설비 투자를 선언하고, 증산을 통해 D램 공급을 늘

린 것이다. 이에 삼성전자, 하이닉스도 대대적인 투자를 결정했다. 늘어나는 D램 공급은 2.70달러 가격이 1달러 이하로 떨어졌다.

결국 6조 원의 적자를 본 일본의 엘피다는 파산하여 마이클론에 인수된다. 대만의 기업들도 D램 사업을 완전히 철수한다.
세 번째 전쟁에서도 삼성전자, 하이닉스, 마이클론만 살아남고, 나머지 경쟁 기업들은 무대에서 완전히 사라지게 되었다.

3-3-7-3 삼성전자가 세계 제1위 강자가 된 요인

23년전 만해도 20개가 넘는 메모리 반도체 회사들이 있었는데, 삼성전자가 17개 회사들을 모두 파산, 몰락시키고 세계 1위의 굴지의 회사가 된 요인은 무엇인가?

▷ 첫째, 환경변화에 빠른 대처, 1983년 미국에서 일본으로 메모리 반도체가 1위가 바뀌고 PC시대가 등장하고 외환위기. 금융위기에 발 빠르게 대처

▷ 둘째, 삼성이란 재벌의 뒷받침. 노사관계와 삼성가계의 상속에 문제는 있다 하더라도 메모리반도체를 성공시키는 요인으로 삼성재벌은 큰 역할을 했다. 한번 투자에 20조 원 이상이 들거나 두 번의 위기에서 1조 원 이상 손실을 감수하면서 사업 공정변경 결정.
2006년 대만의 총공격, 가격덤핑으로 독일과 일본의 기업들은 파산하는데 삼성만은 재벌의 힘으로 버틸 수 있었다.
천문학적 손해를 본 일본과 대만 기업은 손해를 만회하고자 2010년 대대적인 투자를 감행했지만, 대만과 일본의 엘피디는 파산하게 된다.

이 중에서도 삼성은 살아남을 수 있었던 것이 삼성 재벌의 지원 덕분이었다.

▷ 셋째, 시장의 대응관점. 즉 삼성은 수요에 맞춰 단가를 낮추고 기술개발로 수요의 욕구를 충족시켰다.
일본은 완벽주의로 고성능 반도체에 고가정책으로 수요자들이 외면하자 결국 파산 하고 만다.

▷ 넷째, 뛰어난 기술력. 삼성전자는 1998년 DRAM시장 1위에 오른 뒤, 지금까지 근 30년간 한 번도 1위를 내준 적이 없다.

3-3-8 반도체 전사 20만 명을 양성하라

<20만 명의 반도체 인력 필요 숫자>

2023.2 산제이 메로트라(마이크론의 CEO)는 "전세계 경제의 20~30%가 반도체에 의존하고 있다"고 분석하며 AI시대에는 이보다 더 강화될 것이라 했다.
한국 반도체 산업협회의(2021년 발표) 전망에 따르면 국내 반도체 산업인력은 향후 10년간 연평균 5.6% 성장하고, 현재 17.7만 고용 수준에 12.7만 명이 더 증가하여 30.4만 명이 될 것이라고 예측했다.
반도체 인력 국내 수요 인원 12만 7,000명을 8만 명을 더해 20만 명을 10년 내에 양성할 필요가 있다. 왜냐하면 삼성전자가 미국에 투자하는 170억 불 공장 포함과 TSMC, 마이클론, 인텔 토탈 970억 불 투자에 따른 30만 명의 필요인력을 우리가 준비할 필요도 있다. 미국이 투자되는 520억 불 포함 970억 불에 따르는 30만 명의 반도체 인력이 필요한데, 우리가 발 빠르게 그 인력을 충원하면 좋을 것이다.

현재 반도체 인력 부족 현상을 보면 대만 TSMC에 27,000명이 부족하고 중국은 25만 명 부족, 미국은 향후 10년 간 30만 명이 부족하다.
(출처: 반도체 경제를 쉽게 읽는 책. P238.김희영)

<현행 정부와 반도체 기업의 대책>

산업통상지원부는 2021.5 「K-반도체전략」에서 1조 원을 지원하여 반도체 설비투자와 기타를 지원하고, 10년에 걸쳐 인력은 3만 6,000명 양성하겠다고 발표했다.
과학기술정보통신부는 2028년까지 4,027억 원을 지원하여 PIM 반도체를 개발하겠다고 발표했다.
PIM이라 함은 메모리 반도체에 연산까지 기능을 결합하는 신개념 반도체를 말한다.
과기부는 향후 9년간에 1조원 투입을 발표하고, 정부는 2023년~2027년까지 11만 7,000명 양성 추진 계획이다.
2023년 예산 3,200억 원 확정. 현재 대학의 반도체 학과 700명의 정원을 8,000명으로 늘릴 계획(수도권 4,100명, 비수도권 3,900명)이나 지지부진한 형편이다.
대학간, 지역간 내부 문제로 결국 700명, 5년이면 3,500명 밖에 안 된다.
어떻게 11만 7,000명을 양성하겠는가? 이런 우유부단한 정책으로 우수한 학생들은 의대나 법대로 가고 있다.
현재 대만의 반도체 인력양성은 1년에 1만 명 중국은 20만 명을 양성하고 있다.
한국은 현재 전국의 40개 대학에 반도체 학과가 있다. 수도권에 14개교, 비수도권에 26개교에 분포돼 있고, 삼성전자는 성균관대학과 연세대학에 MOU를 체결하여 전액 장학금에 졸업 후 취업을 보장하고 있다. SK하이닉스는 고려대와 MOU를 체결하고 있다.
정부는 AI, 융합인력 양성으로 서울대, 성균관대, 숭실대를 선정하여 지원하고 있고, 서강대, KAIST대, 인하대에 ICT연구소를 설립하여, 시스템SW학과를 설립하도록 하여 석·박사 인재양성을 도와주고 있다.

<불안한 한국의 삼성전자>

한국은 반도체 기술과 인력양성엔 안일한 자세를 취하고 있다.
미국은 중국의 반도체를 죽이려고, 14나노 이하 첨단장비 수출 금지하고, 520억 불을 투자하여 대만의 TSMC와 한국의 삼성전자를 미국으로 강력하게 유인하고 있다.
미국은 520억 불을 TSMC, 삼성전자, 인텔, 마이크론에 지원하여 24년에 가동하게 추진하고 있다. 미국에 착공된 기업의 총 투자계획은 970억 불이다.
그리고 520억 불의 지원 미끼로 미국에 10년간에 2,210억 불의 투자계획을 이끌어 냈다. 게다가 세계 파운드리 생산 1위, 메모리 생산 1위인 대만의 TSMC와 삼성전자에 기술설계도를 내놓도록 강요하고 있다.
첨단반도체를 봉쇄당한 중국은 490억 불의 반도체 지원 펀드를 포함 1,432억 불로 반도체산업을 지원하고 있다. 국가의 모든 역량을 투자하여 반도체산업을 최우선으로 지원하고 있다. 한국은 1조 4,027억 원을 반도체산업에 지원하는 수준이다.
인력양성도 각 대학에 반도체 학과를 산발적으로 설치하여 약간의 경비를 지원하는 수준이다.
(출처: 한국반도체 슈퍼乙전략. P249)
미국과 중국을 이길 수 있을까?
현재 한국은 메모리반도체 세계 1위, 비메모리 세계 2위 기술을 소유하고 있다.

삼성은 G1,G2 미·중의 강한 추격 돌풍, 태풍을 이겨낼 수 있을까? 한국 대만은 5nm에서 3nm 기술로 가고 있다. 미국은 10nm에서 7nm 기술로 가고 있다. 중국은 14nm를 양산하고 있다. 미국이 중국을 봉쇄함으로써 중국과 격차 4년~8년을 보장 받고 있는 셈이다. 그러나 1,432억 불을 지원하는 중국, 지난 5년간에 92,060개의 반도체 기업을 창립한 중국, 세계 100대 반도체 기업 중 42개의 반도체 기업을 갖고 있는 중국은 (이 중 폐업 7,287-폐업률(7%)) 520억 불을 지원하여 970억 불의 투자를 이끌어 내 23년~24년에 완공케 한 미국, 10년 안에 2,210억 불의 투자계획을 이끌어낸 미국, 520억 불 지원으로 세계 제1의 기술인 대만의 TSMC기술과 삼성전자의 기술을 내놓으라고 윽박지르는 미국의 공세에 과연 얼마나 그 기술을 유지할 수 있을까?

<세계 제1의 기술을 지켜내는 과제 방법>

메모리 반도체 생산기술 세계 1위, 72% 시장점유, 비메모리 반도체 생산기술 세계 2위, 18% 시장점유인 삼성전자와 SK하이닉스는 어떻게 그 기술을 유지하고 거기에 필요한 20만 반도체 생산인력을 만들어 낼 수 있을까?
그것은 3가지 준비로 가능하다고 생각된다.
▷ 첫째, 40개 대학에 반도체 학과 정원 700명을 8,000명으로 시급하고 과감히 실천해야 한다. 그것만으로는 부족하고 반도체 대학을 세워야 한다. 서울대학이나 KAIST 대 등 가능한 대학에 반도체 대학을 세워서 반도체 생산뿐 아니라 소재, 재료, 부품, 장비 등도 함께 준비 연구하게 해야 한다.
한국의 반도체 생산기술은 세계 제1위이지만 반도체 소재나 제조과정의 생산 기계 부품, 장비 등이 없어서 매우 취약하다. 지난 2019년 일본이 소재, 장비, 부품을 금수함으로 한국의 반도체 생산을 괴멸시키려 한 경험이 있다.

반도체 대학을 기업(삼성전자, SK하이닉스), 정부, 대학이 3자로 구성해 삼성. SK의 전문기술자가 교수가 되어 생산현장에서 실습하고 강의하게 하면 된다.

그렇게 세운 반도체 대학에서 세계 제1의 기술을 유지하고 더욱 발전시켜야 한다.

네덜란드의 ASML 노광장비가 없으면 모든 생산이 중단될 수밖에 없는 것처럼 대체가 불가한 기술을 개발해야만 세계 1위를 계속 지킬 수 있다. 그리고 졸업 후엔 취업을 보장하고 일정 부분 성과가 있는 연구논문이 나오는 석·박사에 대하여 파격적인 대우를(예. 연봉 5억 원) 할 필요가 있다.

그렇게 함으로써 우수한 학생들이 의사나 판·검사 지향을 반도체로 방향을 틀도록 사회 분위기를 만들 필요가 있다.

반도체 대학과 40개 대학의 반도체 학과에서 10년 내 20만 명을 양성할 수 있도록 구체적인 계획을 세워야 한다.

▷ 둘째, 반도체 기업에 파격적인 지원을 할 필요가 있다.
미국은 527억 불을 무상지원하며 투자금의 25% 세액공제, 중국은 1,432억 불을 지원하며 28nm이상 기술기업에 10년간 법인세 면제, 68nm 이상 기업이 수입하는 모든 제품에 면세, R&D 투자에 15% 세액공제, 패키지 공장의 40% 지원, 반도체 인력양성에 보조금을 지원한다.

한국의 지원은 무엇인가?
삼성과 SK하이닉스가 세계 1위 기술을 계속 지속할 수 있도록 그리고 계속 새로운 기술을 개발할 수 있도록 국가의 총력을 기울여 도와야 한다. 국가의 생존 전략으로 지켜내야 한다.

▷ 셋째, 반도체는 결국 인재 전쟁이다.
TSMC는 장충모란 인재가 있어 가능하듯 한국의 반도체 경쟁력은 인재에 달려있다.

중국은 반도체 발전을 위해 "1,000인 계획"을 실천했고, 화웨이는 세계의 천재 소년을 영입하는 "천재 소년계획"을 실시했다. 1,000인 계획이라면 세계의 노벨상급 인재를 모셔오는 전략이다. 양자 통신 분야 노벨상급 과학자였던 화교 출신, 스탠퍼드대 장쇼유성 교수가 중국 1,000인 대상으로 초빙되었으나 의문의 자살로 끝났는데, 이것도 미·중 인력전쟁의 결과로 추측되고 있다. 천재 소년계획은 화웨이가 천재의 두뇌 소유 반도체 박사를 신입사원으로 영입하는 전략이다. 천재 소년계획은 연봉 3억 4,000만 원을 주며, 2019년 젊은 인재 20~30명, 2020년에 200~300명을 채용하는 계획이다.

2019년 9명이 뽑혔고, 2020년 4명의 인재가 뽑혔다.

천재 소년계획의 대상은 주로 25~30세의 박사과정 학생이다.

22년 1월엔 2명의 러시아 천재 소녀를 스카우트했다.

세계 대학생 프로그래밍 대회 우승한 학생이었다. 23년에도 화웨이는 파격적인 조건으로 인재를 모집하고 있다.

삼성전자나 SK하이닉스, 정부는 화웨이와 같이 우수한 젊은 인재를 뽑아 연구원으로 조직할 필요가 있다. 정부와 기업이 컨소시엄으로 연봉 5억 원 이상의 조건을 걸고, 기타 생활편의를 지원하는 조건으로 국내뿐 아니라 전 세계의 인재를 스카우트할 필요가 있다.

올림픽 금메달리스트에게만 연금 보상을 줄 것이 아니라, 국가 경제의 운명을 쥔 과학기술자에게도 파격적 연금 보상을 할 필요가 있다.

3-4 그린 뉴딜 – 10만 양성

3-4-1 들어가는 말

그린뉴딜의 개념
그린뉴딜이라 함은 지구 온난화의 이상기온으로 인류생존의 위기의식에서 나온 대책이다. 지구 온난화는 지구의 기온이 높아지면서 이상 가뭄과 태풍, 홍수로 막대한 생존권 파괴 현상이 자주 나타났다.
가뭄 속에서는 몇 달씩 지속되는 화재(오스트레일리아, 캘리포니아, 한국 동해안 일대)로 막대한 인간의 삶이 파괴되고 있다.
이러한 환경파괴 속에 코로나 팬데믹은 3년간이나 지속되는 인류의 최상 위기에 봉착해 있다.
이러한 이상기온의 환경파괴 현상의 대안으로 그린뉴딜 정책이 나왔다. 그린뉴딜은 그린산업과 기술의 동향전망, 그린직업, 그에 따른 그린뉴딜의 인력 개발을 살펴 보기로 한다.
아울러 그린뉴딜의 세계 동향을 살피기 위해 EU의 '그린딜', 미국의 '그린뉴딜 결의안', 한국의'그린뉴딜'을 살펴보기로 한다.

<유럽그린딜(European GreenDeal)>

유럽의 그린딜은 2050년까지 기후 중립을 달성하기 위한 포괄적인 계획을 말한다.EU는 2050년 탄소 "0"을 달성하기 위해 법제 개정을 포함 전 분야의 그린전환 계획을 발표하였다.
EU집행위원회는 8개의 개혁 주제를 정하였는데, 그 중 중요한 것 4가지를 요약해보면, 아래와 같다.
첫째, 그린딜은 탄소세, 탄소국경조정을 통해 2050년까지 탄소중립 '0'을 목표
둘째, 에너지 분야의 탈산소화, 청정에너지 확대

셋째, 디지털 기술을 통한 교통체계구축, 대체연료 사용으로 탄소 배출량 축소
넷째, 토양과 해양 보호, 생물 다양성 회복의 내용이다.

<미국의 그린뉴딜>

미국은 2019년 "그린뉴딜 결의안"이 제출되었다. 이 결의안은 온실가스 0이 중점요소다. 그 외 일자리 창출, 사회 불평등 해소에 목표를 두고 14개의 주요달성과제로 이상기온의 재해에서 복원하기 위한 인프라 마련, 스마트그리드 구축, 산업부문의 청정공정확대, 생태계 복원 등이 제시되었다.

3-4-2 한국판 그린뉴딜

한국형 뉴딜은 '디지털뉴딜'과 '그린뉴딜' 크게 두 부문으로 이루어졌는데, 그린뉴딜은 녹색 인프라, 신재생에너지, 녹색산업육성·투자 등을 주요 골자로 한다.
정부는 2020.4.22. '한국판 뉴딜추진 전담조직(TF)을 하여, 3대 프로젝트, 10대 중점 추진 과제를 제시했다.
2021.7.14. 정부는 제 4차 전략회의에서 '한국판 뉴딜 2.0'을 발표했는데 디지털과 그린전환이 핵심 주제였다. 구체 내용에서 2025년까지 220조 원을 투자하여 일자리 250만 개를 조성한다는 야심찬 계획이었다.
거기엔 20조 원의 재정 펀드를 조성하여 뉴딜사업에 지원한다는 계획이 내포되었다. 탄소중립 달성을 위해 경제와 사회 전반의 녹색전환의 구체적 사업으로 '신재생에너지 확산 기반구축', '그린모빌리티(전기차,수소차)', '공공시설 제로 에너지화', '저탄소 녹색상단 조성'등이 포함되어 있다.

3-4-2-1 한국판 그린뉴딜의 핵심 내용

한국판 그린뉴딜이란 코로나-19로 인한 사회·경제·환경위기를 극복하기 위해, 화석연료 위주의 경제·산업구조를 탈탄소로 전환하고, 그 과정에서 새로운 일자리를 창출하여 사회 불평등을 해소하는 정책이다.

한국판 그린뉴딜의 핵심 내용은 다음과 같다.

인프라 : 생활환경 녹색 전환으로 기후환경 위기대응 안전망 공고화

에너지 : 저탄소분산형 에너지 확산, 전환과정에서 소외된 계층·지역 보호

녹색산업 : 혁신적 녹색산업 기반 마련으로 저탄소 산업생태계 구축

이를 위해 정부는 5대 대표과제를 선정하고 있다.
이는 다음과 같다.

<제로에너지빌딩 보급확산>

국토·해양·도시의 녹색 생태계 회복과 신재생에너지 확산기반 구축 및 공정한 전환지원, 녹색 선도 유망기업 육성 및 저탄소·녹색 산단 조성, R&D·금융 등 녹색 혁신 기반 조성의 내용이다.

이러한 한국판 그린뉴딜은 디지털뉴딜과 함께 융합되어 미래사회를 위한 준비로 전환적 성격을 갖고 있다. 디지털뉴딜과 그린뉴딜의 융합은 재생에너지 기반 지속가능 인프라 구축, 에너지 효율성을 증가시켜 생산성의 극적인 향상, 재정확대 투자 녹색화, 제도 개선, 국제 협력 등을 가능하게 한다.

<한국판 그린뉴딜의 핵심요약>

구분	내용
탄소중립 추진기반 구축	- 온실가스 감축 인프라 구축(온실가스 측정 및 평가 체계, 배출권 거래제 등) - 순환경제(디지털 기반 자원순환 산단, 재사용 등) 활성화, 탄소흡수원 관리 체계 구축 등 - 탄소중립 홍보 및 콘텐츠로 실천과 인식 제고, 취약계층 기후변화 적응 지원(쿨루프 등)
도시·공간생활 인프라 녹색전환	- 공공시설 제로에너지화(그린 리모델링 지원, 그린스마트스쿨 확충) - 녹색 생태계(환경 / ICT 기반의 스마트 그린 도시, 도심 녹지, 생태계 복원) - 물 관리 체계 마련(스마트 상·하수도, 수자원 개발 등)
저탄소·분산형 에너지 확산	- 스마트 그리드 구축(스마트 전력망, 친환경 발전 시스템, 에너지저장시스템 설비 안정성 평가 기술 개발 등) - 신재생에너지 확충(풍력, 태양광 구축, 그린수소 생산 및 저장 기술), 공정 전환 지원 - 그린모빌리티 확대(전기차, 수소차, 친환경선박 등)
녹색산업혁신 생태계구축	- 녹색기업 지원, 녹색 융합 클러스터 구축, 스마트그린 산단 조성, 친환경 제조공정을 위한 지원 등 - 녹색혁신 기반(온실가스, 미세먼지, 자원순환 관련 기술 연구 개발, 녹색금융) 조성

출처: 한국판 뉴딜 사이트(한국판 그린뉴딜 핵심내용-그린뉴딜)에서 발췌하여 정리한 것임
(https://www.knewdeal.go.kr/front/view/newDeal02.do)
https://www.knewdeal.go.kr/front/view/newDeal02_02.do
https://www.knewdeal.go.kr/front/view/newDeal02_03.do
https://www.knewdeal.go.kr/front/view/newDeal02_04.do)

3-4-3 그린기술산업의 현황과 전망

그린기술산업이란 환경 친화적이고 지속가능한 기술을 개발하고 활용하는 산업을 말한다.

그린기술산업은 에너지, 환경, 바이오, 수소 등 다양한 분야에 걸쳐 있으며, 기후변화와 환경오염에 대응하고 경제성장과 일자리 창출에 기여하는 중요한 역할을 한다.

그린기술산업의 현황과 전망에 대해 간략히 소개하면,
▷ 에너지 분야 : 그린에너지로의 전환을 선포한 국가들이 증가하면서, 태양광, 풍력, 수력 등 재생에너지의 발전과 수요가 늘어나고 있다.
또한 수소와 이산화탄소 포집 및 이용 (CCUS) 기술도 주목받고 있다. IEA의 보고서에 따르면, 2020년 세계 재생에너지 시장은 10% 성장했으며, 2021년에는 6% 추가 성장할 것으로 예상된다. 또한 2030년까지 세계 수소생산량은 1100만 톤으로 증가하며, 그 중 그린수소가 70%를 차지할 것으로 전망된다.

▷ 환경 분야 : 환경오염과 자원낭비를 줄이기 위해, 폐기물 관리, 자원 재활용, 공기질 개선 등의 기술이 필요하다. 특히 플라스틱 폐기물은 해양생태계와 인체건강에 심각한 영향을 미치므로, 바이오 플라스틱이나 플라스틱 분해 효소 등의 대체재 개발이 중요하고, 또한 미세먼지와 온실가스 등의 공해물질을 제거하거나 감소시키는 기술도 활발히 연구되고 있다. 예를 들어, 나노필터나 공기청정기 등의 공기질 개선 기술은 2027년까지 연평균 10.8% 성장률을 보일 것으로 예상된다.
▷ 바이오 분야 : 바이오산업은 생명공학 기술을 이용하여 식물, 동물, 미생물 등의 생명자원을 가공하거나 개량하는 산업이다. 바이오산업은 의료, 농업, 식품, 화장품 등 다양한 분야에서 적용되며, 인류의 건강과 복지 향상에 기여한다. 바이오 산업의 시장규모는 2020년 약 5조 달러로 추정되며, 2027년까지 연평균 6.4% 성장할 것으로 예상된다.
 특히 바이오시밀러, 유전체 분석, 줄기세포 치료 등의 분야가 주요 성장 동력이 될 것으로 보인다.

3-4-4 그린직업(Green Jobs)

그린직업은 크게 3가지로 분류된다.
첫째, 연구원과 기술자
둘째, 전문가
셋째, 기술공과 기능원으로 분류할 수 있는데, 한국고용정보원의 그린분야 직업을 보면

연도	분야	직업명
2013년	경영/행정	그린마케터, 탄소배출권중개인
	자연/환경	가정에코컨설턴트, 지속가능전문가, 에너지절감시설원, 그린장례지도사, 온실가스관리컨설턴트, 기후변화전문가, 리싸이클링코디네이터, 오염지재개발 전문가, BIM 디자이너, 그린빌딩인증평가전문가, 산림치유지도사
2014년	과학기술	이산화탄소포집저장기술자
	농림어업 및 식품	산림생물자원연구원, 산림바이오매스연구원, 산림생태어메니티연구원, 산림생태복원기술자
2015년	경영/행정/금융	에너지협동조합코디네이터
	자연/환경	전기차정비원, 칩리싸이클링전문가, 전기차배터리리스사업자, 배터리교체스테이션유지보수원, 환경경제학자, 기업환경교육강사, 국제환경규제대응관리자
2016년	환경 및 농림어업 등	나무의사, 가정환경진단컨설턴트
2019년	에너지	친환경에너지타운전문가

출처: 한국고용정보원 발굴 신직업 리스트(2013~2021년) 내부자료.

아울러 최영순 등이 2021년 유망 직종 정리한 것을 보면 다음과 같다.

분야	직업명
그린 모빌리티 및 스마트 인프라	- 친환경 선박개발자 - 미래 자동차전문가 - 도심항공모빌리티(UAM)전문가 - 친환경모빌리티에너지원개발자 - 스마트인프라플랫폼 구축전문가 - 에너지 분산전원 모집·중개인(가상발전소구축전문가) - 디지털트윈전문가
친환경(신재생)에너지 및 순환경제(자원순환)	- 탄소포집·활용·저장 기술자 - 에너지관리전문가(EMS전문가) - 신에너지전문가(수소연료전지전문가) - 재생에너지전문가 - 신재생에너지컨설턴트 - 에너지저장장치(ESS)전문가

출처: 최영순 외(2021), 9쪽, 수록직업에서 발췌

분야	직업명
스마트 환경 및 기후변화 대응	- 스마트그린도시기획가 - 도시숲조성(관리)전문가 - 지능형오염물질측정장치개발자 - 녹색건축전문가 - 환경빅데이터전문가 - 생태활동코디네이터

<그린뉴딜 산업에서 일할 수 있는 직업요약>
▷ 에너지 분야 : 재생에너지, 에너지 저장장치, 수소에너지 등의 기술을 개발하고 운영하는 전문가들이 필요하다.
예를 들어, 친환경 모빌리티 에너지원 개발자, 신에너지 전문가(수소연료전지 전문가), 에너지 저장장치 (ESS) 전문가 등이 있

다.

▷ 환경 분야 : 환경오염과 자원낭비를 줄이기 위해, 폐기물 관리, 자원 재활용, 공기질 개선 등의 기술을 개발하고 운영하는 전문가들이 필요하다.
예를 들어, 재활용 환경평가 전문인력, 온실가스관리 전문인력, 탄소포집·활용·저장 기술자 등이 있다.

▷ 바이오 분야 : 바이오산업은 생명공학 기술을 이용하여 식물, 동물, 미생물 등의 생명자원을 가공하거나 개량하는 산업이다. 바이오산업은 의료, 농업, 식품, 화장품 등 다양한 분야에서 적용되며, 인류의 건강과 복지 향상에 기여한다.
바이오산업에서 일할 수 있는 직업은 바이오 공학자, 유전체 분석가, 줄기세포 연구원 등이 있다.

▷ 수소 분야 : 수소는 무색·무취·무형의 가장 가벼운 원소로서, 높은 에너지 밀도와 무탄소 특성을 가지고 있다. 수소는 연료전지를 통해 전기나 열로 변환되어 다양한 용도로 사용될 수 있다. 수소 산업은 수소의 생산, 저장, 운송, 활용 등의 과정을 포함하며, 친환경 에너지로의 전환과 산업 경쟁력 강화에 도움이 된다. 수소 산업에서 일할 수 있는 직업은 수소추출 연구원, 수소충전소 운영원, 연료전지 유지보수 인력 등이 있다.

3-4-5 그린뉴딜 인력개발
그린뉴딜 정책과 관련된 일자리 창출 계획은 2025년까지 총 73.4조원(국고 42.7 조원)을 투자해, 65만 9천 개의 일자리를 창출하고, 1,229만 톤(2025년 국가 온실가스 감축 목표량의 20.1%)의 온실가스를 감축할 계획이다.

<그린뉴딜 인재양성계획>
대한민국은 2021년 7월, 그린뉴딜 정책을 발표하고 탄소중립 사회로의 전환을 위한 핵심 성장 동력으로 삼았다. 그린뉴딜 정책은 친환경 에너지, 녹색교통, 녹색건축 등 녹색산업을 육성하여 일자리 창출과 혁신성장을 도모하는 것을 목표로 한다.
그린뉴딜 정책의 성공적인 추진을 위해서는 관련 분야의 전문 인재 양성이 필수적이다. 이에 따라 정부는 2025년까지 총 2만 명의 녹색기술인재를 양성하는 계획을 발표했다.

대한민국 미래 그린뉴딜 인재양성계획은 크게 다음과 같은 세 가지 목표를 가지고 있다.

인재 수요와 미래 필수역량을 고려한 전략적 신기술 인재 양성
수요자 중심의 유연한 인재양성 체계 마련
일자리 맞춤형 현장 인재양성으로 취업률 제고
인재 수요와 미래 필수역량을 고려한 전략적 신기술 인재 양성

정부는 탄소중립 사회로의 전환에 필요한 핵심 기술 분야를 중심으로 고급 인재 양성을 확대할 계획이다. 이를 위해 녹색융합기술 특성화대학원, 녹색산업 전문 인력 양성 과정, 환경계열 특성화고 지원 등 다양한 인재양성 프로그램을 운영할 예정이다.

인력 개발은 크게 3가지로 요약된다.
첫째, 대학, 대학원에서의 정규코스, 둘째, 직업교육 훈련을 통한 인력양성, 셋째, 자격증을 통한 인력준비로 요약된다.

▷ 첫째, 대학을 통한 인력준비는 한림대의 기후변화 융합전공, 건국대의 그린사업 창업패키지, 연암대학의 스마크팜 전문화 교육, 폴리텍 대학의 그린에너지 설비학과 등이 대표적으로 인재

양성을 하고 있다.
대학원을 통한 인재 양성은 대표적으로 동아대학교 녹색융합기술 인재양성, 특성화 대학원, 녹색금융으로 특화된 인하대학교, 녹색금융대학원 경희대학교의 기후변화 특성화 대학원이 있다.
그리고 한양대학교의 미래모빌리티학과가 현대자동차 그룹과 컨소시엄을 이뤄 진행하고 있다. 전공은 전자제어, 오토에버SW, 스마트물류 등을 전공하고 있다. 끝으로 상명대학교의 그린뉴딜원조 녹색융합전문가양성 특성화 대학원이 있다.
▷ 둘째, 직업훈련을 통한 인력양성은
- 공업고등학교
* 경기 삼일공고의 환경과에서 수질, 대기, 폐기물, 소음 등을 교육하여 기능사 자격 취득으로 직장을 선택. 광주전자공고 에너지환경과는 환경, 화학, 신재생에너지관련 전문 지식 습득.
* 강서종고의 스마트케미컬과는 친환경에너지 소재 제조를 전문 습득 후 자격증 취득으로 취업.
* 서울공고의 바이오화공과는 생명공학의 첨단 기술과 화학, 환경공학의 생활기술 융합교육을 실시하고 있다.
* 울산산업고등학교의 생태조경과는 조경설계, 조경시공관리, 버섯재배에 관한 실무
중심 교육을 실시하고 있다.
- 직업훈련
직업훈련 중 '그린' '녹색'이 들어간 대표적인 과정을 보면
* 그린뉴딜 양광발전설비와 전기내선공사 양성과정 - 훈련시간 120일, 960시간
* 그린뉴딜건축시공 인력양성 - 지구온난화에 대응 친환경 건축시공으로 훈련시간 95일 850시간
* 그린뉴딜 풍력용접사 양성- 해상풍력 복합용접 80일 훈련에 635시간
* 산림산업기사, 산림기사 훈련과정 - 산림에 관한 기술로 열림

사례	수준	기관	내용
교육 사례	학부 교육	한림대학교 기후변화 융합전공	기후변화정책과 온실가스 관리 분야를 선도하는 전문 인재 양성
		건국대 초기창업 패키지사업-그린(환경) 전략분야	대학 기반의 그린(친환경) 창업을 지원하고, 전문 인재를 양성
		연암대학교 스마트팜 분야 사회맞춤형 교육	차세대 농업기술 기반 스마트팜 분야의 사회맞춤형 현장교육과 인재양성
		폴리텍대학 그린에너지설비학과	신재생에너지설비분야를 선도하는 그린에너지설비 관련 전문 인재 양성
	대학원 교육	동아대 녹색 융합기술 인재양성 특성화대학원	오염저감, 환경 위해성 최소화를 위한 녹색복원 분야 전문 인재양성
		인하대 녹색금융대학원	녹색산업과 지속가능성을 고려하는 녹색금융 전문 인재 양성
		경희대 기후변화 특성화대학원	기후변화협약에 대응하기 위해 기초 연구에 기반한 인재 양성
		한양대 현대차그룹 계약학과 (미래모빌리티학과)	현대자동차그룹과 한양대학교가 함께 미래의 모빌리티 특화 인재를 육성
		상명대 그린 뉴딜 선도 녹색융합전문가 양성 특성화대학원	스마트 그린 인프라 트랙 I, 스마트 그린 인프라 트랙 II, 스마트 에너지 트랙별 스마트 그린 인프라 전문가 양성

계획 편성, 경영분석, 산림휴양시설설계 관리 등 - 10일 60시간
* 자연생태 복원산업기사 등이 있다.
(출처: 그린 직업의 미래연구 P37)

3-4-6 그린뉴딜관련 자격과 대응

교육부에서는 한국형 그린뉴딜의 직업으로 스마트팜 전문가, 기후변화대응 전문가, 신재생에너지 전문가, 스마트도시 전문가, 주

요 직업으로 제시하며 인력 양성을 지원하고 있다.
산업인력공단에서도 탈산소 그린뉴딜 직업으로 온실가스관리 컨설턴트, 환경교육사, 생태복원전략가, 공해방지 전문가, 친환경건축가, 신재생에너지시설관리사를 제시하며 자격증을 준비토록 하고 있다.
(출처: 그린 직업의 미래연구 P40)

그린뉴딜 잡과 관련하여 주목받는 4대 분야는
첫째, 화석연료대체 신생에너지 수소와 연료전지
둘째, 산업과 공간의 녹색화 분야
셋째, 환경보전과 자원순환 분야
넷째, 저탄소경제활동지원 분야인데,
특히 첫 번째 신생에너지 분야에서 괄목할만한 국가는 미국의 태양광 시스템엔지니어, 중국의 수소연료전지 연구원, 프랑스의 스마트그리드 전문엔지니어, 인도의 바이오가스분야 코디네이터, 일본의 해양풍력발전소 운영관리직이 있다.
(출처: 자료-그린직업의 미래연구에서 재인용)

사례	수준	기관	내용
	자격	신재생에너지 시설관리자	태양광, 풍력, 수력 등 신재생에너지 발전소 또는 관련 기술이 적용된 건물 및 시설 관리
		대기환경기사	대기오염 물질을 제거 또는 감소시키기 위한 오염방지 시설을 설계, 시공, 운영
		신재생에너지발전설비기사(태양광)	태양광 발전설비를 기획, 설계, 시공, 감리, 운영, 유지 및 보수
		산림기사	임업종묘, 산림조성, 산림공학, 산림보호, 임산물 생산 분야 등 기술 업무의 설계 및 사업 실행
		수질환경기사	수질오염 대책을 강구하고 수질오염 물질을 제거하기 위한 오염방지 시설을 설계, 시공, 운영
		도시계획기사	미래의 인구규모, 경제적 여건 등을 예측하여 각종 공간 및 시설 배치계획을 수립집행
		그린전동자동차기사	전동기 등을 주동력 또는 보조동력으로 사용하는 자동차 및 핵심부품인 전동기, 배터리, 충전기 등을 사양 선정, 시험 제작, 성능평가

3-4-7 미래 그린뉴딜 직업의 준비

정부는 2025년까지 '한국형 그린뉴딜' 사업에 220조 원을 투자하여, 250만 개의 일자리 창출을 하겠다고 야심차게 선언한 바 있다. (2021.7.14. 정부발표)

한국형 그린뉴딜은 디지털뉴딜과 그린뉴딜로 나뉘는데 디지털뉴딜은 앞에서 언급했으니 여기서는 그린뉴딜에 초점을 맞춰 대책을 논의해 본다.

그린뉴딜 인력양성은 대학, 공고, 직업훈련, 자격증을 통한 인재육성들 4가지로 요약된다.

250만 명이란 추상적인 목표보다 그린뉴딜에 맞춤형 인재육성, 10만 명을 목표로 하고 일정 자격을 갖추게 되면 곧장 직업과 연결될 수 있게 세심한 계획을 맞춰 준비할 필요가 있다.

아울러 취업처 뿐 아니라 직업훈련에서도 강사의 수준도 높이는 방법을 연구할 필요가 있다.

특히 취업할 곳은 제한적일 수 있기 때문에 탄소배출 0와 환경파괴내지 환경오염발생 생산기업에 그린뉴딜관리사(환경관리사 등)를 의무적으로 기업에 배치하게 법령을 개정하여 실시할 필요가 있다.

과도한 그린뉴딜 자격증 소지자를 기업에 의무 고용하면 기업에 하중이 무거워 경영에 어려워질 수도 있으므로 기존의 사무직이나 유관부서 인력이 자격증을 딴 후 그 일을 겸직하도록 하면 비용을 절감할 수 있다. 그럴 경우 자격수당을 20~30만 원만 더 주면 유능한 젊은 인력이 인건비로 상응하여 그런 직업을 선호할 수도 있다.

과거엔 국가의 주요 관심 목표가 GDP성장, 국가성장, 경제성장의 효율성에 중심을 두었는데 앞으로는 개인성장, 환경보존, 형평성의 동반성장, 녹색성장, 지속가능 성장이 주요한 사회적 가치로 자리 잡아가는 추세다.

다만 정부의 그린뉴딜정책에 한 가지 아쉬운 것이 있다면, 그린뉴딜 사업 중 미래에 가장 중요한 산업 「수소연료」사업에 대한 준비가 부족하다는 사실이다.

자본주의 역사 300년을 돌이켜보면 석탄연료→석유연료→수소연료로 갈 수 밖에 없다. 석유란 화석연료의 탄소배출과 매장량 한계 때문에 수소연료로 갈 수밖에 없다. 그러면 어떻게 수소를 만들고 그것을 어떻게 운반하고 사용하는 기구나 기반시설을 만들어야 하는지 매우 많은 연구와 노력을 기울여야 한다.
이에 대하여 한국은 아직 상대적으로 취약하다.

3-5 중소기업이 답이다

3-5-1 들어가는 말

중소기업은 우리 국민을 먹여 살리는 삶의 젖줄이다.
중소기업은 우리 경제, 사회 수준의 바로 메타이다.
중소기업이 건실하면 사회가 건실하고, 중소기업이 흔들리면, 고용이 흔들리고, 사회가 흔들린다.
한국의 기업 종사자 1,793만 명 중 중소기업 종사자는 1,607만 명으로 89.6%에 해당한다.
(출처: 중소벤처기업부. 2019년 통계자료)
대기업이 수출과 경제에서 중요 부분을 차지해도 고용 부분에서는 186만 명으로 10.4%이다.
요약하면 약 90%가 해당하는 국민을 먹여 살리는 중소기업을 잘 이해하고 좋은 대책을 세워야 중소기업이 잘되고, 90%의 국민이 잘 살 수 있는 것이다.

한국의 중소기업은 젊은 청년들이 가기 싫어하는 직종이다. 일본 젊은 청년들은 중소기업이나 대기업을 똑같이 선택하여 들어간다.
그 이유는 한국의 중소기업은 대기업에 비해 월급이 작은 데(대기업의 61%, 대졸초임이 중소기업의 1.51배가 대기업), 일본은 그 격차가 별로 없기 때문이다. (중소기업:대기업의 비율이 1.13배)
한국 젊은이들은 같은 일을 하고도 1.5배를 더 주는 대기업을 선호할 수밖에 없다.

사례	수준	기관	내용
직업과 자격 사례	직업	에코디자이너	친환경적인 요소를 고려해 제품 개발
		환경설비기술자	폐수나 폐기물처리 설비 기기 및 장치를 조작
		환경컨설턴트	기업이나 공공조직의 환경 관리상의 문제를 진단하고 해결책을 제시
		환경전문변호사	환경문제에 대한 법률적인 대응을 하고, 다양한 분쟁을 해결
		스마트팜 전문가	농업에 정보통신 기술을 접목하여 효율적으로 작물을 재배할 수 있는 기술을 개발
		신재생에너지 전문가	태양광, 풍력, 지열 등을 효율적으로 이용할 수 있는 방법을 찾고 문제를 해결
		스마트 도시 전문가	사물인터넷과 인공지능 기술을 접목해 교통, 에너지, 하수, 학교 등 도시문제를 분석 및 해결
		온실가스관리 컨설턴트	온실가스 배출 감축 전략을 세우고 관련 규제에 대응할 수 있는 기업 경영 방향을 자문
		환경교육사	지속 가능한 환경교육 프로그램을 기획하고 수행
		생태복원 전략가	산림, 습지, 하구, 수변, 도시 등 오염된 자연생태를 분석하고 복원
		전기자동차 개발자	자동차, 기계, 전기 등에 대한 지식과 기술을 기반으로 전기자동차를 연구개발
		공해방지 전문가	인간 활동에 수반되는 여러 오염 유발요인을 인지하고 이를 억제·제거하기 위한 전략을 수립
		친환경 건축가	에너지 효율이 높고 각종 오염원의 배출량이 적은 그린빌딩(Green Building) 개발

사례	수준	기관	내용
직업 교육 훈련 사례	직업 교육	경기 삼일공업고등학교 환경과	환경오염과 환경훼손을 예방하는 기술을 교육하고 환경 분야의 전문 직업인을 양성
		광주전자공업고등학교 에너지환경과	환경·화학 및 신재생에너지 관련 전문지식을 갖춘 전문 기술인 양성
		서울 강서공업고등학교 스마트케미컬과	친환경에너지 소재, 물질과 에너지 제어 및 공정관리, 환경오염 분석 및 관리 전문 인재 양성
		서울공업고등학교 바이오화공과	전통 기술 영역인 화학과 환경공업과 새로운 기술 영역인 바이오생명공업을 융합한 전문 인재 양성
		울산산업고등학교 생태조경과	아름답고 쾌적한 생활공간 창조를 위한 조경기술인력 양성
	직업 훈련	그린뉴딜 태양광발전설비와 전기내선공사양성	태양광발전시스템을 설계, 시공 및 유지보수에 관한 내용과 시공, 유지, 보수 운용 및 관리에 관한 훈련과정
		그린뉴딜 건축시공 인력 양성 훈련과정	그린뉴딜 건축개념을 습득하고 건축물을 보호하고 쾌적한 환경을 제공에 관한 훈련과정
		그린뉴딜 풍력 복합용접사 양성 훈련과정	해상풍력 복합용접에 필요한 용접절차 사양서를 이해하고, 해상풍력 용접에 필요한 복합용접 업무에 관한 훈련과정
		산림산업기사, 산림기사 훈련과정	산림과 관련한 기술이론 지식을 가지고 산림실무의 사방설계 및 시공, 임도설계, 시공 임업기계 비용, 기술 등의 직무 수행에 관한 훈련과정
		자연생태복원산업기사 훈련과정	생태계에 미치는 교란요인을 예측분석된 자료를 종합적으로 평가하고 생태복원 작업의 작성 등의 업무에 관한 훈련과정

그런데 대기업 인원은 10%밖에 안 되니 청년층 10% 외에는 들어갈 수가 없다.
결국 90% 중소기업에 가야하는데 거기는 가기 싫으니 청년실업률이 높을 수밖에 없다.
구인배율(구인일자리수÷구직건수)을 보아도 일본은 1.5인데, 한국은 '17년도 0.59, '21년도는 0.55이다.
즉 일본은 일자리 구하는 사람에 비해 1.5배의 일자리가 많다는 소리이고, 한국은 일자리가 부족하다는 소리이다.
'17년도는 일자리 구하는 사람의 41%는 일자리를 구하지 못 하였고, '21년도는 일자리 구하는 45%의 사람의 일자리가 부족하다는 소리다.
그런데 아이러니컬 하게도 한국의 중소기업 일자리는 구직자에 비해 부족함에도
사람을 못 구하고 있다.
21년도를 보면 구직자가 513만 명인데 구인처(일자리)는 281만 개이다.
취업이 성사된 건수는 180만 건으로 103만 개의 일자리가 사람을 못 구하고 있다.
미스 매치가 103만 개 일자리란 소리다.
(출처: 2021. 워크넷 통계연보. 한국고용정보원)

워크넷에 올린 횟수를 4개월마다 1회씩 했다고 가정할 때 34만 개의 일자리가 비어 있다는 소리이다. 최하 30만 개의 일자리가 비어 있다는 소리리다. 이는 실업자도 문제지만 사람을 못 구하는 기업도 문제이다.
일할 사람이 없으면 생산에 차질이 올 수밖에 없기 때문이다.
그러므로 283만 개의 일자리가 180만 명만 채우고, 103만 개는 사람을 못 채우는 이유를 우리는 찾아야 한다. 일자리를 구하는 사람이 514만 명이나 있는데...

중소기업의 실태를 밝히고 그 개선책, 그리고 청년들의 실태와 준비, 그것이 이번 장에서 밝히고자 하는 내용이다.

3-5-2 중소기업의 정의
2001년도 정부의 중소기업 기준은 300인 이하 자본금 80억 원 이하를 중소기업으로 규정하였다.
그러나 2015년 개정된 중소기업법은 중소기업을 자산총액 5,000억 이하 3년 평균 매출기준 1,500억~800억 원(제조업)이하, 서비스업은 800억~400억 이하로 규정하였다.
대기업과 중소기업 중간에 중견기업이 있는데 평균 매출액 300억~1,000억 원 이상, 재산 5,000억 원 이상을 말한다.
중견기업은 2017년 4,468개(전체 기업의 0.7%)로 종사자 13.5%를 점하고 있다.
세계 시장점유율 1위를 차지하는 '히든챔피언' 중견기업은 독일 1,307개, 미국366개, 일본 220개 한국은 23개이다. (출처: 대한민국을 살리는 중소기업의 힘. P54. 한정화)

3-5-3 사업체 수
<중소기업의 수>
기업 수로 보아 대기업을 4,800개(0.1%)인데, 중소기업 수는 387만 개로(99.9%) 중기업 12만 개, 소기업 375만 개이다.
소기업 375만 개는 소상공인 329만 개이고 46만 개가 기타이다.
2001년도에는 상시 근로자 300인 이하 자본금 또는 매출액(둘 중 하나만 충족해도 됨) 80억 이하를 중소기업으로 정했다.
그러다가 2015년 중소기업법 개정으로 자산총액 5,000억 원 이하, 3년 평균 매출액 1,500억~800억 원 이하, 서비스업은 800억~400억 원 이하를 중소기업이라 정했다.
그리고 '중견기업'이라는 것이 있는데, 이는 대기업과 중소기업 중간을 말한다.

고용원 1,000명 이상, 자산 5,000억, 3년 평균 매출액 300억(음식, 숙박업)~1,000억 원 이상을 중견기업이라 한다.
중견기업은 4,468개로 0.7% 자산규정과 매출액 규정을 하나만 충족해도 중견기업으로 인정한다.
2020년 통계청 자료에 의하면 중견기업 수 5,526개, 종사자는 158만 명이다.
이 외에도 강소기업, 한국형 히든챔피언 기업, 유니콘 기업이 있다.
'강소기업'이라고 함은 노동부 워크넷 규정에 따라 10인 이상 기업으로 2년 이내에 임금 체불이 없고 고용유지율이 높으며, 산재 사망이 없는 기업으로 신용등급 B이상이며, 서비스가 아닌 것 중 지방자치단체에서 인정한 기업을 말한다.
'유니콘 기업'은 미국 실리콘밸리에서 큰 성공을 이룬 기업을 말하는데, 기업가치 10억 불 이상, 설립한 지 10년 이하의 기업을 말한다.
'포춘지'가 발표한 2016년 유니콘 기업은 174개인데 미국 101개, 중국 34개, 한국 2개이다. 2021년엔 쿠팡, 카카오, 네이버 등 7개 기업이 탄생했다.

'한국형 히든챔피언기업'은 독일학자 Herman Simon이 정한 개념으로 매출액이 세계1~3위, 대륙 1개, 매출액 40억 불 이하 대중에게 잘 안 알려진 기업을 말한다.
전 세계 2,700여개 기업을 말하는데 독일이 1,300개, 미국이 366개, 일본 220개, 한국 23개이다. 독일은 수출의 절반을 히든챔피언기업이 하고 있다.
독일에 히든챔피언기업이 많은 이유는 ①글로벌화 ②혁신 ③디지털화이다.
한국 히든챔피언기업은 근로자 평균 408명, 자산 842억 원, 매출 437억 원, R&D 30억 원이다.

표 7-2. 기업 규모별 사업체 수 및 비중(1994~2019) (단위:만개, %)

	전체	소상공인		소기업		중기업		중소기업		대기업	
	만개	만개	%	만개	%	만개	%	만개	%	만개	%
1994	238	215	90.3	224	94.0	13	5.3	237	99.3	1.73	0.7
1995	262	237	90.2	256	97.6	4	1.6	260	99.2	2.05	0.8
2000	273	244	89.5	266	97.5	5	1.7	271	99.2	2.22	0.8
2005	287	253	88.1	277	96.7	9	3.2	286	99.9	0.42	0.1
2010	313	275	87.9	300	96.1	12	3.8	312	99.9	0.31	0.1
2015	360	308	85.6	350	97.1	10	2.8	360	99.9	0.39	0.1
2016	368	314	85.3	357	97.0	10	2.8	367	99.9	0.42	0.1
2017	374	319	85.3	362	96.9	11	3.0	373	99.9	0.45	0.1
2018	381	324	84.9	369	96.8	12	3.1	381	99.9	0.47	0.1
2019	387	329	84.8	375	96.7	12	3.1	387	99.9	0.48	0.1

(출처: 한국경제론.김호범)

3-5-4 종사자수

전 기업 종사자는 1994년 1,022만 명에서 2019년 1,793만 명으로 771만 명 늘었다.

이 중 중소기업 종사자는 768만 명에서 2019년 1,607만 명으로 증가했다.

이 중 소기업 종사자는 486만 명에서 1,180만 명 소상공인 종사자는 408만 명에서 662만 명으로 증가했다.

요약하면 소기업 종사자 증가가 중소기업 종사자 증가를 주도한 것이다.

표 7-3. 기업 규모별 사업체의 종사자수 및 비중(1994~2019)
(단위:만개, %)

	전체	소상공인		소기업		중기업		중소기업		대기업	
	만개	만개	%	만개	%	만개	%	만개	%	만개	%
1994	1,022	408	39.9	486	47.6	281	27.5	768	75.1	254	24.9
1995	1,110	444	40.0	652	58.7	175	15.8	826	74.5	283	25.5
2000	1.077	473	43.9	696	64.7	172	15.9	868	80.6	209	19.4
2005	1,190	488	41.0	740	62.2	305	25.6	1,045	87.8	145	12.2
2010	1,414	533	37.7	806	57.0	421	29.8	1,226	86.8	187	13.2
2015	1,677	607	36.2	1,111	66.2	402	24.0	1,513	90.2	165	9.8
2016	1,705	620	36.4	1,132	66.4	408	23.9	1,539	90.3	166	9.7
2017	1,729	637	36.8	1,140	65.9	412	23.8	1,553	89.8	177	10.2
2018	1,771	642	36.3	1,163	65.7	425	24.0	1,588	89.7	183	10.3
2019	1,793	662	36.9	1,180	65.8	428	23.8	1,607	89.6	186	10.4

(출처: 한국경제론.김호범)

이는 중소기업 종사자가 1994년 768만 명(75.1%), 2019년 1,607만 명(89.6%)인데, 대기업은 1994년 254만 명(24.9%)에서 2019년 186만 명(10.4%)이다.

3-5-5 중소기업의 수출

대기업은 1995년 753억 불(60.2%)에서 2021년 4,147억 불(64.4%)이고, 중소기업은 1995년 495억 불(39.6%)에서 2021년 1,155억 불(17.9%)을 수출했다.

표 7-4. 규모별 기업의 수출액 및 비중(1995~2021)
(단위:억달러, %)

	중소기업		중견기업		대기업		기타		총수출
	억달러	%	억달러	%	억달러	%	억달러	%	억달러
1995	495	39.6	-	-	753	60.2	-	-	1,251
2000	635	36.9	-	-	1,086	63.1	-	-	1,723
2005	921	32.4	-	-	1,921	67.5	-	-	2,844
2009	768	21.1	574	15.8	2,283	62.8	11	0	3,635
2010	986	21.1	626	13.4	3,035	65.1	16	0	4,664
2015	962	18.3	929	17.6	3,367	63.9	10	0	5,268
2016	995	20.1	868	17.5	3,080	62.2	11	0	4,954
2017	1,032	18.0	937	16.3	3,757	65.5	11	0	5,737
2018	1,052	17.4	1,010	16.7	3,974	65.7	12	0	6,049
2019	1,009	18.6	932	17.2	3,471	64.0	10	0	5,422
2020	1,007	19.7	893	17.4	3,212	62.7	13	0	5,125
2021	1,155	17.9	1,129	17.5	4,147	64.4	13	0	6,444

(출처: 한국경제론·김호범)

2011년 중견기업법의 실시로 중소기업과 중견기업의 수출의 합계는 2008년 30.9%에서 2009~2021년 32.15~37.6%를 차지한다.
그러나 실제는 이보다 더 큰 비중을 차지한다.
왜냐하면 중소기업은 대기업에 납품하여 대기업이 수출함으로써 수출의 기여도는 중소기업이 더 클 수밖에 없다.

3-5-6 대기업. 중소기업의 임금격차

「2018년 임금근로자 소득결과」에 의하면 대기업 월 501만원, 중소기업은 월 231만원으로 절반에도 못 미치고 있다.
(출처: 한국경제론. P287)

3-5-7 중소기업의 경제적 비중

중소기업의 매출액은 2천673조3,019억 원('20:중소벤처기업부발표)으로 한국 총매출액의 47.2%로 발표됐다.
수출액으로 보면 대기업이 3천 212억 불(62.7%)이고, 중견기업 893억 불(17.4%), 중소기업 1,007억 불(19.7%)로써 중견기업, 중소기업을 합치면 37.1%이다.
(출처: 중소벤처기업부통계)

그러나 중견기업과 중소기업을 합친 수출 비중 37.1%는 실제 이보다 더 크다고 할 수 있다. 왜냐하면 대기업에 납품한 중소기업 제품은 수출에서 대기업 수출액에 포함됨으로 중소기업의 수출 비중은 37.1% 보다 클 수밖에 없다.
요약하면 중소기업은 GDP 생산에서 절반을 차지하고 수출에서 37% 이상, 고용에서 89.6%를 차지하며, 한국경제의 주요 토대임을 알 수 있다.

3-5-8 중소기업의 당면과제

<인력부족>
<이직률>
 2018년 대기업 평균 근속 7.9년, 중소기업 3.1년
<자금난>
중소기업은 자금 조달을 금융기관 차입에 의존한다. 중소기업의 60%가 외부 차입금에 의존하고 있다. 중소기업이 제도금융권에서 차입을 못 하면, 고금리 사채를 이용하고 있다.
<기술난>
4차 산업혁명 시대에 중소기업 기술개발은 해당 기업의 경쟁력은 물론 국가 경쟁력과도 직결된다. 이 문제를 해결하는데 어려운 것은
첫째, 기술에 대한 정보 부족.
둘째, 연구개발 인력부족. 셋째, 기술개발 자금 부족이다.
특히 한국 중소기업 기술개발의 암초는 대기업의 내부 거래이다. 내부거래 중소기업은 기술 개발 없이 안정된 운영으로 현실에 안주한다.
재벌기업의 내부거래액은 2015년 149조 2,000억 원으로 SK그룹 33조 3,000억 원, 현대차 30조 9,000억 원, 삼성 19조 6,000억 원, LG그룹 16조 8,000억 원, 포스코 11조 5,000억 원 규모이다.
(출처: 중소기업의 힘 P209. 한정화)

3-5-9 고용을 위한 중소기업의 혁신안 – 청년 고용을 위한 개혁

<30만 개의 청년 일자리를 만들라>
중소기업의 혁신은 자체의 생존과 경쟁력을 위해서도 필요하고, 그래야 사람을 못 구하는 문제를 해결할 수 있다.
혁신의 내용은 강력한 정부의 지원 정책 아래 다음과 같은 것을

실천하면 좋을 것이다.
▷ 첫째, 중소기업 387만 개를 국가, 지방자치단체. 중소기업청 등 총력을 지원하여
강소기업을 많이 만든다. 현재 25,900개를 더 늘린다. 모든 기업이 잘 되도록 도와서 현재보다 더 많은 강소기업이 되도록 한다. 강소기업은 더욱 열심히 도와서 중견기업이 되도록 한다. 강소기업 중견기업은 혁신과 글로벌 정책을 적극 지원하여 히든챔피언 기업이 되게 하고, 유니콘 기업이 되게 한다.
이러한 중소기업의 발전이 매우 긍정적이고 전망이 있다는 것을 젊은 청년들이
인식함으로써 중소기업을 긍정적으로 보도록 한다.
그리고 '청년내일채움공제' 제도로 2~3년 근무하면 3,000만 원의 현금을 지원하고 있다. 그러나 중소기업 공단 주변에 아파트를 지어서 임대료를 국가와 기업이 보조해주어 주거문제를 해결해주면 교통문제를 포함해 효과가 좋을 것이다.
그 주거에 공단별 문화시설, 편의시설까지 준비하여 항구적으로 생활대책을 세우는 것이 좋을 것이다.
▷ 둘째, 최근 산자부가 조사한 바에 의하면 국내 10대 업종 500개 기업의 디지털화는 아직 준비. 도입 초기 단계로 나타났다.
2014년 이래 정부지원으로 스마트화한 공장이 효율을 못 내는 것으로 나타났다.
정부는 2014년부터 2018년까지 스마트공장 구축을 위해 5년간 3,785억 원 (정부2,891억 원, 민간 894억 원)을 투입하고 스마트공장 R&D에 총 352억을 지원했다.
이들의 내용을 보면 대부분 기업들이 부분 자동화와 일부 정보화에 치우쳐 있고 일부 대기업만이 해외기업 수준의 통합 자동화와 지능화 수준에 있는 것을 알 수 있다.
이 스마트화 공장의 수행을 위해서는 우선 독일이나 미국처럼 지

능화기술(AI), 사물인터넷(IoT), 서비스인터넷을 가상분리 시스템을 융합하여 설계하고 설치할 수 있는 대학과 기업의 산학R&D 연구소를 만들 필요가 있다. 여기서 스마트공장의 설계를 1단계에서부터 5단계까지 설계하여 준비된 재정에 맞춰 설치하면 될 것이다.

우선 100만 명의 사람을 못 구한 중소기업을 대상으로 그 인력을 디지털자동화로 대체할 수 있는 1단계부터 원료에서 생산, 관리, 유통까지 완전 자동시스템의 5단계까지 실정에 맞게 적용하면 될 것이다.

한국산업기술진흥원이 2020년에 조사한 바에 의하면 중견기업 49개사, 중소기업 1,296개사 중 스마트화 된 기업이 9.7%인데 그 중 20%인 2.1%만이 전담 조직이 있고 그 나머지는 전담인력이 없어 운영에 어려움을 느끼고 있는 것으로 나타났다. 기업주들의 하소연은 기계가 고장 나면 고쳐줄 기업이 없다는 것이다. 설치회사가 영세기업이다 보니 몇 년 내에 문을 닫으면 대책이 없다는 것이다.

따라서 정부는 R&D연구소에서 젊은 청년들을 훈련하여 그 기계의 운영을 할 수 있도록 준비하는 것이 필요하다.

100만 명의 빈자리에 자동화 기계를 설치하고 그를 관리, 운영, 수리할 수 있는 IT기술 청년 30만 명을 준비하는 것이 중요하다. 스마트공장 뿐 아니라 스마트공장, 스마트건설에 30만 명의 IT기술자들의 역할이 필요하다.

중소기업 387만 개 중 우선 중기업 12만 개, 중견기업 5,526개, 농어민 123만 명, 건설업 200만 명의 사업을 의욕적으로 생산성 있게 디지털화한다면 30만 명의 IT기술자로도 부족할 것이다.

3-5-10 30만 명의 교육 훈련 대책

30만 명의 교육 훈련을 어떻게 할 것인가는 교육 훈련비 재정 어디서 어떻게 할 것인가의 2가지 문제가 있다.

우선 교육훈련비를 보면 2021년도 한 해의 정부 예산 예를 들면
ㄱ) 청년층 고용서비스 1,186억 원
ㄴ) ICT관련 청년층인턴제 사업에 3,141억 원
ㄷ) 청년층 직업훈련비 1조 1,642억 원
ㄹ) 청년층 고용 장려금에 4조 2,000억 원
도합 5조 7,969억 원이 책정되어 실시되고 있다. 이돈을 T교육 훈련비로 사용하면 된다. 이러한 청년교육훈련비는 이후로도 계속 투입이 예상됨으로 이 돈을 쓰면 된다.
둘째로 IT교육훈련을 어디서 어떻게 할 것인가는 전국의 대학과 전문대학 즉 40개 종합대학 71개 전문대학, 35개의 폴리텍대학 등 총 146개 대학에서 IT의 교육 과정의 기준을 정하고 교육 훈련 후 IT국가자격증을 따도록 하면 된다.

3-6 건설 산업에서의 청년고용 - 20만 명을 고용하라

3-6-1 들어가는 말

세계GDP성장에서 건설 산업 부문의 생산성은 가장 낮다.
그것은 대부분의 산업부문이 디지털문명을 이용하는데 반해 건설 산업은 그 이용률이 낮기 때문이다.
4차 산업혁명 시대에 건설 산업 부분만 재래식 방법에 의존하다 보니 생산성은
낮고 건설노동이 힘들고 젊은이들은 기피한다.
디지털 기술, 신소재, 고도의 자동화 기술 등을 4차산업혁명 시대엔 융합해야 한다.사물인터넷을 통한 재료, 노동, 장비의 생산성에 대한 분석, 모바일기기를 통한 건설사업 관리 앱, 베이스컨트롤타워, 빅데이터를 활용하여 생산성을 높일 수 있다.
4차산업혁명 기술만 제대로 활용하면 건설 산업의 생산성을 14~15% 올릴 수 있고, 비용을 4~6% 절감할 수 있다.
(출처: 건설산업의 새로운 미래 P94.이상호)

건설업에는 현재 200만 명 정도가 일하고 있는데 공사의 발주가 최저 입찰제이다. 낙찰된 건설회사는 공사부문별 하청을 주기 때문에 마지막 하도급 현장 노무자의 임금단가는 극도로 낮아질 수밖에 없다.

낮아진 임금에 힘들고 위험하여 청년들은 기피한다. 40세 이상 인력이 80% 55세 이상도 60%나 되는데 20대의 청년들은 5%이하이다.

공사장의 고령화는 향 후 건설기능공이 대가 끊길 위험성이 있다.

이렇게 한국 젊은이들이 가지 않으니 외국인노동자들로 채워질 수밖에 없다.

현재 외국인노동자가 건설 현장에만 40만 명이 넘고 있다.

3-6-2 건설 산업의 현대화(1) - 제도개혁

3-6-2-1 현황 건설 산업의 문제점

① 건설 산업의 총 일자리는 200만 개 정도인데 이중 대졸 관리직
50만 명을 제외하면 노무직 기능공은 150만 개 정도이다.
② 150만 명의 건설 노무직엔 약 40만 명의 저임금의 외국인이 일하고 있다.
③ 건설현장 노무 기능직은 고령화로 55세 이상이 60%, 40세 이상이 80% 이상이다. 20대의 청년층은 5%에 불과
④ 건설 현장의 싸구려 저임 외국인 노동자가 대량 유입되는 것은 국내 젊은 노동력이 건설현장을 기피하여 노동력이 부족하기 때문
⑤ 건설 현장의 저임 현상화는 최저 낙찰제와 다단계 하청이 핵심 원인이다.
⑥ 최저 낙찰, 다단계 하청제도는 마지막 단계의 노무 기능직에

최저 낮음 임금이 필연적이다. 낮은 임금은 젊은 노동력이 기피하게 되며 사업주는 종업원의 직무 향상에 무관심하게 된다.
결과적으로 건설직 기능 훈련이 부실하게 되고 건설노무직은 일용직화 된다.
⑦ 저임의 외국인 노동자. 국내 노무직의 고령화. 저임금화는 건설 산업의 부실과 산재 사고의 빈발로 이어진다.
⑧ 저임금. 저숙련 외국인 노동자 의존 심화와 건설 노동자의 고령화는 목공, 미장공, 조적공, 철도공등 숙련공들의 대가 끊기게 되어 건설업에 생존 위협에 직면하게 된다.
⑨ 최저가 낙찰, 다단계 하청은 무리한 공기단축, 무리한 저임, 무리한 재료비 절감으로 빈번한 산재, 안전사고로 이어진다.

3-6-2-2 건설산업 제도 개혁
① 최저 낙찰제를 지양하고 적정 공사비의 최고 가치 낙찰제 실시.
기술성 심사제도의 도입
현재최저 입찰단가를 제시하는 최저낙찰제를 지양하고 적정 입찰단가를 중시하고 기술성 심사제도를 도입할 필요가 있다.
기술성 평가의 중요 기준으로 '공사실적'을 반영하여 건설현장에 실시했던 기술, 기능 보유 여부를 반드시 심사 요건으로 한다.
입찰 심사에서 적정 공사비(가격경쟁력)외에 품질, 기술성적평가를 반영하여 품질과 가격이 조화를 이루는 심사를 한다.
② 적정 임금제
현재의 공사는 다단계 하청을 통해 공사가 이루어짐으로 맨 마지막 공사노동자는 중간 착취를 당한 뒤 최저 임금을 받게 된다.
그 결과 건설노무자의 임금 하락은 젊은 노동력이 기피하게되고 노동력 부족은 필연적으로 외국인 노동자를 쓸 수 밖에 없다.
따라서 건설품질 저하와 안전사고가 빈발한다.
여기에 해결책은 건설 노무자 인건비는 하청업체를 거치지 않고 공사 발주 업체가 직접 지급하여 적정 임금을 보장한다.
적정 임금제로는 1930년대 미국 대공황 시기에 실시됐던 제도로서 적정임금이 지급되도록 보장하는 것이다. 현재까지도 법으로 실시하고 있다.
공공발주공사에서 최저 입찰 가격보다는 기술성 품질 경쟁 위주로 입찰이 되게 규제할 필요가 있다.
③ 직무 숙련 등급 인증제
현재는 건설 현장의 인력 직무 숙련도는 객관적으로 평가할 수가 없다.
주먹구구식으로 평가가 이루어지기 때문이다.
그러나 기능의 숙련도를 객관적으로 평가하여 그에 상응하는 임금이 주어질 때 동일노동, 동일임금이 실시될 수 있고 이에 청년들의 관심있는 참여가 활성화될 수 있을 것이다.
현재 일용직인 목공, 형틀목공, 미장공, 조적공, 배관공등에 등급을 부여하여(예 초급. 중급. 고급. 특급) 이에 상응하는 임금의 차등화를 이룰 필요가 있다. 직무 등급에 관하여 공공기관의 자격 부여를 하여 객관성을 높이고 건설업에서 유용하게 대우하면 많은 젊은이의 참여가 이루어질 것이다.
④ 건설현장 경력의 데이터 베이스화 - 전자카드 사용 법제화
건설현장에서 일하는 모든 노동자들의 근무 조건(임금, 근무시간, 근무 직종)에 관한 정보를 매일 체크 기록하여 정보기록화 한다. 기록된 데이터베이스를 전자카드화하여 사용을 법제화 한다.
이렇게 되면 개별 건설 노동자의 근로경력, 이력이 체계적으로 관리되며 불법 고용이 원천적으로 근절된다.
그리고 개별 건설노동자의 근무경력, 일했던 직무 숙련등에 관한 정보가 체계적으로 축적되어 개별 건설노동자의 직무능력, 등급, 숙련등급 책정에 객관적 인증이 가능해진다.
이렇게 되면 동일노동, 동일임금이 건설현장에 관철된다.
⑤ 적정임금등 시범사업은 공공 공사에서 그 성과가 입증되었다.

국토부-철도공사, 도로공사, LH공사, 수자원공사 등 20개 시범사업에서 실시.
서울시, 경기도에서 시범사업으로 착수됨
그 실시의 효과는 적정임금제 사용업체는 미사용업체에 비해 4~16%의 임금 상승 효과를 보고 있다. 미실시 사용현장업체는 싸구려 외국인이 30%이상 인데, 실시 사업장엔 내국인이 90~100% 채용되고 청장년 고용이 증대되고 있다.
⑥ 건설인력 직업훈련 시스템 구축
지금처럼 주먹구구식으로 건설노무자가 일용직으로 공급되면(새벽 인력시장을 통해) 건설 기능력이 향상될 수 없고, 젊은 청년층을 유입할 수 없다.
폴리텍대학과 연계하여 공사가 없는 겨울 3~4개월 동안 훈련수당을 주어 집중적으로 기능 훈련을 할 필요가 있다.
건설 기능 인력의 재교육등을 체계적으로 실시하여 기능 훈련 이수에 대한 경력을 인증하고 이에 대한 대우를 보장할 필요가 있다.
⑦ 건설산업에 20만 명의 청년 일자리 창출
적정임금제. 적정공사비 낙찰제, 직무숙련 인증제. 전자카드제 등을 건설업에 도입할 경우 저임금-저숙련의 외국인이 아니라 적정임금, 적정숙련의 한국인이 채용될 것이다. 그러면 건설현장을 외면했던 청년들이 관심을 가지고 참여하게 될 것이다.
양질의 일자리가 창출됨으로 청년들의 참여가 가능해진다.

3-6-3 건설산업 현대화(2) - 디지털혁신

건설 산업을 현대화하여 생산성을 높이고 젊은이들이 선호하는 직종을 만들려면 건설 산업을 디지털화하고 이에 필요한 정보통신기술(ICT)을 도입하여야 한다.
글로벌 GDP에서 건설업이 차지하는 비중은 13%이다.
세계GDP의 연평균 생산성 성장은 2.7% 제조업은 3.6%인데 건설업은 1%이다.
이처럼 건설업의 생산성이 낮은 이유는 디지털화 수준이 낮기 때문이다.
맥킨지 글로벌 연구소는 디지털시스템을 도입하면 건설 산업의 생산성을 14~15% 향상시킬 수 있다고 제시했다.
디지털기술 신소재, 고도의 자동화 기술융합, 디지털 협력 기구, 드론, 무인 스캐닝, 모니터링 기구, 3D BIM(Building Information Modeling), 사물인터넷을 이용한 재료 노동 장비의 생산성에 대한 분석 모바일 기기를 통한 건설사업, 빅데이터 사용등 이렇게 4차산업혁명 기술을 제대로 활용하면 건설 산업의 생산성은 14~15% 올릴 수 있고, 비용은 5% 정도를 절감할 수 있다고 했다.
다시 말해 최신장비나 디지털을 도입하여, 물류→구매조달→제작 시공→마케팅영업→AS 전 과정에 디지털을 도입함으로써 생산성을 높이고, 디지털 IT 사용에 젊은 청년이 필요한 것이다. 건설 산업 디지털화의 내용엔 다음과 같은 것이 있다.

<BIM(Building Information Modeling) 사용>
건설에서 구조, 건축, 전기, 인테리어, 수도 등 모든 공정별로 도면이 별도로 작성되어 설계 건축, 시공, 유지관리에 이용하는 것이다.
BIM이란 설계단계부터 설계자, 시공자 엔지니어 등이 함께 협력하여 최적의 설계안을 도출한 뒤 가상공간에서 시뮬레이션 시공을 해본 뒤 현실 시공을 하는 것을 말한다.
BIM은 모든 이해 관계자들이 동일한 data베이스에 접근하여 건설사업의 디지털 기획을 하는 방법이다.
설계시공 유지관리는 정보를 공유하고 활용하여 디지털관리가 가능 한 것이다.
선진국들은 정부조달에서 BIM을 의무화하고 있지만 전체 6단계

중 1, 2단계에 머문 수준이다.
세계경제포럼은 4차산업혁명에서 건설 산업에 가장 큰 영향을 주는 것으로 BIM을 들고 있다.
건설 선진국들은 정부조달에서 BIM의 적용을 의무화하고 있는데 건설 산업의 가장 선진국 영국은 BIM 6단계에서 2단계, 독일은 6단계 중 1단계라 한다.

<건설 현장의 자동화>
건설 현장의 자동화는 크게 3부분 차원에서 사용된다.
즉 3D프린팅, 건설 기계 및 장비, 건설 로봇의 사용이다.
3D프린팅은 프린터기기를 이용해 입체모형을 만든다. 덤프트럭이나 건설기계 드론에 각종센서를 결합시켜 정밀조사 시공을 자동화 건설기계에 사물인터넷(IOT)을 결합하여 자동화 수준을 높인다.
네덜란드, 미국 등 에서는 3D프린터로 교량을 짓고 미국의 로봇은 하루에 벽돌3,000장을 쌓음으로 인간보다 500%의 높은 생산성을 올리고 있다.
일본은 2014년 건설인력 343만 명에서 2025년 216만 명으로 감소가 예상되는데 그 대책으로 34세 이하 젊은 인력을 90만 명 확보하고 건설로봇을 도입할 계획이다.
(출처: 건설산업의 새로운 미래. P132. 이상호)

<조립형 건설>
대부분의 건설 사업은 현장에서 이루어진다.
그러나 건설 선진국에서는 상당 부분을 공장에서 생산하여 현장에서 조립한다.
4차산업혁명의 기술(사물인터넷, 스마트공장, BIM,3D프린팅 등)들이 건설사업의 설계, 엔지리어링 시공, 운영A/S에 적용되고 있다.

<스마트시티>
4차산업혁명의 건설업에서의 꽃은 스마트시티이다.
스마트시티는 4차 산업혁명의 주요 기술인 3D프린팅, 로봇, AI, IoT 등 기술이 결합되어 만들어진다.
하드웨어(교통, 에너지, 물 등)와 스마트홈, 스마트빌딩, 보건, 의료, 교육, 레저, 유통 등 모든 서비스 부문도 스마트 기술이 접목되고 있다.
스마트 시티의 발달로 인해 맥킨지글로벌 연구소는 2030년까지 8,000만개~2억 개의 건설 일자리가 늘어날 것으로 예측했다.
(출처: 건설산업의 새로운 미래. P158. 이상호)

이와 같이 건설 산업 디지털화에 따른 청년 인력준비가 필요한 것이다.

3-6-4 혁신에 성공한 선진적인 나라들

영국, 호주, 싱가포르는 대표적인 건설 산업의 선두 주자이다.
<영국>
20년간 체계적으로 건설 산업을 디지털화 한 영국은 <건설2025>(2013발표)에서 건설비용 35%절감, 공기 50% 단축, CO_2 배출 50% 단축을 목표로 설정했다. 목표달성을 위해 사람, 스마트, 지속가능성 성장, 리더십 등 5가지 과제를 제시하고 2016년까지 중앙정부 조달에서 BIM 사용을 의무화했다.
BIM의 사용은 시공 후 운영, 유지관리까지에 바람직한 대책이다. 영국의 건설 산업 정책의 핵심은 4차 산업혁명 기술을 도입하는 것이고 그 시책으로 많은 성공에 수십억 파운드 절감의 효과를 내고 있다.
<일본>
일본은 2016년 "생산성 혁명 프로젝트20개"를 제시하여 4차산업혁명의 기술을 현장에 도입하게 하였다.

건설노동자의 생산성을 50% 향상시키는 것이 주요 목표이다.
2000년대의 성공적인 산업정책은 4차산업혁명을 얼마나 잘 받아들이느냐가 관건이다. 4차산업혁명을 수용하기 위해서는 과거의 낡은 방식을 버리고, 새로운 패러다임에 기반한 신 건설 산업정책이 필요하다.

3-7 공공부문 사회서비스 일자리

3-7-1 공공부문 사회서비스 일자리 개념

공공부문 사회서비스 일자리란 정부가 직접 제공하거나 민간을 통해 제공하는 사회서비스를 위해 고용된 일자리를 말한다. 사회서비스는 국민의 삶의 질을 향상시키기 위해 제공되는 서비스로, 교육, 보육, 의료, 복지, 문화 등 다양한 분야에 걸쳐 있다. 공공부문 사회서비스 일자리는 이러한 사회서비스를 제공하기 위해 필요한 인력으로, 사회서비스의 질 향상과 국민의 삶의 질 개선에 중요한 역할을 한다.

공공부문 사회서비스 일자리는 크게 두 가지로 구분할 수 있다. 첫째, 정부가 직접 고용하는 일자리로, 공무원이나 공공기관 직원이 이에 해당한다. 둘째, 민간을 통해 제공하는 사회서비스를 위해 정부가 예산을 지원하고, 민간에서 고용하는 일자리로, 사회복지사, 보육교사, 요양보호사 등이 이에 해당한다.

공공부문 사회서비스 일자리의 중요성은 다음과 같이 요약할 수 있다.
국민의 삶의 질 향상을 위한 필수적인 일자리이다.
사회서비스의 질 향상을 위해 필요한 일자리이다.
사회적 가치를 실현하는 일자리이다.

공공부문 사회서비스 일자리의 확대를 위해서는 다음과 같은 정책적 노력이 필요하다.
사회서비스에 대한 정부의 투자 확대, 민간 사회서비스 제공기관의 육성, 사회서비스 일자리의 질 향상 등이며, 공공부문 사회서비스 일자리의 확대는 국민의 삶의 질 향상과 사회서비스의 질 향상을 위해 필수적인 과제이다.

3-7-2 공공부문 사회서비스 일자리의 한국과 OECD비교

한국의 공공부문 사회서비스 일자리는 OECD 평균에 비해 크게 부족한 수준이다. 2022년 기준으로 한국의 공공부문 사회서비스 일자리는 GDP 대비 0.7%로, OECD 평균인 1.6%의 절반 수준에 불과하다.
한국과 OECD 국가들의 공공부문 사회서비스 일자리를 비교하면 다음과 같다.

국가	GDP 대비 공공부문 사회서비스 일자리 비중 (%)
한국	0.7
OECD 평균	1.6
미국	1.5
일본	1.1
영국	2.2
프랑스	2.4
독일	2.5

한국의 공공부문 사회서비스 일자리 부족은 다음과 같은 이유로 설명된다.
사회서비스에 대한 정부의 투자 부족, 민간 사회서비스 제공기관의 육성 부족, 사회서비스 일자리의 질 향상 노력 부족이다..
한국 정부는 사회서비스에 대한 투자를 확대하고, 민간 사회서비스 제공기관을 육성하며, 사회서비스 일자리의 질을 향상시키기 위한 정책적 노력을 강화할 필요가 있다.

공공부문 사회서비스 일자리의 확대는 다음과 같은 효과를 기대할 수 있다.
국민의 삶의 질 향상, 사회 서비스의 질 향상, 고용 창출, 사회적 가치 실현 공공부문 사회서비스 일자리의 확대는 국민과 사회 전체에 이익이 되는 정책이다.

3-7-3 공공부문 사회서비스의 미래전망
공공부문 사회서비스의 미래전망은 다음과 같이 요약할 수 있다.

<공공부문 사회서비스의 확대>
한국의 고령화, 저출산, 양극화 등 사회문제가 심화됨에 따라 공공부문 사회서비스의 필요성이 더욱 커질 것으로 예상된다. 이에 따라 공공부문 사회서비스의 확대는 필수적인 과제가 될 것이다.

<공공부문 사회서비스의 질 향상>
공공부문 사회서비스의 질 향상을 위해서는 사회서비스 종사자의 전문성 강화, 사회서비스 제공기관의 효율성 제고, 사회서비스의 혁신 등이 필요하다.

<공공부문 사회서비스의 민간 참여 확대>
공공부문 사회서비스의 효율성 제고와 사회서비스의 다양성 확보를 위해서는 민간 참여를 확대할 필요가 있다. 이를 위해서는 민간 사회서비스 제공기관의 육성, 민간 사회서비스의 질 관리, 민간 사회서비스와 공공 사회서비스의 연계 등이 필요하다.

<공공부문 사회서비스의 디지털 전환>
인공지능, 사물인터넷, 빅데이터 등 디지털 기술의 발전은 공공부문 사회서비스의 패러다임을 바꿀 것으로 예상된다. 공공부문 사회서비스는 디지털 기술을 활용하여 효율성과 질을 향상시킬 수 있다.

공공부문 사회서비스는 국민의 삶의 질 향상을 위해 중요한 역할을 한다. 공공부문 사회서비스의 미래를 위해서는 정부, 민간, 시민사회의 협력과 노력이 필요하다.

<서비스 내용 다양화>
사회서비스의 수요가 다양화됨에 따라 공공부문 사회서비스의 내용도 다양화될 것으로 예상된다.

<서비스 제공 방식 변화>
디지털 기술의 발전으로 인해 공공부문 사회서비스의 제공 방식이 변화될 것으로 예상된다.
공공부문 사회서비스는 국민의 삶의 질 향상을 위해 필수적인 서비스이다. 정부는 공공부문 사회서비스의 확대와 질 향상을 위한 정책적 노력을 강화하여 국민이 양질의 사회서비스를 누릴 수 있도록 해야 할 것이다.

<공공부문 사회서비스의 일자리 창출>
공공부문 사회서비스는 사회서비스의 질 향상과 국민의 삶의 질 개선에 중요한 역할을 한다. 또한, 공공부문 사회서비스는 고용 창출에도 기여한다.

공공부문 사회서비스의 일자리 창출 효과는 다음과 같이 요약할 수 있다.

<직접 일자리 창출>
공공부문 사회서비스의 확대는 직접적으로 사회서비스 종사자의 일자리 창출로 이어진다. 사회서비스 종사자는 요양보호사, 사회복지사, 보육교사, 청소년지도사, 장애인 활동보조인 등 다양한 분야에 걸쳐 있다.

<간접 일자리 창출>
공공부문 사회서비스의 확대는 관련 산업의 성장을 촉진하고, 간접적으로 일자리 창출로 이어진다. 예를 들어, 공공부문 사회서비스의 확대는 사회서비스 관련 기업의 성장을 촉진하고, 이를 통해 제조업, 유통업, 서비스업 등 다양한 분야에서 일자리가 창출될 수 있다.

<사회서비스의 질 향상>
공공부문 사회서비스의 질 향상은 사회서비스 종사자의 처우 개선으로 이어진다. 사회서비스 종사자의 처우가 개선되면 사회서비스 종사자의 근로 의욕이 높아지고, 이는 사회서비스의 질 향상으로 이어진다.

<사회적 가치 실현>
공공부문 사회서비스는 사회적 가치를 실현하는 일자리이다. 사회서비스 종사자는 사회 취약계층을 지원하고, 국민의 삶의 질을 향상시키는 역할을 한다.

한국 정부는 2023년부터 2027년까지 5년간 공공부문 사회서비스 일자리를 100만 개 이상 확충하겠다는 계획을 발표했다. 이 계획이 성공적으로 실행된다면 한국의 공공부문 사회서비스 일자리 비중은 OECD 평균에 근접할 것으로 예상된다.
공공부문 사회서비스의 확대는 국민의 삶의 질 향상과 사회서비스의 질 향상, 그리고 고용 창출에 기여하는 중요한 정책이다.

<공공부문 사회서비스와 삶의 질 향상>
공공부문 사회서비스는 국민의 삶의 질 향상을 위해 중요한 역할을 한다. 공공부문 사회서비스는 다음과 같은 측면에서 삶의 질 향상에 기여한다.

<기본 생활 보장의 강화>
공공부문 사회서비스는 국민의 기본 생활을 보장하는 데 기여한다. 예를 들어, 공공부문 사회서비스는 양육, 돌봄, 의료, 교육 등 국민의 기본 생활에 필요한 서비스를 제공한다. 이러한 서비스를 통해 국민은 기본적인 삶을 영위할 수 있고, 삶의 질이 향상된다.

<사회적 참여와 통합의 증진>
공공부문 사회서비스는 국민의 사회적 참여와 통합을 증진하는 데 기여한다. 예를 들어, 공공부문 사회서비스는 청소년, 장애인, 노인 등 사회 취약계층의 사회 참여와 통합을 지원한다. 이러한 서비스를 통해 국민은 사회에 더 적극적으로 참여하고, 삶의 질이 향상된다.

<삶의 만족도와 행복감의 증진>
공공부문 사회서비스는 국민의 삶의 만족도와 행복감을 증진하는 데 기여한다.
예를 들어, 공공부문 사회서비스는 국민의 건강, 안전, 교육, 문화 등 삶의 다양한 측면에서 지원을 제공한다. 이러한 서비스를 통해 국민은 삶의 만족도와 행복감이 높아진다.

공공부문 사회서비스의 확대는 국민의 삶의 질 향상을 위한 필수적인 정책이다. 정부는 공공부문 사회서비스의 확대와 질 향상을 위한 정책적 노력을 강화하여 국민이 양질의 사회서비스를 누릴 수 있도록 해야 할 것이다.
구체적인 삶의 질 향상 효과를 살펴보면, 다음과 같은 연구 결과가 있다.
- 공공부문 사회서비스 이용 경험이 있는 사람은 이용 경험이 없는 사람에 비해 삶의 만족도가 높다.
- 공공부문 사회서비스 이용 경험이 있는 사람은 이용 경험이 없는 사람에 비해 삶의 행복감이 높다.

- 공공부문 사회서비스 이용 경험이 있는 사람은 이용 경험이 없는 사람에 비해 사회적 참여도가 높다. 이러한 연구 결과는 공공부문 사회서비스가 삶의 질 향상에 기여한다는 것을 보여준다.

3-8 영세 소상공인 부문의 연착륙

우리나라 영세상공인은 3가지로 분류할 수 있다.
첫째, 재래시장, 둘째, 소공장, 셋째, 자영업이다.

3-8-1 우리나라 재래시장 현황

2023년 10월 기준, 우리나라에는 총 1,775개의 전통시장이 있다.
이 중 상점 수가 100개 이상인 시장은 1,127개이며, 상점 수가 100개 미만인 시장은 648개이다. 전통시장의 총매출액은 2022년 기준 약 42조 원으로, 전년 대비 약 2.5% 증가했다.

전통시장은 지역경제를 활성화하고, 일자리 창출에 기여하는 중요한 역할을 하고 있다. 또한, 지역의 특산물과 먹거리를 판매하여 지역의 문화와 전통을 알리는 역할을 하고 있다.

최근에는 온라인쇼핑과 대형마트의 성장으로 전통시장이 위기를 맞고 있다. 이에 정부는 전통시장 활성화를 위한 다양한 정책을 추진하고 있다.

전통시장 활성화를 위한 주요 정책은 다음과 같다.

전통시장 시설 현대화 및 환경 개선 지원,
전통시장 온라인 판매 활성화 지원
전통시장 마케팅 및 홍보 지원
전통시장 특화사업 지원
정부의 이러한 정책으로 전통시장의 경쟁력이 강화되고, 지역경제 활성화에 기여할 것으로 기대된다.

이상 2023년 우리나라 재래시장 현황 요약하면,
총 1,775개 - 상점 수 100개 이상 시장: 1,127개 - 상점 수 100개 미만 시장: 648개
- 총 매출액: 2022년 기준 약 42조 원 - 주요 정책: 전통시장 시설 현대화, 온라인 판매 활성화, 마케팅 및 홍보 지원, 특화사업 지원으로 요약할 수 있다.

3-8-2 우리나라 재래시장 종사자 수

2023년 10월 기준, 우리나라 재래시장 종사자 수는 약 130만 명이다. 이 중 상점 종사자 수는 약 120만 명이며, 그 외 시장 관리자, 상인회 임원, 공무원 등 종사자 수는 약 10만 명이다.
상점 종사자 수는 2010년 약 140만 명에서 2023년 약 120만 명으로 감소했다. 이는 온라인쇼핑과 대형마트의 성장으로 전통시장의 매출액이 감소하면서, 상점 수가 줄어든 데 따른 것이다.
정부는 전통시장 활성화를 위해 다양한 정책을 추진하고 있다. 이러한 정책으로 전통시장의 매출액이 증가하고, 상점 수가 증가

할 것으로 기대된다. 이에 따라, 재래시장 종사자 수도 증가할 것으로 전망된다.

이상 2023년 우리나라 재래시장 종사자 수를 요약하면
총: 약 130만 명 - 상점 종사자: 약 120만 명 - 그 외 종사자: 약 10만 명 규모이다.

3-8-3 재래시장의 미래전망
2023년 현재, 재래시장은 다음과 같은 미래전망을 가지고 있다.
▷ 쇠퇴 : 대형마트, 온라인 쇼핑몰의 성장 등으로 재래시장의 경쟁력이 약화되고 있다.
▷ 새로운 기회 창출 : 지역 특화 상품 및 서비스 개발, 문화·관광 활성화 등으로 재래시장에 새로운 기회가 창출되고 있다.
▷ 디지털 전환 가속화 : 4차산업혁명 기술의 발전으로 재래시장의 디지털 전환이 가속화되고 있다.

재래시장이 쇠퇴를 극복하고 지속하기 위해서는 다음과 같은 노력이 필요하다.
- 지역 특화 상품 및 서비스 개발 : 지역의 특색을 살린 상품 및 서비스를 개발하여 경쟁력을 강화해야 한다.
- 문화·관광 활성화 : 재래시장을 문화·관광 공간으로 조성하여 새로운 고객층을 유입해야 한다.
- 디지털 전환 : 온라인 판매 활성화, 비대면 서비스 도입 등 디지털 전환을 통해 경쟁력을 강화해야 한다.

정부도 재래시장의 경쟁력 강화를 위해 다양한 정책을 추진해야 한다.
- 재래시장 지원 제도 확대: 재래시장 지원 제도를 확대하여 재래시장의 경영난을 완화해야 한다.
- 디지털 전환 지원 확대: 재래시장의 디지털 전환을 지원하여

재래시장의 경쟁력을 강화해야 한다.

- 문화·관광 활성화 지원: 재래시장의 문화·관광 활성화를 지원하여 재래시장의 경쟁력을 강화해야 한다.
정부와 재래시장의 노력으로 재래시장이 쇠퇴를 극복하고 지속가능한 성장을 할 수 있을 것으로 기대된다.
구체적인 미래전망과 대응방안을 살펴보면 다음과 같다.

▷ 쇠퇴에 대한 대응방안(1)
지역 특화 상품 및 서비스 개발
문화·관광 활성화
디지털 전환, 새로운 기회 창출

▷ 대응방안(2)
온라인 판매 활성화
비대면 서비스 도입
디지털 기술 활용

재래시장이 이러한 미래전망을 극복하고 지속하기 위해서는 정부와 재래시장의 협력이 필수적이다. 정부는 재래시장의 경쟁력 강화를 위한 다양한 정책을 추진하고, 재래시장은 정부의 지원을 적극 활용하여 쇠퇴를 극복하고 새로운 기회를 창출해야 할 것이다.

재래시장의 지속가능성을 높이기 위한 방안으로 다음과 같은 것들이 제시되고 있다.
- 지역 특화 상품 및 서비스 개발: 지역의 특색을 살린 상품 및 서비스를 개발하여 경쟁력을 강화해야 한다. 예를 들어, 전통시장에 지역의 특산물을 판매하는 매장을 개설하거나, 지역의 문화

와 관광을 연계한 상품 및 서비스를 개발하는 것이다.
- 문화·관광 활성화: 재래시장을 문화·관광 공간으로 조성하여 새로운 고객층을 유입해야 한다.
예를 들어, 재래시장에서 공연, 전시, 체험 등의 문화·관광 프로그램을 운영하거나, 재래시장을 관광코스에 포함하는 것이다.
- 디지털 전환: 온라인 판매 활성화, 비대면 서비스 도입 등 디지털 전환을 통해 경쟁력을 강화해야 한다. 예를 들어, 재래시장에서 온라인 판매를 활성화하거나, 배달 서비스를 도입하는 것이다.
이러한 방안을 통해 재래시장은 지역경제 활성화와 일자리 창출에 기여하는 중요한 역할을 지속할 수 있을 것으로 기대된다.

3-8-4 소공장의 현황과 종사자 수

2023년 10월 기준, 우리나라 소공장의 수는 약 125만 개이다. 이 중 제조업 소공장은 약 110만 개, 건설업 소공장은 약 15만 개이다. 소공장의 총종사자 수는 약 200만 명이다.

제조업 소공장은 주로 식품, 의류, 가구, 기계, 금속 등 다양한 분야에서 제품을 생산하고 있다. 건설업 소공장은 주로 건축, 토목, 인테리어 등 다양한 분야에서 공사에 참여하고 있다.

소공장은 지역경제 활성화와 일자리 창출에 기여하는 중요한 역할을 하고 있다. 또한, 독창적인 제품과 서비스를 제공하여 소비자의 선택권을 확대하는 역할을 하고 있다.

최근에는 대기업의 공장 자동화, 중국 등 해외 저임금 국가의 진출 등으로 소공장의 경영난이 심화되고 있다. 이에 정부는 소공장 경쟁력 강화를 위한 다양한 정책을 추진하고 있다.

소공장 경쟁력 강화를 위한 주요 정책은 다음과 같다.

소공장 지원 제도 확대, 소공장 기술 개발 지원, 소공장 판로 확대 지원
정부의 이러한 정책으로 소공장의 경쟁력이 강화되고, 지역경제 활성화에 기여할 것으로 기대된다.

소공장의 현황은 다음과 같은 요인에 따라 영향을 받는다.

대기업의 공장 자동화, 중국 등 해외 저임금 국가의 진출, 정부의 소공장 지원 정책
정부의 소공장 지원 정책이 성공적으로 추진된다면, 소공장의 경쟁력이 강화되고, 지역경제 활성화에 기여할 것으로 전망된다.

<소공장 미래전망>
2023년 현재, 소공장은 대기업의 공장 자동화, 중국 등 해외 저임금 국가의 진출 등으로 경영난을 겪고 있다. 하지만, 소공장은 지역경제 활성화와 일자리 창출에 기여하는 중요한 역할을 하고 있기 때문에, 향후에도 지속될 것으로 전망된다.

▷ 새로운 기회 창출: 4차산업혁명 기술의 발전으로 소공장에 새로운 기회가 창출될 것으로 전망된다.
소공장이 경영난을 극복하고 지속하기 위해서는 다음과 같은 노력이 필요하다.

▷ 기술 개발 및 혁신 : 4차 산업혁명 기술을 활용하여 생산성 향상과 경쟁력 강화를 추진해야 한다.
▷ 온라인 판매 활성화 : 온라인 판매를 활성화하여 새로운 판로를 개척해야 한다.

▷ 지역사회와 협력 : 지역사회와 협력하여 지역경제 활성화에 기여해야 한다.
정부도 소공장의 경쟁력 강화를 위해 다양한 정책을 추진해야 한다.
정부와 소공장의 노력으로 소공장의 경영난이 극복되고, 지역경제 활성화에 기여하는 중요한 역할을 지속할 수 있을 것으로 기대된다.

3-8-5 소공장의 당면과제
2023년 현재, 소공장은 다음과 같은 당면과제에 직면해 있다.
▷ 경영난 심화 : 대기업의 공장 자동화, 중국 등 해외 저임금 국가의 진출 등으로 소공장의 경영난이 심화되고 있다.
▷ 기술 경쟁력 약화 : 대기업과 해외 기업에 비해 기술 경쟁력이 약화되고 있다.
판로 확대 어려움: 대기업과 해외 기업의 영향으로 판로 확대가 어려운 상황이다.
▷ 인력난 심화 : 고령화와 청년층의 취업 선호도 변화 등으로 인력난이 심화되고 있다.

소공장이 이러한 당면과제를 극복하기 위해서는 다음과 같은 노력이 필요하다.
▷ 소공장 지원 제도 확대 : 소공장 지원 제도를 확대하여 소공장의 경영난을 완화해야 한다.
▷ 기술 개발 지원 확대 : 소공장의 기술 개발을 지원하여 생산성 향상과 경쟁력 강화를 도와야 한다.
▷ 판로 확대 지원 확대 : 소공장의 판로를 확대하기 위한 지원을 확대해야 한다.
▷ 인력 양성 및 지원 확대 : 인력 양성과 지원을 확대하여 인력난을 해소해야 한다.

정부와 소공장의 노력으로 소공장의 당면과제가 해결되고, 소공장이 지역경제 활성화에 기여하는 중요한 역할을 지속할 수 있을 것으로 기대된다.

구체적인 당면과제와 해결방안을 요약하면

<경영난 심화>
해결방안(1)
기술 개발 및 혁신으로 생산성 향상
온라인 판매 활성화로 새로운 판로 개척
지역사회와 협력으로 지역경제 활성화 기여
정부의 지원 확대과 기술 경쟁력 강화
해결방안(2)
4차 산업혁명 기술 활용
정부의 기술 개발 지원 확대
판로 확대의 지원 노력
해결방안(3)
온라인 판매 활성화
해외 판로 개척
정부의 판로 확대 지원 확대
인력난 심화의 해결
해결방안(4)
인력 양성 및 지원 확대
정부의 인력 양성 지원 확대

소공장이 이러한 당면과제를 극복하고 지속하기 위해서는 정부와 소공장의 협력이 필수적이다. 정부는 소공장의 경쟁력 강화를 위한 다양한 정책을 추진하고, 소공장은 정부의 지원을 적극 활용하여 경영난을 극복하고 새로운 기회를 창출해야 할 것이다.

3-8-6 자영업자 현황과 종사자수

2023년 10월 기준, 우리나라 자영업자 수는 약 550만 명이다. 이 중 개인사업자 수는 약 500만 명, 법인사업자 수는 약 50만 명이다. 자영업자 비율은 약 26.5%로, 경제활동인구 100명 중 약 27명이 자영업자로 활동하고 있다.

자영업자는 우리나라 경제에서 중요한 역할을 하고 있다. 자영업자는 전체 취업자 중 약 28.4%를 차지하고 있으며, GDP의 약 20%를 창출하고 있다. 또한, 일자리 창출과 지역경제 활성화에 기여하고 있다.

최근에는 코로나-19 팬데믹, 물가 상승, 경기 침체 등으로 자영업자가 어려움을 겪고 있다. 이에 정부는 자영업자 지원을 위한 다양한 정책을 추진하고 있다.

자영업자 지원을 위한 주요 정책은 다음과 같다.

자영업자 손실보상금 지원
소상공인 버팀목자금 지원
자영업자 경영혁신 지원
자영업자 육성 및 지원 종합계획 수립

정부의 이러한 정책으로 자영업자의 어려움이 완화되고, 자영업자가 지속가능한 성장을 할 수 있을 것으로 기대된다.
이상 2023년 우리나라 자영업자 현황을 요약하면
* 총 : 약 550만 명
* 개인사업자: 약 500만 명
* 법인사업자: 약 50만 명
* 자영업자 비율: 약 26.5%

자영업자 현황은 다음과 같은 요인에 따라 영향을 받는다.
* 경제 환경 : 경기 침체, 물가 상승 등 경제 환경 변화

* 정부 정책 : 자영업자 지원 정책
* 사회 변화 : 온라인 쇼핑, 배달 서비스 등 사회 변화

3-8-7 자영업의 미래전망

2023년 현재, 자영업은 다음과 같은 미래전망을 가지고 있다.
▷ 경영난 지속 : 코로나19 팬데믹, 물가 상승, 경기 침체 등으로 자영업자의 경영난은 지속될 것으로 전망된다.
▷ 새로운 기회 창출 : 온라인 쇼핑, 배달 서비스 등 새로운 비즈니스 모델의 등장으로 자영업자에게 새로운 기회가 창출될 것으로 전망된다.
▷ 디지털 전환 가속화 : 4차 산업혁명 기술의 발전으로 자영업의 디지털 전환이 가속화될 것으로 전망된다.

자영업이 경영난을 극복하고 지속하기 위해서는 다음과 같은 노력이 필요하다.
▷ 디지털 전환 : 4차 산업혁명 기술을 활용하여 비즈니스 모델을 개선하고, 효율성을 높여야 한다.
▷ 온라인 판매 활성화 : 온라인 판매를 활성화하여 새로운 판로를 개척해야 한다.
▷ 지역사회와 협력 : 지역사회와 협력하여 지역경제 활성화에 기여해야 한다.

정부도 자영업자의 경쟁력 강화를 위해 다양한 정책을 추진해야 한다.
▷ 자영업자 지원 제도 확대 : 자영업자 지원 제도를 확대하여 자영업자의 경영난을 완화해야 한다.
▷ 디지털 전환 지원 확대 : 자영업의 디지털 전환을 지원하여 자영업자의 경쟁력을 강화해야 한다.
▷ 지역경제 활성화 지원 : 지역경제 활성화를 지원하여 자영업

자의 경영 환경을 개선해야 한다.
정부와 자영업의 노력으로 자영업자의 경영난이 극복되고, 자영업이 지속가능한 성장을 할 수 있을 것으로 기대된다.

구체적인 미래전망과 대응방안을 살펴보면 다음과 같다.

<경영난 지속>
대응방안(1)
디지털 전환으로 비용 절감 및 효율성 향상
온라인 판매 활성화로 새로운 판로 개척
지역사회와 협력으로 공동 마케팅 및 판촉
새로운 기회 창출
대응방안(2)
새로운 비즈니스 모델 개발
온라인 플랫폼 활용
지역 특화 상품 및 서비스 개발
디지털 전환 가속화
대응방안(3)
디지털 기술 교육 및 훈련
디지털 기술 활용 지원

자영업이 이러한 미래전망을 극복하고 지속하기 위해서는 정부와 자영업의 협력이 필수적이다. 정부는 자영업자의 경쟁력 강화를 위한 다양한 정책을 추진하고, 자영업자는 정부의 지원을 적극 활용하여 경영난을 극복하고 새로운 기회를 창출해야 할 것이다.

3-8-8 자영업자 한국과 OECD 비교

2023년 기준, 우리나라 자영업자 비율은 약 26.5%로, OECD 국가 중에서 가장 높은 수준이다. OECD 평균 자영업자 비율은 약

15%이다.

한국과 OECD 국가의 자영업자 현황을 비교하면 다음과 같다.

항목	한국	OECD 평균
자영업자 비율	26.5%	15%
자영업자 수	550만 명	1억 3,000만 명
자영업자 종사자 수	1,000만 명	3억 명
자영업자 비중	28.4%	20.0%
자영업자 GDP 기여도	20.0%	16.0%

한국의 자영업자 비율이 높은 이유는 다음과 같은 요인들이 작용하고 있다.

▷ 경제 구조 : 한국은 제조업과 서비스업이 발달한 산업 구조를 가지고 있다.
이러한 산업 구조는 자영업자가 많이 진출할 수 있는 환경을 조성하고 있다.
▷ 문화적 특성 : 한국은 개인주의 문화가 발달한 사회이다.
이러한 문화적 특성은 자영업자가 자신의 사업을 시작하고 운영하는 데 유리한
환경을 조성하고 있다.
▷ 정부 정책 : 한국 정부는 자영업자를 지원하기 위한 다양한 정책을 추진하고 있다. 이러한 정책은 자영업자의 창업과 성장을 촉진하고 있다.

한국의 자영업자는 다음과 같은 특징을 가지고 있다.

▷ 소규모 사업자가 많다 : 한국의 자영업자 중 99.7%는 5인 미만 사업자이다.
▷ 서비스업 비중이 높다 : 한국의 자영업자는 서비스업에 집중되어 있다.
▷ 영세 사업자가 많다 : 한국의 자영업자 중 500만 명 이상이 월 소득 200만 원 미만이다.
한국의 자영업자는 최근 들어 경영난을 겪고 있다. 코로나-19 팬데믹, 물가 상승, 경기 침체 등이 자영업자의 경영난을 가중시키고 있다.
정부는 자영업자 지원을 위한 다양한 정책을 추진하고 있지만, 자영업자의 경영난이 쉽게 해소되지 않을 것으로 전망된다.

3-8-9 자영업자의 해결과제

한국의 자영업자가 직면한 해결과제는 다음과 같다.
▷ 경영난 : 코로나19 팬데믹, 물가 상승, 경기 침체 등으로 자영업자의 경영난이 심화되고 있다.
▷ 경쟁력 약화 : 대기업과 해외 기업의 진출 등으로 자영업자의 경쟁력이 약화되고 있다.
▷ 인력난 : 고령화와 청년층의 취업 선호도 변화 등으로 자영업자의 인력난이 심화되고 있다.

자영업자의 이러한 해결과제를 해결하기 위해서는 다음과 같은 노력이 필요하다.
▷ 정부의 지원 강화 : 정부는 자영업자 지원 제도를 확대하고, 자영업자의 경영난을 완화하기 위한 정책을 추진해야 한다.
▷ 자영업자의 노력 : 자영업자는 디지털 전환을 통해 경쟁력을 강화하고, 새로운 비즈니스 모델을 개발해야 한다.
▷ 사회적 공감대 형성 : 사회는 자영업자의 어려움을 이해하고,

자영업자를 위한 지원 정책을 지지해야 한다.
정부와 자영업자의 노력, 그리고 사회적 공감대 형성을 통해 한국의 자영업자가 지속가능한 성장을 할 수 있을 것으로 기대된다.

구체적인 해결과제와 대응방안을 살펴보면 다음과 같다.

<경영난 해결>
대응방안(1)
정부의 지원 강화: 자영업자 손실보상금, 버팀목자금 등 지원 확대
자영업자의 노력: 디지털 전환, 온라인 판매 활성화 등 경영 효율성 개선, 경쟁력 약화 해결
대응방안(2)
정부의 지원 강화: 기술 개발 지원, 판로 확대 지원 등
자영업자의 노력: 새로운 비즈니스 모델 개발, 지역 특화 상품 및 서비스 개발
인력난 해결
대응방안(3)
정부의 지원 강화: 인력 양성 지원, 근로환경 개선 등
자영업자의 노력: 근로환경 개선, 근로시간 단축 등
자영업자의 해결과제를 해결하기 위해서는 정부와 자영업자의 협력이 필수적이다. 정부는 자영업자의 경쟁력 강화를 위한 다양한 정책을 추진하고, 자영업자는 정부의 지원을 적극 활용하여 경영난을 극복하고 새로운 기회를 창출해야 할 것이다.

4부. 청년일자리 보장제

4-1 일자리 보장제의 개념

일자리 보장제란 일할 의지와 능력이 있는 모든 국민에게 국가가 일자리를 제공하는 정책 제안이다.

그러나 많은 사람들은 일자리는 기업이 만드는 것으로 생각한다. 공산주의도 아닌 자본제 민주주의에서 어떻게, 왜 국가에서 모든 국민에게 일자리를 제공하느냐고 반론을 제기한다.

그러나 이제는 일자리를 원하는 모든 국민에게 국가가 일자리를 제공해야 한다고 하는 발상의 전환을 하는 것이 일자리 보장제이다. 즉 모든 실업은 기업만이 해결하는 것이 아니라 이제는 국가가 책임지고 100% 해결해야 한다고 생각하는 발상의 전환이다.

헌법 제32조 1항은 '모든 국민은 근로의 권리를 가진다. 국가는 사회적, 경제적 방법으로 근로자의 고용증진과 적정임금의 보장에 노력해야 한다'고 규정하였다. 즉 국가가 국민의 고용증진을 의무사항으로 규정하였다.

이는 헌법이 경제적 약자인 근로자의 인간다운 생활을 보장하기 위한 '근로의 기본권'을 명시한 것이다.

근로의 기본권이라 함은 '근로의 권리'로써 근로자의 노동3권(단결권, 교섭권, 행동권)과 함께 근로자의 「기본권」인 것이다.

기본권이라 함은 인간의 기본적 인권으로, 이것이 없으면 인간의 구실을 할 수 없는 권리라는 것이다.

봉건제 붕괴와 함께 개인의 자유 평등사상으로 시작하여 언론, 출판, 사상, 종교의 자유를 이루며 소유권 직업 선택권, 생존권 등이 기본권의 중심을 이룬다.

기본권은 자연법사상에 의해 확고히 자리 잡아 국가에 의해 법률로 보장하게 되어 헌법에 규정된 것이다. 국민의 기본권을 지키고 보호하는 것이 국가의 존립 이유다. 국민의 기본권인 일자리 보장제는 150년 전 바이말 헌법에서부터 그 근원을 찾을 수 있다.

바이말 헌법 제163조 2항 제2문에서는 '정당한 노동의 기회가 부여되지 않는 자에 대하여는 필요한 생계비를 지급한다'고 규정했다.
즉, 국가가 필요로 하는 국민에게 일자리를 제공하고 그것을 수행하지 못할 경우 생계비까지 지원하도록 했던 것이다.
우리 헌법 32조 1항은 국가가 일자리를 원하는 자에 대하여 일자리 제공 규정이 선언적 의미라고 대부분 해석하지만, 그것이 선언적이란 해석의 의미가 어디에도 없다. 이제는 선언적 의미가 아니라 글자 그대로 일자리 보장이 국가의 의무이고, 국가의 존립 이유라는 사실을 인식할 필요가 있다.
일자리 보장이 국가의 의무이고 이를 실천하는 것이 일자리보장제 이다.
국민은 일자리를 국가에 요구하는 것이 자신의 기본권이며 권리인 것이다.

4-2 근로의 권리는 곧 일자리 청구권이다.

근로의 권리는 사회적 기본권의 하나로 그 본질에서는 근로 기회 제공 청구권을 의미한다. 근로의 의사와 능력이 있음에도 취업의 기회를 얻지 못한 자가 국가에 대하여 근로의 기회를 제공하여 줄 것을 요구할 수 있는 권리를 말한다.
바이마르 헌법 163조 2항이나 우리 헌법 32조 1항은 일자리 보장이 단순히 국가의 의무에서 끝나는 것이 아니라 그것이 국민의 기본권이기 때문에 국민이 국가에 대하여 일자리를 청구할 수 있는 권리를 갖는 것이다.

4-3 근로의 권리가 기본권이 되는 이유

근로는 인간의 물리적 생존조건이며, 모든 인간생활의 첫째가는 근로조건이다.(피히테), 근로가 없이는 인간은 생존할 수가 없다. 근로를 통해 인간은 자연을 자기 생존에 맞게 변형시켜 삶을 영위한다. 노동을 통하여 도구, 기계, 문명이 발전하게 되고 인간

자신과 인간의 생산력, 인간사회, 인간의 역사를 만들어 왔다. (hefel)

고로 노동은 인간의 자기활동이고 자기 확인이다.

따라서 근로는 인간의 생존 필수 조건이며 그 누구도 근로의 권리를 뺏을 수 없는 기본권이 되는 것이다.

기계문명이 고도로 발발된 자본제 사회에선 생산수단을 소유한 사용자 측에서 노동력을 구매함으로 고용이 이루어진다. 그래서 자칫 근로의 기회가 사용자에게 달려있는 것처럼 보이지만 근로가 인간의 필요적 생존조건이기 때문에 기본권으로서 국가가 책임져야 하는 것이다. 특히 자본제 사회에선 인간은 소득이 있어야만 살 수 있다. 또 그 소득은 노동을 통해서만 발생한다.

자본소득, 임대소득, 부동산소득, 복지지원소득도 모두 노동의 변형된 소득일 뿐이다. 국민 소득의 90% 이상이 근로소득인 것이다.

그래서 이러한 노동이 인간의, 국민의 기본권이 되는 것이다.

4-4 근로의 권리와 근로의무 관계

헌법 제32조 1항은 근로는 모든 국민의 권리임을 규정하고 동법 2항은 근로는 모든 국민의 의무임을 규정하고 있다. 근로는 인간 생존의 가장 중요한 핵심요소이기 때문에 국민의 기본권으로서 국가가 책임을 지되 국민은 기본적 의무사항으로 일해야 한다고 규정한 것이다. 자본제 사회에서 생산수단을 장악하고 있는 사용주의 전횡에 따라 고용과 실업이 일어나고 힘든 노동의 결과 노동을 기피하는 현상이 벌어지고 있다. 계급사회에서 사농공상의 풍조가 만들어지며 노동을 피하려한다.

사무직, 관료직, 화이트칼라로 집중되는 풍조가 생겨났다.

힘든 노동을 기피하는 현상은 심각한 인간생존의 기피현상이다. 노동을 할 수 있도록 국가, 사회가 기회를 제공하고 힘든 일은 기계로 보완하며 노동을 삶의 실현, 삶의 기회, 삶의 의미로 느껴질 수 있도록 노동의 질을 높여야 할 것이다. 그래야만 건전한 인간의 삶이 보장되고 의미 있는 생산적 사회가 전개될 것이다. 그렇기 때문에 근로는 권리이며 의무인 것이다. 동전의 양면이다.

4-5 왜 일자리 보장제인가?

일자리 보장제란 실업자 100%를 국가가 책임지는 발상의 전환 정책이다. 왜 실업을 국가가 책임져야 하는가?
▷ 첫째, 일자리(실업극복) 해결은 국민의 기본권이기 때문이고
▷ 둘째, 실업은 사회적 고립, 생존의 위협, 우울증, 불안, 자존감 저하, 빈곤의 악순환 결국 인간의 파멸로 이어진다. 이의 해결책이 일자리 제공이다.
▷ 셋째, 자본제 생산양식은 실업이 필연이다.
어떠한 고용정책을 실시해도 실업은 산수로 남는다.
이론적으로 보아 자본사회에서 생산된 재화의 총량은 분배되고 소득의 총량으로 100% 구매해야 그 재화가 완전 소화된다. 그런데 소득의 일부는 일반적으로 자본가에게 축적되어 재화는 완전 소비되지 않는다. 소비되지 않는 재화만큼 생산은 축소되고 생산의 축소는 고용의 축소로 실업 발생이 필연이다.
결국 소득 불평등은 실업의 필연적 결과로 귀착된다.
따라서 이런 구조적 모순을 해결하는 방법이 일자리 보장제이다.
▷ 넷째, 실업의 완전 해결은 사회복지의 건전화이고 실업자들의 사회보장을 충족 시킨다. 실업이 지속되고 장기화 되면 복지비용이 증가하여 국민 부담이 커진다. 실업자는 국민연금, 건강보험, 실업보험에서 제외 됨으로 국가부담의 복지비용이 커지고 기초수급증대, 약물중독, 자살 등으로 사회가 병들게 된다.
이러한 사회문제 해결이 일자리 보장제이다.
▷ 다섯째, 자본제 생산은 고용이 목적이 아니라 이윤이 목적임으로 기업은 실업을
책임지지 않는다. 결국 국가가 이를 근원적으로 해결해야 된다.

일자리 보장제는 실업의 근본대책이기 때문이다.

4-6 일자리 보장제의 시뮬레이션

일자리 보장제를 실시한 사례가 역사적으로 없기 때문에 일자리 보장제를 가상 시뮬레이션으로 실시한 사례를 들어본다.
시뮬레이션은 전용복, 박원익 교수가 실시한 한국 사례의 결론을 정리한다.
한국에서 2015~2020년 일자리 보장제를 했더라면
▷ 첫째, GDP는 일자리 보장제를 도입하지 않았을 경우와 비교하여 평균 2.54% 상승하는 것으로 나타났다.
▷ 둘째, 일자리 보장제 참여자 수는 85만~168만 명(평균 123만 명)으로 경제활동
인구의 약 3~6%로 예측, 여기에 민간부문에서 유발되는 47만~72만 명
(평균 56만 명)을 더하면 한국에서 일자리 보장제 시행으로 최소 133만 명 최대 265만 명, 평균 179만 명(경제활동 인구의 약 6%)이 추가로 일자리를 갖게 된다.
▷ 셋째, 일자리 보장제를 실시하더라도 물가상승 압력은 없는 것으로 나타남
▷ 넷째, 일자리 보장제 실시를 위한 정부의 순 지출은 평균적으로 GDP의 2.0% 수준, 여기엔 실업 완전해소에 따른 고용정책, 사회복지지출 감소분을 고려하지 않았음. 따라서 정부의 지출을 감소시킬 수 있음

4-7 청년 일자리보장제의 실천 전개

2023. 3 통계청자료에 의하면 경제활동 청년(15~29세) 4,207천 명 중 취업자 3,907천 명 실업자 300천명으로 실업률 7.1%이었다.
전체 실업률 2.9%의 두 배가 넘는 수치다. 이러한 결과는 정부의 엄청난 집중투자의 결과다. 즉, 2021년 청년고용지원금으로

207,840명(1,186억 원 지원), 청년인턴제 33,426명(3,141억원 지원), 청년고용장려금(내일채움공제등), 63만3129명(4조2005억) 내일체움공제 352,600명, 재직자30,000명, 디지털 110,000명, 청년고용지원 110,000명등, 총 874,395명에 4조 4,633억원을 지원한 결과, 직업훈련 213,052명(1조 1,642억원), 1,087,447명에게 5조 6,275억 원을 지원한 결과이다.

그런데 여기에 2021.7 정부 발표는 '한국판 뉴딜2.0'을 발표하였다.

내용의 골자는 2025년까지 그린뉴딜에 220조 원을 투자하여 250만 개의 일자리를 창출하는 것이었다.

2021년도 청년일자리 지원정책을 보면 이미 그 성격이 일자리 보장제의 성격이다.

즉 청년고용지원금이나 청년인턴제, 청년고용장려금, 청년내일채움공제 등이 청년고용정책의 중심인데, 이것이 모두 일자리 보장제의 성격이다.

이러한 일자리 보장제의 성격이란 결론에 도달할 때 앞으로의 일자리는 아예 청년고용 100%의 기본 원칙 '일자리 보장제' 하에 계획을 할 필요가 있다.

앞에서 이미 밝혔듯이 반도체 20만 명 양성계획, 그린뉴딜에 10만 명 구체적 계획과 일자리 연결, 중소기업 디지털화, 스마트 공장화(30만 명 육성계획), 건설 산업 젊은 청년계획, 공공부문 복지전문가 육성 등으로 100% 취업이 되는 일자리 보장제하에 계획을 세울 필요가 있다.

젊은 청년들의 취향과 능력에 맞춰 취업 방향을 잡고, 인력 양성에서 취업까지 맞춤형으로 준비할 필요가 있다. 현재까지의 정책을 지속할 경우(비슷한 재정지원) 300천 명에 대한 추가 일자리 계획을 세우면 된다.

30만 명이면 최저 임금 기준으로 할 때 8조원 정도면 된다.

220조 원에서 250만 개의 일자리 계획이라면 젊은 청년 30만 명 고용은 충분히 가능하지 않은가!

인턴제나 내일채움공제 형식보다는 전망 있는 부분에 사회적 기업 형태의 일자리 창출이 효과적일 수 있다.

기업· 정부· 민간 3자의 컨소시엄으로 사회적 기업 형태가 효과적일 수 있다.

예를 들어 중소기업 디지털 기계화에서 전담인력 배치는 2%밖에 안 되는데, 삼성전자에서 기술 인력이 결합하고 정부(지방자치)의 행정지도, 민간단체가 결합 된 디지털 문명 사회적 기업을 육성하여, 한 사회적 기업이 5~6개의 공장을 관리 지도하는 식의 고용 창출이면 효과적일 수 있다.

5부 유망한 미래직종 17개

5-1 반도체 기술자
1) 수요와 성장 가능성
반도체 기술 분야는 현대 기술 산업의 핵심이며 미래 산업의 중요한 부분이다. 다음은 반도체 기술자의 수요와 성장 가능성에 대한 정보이다:
① 지속적인 수요: 반도체는 컴퓨터, 스마트폰, 차량, 가전제품 등 현대 기술 제품의 핵심 부품이다. 이러한 제품들의 수요가 계속해서 증가하고 있어 반도체 기술자에 대한 수요가 지속된다.
② 새로운 기술 도입: 인공지능(AI), 사물인터넷(IoT), 5G 등의 기술 발전은 더 높은 성능과 효율을 요구하고 있다. 이에 따라 미세 공정 기술과 새로운 소자 기술 등의 도입이 필요하며, 이러한 기술을 개발하고 구현할 수 있는 기술자들의 수요가 높아진다.
③ 자율 주행 자동차 및 인프라 구축: 자율 주행 자동차와 같은 기술의 발전은 레이더, 센서, 통신 기술 등 다양한 반도체 기술을 필요로 한다. 또한 스마트 도시 및 인프라 구축 역시 반도체 기술에 의존적이다.
④ 환경 및 에너지 분야: 태양광 전지, 풍력 발전 및 에너지 저장 장치와 같은 신재생 에너지 분야에서도 반도체 기술은 필수적이다. 이 분야에서도 새로운 기술의 개발과 효율적인 생산을 위해 반도체 기술자들의 역할이 크게 중요해지고 있다.
⑤ 글로벌 시장에서의 경쟁: 세계적인 반도체 기업들은 지속적으로 혁신을 추구하고 있어, 이를 이끌어갈 능력 있는 기술자들에 대한 수요가 높다. 특히 새로운 소자 기술, 생산 기술, 소재 기술 등의 분야에서 수요가 높다.
⑥ 연구 및 개발: 새로운 소자, 재료, 생산 방법 등을 개발하는 연구 및 개발 분야에서도 반도체 기술자들은 높은 수요를 갖고

있다. 신기술 개발을 이끄는 연구자들의 역할은 더욱 중요해지고 있다.
이러한 이유로 반도체 기술자에 대한 수요는 미래에도 지속될 것으로 예상된다. 또한 기술의 발전과 새로운 산업 동향에 대한 지속적인 학습과 습득이 필요하며, 이러한 능력을 갖춘 기술자들은 더욱 높은 수요를 누릴 수 있을 것이다.

2) 기술(스킬셋)과 역량

반도체 기술자가 갖추어야 할 기술과 역량은 계속해서 진화하고 있지만, 기본적인 스킬셋과 역량은 다음과 같다:
① 전자공학 및 물리학 지식: 반도체 기술은 전자공학과 물리학의 깊은 이해를 기반으로 한다. 전자 및 전기 회로, 고체 물리학, 반도체 물성, 전자 기기 및 회로 설계 등에 대한 지식이 필요하다.
② 미세 공정 및 제조 기술: 반도체 제조는 미세 공정 기술을 기반으로 한다.
레지스트, 증착, 화학 기공, 광파, 이온 주입 등과 같은 미세한 작업에 대한 경험이 필요하다.
③ 디자인 소프트웨어: 반도체 기술자는 회로 및 소자 설계를 위해
CAD(Computer-Aided Design) 소프트웨어를 사용해야 한다. 이를 사용하여 반도체 칩을 모델링하고 시뮬레이션할 수 있어야 한다.
④ 프로그래밍 언어: 기본적인 프로그래밍 언어에 대한 이해가 필요하다. C, C++, Python 등의 언어를 활용하여 자동화된 작업을 수행하거나 실험 데이터를 분석하는 능력이 중요하다.
⑤ 문제 해결 능력: 복잡한 기술적 문제를 해결하는 능력이 요구된다. 실험 결과를 분석하고 문제가 발생했을 때 신속하게 대처할 수 있는 능력이 필요하다.

⑥ 프로젝트 관리 및 협업 능력: 대부분의 반도체 기술 프로젝트는 팀으로 진행된다. 프로젝트 관리 및 팀원과의 원활한 협업 능력이 필요하다.
⑦ 연구 및 개발 능력: 새로운 기술과 소자를 연구하고 개발할 수 있는 능력이 반도체 기술자에게 요구된다. 최신 기술 동향을 파악하고 이를 실제 제품에 적용할 수 있는 능력이 중요하다.
⑧ 커뮤니케이션 스킬: 기술적인 개념을 이해하기 쉽게 설명하고 팀원들과 소통하는 능력이 필요하다.
이러한 스킬셋과 역량은 반도체 산업에서 성공적인 경력을 쌓기 위한 기본 요구사항이다.
또한 기술의 발전과 함께 새로운 기술과 도구에 대한 지속적인 학습이 필요하다.
반도체 기술자로 성장하기 위해 필요한 기술과 역량을 개발하는 방법은 다양하다. 아래는 해당 역량을 키울 수 있는 구체적인 방법들이다:
① 학위 및 교육: 전자공학, 물리학, 재료공학 등과 같은 관련 분야에서 학사 또는 석사 학위를 취득하는 것이 첫걸음이다. 대학원에서 더 깊은 지식을 쌓을 수 있다.
② 전문 교육과정: 반도체 기술에 특화된 교육과정을 수강할 수 있는 학원이나 온라인 강좌를 찾아본다. 다양한 주제에 대한 교육 프로그램이 많이 제공되고 있다.
③ 실험 및 프로젝트: 대학이나 연구소에서 실험 및 프로젝트 참여 기회를 찾아본다. 실제로 반도체 소자를 제작하고 실험해보는 것은 매우 유용하다.
④ 자율 프로젝트: 반도체 관련 프로젝트를 스스로 기획하고 진행해본다.
아두이노나 라즈베리파이와 같은 키트를 활용하여 간단한 반도체 프로젝트를 진행하는 것도 도움이 된다.
⑤ 온라인 자원 활용: Coursera, edX, Udacity와 같은 온라인

교육 플랫폼에서 반도체 과목을 수강할 수 있다. 또한 YouTube 나 블로그에서 무료로 제공되는 강의나 튜토리얼도 활용할 수 있다.
⑥ 커뮤니티 참여: 반도체 현업 종사자들과 교류할 수 있는 온라인 커뮤니티에 참여해본다. 여러 토론과 정보 공유가 이루어지며, 실무 경험을 공유받을 수 있다.
⑦ 인턴십 경험: 반도체 기업에서 인턴십 프로그램에 참여하여 실무 경험을 쌓아본다. 이는 실무 환경에서의 문제 해결 능력과 팀 협업 능력을 향상시키는 데 도움이 된다.
⑧ 지속적인 학습: 반도체 기술은 끊임없이 진화하고 있다. 새로운 기술 동향을 파악하고 지속적으로 학습과 연구를 이어나가는 것이 중요하다. 관련 논문이나 기술 도서를 읽고 최신 기술 동향을 따라가본다.
이러한 방법들은 반도체 기술자로 성장하기 위한 시작점이 될 수 있다. 끊임없는 학습과 실무 경험을 통해 자신을 계속 발전시키는 것이 중요하다.

3) 다양성과 전문화
반도체 기술자로서 다양화되고 전문화된 영역은 다양한 분야와 전문분야로 나눌 수 있다. 아래에는 반도체 기술 분야에서의 주요 전문 분야들을 나열해 보면:
<디자인 (Design)>
① 디지털 디자인: 논리 회로 및 마이크로프로세서 설계와 최적화.
② 아날로그 디자인: 아날로그 회로 설계, 믹스드 신호 시스템 설계.
③ RF(Radio Frequency) 디자인: 무선 통신을 위한 라디오 주파수 회로 설계.
④ 펌웨어(Firmware) 개발: 마이크로프로세서와 장치 간 통신을

위한 소프트웨어 개발.

<제조 (Manufacturing)>
① 공정 엔지니어링: 반도체 제조 공정 최적화 및 개선.
② 장비 엔지니어링: 제조 장비 설계, 개발 및 유지보수.
③ 프로세스 엔지니어링: 제조 공정의 세부사항에 대한 분석과 향상.

<패키징 및 테스트 (Packaging and Testing)>
① 패키지 엔지니어링: 반도체 칩을 보호하고 다양한 장치에 적용하기 위한 패키지 설계.
② 테스트 엔지니어링: 반도체 제품의 기능 및 안정성을 테스트하는 방법 개발.

<연구 및 개발 (Research and Development)>
① 물리적 설계 및 시뮬레이션: 반도체 소자의 물리적 특성을 모델링하고 시뮬레이션하는 기술.
② 나노 기술: 나노미터(meter) 이하의 규모에서 작동하는 소자 및 재료 연구.

<특수분야>
① 광학 반도체: 빛을 이용한 통신 시스템을 위한 광통신 소자 설계 및 제조.
② 생체 응용 반도체: 의료 분야에서 사용되는 칩과 센서 설계.
③ 양자 컴퓨팅: 양자 메커니즘을 이용한 컴퓨팅 소자 설계 및 연구.
반도체 기술자가 전문화할 수 있는 영역은 기술의 진보에 따라 계속해서 확장되고 있다. 반도체 기술의 다양한 분야에서 전문성을 갖추면 산업 현장에서 더 높은 가치를 창출할 수 있다.

4) 교육 및 자격증
반도체 기술자가 되기 위해서는 적절한 교육과 자격증이 필요하다. 아래에는 반도체 기술 분야에서 요구되는 교육 수준과 자격증에 대한 정보를 제공해 보면:

<교육 수준>
① 학사 학위 (Bachelor's Degree): 반도체 공학, 전기 및 전자 공학, 물리학 등과 같은 관련 학위가 필요하다. 학사 학위는 기초적인 이론과 실무 기술을 습득할 수 있는 기회를 제공.
② 석사 학위 (Master's Degree) 또는 박사 학위 (Ph.D.): 높은 수준의 연구와 심층적인 이론 지식을 갖추기 위해서는 석사 학위나 박사 학위가 유리. 이러한 학위는 연구, 개발, 리더십 역할에서 더 깊은 지식을 제공할 수 있다.

<자격증>
① 전기 및 전자 공학 관련 자격증: IEEE (Institute of Electrical and Electronics Engineers)에서 제공하는 자격증들은 전기 및 전자 공학 분야의 전문 지식을 증명할 수 있다.
② 반도체 산업 관련 자격증: SEMI (Semiconductor Equipment and Materials International)에서는 반도체 산업 관련 자격증을 제공한다. 이러한 자격증들은 반도체 제조, 장비, 소재에 대한 전문 지식을 증명할 수 있다.
③ 프로그래밍 및 소프트웨어 자격증: 반도체 시뮬레이션 및 디자인 소프트웨어를 다루는 데 필요한 프로그래밍 언어나 도구에 대한 자격증 (예: Python, MATLAB 등)을 취득할 수 있다.
④ 관련 산업 협회 자격증: 반도체 산업에 특화된 협회나 단체들이 제공하는 자격증도 유용하다. 이러한 자격증들은 해당 분야에서의 전문성을 인정받을 수 있다.
자격증 및 학위 선택은 개인의 경력 목표 및 관심 분야에 따라

다를 수 있다.
또한, 업계 트렌드를 따라가며 필요한 기술과 지식을 지속적으로 업데이트하는 것이 중요하다.

5) 현업 경험
반도체 기술 분야에서 현업 경험을 쌓는 것은 매우 중요하다. 아래는 반도체 기술자들이 유용한 현업 경험을 쌓을 수 있는 몇 가지 방법과 사례이다:

① 연구 및 개발 프로젝트 참여: 대학, 연구 기관 또는 기업에서 진행되는 반도체 관련 연구 프로젝트에 참여하여 실제로 문제를 해결하고 기술을 발전시키는 경험을 쌓을 수 있다.
② 인턴십 및 산업체 플레이스먼트: 기술 기업이나 연구소에서의 인턴십 프로그램에 참여하여 실무 경험을 쌓을 수 있다. 이 경험은 실제 프로젝트에 참여하고 업계의 동향과 요구사항을 배울 수 있는 기회를 제공한다.
③ 반도체 제조업체에서의 경험: 반도체 제조 공정에서 직접 일하며 생산 프로세스를 이해하고 문제를 해결하는 경험을 쌓을 수 있다. 제조업체에서의 경험은 품질 관리, 공정 최적화, 기계학습 및 자동화 기술에 대한 이해를 높일 수 있다.
④ 소프트웨어 및 시뮬레이션 경험: 반도체 설계 소프트웨어 및 시뮬레이션 도구를 사용하여 반도체 디자인 및 성능 분석에 대한 경험을 쌓을 수 있다. 이를 통해 반도체 제품의 개발과 테스트를 이해할 수 있다.
⑤ 문제 해결 및 프로젝트 리더십: 반도체 산업은 복잡한 기술적 문제를 해결하는 데에 있어서 문제 해결 능력이 중요하다. 프로젝트 리더로 참여하여 팀을 이끄는 경험도 중요하다.
⑥ 산업 표준 및 규제 이해: 반도체 산업은 규제가 엄격하며 표준을 준수해야 한다. 이러한 표준과 규제에 대한 이해를 통해 제

품 개발과 생산에 대한 전반적인 이해를 높일 수 있다.
⑦ 자원 관리 및 예산 경험: 프로젝트나 팀을 이끄는 과정에서 자원 관리 및 예산 편성 등의 경험은 실무 역량을 키우는 데 도움이 된다.
이러한 경험들은 반도체 산업에서의 경력을 발전시키고 업계의 요구에 부응하는 데 큰 도움이 될 것이다.

6) 급여와 복지
반도체 기술자들의 급여 수준과 복지 혜택은 경력, 학력, 경험, 근무지역, 기업 규모 등 여러 요인에 따라 다양하게 변동된다. 대한민국에서의 평균적인 반도체 기술자의 급여와 복지 혜택에 대한 구체적인 정보를 제공하기 위해서는 정확한 통계 자료가 필요하다. 그러나 일반적으로 반도체 산업은 높은 기술력을 요구하는 분야로써, 이 분야에서 종사하는 기술자들은 경험과 전문 지식에 따라 높은 수준의 급여를 받는 경우가 많다.
2021년 대졸 초임 연봉 5천~6천만 원, 임원은 연봉 1억 5,000만 원 내외
2~3년차 약 8,000만 원 내외
복지 혜택은 기업에 따라 상이하며 퇴직 연금, 건강보험, 교육 지원, 복지 시설 이용, 연례 휴가 등이 포함될 수 있다. 대기업과 중견기업, 중소기업에서의 복지 혜택은 차이가 있을 수 있다.
이는 기업의 정책 및 규모, 업종 등에 따라 다를 수 있다.
반도체 기술자로서 취업을 고려하는 경우, 각 기업의 채용 공고를 참고하거나 직접 해당 기업의 인사 담당자와 연락하여 급여와 복지 혜택에 대한 구체적인 정보를 얻는 것이 도움이 될 것이다. 또한, 관련 산업 동향을 지속적으로 관찰하고 전문 네트워크를 활용하여 정보를 얻는 것도 중요하다.

7) 사회적 의미
반도체 기술자들은 현대 사회에서 매우 중요한 역할을 하는 전문

가들이다. 그들은 반도체를 설계하고 생산하는데 관여하여 다양한 전자 기기를 가능케 하고, 이로써 우리 일상생활을 혁신하고 개선한. 이러한 기술은 컴퓨터, 스마트폰, 태블릿, 의료 장비, 자동차 및 다른 전자 제품의 핵심 구성 요소로 사용된다.

반도체 기술자들은 또한 혁신과 경제 성장을 촉진하는 역할을 한다. 새로운 반도체 기술은 더 빠르고 효율적인 전자 기기를 가능케 하며, 이는 다양한 산업 분야에서 생산성을 향상시키고 경제적 활동을 증진시킨다. 또한, 이 기술은 새로운 산업 혁명을 이끄는 핵심 기술로 작용하고 있다.

사회적으로, 반도체 산업은 수많은 일자리를 제공하고 고급 기술을 배우고 활용할 수 있는 기회를 제공한다.

또한, 이 산업은 지역 사회와 국가 경제에 기여하며 혁신적인 아이디어와 창의력을 존중하는 환경을 조성한다.

뿐만 아니라, 반도체 기술은 친환경 기술의 발전을 통해 환경 보호에도 기여하고 있다. 저전력 및 고효율 반도체 기술은 전력 소비를 줄이고 친환경 제품과 서비스를 가능하게 하며, 이는 지속 가능한 발전을 지원한다.

요컨대, 반도체 기술자들은 우리의 현대 사회와 경제에 필수적이며, 그들의 기술과 업적은 우리의 일상 생활뿐만 아니라 지속 가능한 미래를 형성하는 데 기여한다.

반도체 기술자들은 현대 사회에서 매우 중요한 역할을 한다. 그들은 전자 기기의 핵심 부품인 반도체를 개발하고 생산하는데 관여하며, 이는 우리 일상 생활에서 컴퓨터, 스마트폰, 태블릿, 의료 기기, 자동차 등 다양한 기술적 제품을 가능하게 한다.

① 기술 혁신과 산업 성장: 반도체 기술자들은 기술 혁신을 주도하고 이를 통해 다양한 산업 분야에서 성장을 이루어내는 역할을 한다. 새로운 반도체 기술은 더 빠르고 효율적인 전자 제품을 가능하게 하며, 이는 경제적 발전을 촉진한다.

② 고급 기술과 전문 지식 제공: 반도체 기술자들은 고급 기술과

전문 지식을 활용하여 복잡한 기술적 문제를 해결하고 혁신적인 제품을 개발한다. 이는 기술 분야에서 인정받는 전문가로서의 위치를 세우게 한다.
③ 일자리 창출과 경제 활성화: 반도체 산업은 많은 고급 일자리를 제공하며 관련 산업군을 활성화시켜 국가의 경제적 안정성을 높입니다.
④ 환경 친화적 기술 발전: 친환경 반도체 제조 기술의 개발은 환경 보호에 기여하고 지속 가능한 사회 구축에 기여한다.
⑤ 지속 가능한 미래를 위한 연구와 혁신: 반도체 기술자들은 미래의 기술적 도전과 사회적 문제에 대한 해결책을 찾기 위해 연구와 혁신을 추구한다. 이는 지속 가능한 미래를 위한 기반을 마련한다.
요컨대, 반도체 기술자들은 현대 사회의 기술적 발전과 경제 성장을 이끄는 주역으로, 그들의 업적은 우리의 삶과 미래에 큰 영향을 미치고 있다.
반도체 기술자들은 현대 사회에서 매우 중요한 역할을 한다. 그들은 전자 기기의 핵심 부품인 반도체를 설계하고 개발하는데 참여하여 현대 기술과 산업의 발전을 주도하고 있다. 이러한 기술은 컴퓨터, 스마트폰, 의료 장비, 자동차 등 다양한 분야에서 사용되어 현대 사회의 발전과 혁신을 이끌고 있다.
반도체 기술자들은 또한 경제적인 측면에서도 중요한 역할을 한다. 반도체 산업은 많은 일자리를 제공하고 국가의 경제 성장에 기여하며 다양한 산업 분야와 연결되어 경제 생태계를 형성한다. 또한, 새로운 반도체 기술의 개발은 다양한 혁신과 새로운 산업을 가능하게 하여 경제적인 다각화를 촉진한다.
뿐만 아니라, 반도체 기술은 환경 친화적인 기술의 발전을 통해 에너지 효율적인 제품을 만들고 환경 오염을 줄이는데 기여하고 있다. 더 나아가, 반도체 기술은 다양한 분야에서 혁신적인 솔루션을 제공하여 사회 문제를 해결하는데도 활용된다.

요컨대, 반도체 기술자들은 기술적인 혁신과 경제 성장을 주도하며 환경과 사회적인 측면에서도 긍정적인 영향을 미치는 전문가들이다. 그들의 노력과 업적은 현대 사회의 다양한 측면에서 큰 가치를 창출하고 있다.

8) 미래에 대한 비전
반도체 기술자들의 미래는 기술 혁신과 산업 혁명의 주도자로서 밝아 보인다. 몇 가지 예측은 다음과 같다:
① 더 나은 성능과 효율성: 반도체 기술자들은 더 작고 더 빠르며 더 효율적인 반도체를 개발할 것이다. 이는 더 강력한 컴퓨팅, 더 빠른 통신, 그리고 더 효율적인 에너지 사용을 가능하게 할 것이다.
② 사물인터넷 (IoT) 및 인공지능 (AI) 기술 발전: IoT 및 AI 기술은 더 많은 데이터를 필요로 한다. 반도체 기술자들은 이러한 기술을 지원하기 위한 반도체 솔루션을 개발할 것이다. 예를 들어, 더 작고 저전력의 칩셋은 스마트 홈 기기 및 자율 주행 자동차와 같은 IoT 기기를 가능하게 할 것이다.
③ 양자 컴퓨팅과 신속한 계산: 양자 컴퓨팅은 기존 컴퓨팅과는 다르게 동작하며 더 복잡한 문제를 빠르게 해결할 수 있다. 반도체 기술자들은 양자 컴퓨팅을 위한 칩셋과 기술을 발전시킬 것이다.
④ 환경 친화적 기술 발전: 더 효율적이고 친환경적인 반도체 생산 기술이 개발될 것이다. 이는 환경 보호에 기여하고 친환경 제품을 만드는데 도움을 줄 것이다.
⑤ 반도체 및 전자 산업의 글로벌 협력 강화: 세계 각국의 기술자들은 국제적으로 협력하여 새로운 기술 및 표준을 개발하고 지구 환경에 대한 긍정적인 영향을 주기 위해 노력할 것이다.
이러한 추세들은 반도체 기술자들이 미래에도 끊임없이 발전하고 혁신할 수 있도록 지원할 것이다. 더 나은 세상을 만들기 위한

기술적인 해결책은 계속해서 찾아내어 적용될 것이다.

반도체 기술자들의 미래에 대한 비전은 기술 혁신과 산업 발전을 통한 긍정적인 영향을 미칠 것으로 기대된다. 몇 가지 예측은 다음과 같다:
① 더 빠른 반도체 기술: 반도체 기술자들은 더 빠르고 효율적인 반도체 기술을 개발할 것이다. 이는 더 높은 컴퓨팅 성능과 더 낮은 전력 소비를 가능하게 할 것이다.
② 인공지능 (AI) 및 기계 학습: AI 및 기계 학습 기술의 발전에 기여할 것으로 예상된다. 반도체 기술은 이러한 기술의 핵심 구성 요소이며, 더 나은 성능을 지닌 반도체는 더 높은 수준의 AI 응용 프로그램을 가능하게 할 것이다.
③ 사물인터넷 (IoT) 기술: IoT 기술은 점점 더 중요해지고 있다. 반도체 기술자들은 저전력 및 무선 통신 기술을 개발하여 IoT 기기의 성능을 향상시키고 에너지 효율성을 높일 것이다.
④ 양자 컴퓨팅: 양자 컴퓨팅은 고도의 계산 능력을 제공한다. 반도체 기술자들은 양자 컴퓨팅을 지원하기 위한 기술을 개발하여 미래의 계산 문제를 해결할 것이다.
⑤ 환경 친화적 기술: 친환경적인 반도체 생산 기술 및 재활용 기술의 개발은 환경 보호에 기여할 것이다. 환경 친화적인 제조 과정과 제품 개발은 산업과 환경을 조화시킬 수 있는 방향으로 발전할 것이다.
이러한 기술적 발전은 사회적, 경제적 영향뿐만 아니라 환경에도 긍정적인 영향을 미칠 것으로 기대된다. 반도체 기술자들은 이러한 도전과 기회에 대응하여 지속 가능한 미래를 위해 기술을 발전시키고 혁신을 이루어 나갈 것이다.

반도체 기술자들의 미래에 대한 비전은 기술 혁신과 사회 발전을 선도할 것이다. 몇 가지 예측은 다음과 같다:

① 더 나은 성능과 효율성: 반도체 기술자들은 더 작고 더 빠르며 더 효율적인 반도체를 개발할 것이다. 이는 더 높은 컴퓨팅 성능과 더 낮은 전력 소비를 가능케 할 것이다.
② 인공지능과 사물인터넷: 인공지능과 사물인터넷 기술의 발전에 기여할 것으로 예상된다. 더 빠른 반도체 기술은 인공지능 학습 알고리즘과 사물인터넷 기기의 성능을 향상시킬 것이다.
③ 양자 컴퓨팅: 양자 컴퓨팅 기술은 현재의 컴퓨팅 한계를 뛰어넘을 수 있는 가능성을 제공한다. 반도체 기술자들은 양자 컴퓨터의 핵심 부품을 개발하고 이를 현실 세계 응용에 적용시킬 것이다.
④ 환경 친화적 기술: 반도체 제조 과정의 친환경화 및 재활용 기술의 개발이 더욱 중요해질 것이다. 환경 친화적인 기술 개발은 환경 보호에 기여하며 지속 가능한 미래를 위한 발전을 이끌 것이다.
⑤ 혁신적인 응용 분야: 반도체 기술은 의료, 자동차, 에너지 등 다양한 산업 분야에 혁신적인 솔루션을 제공할 것이다. 예를 들어, 의료 분야에서는 더 정확하고 효과적인 의료 장비를 개발할 수 있을 것이다.
이러한 발전은 사회와 경제에 긍정적인 영향을 미치며 혁신적인 산업과 기술의 선두 주자로서 반도체 기술자들이 미래를 주도할 것으로 기대된다.
당장 제공된 질문에 대한 정확한 답변은 불가능하나 반도체 기술 분야는 지속적인 혁신과 발전이 이루어지고 있어 매우 밝은 미래가 기대된다.

몇 가지 예측적인 측면에서 미래의 비전을 살펴보자면:
① 고밀도 반도체 및 작은 칩 디자인: 미세화 기술이 발전함에 따라 더 작고 밀도 높은 반도체 칩이 개발될 것이다. 이는 더 나은 성능과 효율성을 제공할 것이며, 더 많은 기능을 담을 수 있

는 작은 기기를 가능하게 할 것이다.
② 양자 컴퓨팅의 상용화: 양자 컴퓨팅은 현재의 컴퓨팅 한계를 뛰어넘을 수 있는 가능성을 제공한다. 미래에는 양자 컴퓨팅이 실용화되어 다양한 분야에서 혁신적인 문제 해결에 사용될 것으로 예상된다.
③ 친환경적인 제조 과정: 친환경적인 반도체 제조 과정과 재활용 기술이 더욱 발전할 것이다. 이는 환경에 미치는 영향을 최소화하고 지속 가능한 생산 방법을 모색할 것이다.
④ 융합 기술과 응용 분야 확대: 반도체 기술은 다양한 분야와 융합되어 혁신적인 제품과 서비스를 가능하게 한다. 의료, 자동차, 에너지, 통신 등 여러 산업 분야에서 새로운 응용 분야가 개척될 것이다.
⑤ 급속한 데이터 처리 기술: 빅데이터 및 인공지능 분야에서의 발전에 따라 더 빠르고 효율적인 데이터 처리 기술이 필요하다. 이에 반도체 기술은 더 높은 데이터 처리 속도와 용량을 제공할 것이다.
이러한 추세들은 반도체 기술 분야에서의 미래 발전을 대략적으로 예측한 것이며, 미래에는 기술과 산업의 변화에 따라 새로운 가능성과 도전이 계속해서 나타날 것이다.

5-2 데이터 과학자 및 분석가

1) 수요와 성장 가능성
데이터 과학자 및 분석가의 수요와 성장성은 미래를 향해 매우 밝은 전망을 가지고 있다.
① 데이터 폭발: 현재와 미래는 데이터 폭발 시대이다. 인터넷, 사물인터넷(IoT), 소셜 미디어, 스마트 기기 등을 통해 수많은 데이터가 생성되고 수집된다. 이로 인해 기업과 조직은 이러한 데이터를 활용하여 의사결정을 내리고 경쟁 우위를 점하기 위해 데

이터 과학자와 분석가를 필요로 한다.
② 인공지능과 자동화: 머신러닝 및 딥러닝과 같은 인공지능 기술의 발전으로 데이터 과학자는 데이터를 분석하고 모델을 구축하여 예측 및 자동화 과정을 개선할 수 있다. 이로써 기업들은 비즈니스 프로세스를 향상시키고 비용을 절감할 수 있으며, 이에 대한 수요가 계속해서 증가할 것으로 예상된다.
③ 다양한 산업 분야에서의 활용: 데이터 과학과 분석은 금융, 건강 관리, 마케팅, 에너지, 운송, 교육 및 기타 다양한 산업 분야에서 중요한 역할을 한다. 미래에는 이러한 산업 분야에서 데이터를 활용하여 혁신을 이루고자 하는 수요가 높아질 것으로 예상된다.
④ 데이터 보안과 개인 정보 보호: 데이터 과학 및 분석은 데이터 보안 및 개인 정보 보호에도 중요한 역할을 한다. 민감한 정보를 보호하고 데이터 유출을 방지하기 위한 전문가들의 필요성이 계속해서 커질 것이다.
⑤ 교육 및 훈련: 데이터 과학 및 분석 분야에서의 수요 증가에 따라 교육 및 훈련 프로그램도 확대될 것으로 예상된다. 대학과 온라인 교육 플랫폼에서 이 분야에 관한 교육 기회가 계속해서 제공될 것이다.

요약하면, 데이터 과학자 및 분석가는 미래의 데이터 중심적인 사회와 비즈니스 환경에서 핵심 역할을 수행할 것으로 예상된다. 데이터 분석 및 기계 학습 기술의 발전, 다양한 업종에서의 활용, 데이터 보안의 중요성 등이 수요와 성장성을 높이는 주요 요소이다.

2) 기술(스킬셋)과 역량
데이터 과학자 및 분석가가 요구하는 기술과 역량은 다음과 같다. 이러한 역량을 개발하는 방법도 함께 제시하면:

① 통계학과 수리적 기초: 통계학의 기본 원리를 이해하고, 수리적 능력을 키워야 한다. 확률, 통계 모형, 선형 대수, 미적분 등 수학적 개념을 공부해야 한다.
• 개발 방법: 대학 과목, 온라인 강의, 교재를 통한 공부로 수리적 역량 향상이 가능하다.
② 프로그래밍 언어: 데이터 분석에는 Python, R, SQL과 같은 프로그래밍 언어가 필요하다. 이 언어들을 이용해 데이터를 다루고 분석할 수 있어야 한다.
• 개발 방법: 온라인 강의, 튜토리얼, 개인 프로젝트를 통해 프로그래밍 스킬을 향상시킬 수 있다.
③ 데이터 시각화: 데이터를 효과적으로 시각화하여 인사이트를 도출하는 능력이 필요하다. 이를 위해 Matplotlib, Seaborn, Tableau 등 시각화 도구를 활용해야 한다.
• 개발 방법: 시각화 라이브러리를 사용하며, 실제 데이터를 시각화하는 프로젝트를 수행하여 능력을 향상시킬 수 있다.
④ 데이터 클리닝 및 전처리: 현실 세계의 데이터는 노이즈가 많을 수 있으므로 데이터를 정리하고 전처리하는 능력이 중요하다.
• 개발 방법: 실제 데이터를 다루면서 노이즈를 처리하고 데이터를 정제하는 연습을 할 필요가 있다.
⑤ 머신러닝 및 딥러닝: 머신러닝 및 딥러닝 알고리즘을 이해하고 활용하는 능력이 필요하다.
• 개발 방법: 온라인 코스와 튜토리얼을 통해 머신러닝 및 딥러닝을 학습하고, 프로젝트를 수행하여 경험을 쌓을 필요가 있다.
⑥ 도메인 지식: 데이터를 분석하는 분야의 도메인 지식이 중요하다. 예를 들어 의료 데이터를 다룬다면 의학 지식이 필요하다.
• 개발 방법: 해당 분야의 도메인 전문가와 협력하거나 관련 강좌를 들어 지식을 쌓을 필요가 있다.
⑦ 소통 및 협업 능력: 데이터 과학은 팀 작업이 일반적이므로 효과적인 소통과 협업 능력이 필요하다.

• 개발 방법: 프로젝트 팀에 참여하거나 커뮤니케이션 스킬을 향상시키는 강좌를 찾을 필요가 있다.
⑧ 문제 해결 능력: 복잡한 데이터 문제를 해결하는 능력을 개발. 이를 통해 새로운 방법을 찾아내거나 데이터 관련 문제에 대한 접근법을 개선할 수 있다.
• 개발 방법: 다양한 데이터 셋을 활용한 프로젝트를 수행하여 문제 해결 능력을 향상시킬 수 있다.
데이터 과학자 및 분석가로서의 역량은 지속적인 학습과 실무 경험을 통해 발전한다. 온라인 강의, 개인 프로젝트, 오픈소스 커뮤니티 참여 등을 통해 스킬을 개발하고 채용 과정에서의 경험을 쌓아간다.

3) 다양성과 전문화
데이터 과학자 및 분석가의 직업 분야는 다양성과 전문화 측면에서 다음과 같이 설명될 수 있다:
다양성(Diversity):
• 다양한 업무 분야: 데이터 과학과 분석은 거의 모든 산업 분야에서 필요하다. 이 분야에서 일하면 금융, 건강 관리, 마케팅, 스포츠 분석, 환경 과학, 교육 등 다양한 분야에서 일할 수 있는 기회가 있다.
• 다양한 배경: 데이터 과학자 및 분석가로서의 역할은 다양한 학문적 및 전문적 배경을 가진 사람들에게 열려 있다. 컴퓨터 공학, 통계학, 수학, 생물학, 사회과학 등 다양한 전공 출신의 개인들이 데이터 분석 분야에서 성공적으로 활동하고 있다.
• 문화적 다양성: 데이터 과학과 분석은 문화적으로 다양한 배경을 가진 사람들이 필요한 분야이다. 다양한 문화와 경험이 있는 팀은 문제 해결과 혁신에 도움이 된다.
전문화(Specialization):
• 데이터 과학 분야 내 전문화: 데이터 과학과 분석 분야는 데이

터 엔지니어링, 빅데이터 분석, 자연어 처리, 이미지 처리, 의료 데이터 분석 등과 같은 다양한 하위 분야로 나뉘어진다. 데이터 과학자는 이러한 분야 중 하나에 전문화할 수 있으며, 특정 분야의 전문가로 인정받을 수 있다.
• 산업 분야 내 전문화: 데이터 과학자 및 분석가는 특정 산업 분야에 전문화 할 수도 있다. 예를 들어 의료 데이터 과학가는 의료 분야에서의 데이터 분석에 전문화 할 수 있다.
• 도메인 지식: 데이터 과학자 및 분석가는 작업하는 도메인(예: 금융, 건강 관리)에서의 전문 지식을 개발할 수 있다. 이는 데이터를 이해하고 해석하는 데 큰 도움이 된다.
• 도구와 기술 내 전문화: 특정 도구나 기술 스택(예: Python, R, TensorFlow, Tableau)에 전문화하여 해당 분야에서의 경쟁력을 강화할 수 있다.
데이터 과학자 및 분석가는 다양한 분야와 관심사를 고려하여 다양성과 전문화를 추구할 수 있는 직업이다. 이를 통해 더 많은 기회를 찾고, 다양한 문제를 해결하며, 자신의 역량과 관심사를 최대한 활용할 수 있다.

4) 교육 및 자격증

데이터 과학자 및 분석가가 되기 위한 교육과 자격증은 다양하며, 필요한 역량과 관심사에 따라 선택할 수 있다. 아래는 주요 교육 경로와 자격증을 안내하는 몇 가지 예시이다:

학사 학위 (Bachelor's Degree):
• 컴퓨터 공학, 통계학, 수학, 자연과학 등 관련 학과: 데이터 과학 및 분석 분야에 관심 있는 학생들은 이와 같은 학과에서 학사 학위를 취득할 수 있다. 관련 전공을 선택하여 통계, 데이터베이스, 프로그래밍 등의 기술을 습득할 수 있다.

석사 학위 (Master's Degree):
• 데이터 과학 석사 (Master of Data Science): 전문적인 데이

터 과학 교육을 제공하는 석사 프로그램을 찾는다. 이러한 프로그램은 데이터 분석, 기계 학습, 비즈니스 분석 등을 다루며, 실무 경험을 제공하기도 한다.
• 통계학 석사 (Master of Statistics): 통계학 석사 과정은 데이터 분석 및 통계 분석을 전문적으로 연구하고자 하는 학생들에게 적합하다.
자격증 및 온라인 강의:
• 데이터 과학 관련 자격증: 데이터 과학과 관련된 자격증 프로그램은 데이터 분석 및 머신러닝 분야에서의 역량을 확인할 수 있는 방법 중 하나이다. 예를 들어, Coursera, edX, Udacity, Google, IBM 등이 제공하는 온라인 데이터 과학 및 머신러닝 자격증을 찾아보라.
• 코스 및 튜토리얼: 인터넷에는 데이터 과학과 관련된 무료 또는 유료 코스와 튜토리얼이 많이 있다. Python, R, SQL, 머신러닝, 딥러닝 등에 대한 학습 자료를 찾아 스스로 학습할 수 있다.
실무 경험:
• 개인 프로젝트: 직접 데이터를 수집하고 분석하는 개인 프로젝트를 수행하여 실무 경험을 쌓아보라.
• 인턴십 및 현업 경험: 데이터 과학 분야에서의 인턴십 또는 실무 경험이 중요하다. 회사나 연구 기관에서 관련 업무를 경험하면 실력을 향상시킬 수 있다.
데이터 과학 및 분석 분야는 지속적인 학습과 실무 경험이 필요한 분야이므로, 교육 경로와 자격증을 선택할 때 현재 역량과 진로 목표를 고려하라. 또한, 업계에서 인정받는 자격증 및 교육 프로그램을 선택하는 것이 중요하다.

5) 현업 경험
데이터 과학자 및 분석가가 필요한 현업 경험은 이 분야에서의 실무 능력을 키우는 데 중요하다. 아래는 데이터 과학자나 분석가로서의 현

업 경험에 대한 몇 가지 중요한 측면이다:
① 프로젝트 경험: 실제 데이터 분석 프로젝트에 참여하거나 주도적으로 수행하는 경험이 중요하다. 프로젝트를 통해 데이터 수집, 클리닝, 시각화, 모델링, 결과 해석 등을 경험하면서 문제 해결 능력을 향상시킬 수 있다.
② 다양한 데이터 타입 다루기: 다양한 종류의 데이터를 다루는 경험이 필요하다. 정형 데이터(Structured Data)부터 비정형 데이터(Unstructured Data)까지 다루는 능력을 갖추는 것이 중요하다.
③ 실제 도메인 지식: 데이터 분석을 위해 특정 분야의 지식을 보유하는 것은 중요하다. 예를 들어 의료 데이터 분석가는 의학 지식을, 금융 데이터 분석가는 금융 분야의 이해를 필요로 한다.
④ 프로그래밍 및 도구 활용: 데이터 분석을 위한 프로그래밍 언어(예: Python, R)와 데이터 분석 도구(예: Jupyter Notebook, RStudio)를 실무에서 활용하는 경험이 중요하다.
⑤ 데이터 시각화: 데이터 시각화 도구(예: Matplotlib, Seaborn, Tableau)를 사용하여 데이터를 이해하고 다른 이해관계자에게 설명하는 능력을 개발할 필요.
⑥ 머신러닝 및 딥러닝 경험: 머신러닝 및 딥러닝 모델을 구축하고 훈련하는 경험을 쌓아 머신러닝 역량을 향상시키라.
⑦ 협업 및 커뮤니케이션: 데이터 과학 프로젝트는 팀에서 수행되는 경우가 많으므로 협업 및 커뮤니케이션 능력을 키우라. 다른 전문가들과 원활하게 협력할 수 있어야 한다.
⑧ 문제 해결 능력: 데이터 과학자는 복잡한 문제를 해결해야 하므로 문제 해결 능력을 갖추는 것이 중요하다.
⑨ 지속적인 학습: 데이터 과학 및 분석 분야는 계속해서 발전하므로 새로운 기술과 도구에 대한 학습을 지속적으로 추구하라.
현업 경험은 이론적인 지식을 실무에서 적용하고 활용할 수 있는 능력을 키우는 데 도움이 되며, 이를 통해 데이터 과학 및 분석

분야에서 성공적인 경력을 쌓을 수 있다.

6) 급여와 복지
데이터 과학자 및 분석가들의 급여와 복지는 다양한 요인에 따라 다를 수 있으며, 지역, 경력, 회사 규모, 산업, 기술 스택 등에 따라 차이가 있다. 그러나 아래는 일반적으로 데이터 과학자 및 분석가들이 기대할 수 있는 급여 범위와 일반적인 복지 혜택에 대한 정보이다.

**급여 (Salary)-미국기준
- 초급 데이터 과학자/분석가: 경력 0-2년 정도의 초급 데이터 과학자나 분석가의 연봉은 지역에 따라 다르지만, 대체로 $50,000에서 $90,000 사이일 수 있다.
- 중급 데이터 과학자/분석가: 3-5년 정도의 경력을 가진 중급 데이터 과학자나 분석가는 $90,000에서 $120,000 이상의 연봉을 받을 수 있다.
- 고급 데이터 과학자/분석가: 5년 이상의 경력과 교육, 특별한 전문성을 가진 고급 데이터 과학자나 분석가는 $120,000 이상의 연봉을 받을 수 있으며, 많은 경우 $150,000 이상의 연봉을 기대할 수 있다.

**복지 혜택 (Benefits)
- 건강 보험: 많은 회사에서 직원과 가족을 위한 건강 보험 혜택을 제공한다.
- 퇴직 연금: 퇴직 연금 계획을 통해 장기적인 재무 계획을 할 수 있다.
- 병가와 휴가: 휴가, 병가, 가족 관련 휴가 등을 통해 워크-라이프 밸런스를 유지할 수 있다.
- 교육 지원: 교육 및 교육 관련 비용 지원을 통해 역량을 향상시키는 데 도움을 준다.
- 유연한 근무 환경: 원격 근무 옵션, 유연한 근무 시간을 제공

하는 회사가 늘어나고 있다.
• 보너스 및 주식 옵션: 성과에 따라 보너스 및 회사 주식을 지급하는 회사도 있다.
• 전문 교육: 데이터 과학 분야에서 필요한 기술 스킬을 강화하기 위한 교육 자원을 제공하는 회사도 있다.
이러한 급여와 복지 혜택은 회사와 위치에 따라 다를 수 있으므로 구체적인 정보를 얻기 위해서는 특정 회사나 지역의 정보를 확인하는 것이 중요하다. 데이터 과학 분야는 여전히 높은 수요와 경쟁이 있어, 경력과 역량을 키우면 더욱 유리한 조건을 얻을 수 있다.

7) 사회적 의미
데이터 과학자 및 분석가들의 사회적 의미는 다음과 같다:
① 문제 해결과 혁신: 데이터 과학자 및 분석가들은 다양한 분야에서 현재의 문제를 해결하고 혁신을 이끄는 역할을 한다. 이를 통해 사회적으로 가치 있는 솔루션을 제공하며, 실생활에서의 문제를 개선한다.
② 의료 분야와 생명을 구하는 역할: 의료 데이터 과학자는 의료 데이터를 분석하여 질병 예방, 진단, 치료 등 의료 분야에서 큰 영향을 미친다. 이를 통해 생명을 구하는 역할을 한다.
③ 환경 보호와 지속 가능성: 환경 과학자 및 데이터 분석가는 환경 데이터를 활용하여 자연 환경의 변화를 모니터링하고 환경 보호 정책에 기여한다. 이를 통해 지속 가능한 미래를 위한 노력을 지원한다.
④ 정보 공유와 교육: 데이터 과학자들은 데이터를 시각화하고 이해하기 쉽게 전달하는 역할을 한다. 이를 통해 대중에게 중요한 정보를 제공하고 교육의 역할을 한다.
⑤ 사회 문제 해결: 데이터 분석은 사회 문제 해결에 큰 도움이 된다. 예를 들어, 사회 정책 개선, 범죄 예방, 교육 개선 등 다양

한 사회 문제에 대한 해결책을 제시한다.
⑥ 데이터 윤리와 개인정보 보호: 데이터 과학자들은 데이터 수집 및 사용에 있어서 윤리적인 원칙을 중요시하며 개인정보 보호에 기여한다.
⑦ 경제적인 가치 창출: 데이터 과학과 분석은 기업과 산업에 큰 경제적 가치를 창출한다. 새로운 비즈니스 모델과 서비스를 개발하여 일자리를 창출하고 경제 성장을 촉진한다.
데이터 과학자 및 분석가들은 다양한 분야에서의 사회적 의미를 실현하는데 기여하며, 데이터를 효과적으로 활용하여 사회적 문제를 해결하고 혁신을 이끄는 역할을 한다. 이러한 역할은 현재와 미래의 사회에 많은 영향을 미치며 긍정적인 변화를 이끌어낸다.

8) 미래에 대한 비전
데이터 과학자 및 분석가들의 미래에 대한 비전은 다음과 같이 요약될 수 있다:
① 데이터 기반 의사 결정의 중요성 증대: 미래에는 기업, 정부, 비영리 기관 등 여러 조직이 데이터 기반 의사 결정을 강화하고, 데이터 분석가와 과학자의 역할이 더욱 중요해질 것이다. 데이터는 전략 수립, 제품 개발, 고객 서비스 개선, 사회 문제 해결 등 다양한 영역에서 중요한 도구로 사용될 것이다.
② 자동화와 인공지능의 협력: 머신러닝과 딥러닝 기술의 발전으로 데이터 과학과 분석 작업 중 일부는 자동화될 것이지만, 전문적인 통찰력과 도메인 지식은 인공지능에 의해 완전히 대체되지 않을 것이다. 데이터 과학자와 분석가는 기계 학습 모델을 설계, 훈련, 해석하는 역할을 수행하며, 인공지능 시스템을 개선하고 윤리적으로 관리하는 데 기여할 것이다.
③ 비즈니스와 사회적 영향력 강화: 데이터 과학자와 분석가는 비즈니스 영역에서 뿐만 아니라 사회적 문제 해결을 위해 더 많

은 영향력을 행사할 것이다. 사회 문제, 환경 보호, 공공 정책, 보건 등 다양한 분야에서 데이터를 활용하여 긍정적인 변화를 이끌어내고 사회에 기여할 것이다.

④ 보안과 윤리의 강화: 데이터 과학자와 분석가는 데이터 보안과 개인정보 보호를 더욱 중요시하고 윤리적인 데이터 수집 및 사용 원칙을 준수할 것이다. 데이터 윤리 규범과 규제가 강화될 것으로 예상되며, 전문가들은 이를 준수하고 보호해야 한다.

⑤ 다양한 분야와 역할의 확장: 데이터 과학자와 분석가들은 다양한 분야에서 활동할 기회를 가질 것이다. 의료, 환경, 교육, 예술, 스포츠, 엔터테인먼트 등 다양한 산업에서 데이터와 분석을 활용하여 새로운 분야로 진출할 것이다.

⑥ 연속적인 학습과 스킬 업데이트: 데이터 과학과 분석 분야는 지속적으로 발전하므로 전문가들은 새로운 기술과 트렌드를 습득하고 스킬을 업데이트하는데 주기적으로 투자해야 한다.

데이터 과학자 및 분석가들은 미래에도 더욱 중요한 역할을 하며, 사회와 비즈니스에 긍정적인 영향을 미칠 것으로 기대된다. 데이터를 통해 정보를 추출하고, 인사이트를 얻으며, 혁신을 주도하여 더 나은 미래를 만들어 나갈 것이다.

5-3 인공지능 및 기계학습 엔지니어

1) 수요와 성장 가능성

인공지능(AI) 및 기계학습(ML) 엔지니어의 수요와 성장 가능성은 미래 지향적인 관점에서 매우 높다. 여러 이유로 인해 이 분야는 계속해서 성장할 것으로 예상된다:

① 기술의 발전: AI 및 ML 기술은 지속적으로 발전하고 있다. 새로운 알고리즘, 라이브러리, 프레임워크가 계속해서 등장하면서 엔지니어들은 더욱 더 정교하고 효율적인 시스템을 개발할 수 있다.

② 데이터의 폭증: 대용량의 데이터가 저렴한 비용으로 수집 가

능해지면서, 이를 활용한 AI 및 ML 시스템의 수요가 급증하고 있다. 이로 인해 데이터 분석과 예측 모델링에 대한 수요가 계속해서 증가하고 있다.
③ 산업 분야에서의 적용: AI 및 ML은 여러 산업 분야에서 적용 가능하다. 의료, 금융, 자동차, 제조, 마케팅, 보안 등 여러 분야에서 엔지니어들의 지식과 기술이 필요하다.
④ 자율 주행 기술의 발전: 자율 주행 자동차 기술은 AI 및 ML의 중요한 응용 분야 중 하나이다. 이 분야에서의 연구와 개발이 활발하게 이루어지고 있으며, 이로 인해 자율 주행 기술을 개발하는 엔지니어의 수요가 증가하고 있다.
⑤ 개인화된 제품과 서비스: 기업들은 제품과 서비스를 개인화하고 고객 경험을 향상시키기 위해 AI 및 ML을 적극적으로 도입하고 있다. 이로 인해 AI 및 ML 엔지니어들의 수요가 높아지고 있다.
⑥ 비즈니스 프로세스의 자동화: 기업들은 AI 기술을 활용하여 비즈니스 프로세스를 자동화하고 최적화하려는 노력을 기울이고 있다. 이에 따라 AI 및 ML 엔지니어들은 프로세스 자동화 및 효율화를 위한 솔루션을 개발하는 역할을 하게 된다.
이러한 이유로 AI 및 ML 엔지니어들은 계속해서 높은 수요를 유지할 것으로 예상된다. 적절한 교육과 경험을 갖춘 엔지니어들은 다양한 산업 분야에서 일할 기회를 가질 것이다.

2) 기술(스킬셋)과 역량

인공지능(AI) 및 기계학습(ML) 엔지니어로서 성공하기 위해서는 다양한 기술과 역량을 개발해야 한다. 아래는 이러한 기술과 역량을 개발하는 방법과 함께 설명한 것이다:
• 프로그래밍 언어: Python, R, Java, 또는 C++와 같은 프로그래밍 언어에 대한 숙련도가 필요하다. 온라인 코딩 플랫폼에서 연습하고, 프로젝트를 진행하면서 프로그래밍 능력을 향상시킬

수 있다.
- 수학과 통계 지식: 기본적인 수학과 통계 지식은 ML 알고리즘을 이해하고 설계하는 데 필수적이다. 선형대수학, 미적분학, 확률론 등의 수학 지식을 학습하고, 통계적인 방법론을 이해해야 한다.
- 데이터 분석과 시각화: 데이터를 분석하고 이해하는 능력은 매우 중요하다. Pandas, NumPy와 같은 라이브러리를 사용하여 데이터를 다루고, Matplotlib, Seaborn 등을 사용하여 시각화 기술을 향상시킬 수 있다.
- 머신러닝 알고리즘 이해: 다양한 ML 알고리즘(회귀, 분류, 군집화 등)을 이해하고 언제 어떤 알고리즘을 사용해야 하는지 파악하는 능력을 기르라. 관련 교재를 읽고, 온라인 강의를 듣는 등의 학습 방법이 있다.
- 딥러닝 지식: 딥러닝은 현재 많은 분야에서 사용되고 있다. TensorFlow, PyTorch와 같은 딥러닝 프레임워크를 사용하여 신경망을 구축하고 학습시키는 경험을 쌓으라.
자연어 처리 (NLP) 또는 컴퓨터 비전 (Computer Vision): NLP 또는 컴퓨터 비전 분야에서 특화된 지식을 갖추는 것이 유용하다. 관련된 프로젝트를 수행하고 관련 라이브러리와 도구를 익히라.
- 큰 데이터와 분산 컴퓨팅: 대용량 데이터를 다루고 분산 컴퓨팅 환경에서 작업하는 능력이 필요하다. Hadoop, Spark 등의 기술을 학습하여 실전 경험을 쌓을 수 있다.
- 팀 협업과 커뮤니케이션: 효과적인 팀원으로서 일하기 위해 커뮤니케이션 및 문제 해결 능력을 갖추라. 협업 프로젝트에 참여하거나 팀 기반의 공모전에 참가하여 실무 경험을 쌓을 수 있다.
- 지속적인 학습과 커뮤니티 참여: AI 및 ML 분야는 지속적인 학습이 필요한 분야이다. 관련 논문을 읽고, 온라인 강의를 수강하며, AI 및 ML 커뮤니티에 참여하여 다른 전문가들과 소통하고

최신 동향을 파악하라.
이러한 기술과 역량을 키우기 위해 온라인 코스, 대학 교육, 책, 블로그, 온라인 포럼 등 다양한 학습 자료와 커뮤니티를 활용하라. 또한, 실제 프로젝트에 참여하여 실무 경험을 쌓는 것이 중요하다.

인공지능(AI) 및 기계학습(ML) 엔지니어가 되기 위해서는 다음과 같은 스킬셋과 역량을 개발해야 한다. 아래는 이를 향상시키기 위한 방법과 함께 나열된 것이다:
① 프로그래밍 언어 및 프레임워크
스킬셋:
• Python, R, Java, C++ 등의 프로그래밍 언어 숙련도
• TensorFlow, PyTorch, Scikit-Learn 등의 ML/AI 프레임워크 사용 능력
역량 개발 방법:
• 온라인 코딩 플랫폼에서 코딩 연습 및 알고리즘 문제 해결
• ML/AI 프레임워크의 공식 문서 및 튜토리얼 학습
• 개인 또는 팀 프로젝트를 통한 실전 경험 쌓기
② 수학과 통계 지식
스킬셋:
• 선형대수학, 미적분학, 확률과 통계 등의 기본 수학 지식
• 통계적인 모델링 및 추론 능력
역량 개발 방법:
• 온라인 수학 강의 또는 교과서를 통한 기초 수학 지식 학습
• Kaggle 등의 플랫폼에서 데이터 분석 및 모델링 경진대회 참여
③ 데이터 분석과 시각화
스킬셋:
• Pandas, NumPy와 같은 데이터 분석 라이브러리 사용 능력

- Matplotlib, Seaborn 등의 시각화 라이브러리 활용 능력

역량 개발 방법:
- 실제 데이터를 활용한 분석 프로젝트 수행
- 데이터 시각화 경진대회 참가 및 경험 쌓기

④ 머신러닝 및 딥러닝 알고리즘 이해

스킬셋:
- 다양한 ML 및 DL 알고리즘 이해와 구현 능력
- 하이퍼파라미터 튜닝 및 최적화 기술

역량 개발 방법:
- 관련 교재 및 온라인 강의를 통한 이론 학습
- 실제 데이터에 적용하며 모델 학습 및 튜닝 경험 쌓기

⑤ 문제 해결과 프로젝트 경험

스킬셋:
- 복잡한 문제를 해결하는 능력
- 프로젝트 관리 및 팀 협업 능력

역량 개발 방법:
- 실제 비즈니스 문제에 대한 프로젝트 수행
- 온라인 팀 프로젝트 또는 오픈소스 프로젝트 참여

⑥ 도메인 지식

스킬셋:
- 특정 산업 분야에 대한 전문 지식

역량 개발 방법:
- 해당 산업 분야에 대한 독립적인 연구 및 학습
- 산업 분야 전문가들과의 네트워킹 및 협업

⑦ 윤리적인 고려와 사회 문제 해결 능력

스킬셋:
- 데이터 윤리 및 개인정보 보호에 대한 이해
- 사회 문제를 해결하기 위한 창의적인 접근 방법

역량 개발 방법:

- 관련 윤리 교육 및 교육 자료 학습
- 사회 문제와 관련된 봉사활동 또는 프로젝트 참여

이러한 스킬셋과 역량을 향상시키기 위해서는 지속적인 학습과 실전 경험이 중요하다. 온라인 코스, 대학 교육, 프로젝트 경험, 온라인 커뮤니티 참여 등을 통해 지속적으로 스스로를 발전시키라.

3) 다양성과 전문화

인공지능(AI) 및 기계학습(ML) 엔지니어 직종 내에서도 다양성과 전문화된 영역이 존재한다. 아래에는 이러한 다양성과 전문화된 영역에 대한 설명을 제공한다:

다양성 (Diversity)

a. 산업 및 분야 다양성: AI 및 ML 엔지니어는 거의 모든 산업 및 분야에서 필요하다. 의료, 금융, 자율 주행 자동차, 로봇 공학, 게임 개발, 교육 등 여러 분야에서 다양한 응용 프로그램이 존재한다.

b. 문제 유형 다양성: AI 및 ML 엔지니어는 회귀, 분류, 군집화, 자연어 처리, 이미지 분석, 강화 학습 등과 같은 다양한 문제 유형에 대한 해결책을 제공할 수 있다.

c. 데이터 다양성: 다양한 종류의 데이터를 다루는 능력도 중요하다. 정형 데이터(Structured Data)부터 비정형 데이터(Unstructured Data)까지 다양한 데이터 유형에 대한 이해와 처리 기술이 필요하다.

전문화 (Specialization)

a. 자연어 처리 (Natural Language Processing, NLP): NLP 엔지니어는 텍스트 데이터를 처리하고 이해하는 시스템을 개발한다. 기계 번역, 감성 분석, 질문 응답 시스템과 같은 응용 분야에서 전문화될 수 있다.

b. 컴퓨터 비전 (Computer Vision): 컴퓨터 비전 엔지니어는 이

미지 및 비디오 데이터를 이해하고 분석하는 기술을 개발한다. 얼굴 인식, 물체 탐지, 이미지 생성 등과 관련된 프로젝트에 전문화될 수 있다.
c. 자율 주행 (Autonomous Driving): 자율 주행 엔지니어는 자동차 및 로봇 시스템을 위한 인공지능 기술을 개발한다. 센서 데이터 분석, 경로 계획 및 제어 시스템에 전문화될 수 있다.
d. 강화 학습 (Reinforcement Learning): 강화 학습 엔지니어는 시스템이 환경과 상호작용하며 최상의 보상을 얻는 방법을 학습하는 알고리즘을 개발한다. 로봇 제어, 게임 에이전트 학습 등에서 전문화될 수 있다.
e. 대규모 데이터 처리 및 분산 시스템 (Big Data and Distributed Systems): 빅데이터와 분산 시스템 전문가는 대용량 데이터를 처리하고 분산 시스템을 설계하는 데 전문화된다. 빅데이터 플랫폼, 스트리밍 데이터 처리 등에서 전문 지식을 가질 수 있다.
f. 윤리 및 공정성 (Ethics and Fairness): AI 시스템의 윤리적 문제와 공정성에 대한 연구 및 개발에 전문화될 수 있다. 알고리즘 편향성 감지, AI 윤리 교육 등에 기여할 수 있다.
이러한 다양성과 전문화된 분야들은 AI 및 ML 분야에서의 경력과 성장을 위한 다양한 기회를 제공한다. 엔지니어는 자신의 흥미와 역량에 따라 특정 분야에 전문화되어 깊이 있는 지식을 쌓을 수 있다.

4) 교육 및 자격증
인공지능(AI) 및 기계학습(ML) 엔지니어가 되기 위해 필요한 교육 및 자격증은 다양한 형태로 제공되며, 해당 분야에서의 전문 지식과 기술을 갖추기 위한 핵심 요소이다. 아래는 AI 및 ML 엔지니어로 성장하기 위한 교육과 자격증에 대한 정보를 제공한다:
① 학사 및 석사 학위 프로그램

• 컴퓨터 공학, 전자공학, 통계학, 수학: 이러한 학위는 AI 및 ML 분야에서의 기초적인 지식을 제공한다. 학부 학위 이상의 교육을 받는 것이 이 분야에서 더 깊이 있는 이해를 갖는데 도움이 된다.
② 온라인 강의와 코스
• Coursera, edX, Udacity, Coursera: 이러한 플랫폼에서는 세계적인 대학의 AI 및 ML 강의를 듣고 수료증을 받을 수 있다.
• fast.ai: 심층적인 딥러닝에 대한 무료 온라인 코스를 제공하는 플랫폼이다.
③ 자격증 프로그램
• TensorFlow Developer Certificate, NVIDIA Deep Learning Institute Certifications: 기업 및 기관에서 인정하는 인공지능 및 딥러닝 인증을 제공한다.
④ 대학원 프로그램
• 인공지능(MS 또는 PhD) 또는 머신러닝(MS 또는 PhD) 전공: AI 또는 ML 분야에서 더 깊이 있는 연구와 지식을 쌓을 수 있는 대학원 프로그램을 선택할 수 있다.
⑤ 온라인 머신러닝 챌린지와 경진대회
• Kaggle, DrivenData: 다양한 머신러닝 경진대회에 참여하고 실전 경험을 쌓을 수 있다.
⑥ 전문가와의 멘토링 및 네트워킹
• AI 및 ML 커뮤니티 참여, 세미나 및 워크샵 참석: 주요 AI 및 ML 커뮤니티에서 활동하며 전문가들과 지식을 공유하고 네트워킹할 수 있다.
⑦ 프로젝트 경험
• 개인 프로젝트 또는 오픈소스 기여: 실제 데이터에 대한 프로젝트를 수행하거나, 오픈소스 프로젝트에 기여함으로써 실전 경험을 쌓을 수 있습니다.
⑧ 인공지능 및 머신러닝 인증 시험

• AWS Certified Machine Learning Specialty, Google Cloud Professional Machine Learning Engineer: AWS와 구글 클라우드에서 제공하는 머신러닝 엔지니어를 위한 전문 자격증 시험을 준비하고 취득할 수 있다.

이러한 교육과 자격증 프로그램은 각자의 수준과 목표에 맞게 선택하여 AI 및 ML 분야에서의 전문성을 향상시킬 수 있다. 실제로는 이러한 교육과 자격증을 획득한 뒤에도 지속적인 학습과 실전 경험이 중요하므로, 이러한 측면에도 주의를 기울이는 것이 중요하다.

5) 현업 경험

인공지능(AI) 및 기계학습(ML) 엔지니어로 성공하기 위해서는 현업 경험과 실무 능력이 매우 중요하다. 아래는 AI 및 ML 분야에서 현업 경험과 인턴십을 쌓을 수 있는 방법 몇 가지를 소개한다:

① 개인 프로젝트

• 실전 프로젝트 진행: 자신의 관심 분야나 산업에 관련된 프로젝트를 직접 구상하고 구현해보라. 이를 통해 문제 해결 능력과 프로그래밍 스킬을 향상시킬 수 있다.

• GitHub 포트폴리오: 프로젝트를 GitHub에 업로드하고 공개해두면, 다른 사람들과 협업하거나 채용 담당자에게 자신의 능력을 보여줄 수 있다.

② 온라인 경진대회 및 해커톤

• Kaggle 경진대회: Kaggle에서 주최하는 다양한 머신러닝 경진대회에 참여해보라. 실제 데이터를 다루며 경쟁하는 경험을 쌓을 수 있다.

• 대학이나 회사에서 주최하는 해커톤 참가: 해커톤은 짧은 기간 동안 특정 문제를 해결하는 경험을 제공한다. 지역사회나 대학, 기업에서 주최하는 해커톤에 참가해보라.

③ 오픈소스 프로젝트 참여
• GitHub에서 오픈소스 프로젝트 찾기: 자신의 관심 분야에 맞는 오픈소스 프로젝트를 찾아 기여해보라. 버그 수정, 기능 추가, 문서 작성 등 다양한 방법으로 기여할 수 있다.
④ 인턴십 및 산업체 프로젝트
• 대학 인턴십 프로그램: 대학이나 연구기관에서 제공하는 인턴십 프로그램에 참여하여 실무 경험을 쌓을 수 있다.
• 채용 정보 플랫폼 활용: LinkedIn, Indeed, Glassdoor 등 채용 정보 플랫폼에서 AI 및 ML 엔지니어 인턴 포지션을 찾아 지원해보라.
⑤ 연구 및 학계 경험
• 연구 프로젝트: 대학이나 연구 기관에서 교수나 연구원과 함께 연구 프로젝트에 참여하여 실무 경험을 쌓을 수 있다.
• 학회 참가 및 논문 발표: AI 및 ML 관련 학회에 참가하여 연구 결과를 발표하고 다른 연구자들과 소통하는 기회를 가질 수 있다.
⑥ 커뮤니티 활동
• AI 및 ML 커뮤니티 참여: 로컬 머신러닝 및 딥러닝 그룹, 온라인 포럼, 소셜 미디어에서 다른 엔지니어들과 교류하고 지식을 공유하라.

6) 급여와 복지

인공지능(AI) 및 기계학습(ML) 엔지니어의 급여는 경력, 교육 수준, 지역, 회사 규모 및 산업 분야에 따라 다양하게 변동된다. 그러나 일반적으로 이 분야의 전문가들은 높은 수준의 기술과 지식을 보유하고 있어서 경력이 쌓이면 높은 급여 수준에 이를 수 있다.

평균 급여
• 전 세계적으로: 글로벌 기업의 석학급 AI 및 ML 엔지니어들은

매우 높은 급여를 받을 수 있다. 많은 경우 수십만 달러 이상의 연봉을 받는 것이 일반적이다.
• 미국: 미국에서는 경력 3-5년 이상의 AI 엔지니어의 평균 연봉이 12만 달러 이상일 수 있다. 더 경험이 많은 전문가들은 이보다 더 높은 연봉을 받을 수 있다.
• 유럽: 유럽 국가들에서도 AI 및 ML 분야의 엔지니어들은 높은 급여를 받는다. 영국, 독일, 프랑스 등의 국가에서도 높은 연봉을 기대할 수 있다.
• 아시아: 인도, 중국, 한국, 일본 등 아시아 국가에서도 AI 및 ML 엔지니어들의 수요가 높아지면서 급여 수준이 상승하고 있다. 그러나 미국이나 유럽에 비해서는 상대적으로 낮은 편이다.

복지 혜택

AI 및 ML 엔지니어의 복지 혜택은 회사 및 국가에 따라 다르지만, 일반적으로 다음과 같은 혜택을 받을 수 있다:
• 건강보험: 대부분의 기업은 직원과 그들의 가족을 위한 건강보험 혜택을 제공한다.
• 퇴직 연금 및 401(k) 플랜: 많은 기업은 퇴직 연금 계획이나 401(k) 플랜을 통해 직원의 미래를 위한 투자를 도와준다.
• 연간 휴가 및 유급 휴가: 연간 휴가, 병가 및 유급 휴가는 직원의 워크-라이프 밸런스를 유지하는 데 도움이 된다.
• 교육 지원: 많은 회사들은 직원들의 교육을 지원하는 혜택을 제공한다. 이는 세미나 참가, 교육 코스, 자격증 등을 포함할 수 있다.
• 유연한 근무 시간 및 원격 근무: 몇몇 기업들은 유연한 근무 시간과 원격 근무 옵션을 제공하여 직원들의 생활에 더 많은 유연성을 부여한다.
반드시 이러한 혜택들이 제공되는지 확인하고, 자신에게 가장 적합한 회사를 찾아 복지 혜택을 포함하여 종합적으로 평가하는 것이 중요하다.

7) 사회적 의미

인공지능(AI) 및 기계학습(ML) 엔지니어들은 현대 사회에서 매우 중요한 역할을 하고 있다. 이들의 업적과 기술은 다양한 산업 분야에서 혁신과 발전을 이끌어내고 있으며, 사회적 의미 측면에서도 매우 중요한 역할을 한다.

① 문제 해결과 혁신
• 의료 분야: AI와 ML은 의료 진단, 약물 발견, 유전체 분석 등에서 사용되어 새로운 치료법을 개발하고 질병 예방에 기여한다.
• 환경 보호: 센서 기술과 빅데이터 분석을 통해 환경 오염 모니터링 및 자원 관리를 개선하여 지구 환경을 보호한다.

② 사회적 불평등 감소
• 교육: AI 기반 교육 플랫폼은 선생님들과 학생들 간의 강의 질을 향상시켜 교육에 대한 접근성을 높인다.
• 보건: 원격 진료 및 의료 서비스를 제공함으로써 교통이 어려운 지역의 주민들에게 의료 서비스를 도입하고 있다.

③ 사회 문제 해결
• 범죄 예방: AI 기반 분석은 범죄 예방 및 범죄자 추적에 사용되어 도시 안전을 향상시킨다.
• 자원 관리: 농업 및 물의 적절한 사용을 지원하여 식량 보안과 물 관리에 도움이 된다.

④ 윤리와 인권 보호
• 알고리즘 투명성: AI 결정 시스템의 투명성과 공정성을 보장하기 위한 노력은 데이터 중립성과 공정성을 증진시키고 인권을 보호한다.
• 개인정보 보호: AI와 ML 시스템은 개인정보를 보호하고 데이터의 안전한 처리를 위한 기술적인 방법을 제공한다.

인공지능 및 기계학습 엔지니어들은 이러한 기술을 사용하여 사회적 문제에 대한 창의적이고 혁신적인 해결책을 찾고, 사회적 의미 있는 프로젝트에 참여하여 세상을 더 나은 곳으로 만들기 위해 노력하고 있다. 그들의 기술적인 업적은 사회 전체에 긍정적인 영향을 미치며, 더 효율적이고 인류에 이로운 세상을 만드는 데 기여하고 있다.

8) 미래에 대한 비전
인공지능(AI) 및 기계학습(ML) 엔지니어의 미래는 빠르게 진화하고 있다. 여러 기술과 사회적 추세가 이 분야를 계속해서 발전시키고 있으며, 미래에는 다음과 같은 흥미로운 변화와 발전이 기대된다:
① 인간-기계 협력의 깊어짐
• 협업 로봇 및 증강 현실(Augmented Reality) 기술: 인공지능이 인간의 능력을 보완하고 강화하며 협업을 강조하는 기술들이 더욱 발전할 것이다. 증강 현실을 활용한 협업 환경이 더욱 통합될 것이다.
② AI의 공정성과 윤리적 측면의 강조
• AI 공정성 및 투명성: 특히 AI의 의사결정 시스템에서의 공정성과 투명성이 강조될 것이다. 머신러닝 알고리즘의 편견 및 공정하지 못한 행동을 줄이고 사용자에게 이를 설명할 수 있는 기술이 발전할 것이다.
③ 자율 주행 기술의 발전
• 자율 주행 자동차: AI를 기반으로 한 자율 주행 기술은 더욱 안전하고 효율적으로 발전할 것이다. 도로 교통 안전성을 향상시키고 교통 체증을 줄이는 데 기여할 것이다.
④ AI와 의료 기술의 융합
• 의료 진단 및 치료: AI 기반의 의료 진단 시스템은 질병 조기 발견 및 예방에 기여할 것이다. 개인 맞춤형 치료법을 개발하는 데도 AI 기술이 적용될 것이다.
⑤ 지능형 도시 및 스마트 환경
• 스마트 도시와 IoT: AI 기술은 스마트 도시의 발전과 연결된

IoT 기술과 통합될 것이다. 지능형 교통 시스템, 에너지 관리, 환경 모니터링 등에서 활용될 것이다.
⑥ 지속적인 학습과 발전
• 지속적인 학습과 자기 계발: AI 및 ML 엔지니어들은 지속적으로 새로운 기술과 도구를 배우고 자신의 기술을 업데이트해야 한다. 온라인 강의, 연구 및 실습을 통해 계속해서 성장해야 한다. 인공지능 및 기계학습 엔지니어의 미래는 기술과 사회의 발전과 밀접하게 연결되어 있다. 이러한 전망은 기술의 향후 발전 방향과 엔지니어들이 지속적으로 발전해야 할 분야를 제시한다.

5-4 사이버 보안 전문가
1) 수요와 성장 가능성
사이버 보안 전문가의 수요는 현대 사회에서 급속하게 증가하고 있다. 이는 다양한 이유로 인해 발생하고 있다:
① 데이터 증가와 디지털화
• 데이터 양의 폭발적인 증가: 기업들과 개인들이 생성하고 저장하는 데이터 양이 매우 증가하고 있다. 이로 인해 중요한 정보를 보호해야 하는 필요성이 높아지고 있다.
• 디지털화의 증가: 기업들의 비즈니스 프로세스와 개인의 일상생활이 디지털로 이동함에 따라 사이버 공격의 표적이 되는 가능성이 높아지고 있다.
② 사이버 공격의 증가
• 고급화된 공격 기술: 해커들의 기술이 더욱 고도화되고 복잡해지고 있다. 이에 대응하기 위해 보안 전문가들의 수요가 높아지고 있다.
• 사회 공학 공격의 증가: 기술적인 방어만으로는 대응하기 어려운 사회 공학 기술을 사용한 사이버 공격이 증가하고 있다.
③ 규제 및 준수 요구사항
• 정부 및 산업 규제: 정부와 산업 규제 기관이 기업들에게 보안

및 개인 정보 보호에 대한 규정을 강화하고 있다. 이로 인해 기업들은 사이버 보안 전문가의 도움을 필요로 한다.
• 데이터 보호 요구사항 증가: 소비자들과 기업들은 자신들의 데이터가 안전하게 보호되고 있는지에 대한 더 높은 기대를 갖게 되면서, 기업들은 사이버 보안 전문가들을 고용하여 이러한 요구를 충족시켜야 한다.
④ 인공지능과 사이버 보안
• AI 및 기계학습의 활용: 해커들도 AI를 사용하여 공격을 수행하고 있기 때문에, 사이버 보안 전문가들은 AI와 기계학습을 사용하여 보안 시스템을 구축하고 공격을 탐지할 수 있는 능력을 가져야 한다.
이러한 이유로 사이버 보안 전문가들은 다양한 기업, 기관 및 정부 부처에서 필수적인 역할을 하고 있으며, 이 분야의 전문가에 대한 수요는 계속해서 증가할 것으로 예상된다.

2) 기술(스킬셋)과 역량
사이버 보안 전문가가 되기 위해서는 다양한 기술과 역량을 보유해야 한다. 아래는 사이버 보안 전문가에게 요구되는 기술과 역량 몇 가지이다:
① 네트워크 보안 기술
• 방화벽 및 인트라넷 보안: 네트워크에서의 보안을 유지하기 위해 방화벽 및 인트라넷 시스템을 구성하고 관리할 수 있는 기술.
• VPN 및 암호화: 가상 사설망(VPN)과 데이터 암호화 기술을 이해하고 구성할 수 있어야 한다.
② 시스템 보안 기술
• 운영 체제 보안: 다양한 운영 체제 (Windows, Linux 등)의 보안 설정과 취약점을 이해하고 관리할 수 있어야 한다.
• 시스템 감사 및 모니터링: 시스템 로그를 분석하고 이상 징후를 탐지할 수 있는 능력이 필요하다.
③ 애플리케이션 보안

• 웹 애플리케이션 보안: 웹 애플리케이션의 취약점을 찾고 해결할 수 있어야 한다. OWASP Top 10 취약점을 이해하고 대응할 수 있어야 한다.
• 모바일 애플리케이션 보안: 모바일 앱의 보안 취약점을 이해하고 대응할 수 있어야 한다.

④ 보안 정책 및 규정 이해
• 규정 및 준수 요건: GDPR, HIPAA, PCI DSS 등과 같은 규정 및 준수 요건을 이해하고 이를 준수할 수 있는 방법을 알고 있어야 한다.
• 보안 정책 및 절차: 조직의 보안 정책을 개발하고 진행할 수 있는 능력이 필요하다.

⑤ 사이버 공격 및 해결 능력
• 사이버 공격 이해: 다양한 사이버 공격 유형을 이해하고 대응할 수 있는 능력이 필요하다. 포렌식 도구와 기술을 사용하여 해킹 사고를 조사할 수 있어야 한다.
• 펜테스팅(Penetration Testing): 조직의 시스템과 네트워크를 테스트하고 보안 취약점을 찾아내고 해결할 수 있어야 한다.

⑥ 소프트 스킬
• 팀 협력 및 소통: 다양한 팀과 협력하고 보고서를 작성하며 명확하게 커뮤니케이션할 수 있는 능력이 필요하다.
• 문제 해결 능력: 복잡한 보안 문제에 대한 해결 능력과 논리적 사고 능력이 중요하다.

사이버 보안 전문가는 기술적인 지식 뿐만 아니라 신속하고 효과적으로 변화하는 보안 랜드스케이프에 대응할 수 있는 능력과 항상 학습하고 발전할 의지를 가져야 한다.

사이버 보안 전문가가 되기 위해서는 다양한 스킬셋과 역량이 필요하다. 이를 개발하기 위한 방법은 다음과 같다:

**스킬셋
기술적 스킬

① 네트워크 보안: 네트워크 보안에 대한 기본적인 지식과 네트워크 공격을 탐지하고 방어할 수 있는 능력.
② 시스템 보안: 다양한 운영 체제의 보안 설정과 취약점을 관리할 수 있는 능력.
웹 애플리케이션 보안: 웹 애플리케이션의 취약점을 찾고 해결할 수 있는 능력.
③ 모바일 애플리케이션 보안: 모바일 앱의 보안 취약점을 이해하고 대응할 수 있는 능력.
④ 암호학: 다양한 암호화 기술을 이해하고 구현할 수 있는 능력.

비기술적 스킬
① 문제 해결 능력: 복잡한 보안 문제를 해결할 수 있는 능력과 논리적 사고 능력.
팀 협력 및 소통: 다양한 팀과 협력하고 보고서를 작성하며 명확하게 커뮤니케이션할 수 있는 능력.
② 프로젝트 관리: 프로젝트를 계획하고 추진하며 리더십과 조직 능력을 향상시킬 수 있는 능력.
③ 사이버 공격 이해: 다양한 사이버 공격 유형을 이해하고 대응할 수 있는 능력.
④ 윤리적 판단력: 보안 결정에 대한 윤리적인 판단을 할 수 있는 능력.

역량 개발 방법
학위 및 자격증 획득
① 사이버 보안 학위: 사이버 보안에 관한 학위 과정을 수료함으로써 기술적 지식과 이해를 획득할 수 있다.
② 인증 자격증: CompTIA Security+, Certified Information Systems Security Professional (CISSP), Certified Ethical Hacker (CEH) 등의 자격증을 취득하여 기술적 능력을 인증할 수 있다.

실전 경험과 프로젝트
① 개인 프로젝트: 개인적으로 사이버 보안 프로젝트를 진행하여 실전 경험을 쌓고 자신의 포트폴리오를 구축한다.
② 해킹 대회 참가: Capture The Flag (CTF) 대회 등에 참가하여 실제 해킹 시나리오에 대한 경험을 쌓는다.

지속적인 학습
① 업데이트된 자료와 도서: 최신 보안 도서나 온라인 강의를 통해 새로운 기술과 트렌드에 대한 학습을 지속한다.
② 보안 커뮤니티 참여: 보안 관련 온라인 포럼이나 소셜 미디어 그룹에 참여하여 다른 전문가들과 의견을 교환하고 지식을 확장한다.

멘토링과 교육
① 멘토링: 경험이 풍부한 사이버 보안 전문가로부터 멘토링을 받아 노하우와 경험을 배운다.
② 교육 프로그램 참여: 보안 관련 워크샵, 세미나, 교육 프로그램에 참여하여 최신 기술을 익히고 네트워킹 기회를 확보한다.
사이버 보안은 끊임없이 변화하는 분야이기 때문에 지속적인 학습과 스스로의 성장 의지가 매우 중요하다. 실전 경험과 지속적인 자기 계발을 통해 높은 수준의 사이버 보안 전문가로 성장할 수 있다.

3) 다양성과 전문화
사이버 보안 전문가는 다양한 분야와 전문화된 영역에서 활동할 수 있다. 이 분야는 넓고 다양하며 계속해서 진화하고 있기 때문에 전문가들은 자신의 특기와 흥미에 따라 다양한 분야에서 전문화될 수 있다. 여기에는 주요 사이버 보안 분야의 몇 가지 예시가 있다:
① 네트워크 보안 전문가
• Firewall 및 IDS/IPS 관리: 네트워크 트래픽을 감시하고 비인

가된 액세스를 차단하는 방화벽 및 침입 탐지 및 방지 시스템을 구성하고 관리한다.
• VPN 및 보안 라우터 설정: 가상 사설망(VPN) 및 보안 라우터를 설정하여 원격 액세스와 통신의 보안성을 유지한다.
② 시스템 보안 전문가
• 운영 체제 보안: 서버 및 클라이언트 운영 체제의 보안 설정을 구성하고 취약점을 관리한다.
• 인증 및 권한 관리: 사용자의 인증 정보 및 권한을 관리하고 액세스 제어를 유지한다.
③ 애플리케이션 보안 전문가
• 코드 리뷰: 애플리케이션 코드를 검토하여 보안 취약점을 찾아내고 수정한다.
• 보안 테스트: 애플리케이션을 해킹 시나리오에 대해 테스트하고 취약점을 발견하고 보완합니다.
④ 클라우드 보안 전문가
• 클라우드 서비스 보안: 클라우드 환경에서의 데이터 보호, 액세스 제어 및 컴플라이언스를 유지한다.
• 서버리스 보안: 서버리스 아키텍처에서의 보안 취약점을 해결하고 보호한다.
⑤ 모바일 보안 전문가
• 모바일 앱 보안: 모바일 앱의 취약점을 식별하고 보완하여 사용자 데이터의 안전을 보장한다.
• 모바일 디바이스 관리: 기업에서 사용하는 모바일 디바이스의 보안 설정과 모니터링을 담당한다.
⑥ 데이터 보안 전문가
• 데이터 암호화: 데이터를 안전하게 저장하고 전송하기 위해 암호화 기술을 사용한다.
• 데이터 손실 예방: 데이터 유출 및 손실을 방지하고 대비하기 위한 전략을 개발하고 구현한다.

⑦ 사이버 위협 분석가
• 사이버 위협 분석: 신속하고 정확한 사이버 공격의 탐지와 분석을 수행하고 대응 전략을 개발한다.
• 위협 인텔리전스: 다양한 사이버 위협에 대한 정보를 수집하고 분석하여 조직의 보안 대책을 강화한다.
사이버 보안 전문가는 이러한 분야 중 하나 혹은 여러 분야에서 전문화될 수 있다. 전문가는 자신의 특기와 관심사에 따라 교육과 경험을 통해 해당 분야에서 깊이 있는 전문 지식을 갖추고, 기술적 역량을 향상시키며 항상 최신 보안 트렌드를 따라가야 한다.

4) 교육 및 자격증
사이버 보안 전문가로 성장하기 위해 유용한 교육과 자격증은 다양하게 있다. 아래에는 사이버 보안 분야에서 인정받는 교육 경로와 자격증 몇 가지를 소개한다:
① 학위 프로그램
• 컴퓨터 과학 (Computer Science) 학위: 기본적인 프로그래밍과 알고리즘 지식을 갖추는 것은 사이버 보안 전문가로서 기본적인 필수 요건이다.
• 사이버 보안 (Cybersecurity) 학위: 특화된 사이버 보안 교육 과정을 통해 네트워크 보안, 애플리케이션 보안, 데이터 보안 등 다양한 분야에서 깊은 이해를 얻을 수 있다.
② 자격증
• CompTIA Security+: 사이버 보안 분야에서의 기초 지식을 증명할 수 있는 입문 자격증이다.
• Certified Information Systems Security Professional (CISSP): 정보 보안 분야에서 최고 수준의 자격증 중 하나로, 전반적인 정보 보안 관리 및 실무 경험을 증명한다.
• Certified Ethical Hacker (CEH): 해커의 시각에서 시스템을

이해하고, 시스템을 해킹할 수 있는 능력을 갖춘 윤리적 해커로서의 능력을 인증한다.
• Certified Information Systems Auditor (CISA): 정보 시스템 감사 및 보안 분야에서의 전문가로 성장하기 위한 자격증이다.
• Certified Information Security Manager (CISM): 정보 보안 관리자로서의 역할을 수행하기 위한 자격증으로, 정보 보안 전략 및 관리를 강조한다.
③ 온라인 교육과 교육 기관
• Coursera: Coursera에서는 유명 대학과 기업이 제공하는 사이버 보안 관련 온라인 강의를 수강할 수 있다.
• edX: Harvard, MIT, Microsoft, IBM 등의 기관이 제공하는 무료 또는 유료 사이버 보안 관련 강의를 제공한다.
• Cybrary: 무료로 다양한 사이버 보안 강의와 실습 환경을 제공하는 온라인 교육 플랫폼이다.
④ 보안 커뮤니티 및 워크샵
• 참가 및 참여: 로컬 보안 커뮤니티 밋업이나 워크샵에 참여하여 다른 전문가들과 네트워킹을 할 수 있다. CTF 대회나 해킹 대회에 참가하여 실전 경험을 쌓을 수도 있다.
자격증과 교육 경로를 선택할 때, 자신의 관심 분야와 진로 목표를 고려하여 적합한 자격증과 교육 프로그램을 선택하는 것이 중요하다. 또한, 지속적인 학습과 실전 경험을 쌓는 것이 사이버 보안 분야에서 성공적으로 나아가는 핵심이다.

5) 현업 경험

사이버 보안 전문가가 되기 위해서는 현업 경험이나 인턴십을 통한 실무 경험이 매우 중요하다. 이러한 경험을 통해 이론적 지식뿐만 아니라 실전에서의 문제 해결 능력과 팀 협력 능력을 키울 수 있다. 아래는 사이버 보안 분야에서 경험을 쌓는 방법과 그

중요성에 대한 내용이다:
① 현업 경험의 중요성
실전 경험 쌓기
• 실전 문제 해결 능력 강화: 실무에서 발생하는 다양한 보안 문제를 직접 다뤄보면서 문제 해결 능력을 향상시킬 수 있다.
• 실제 환경에서의 적용: 이론을 실제 시스템에 적용하고 문제가 발생했을 때 어떻게 대응해야 하는지 경험을 쌓을 수 있다.
팀 협력 능력 향상
• 팀 프로젝트 경험: 다른 전문가들과 함께 프로젝트를 수행하면서 팀 협력 능력을 향상시킬 수 있다.
• 실무 환경 적응: 실제 조직 내에서 일하면서 조직 문화와 업무 프로세스에 적응할 수 있는 능력을 키울 수 있다.

② 경험을 쌓는 방법
인턴십
• 기업 인턴십: 사이버 보안 기업이나 IT 기업에서 보안 관련 업무를 수행하며 경험을 쌓을 수 있다.
• 정부 기관 인턴십: 정부나 군사 기관의 사이버 보안 팀에서 인턴으로 활동하여 국가 보안에 기여할 수 있다.
개인 프로젝트
• 개인 보안 프로젝트: 개인적으로 보안 프로젝트를 진행하면서 실무 경험을 쌓을 수 있다. 예를 들어, 개인 웹 애플리케이션을 보호하기 위한 보안 조치를 취하는 등의 프로젝트를 진행할 수 있다.
• CTF (Capture The Flag) 참여: 해킹 대회에서 다양한 보안 문제를 해결하면서 경험을 쌓을 수 있다.
③ 지속적인 학습과 자기계발
• 보안 블로그 및 포럼 참여: 보안 관련 블로그, 포럼, 소셜 미디어 그룹 등에 참여하여 다른 전문가들과 의견을 교환하고 최신

정보를 습득할 수 있다.
• 최신 도구 및 기술 사용: 실무에서 사용되는 최신 보안 도구와 기술을 학습하고 실습하여 기술적 경험을 쌓을 수 있다.
실무 경험이나 인턴십은 이론적 지식을 현실 세계의 문제에 적용하고, 업무 환경에서의 동작과 프로세스를 익히는 데 도움을 준다. 또한, 열심히 일하고 학습하는 모습은 나중에 채용 과정에서 긍정적으로 평가될 수 있다.

6) 급여와 복지

2021년 9월까지의 정보를 기준으로 제공할 수 있다. 사이버 보안 전문가의 급여는 경력, 기술 수준, 근무 위치, 기업 규모 등에 따라 상당히 다양하다. 또한, 한국 내에서의 사이버 보안 전문가의 평균 급여는 미국이나 유럽과는 다르게 수준이 낮을 수 있다. 한국의 사이버 보안 전문가의 평균 연봉은 대체로 약 3000만 원에서 7000만 원 사이로 알려져 있습니다. 그러나 이는 경력, 기업 규모, 근무 지역 등에 따라 크게 변동할 수 있다.
또한, 한국의 기업들이나 금융 기관, 대형 IT 기업들은 전문적인 사이버 보안 인력을 높은 급여와 복지 혜택으로 유치하기 위해 노력하고 있다. 따라서 대기업이나 국가 기관에서 근무하는 사이버 보안 전문가의 급여는 상대적으로 높을 수 있다.
그러나 이러한 정보는 변동성이 있으므로, 최신 정보를 얻기 위해서는 인터넷에서 신뢰할 수 있는 채용 정보 사이트나 산업 보안 관련 기관에서 제공하는 조사 보고서를 확인하는 것이 좋다.

7) 사회적 의미

사이버 보안 전문가는 현대 사회에서 굉장히 중요한 역할을 한다. 그들의 활동은 개인, 기업, 정부, 국가 간의 정보를 보호하고 사이버 공격으로부터 시스템과 데이터를 안전하게 지키는 데 기

여한다. 이러한 역할은 다음과 같은 사회적 의미를 지닌다:
① 개인 정보 보호: 사이버 보안 전문가들은 우리 개인 정보를 보호하여 사이버 범죄로부터 우리를 안전하게 지켜준다. 이는 온라인 금융 거래, 의료 기록, 소셜 미디어 계정과 같은 민감한 정보를 보호하는 데 큰 역할을 한다.
② 기업 보안: 기업들의 기밀 정보, 고객 데이터, 지적재산권 등을 보호함으로써 경제적 안정성을 유지하고 기업의 신뢰를 구축한다. 사이버 보안이 강화되면 기업은 더 안전하게 혁신하고 성장할 수 있다.
③ 국가 안보: 국가 기밀 정보와 국가 인프라를 사이버 공격으로부터 보호하여 국가의 안보를 유지한다. 사이버 보안은 국가의 전략적인 이익과 국민의 안전에 직접적인 영향을 미친다.
④ 경제적 영향: 사이버 공격으로 인한 금전적 손실을 방지함으로써 경제적 안정을 유지하고, 기업과 소비자의 신뢰를 높인다. 금융 시스템과 온라인 거래의 안전성은 경제의 원활한 운영에 중요한 역할을 한다.
⑤ 글로벌 협력: 국가 간, 기업 간, 국제 기구 간의 협력을 촉진하여 사이버 범죄와 사이버 공격에 대응하는 국제적인 사회적 힘을 키우고 있다. 글로벌 사이버 보안 협력은 국제 안보와 협력을 증진시킨다.
이러한 이유로 사이버 보안 전문가들은 현대 사회에서 더욱 중요한 위치를 차지하고 있으며, 그들의 노력은 우리의 디지털 세계를 더 안전하게 만들어 나가는 데 기여하고 있다.

8) 미래에 대한 비전

사이버 보안 전문가의 미래는 계속해서 성장하고 진화할 것으로 예상된다. 기술의 발전과 사이버 공격의 증가로 인해 사이버 보안 전문가들은 더욱 중요한 역할을 할 것이다. 이에 대한 비전은 다음과 같이 요약할 수 있다:

① 인공 지능과 자동화의 활용: 머신 러닝과 인공 지능 기술을 활용하여 보안 이벤트를 탐지하고 대응하는 자동화된 시스템이 보편화될 것이다. 이는 빠른 응답과 새로운 형태의 공격에 대한 대처 능력을 향상시킬 것이다.
② 사이버 보안 인재의 수요 상승: 사이버 보안 전문가들의 수요는 계속해서 상승할 것이다. 기업과 정부는 더욱 특화된 기술과 지식을 갖춘 전문가들을 필요로 할 것이며, 이에 대한 경쟁이 더욱 치열해질 것이다.
③ 사이버 공격의 다양화: 사이버 공격은 다양화되어 타겟과 기술 면에서 더 복잡해질 것이다. 이에 대응하기 위해서는 보안 전문가들은 지속적인 교육과 학습을 통해 다양한 형태의 공격을 예방하고 대응할 수 있어야 한다.
④ IoT 및 클라우드 보안의 중요성 증가: 인터넷 of Things (IoT) 기기와 클라우드 서비스의 보안 문제가 더욱 중요해질 것이다. 이에 대한 보안 전문가들의 수요가 늘어날 것이며, 신뢰성 있는 IoT 기기와 클라우드 서비스를 만드는 데 기여할 것이다.
⑤ 전략적 보안과 컴플라이언스 강화: 기업과 국가는 전략적인 사이버 보안 방안과 규정 준수 (compliance) 에 더 많은 투자를 할 것이다. 이는 보안 전문가들이 정책과 규정을 따르며 보안 전략을 구현하고 유지할 능력을 높일 필요성을 의미한다.
⑥ 사이버 보안 교육의 중요성 강조: 사이버 보안 전문가를 양성하는 교육과정과 인증 제도의 중요성이 더욱 부각될 것이다. 이는 신뢰성 있는 전문가를 양성하고 보안 커뮤니티를 강화하는 데 기여할 것이다.
사이버 보안 전문가들은 미래에도 끊임없는 학습과 업무 경험을 통해 새로운 도전에 대응하고, 지속적으로 발전하는 기술과 전략을 익히며 사이버 공격으로부터 우리의 정보와 시스템을 보호하는 역할을 계속할 것이다.

5-5 의료 인공지능 개발자
1) 수요와 성장 가능성
의료 인공지능(AI) 개발자의 수요와 성장 가능성은 매우 높다. 여러 이유로 인해 의료 분야에서 AI 기술에 대한 수요가 계속해서 증가하고 있다.

① 정확한 진단과 예측:
의료 AI는 환자의 의료 기록과 영상 데이터를 분석하여 질병을 빠르게 진단하고 예측할 수 있다. 이로써 환자의 생명을 구하는 데 기여하며 의사들의 진단을 보완한다.

② 치료 계획 및 개인 맞춤형 치료:
의료 AI는 환자의 데이터를 기반으로 개인 맞춤형 치료 계획을 제안할 수 있다. 환자의 유전자 정보나 병력 등을 고려하여 최적의 치료 방법을 찾아내는데 도움을 준다.

③ 의료 연구 및 개발:
의료 AI는 새로운 약물 개발, 치료법 연구, 유전체학 등 의료 연구 분야에서도 활용된다. 이는 새로운 치료법 발견과 연구 기간 단축에 도움을 준다.

④ 의료 비용 절감과 효율성 증가:
AI 기술은 의료 비용을 줄이고 효율성을 높인다. 예를 들어, 자동화된 진단 시스템은 의료진의 시간을 절약하고 더 많은 환자에게 서비스를 제공할 수 있도록 돕는다.

⑤ 건강 관리와 모니터링:
WEARABLE 기기와 센서 데이터를 기반으로 한 AI는 환자의 건강 상태를 실시간으로 모니터링하고, 의료진에게 경고를 보내어 응급 상황을 방지할 수 있다.

⑥ COVID-19 대응:
코로나바이러스와 같은 대규모 감염병 대응에도 AI는 중요한 역할을 한다. 환자의 CT 영상을 분석하여 감염 여부를 확인하거나, 백신 개발과 관련된 연구에서도 AI가 사용된다.

이러한 이유로 의료 AI 개발자의 수요는 급증하고 있으며, 의료 분야에서의 AI 응용은 계속해서 다양해지고 발전할 것으로 기대된다. 또한, 의료 분야에서의 AI는 환자의 안전과 질병 예방에 큰 영향을 미치는 중요한 기술로 자리매김할 것으로 예상된다.

2) 기술(스킬셋)과 역량
의료 인공지능(AI) 개발자가 되기 위해서는 특정한 기술과 역량이 필요하다. 아래에는 의료 AI 개발자에게 요구되는 주요 스킬셋과 역량, 그리고 이를 개발하기 위한 방법을 설명한다.
① 프로그래밍 언어 및 소프트웨어 개발:
스킬셋:
언어: Python, R, Java 등
프레임워크: TensorFlow, PyTorch, Keras 등
데이터베이스: SQL, NoSQL 데이터베이스에 대한 기본 지식
개발 방법:
온라인 코딩 튜토리얼 및 강의를 통한 기본 프로그래밍 스킬 획득
AI 및 머신러닝 프레임워크에 대한 공식 문서와 튜토리얼 학습
② 머신러닝과 딥러닝 이해:
스킬셋:
머신러닝: 회귀, 분류, 군집화, 차원 축소 등의 알고리즘 이해
딥러닝: 신경망, CNN, RNN, LSTM 등의 기본 딥러닝 구조 이해
개발 방법:
온라인 코스 및 MOOC(Massive Open Online Course)에서 머신러닝과 딥러닝에 대한 기본 이론 학습
Kaggle과 같은 플랫폼에서 실전 데이터 과학 및 머신러닝 경진대회에 참여하여 실습
③ 의료 영상 처리 및 신호 분석:

스킬셋:
의료 영상 처리: 이미지 분할, 객체 감지, 이미지 생성 등의 기술 이해
신호 분석: 바이오 신호 데이터(심전도, 뇌파 등) 처리 및 분석
개발 방법:
의료 영상 처리 및 신호 분석과 관련된 온라인 코스와 자료 학습
의료 영상 및 바이오 신호 데이터셋을 사용한 프로젝트 수행

④ 의료 도메인 지식:
스킬셋:
의학적 용어 및 기본 지식
의료 영상의 해부학 및 병변 이해
개발 방법:
의료 관련 강의 및 교재 학습
의료 전문가와 협업하여 프로젝트를 진행하거나 의료 기관에서 인턴 경험 쌓기
⑤ 팀 협업 및 의사소통:
스킬셋:
효과적인 팀 협업 능력
기술적인 개념을 비전문가에게 명확하게 전달할 수 있는 의사소통 능력
개발 방법:
프로젝트 팀에서의 협업 경험 쌓기
기술적인 개념을 비전문가에게 쉽게 설명할 수 있는 능력 향상을 위한 커뮤니케이션 훈련
의료 AI 개발자로 성공하기 위해서는 지속적인 학습과 실전 프로젝트 경험이 필요하다. 온라인 강의, 프로젝트 수행, 팀 협업 경험 등을 통해 위의 스킬셋과 역량을 키워나가는 것이 중요하

다. 또한, 의료 도메인에 대한 이해도가 높아질수록 의료 AI 개발자로서의 경쟁력이 더욱 강화될 것다.

3) 다양성과 전문화
의료 인공지능(AI) 개발 분야는 다양하게 나뉘어지며 전문화된 영역으로 발전하고 있다. 아래에는 의료 AI 개발자 내의 주요 분야와 전문화된 영역을 설명한다:
① 의료 영상 처리:
• 설명: 의료 영상 데이터를 분석하고 해석하기 위한 기술을 개발한다. 주로 X-ray, CT, MRI 등의 영상 데이터를 다루며 종양, 질병, 부상 등을 탐지하고 분류하는데 활용된다.
• 전문화된 영역: 영상 분할, 객체 감지, 이미지 생성, 3D 영상 처리 등
② 신호 분석과 바이오인포매틱스:
• 설명: 생체 신호 데이터(심전도, 뇌파, 유전자 데이터 등)를 분석하여 질병 진단, 유전체 분석, 의료 예측 등에 활용한다.
• 전문화된 영역: 생체 신호 분석, 유전체 분석, 바이오마커 발견 등
③ 자연어 처리와 음성 인식:
• 설명: 환자 기록, 의료 보고서, 의학 문헌 등의 자연어 데이터를 처리하고 이해하는 기술을 개발한다. 또한, 환자와 의료진 간의 음성 대화 인터페이스를 구현한다.
• 전문화된 영역: 의료 문헌 검색, 의료 대화형 시스템, 의료 문서 요약 등
④ 의료 데이터 분석과 예측:
• 설명: 의료 기록, 환자 정보, 검사 결과 등 다양한 의료 데이터를 분석하여 질병 예측, 환자 위험 평가, 치료 효과 예측 등에 활용한다.
• 전문화된 영역: 의료 데이터 마이닝, 예측 모델링, 의료 통계

분석 등
⑤ 로봇 보조 수술 및 의료 로봇:
• 설명: 의료 로봇을 개발하여 수술 프로세스를 자동화하거나 의사의 수술을 보조한다. 로봇을 통한 정밀한 수술과 재활치료를 지원한다.
• 전문화된 영역: 로봇 보조 수술, 의료 로봇 개발, 로봇 기반 재활치료 등
⑥ 의료 데이터 보안과 개인 정보 보호:
• 설명: 의료 데이터의 보안과 개인 정보 보호를 위한 기술을 개발하고 구현한다. 환자 기록과 의료 정보의 안전한 저장과 전송을 보장한다.
• 전문화된 영역: 의료 데이터 암호화, 접근 제어, 의료 기관 네트워크 보안 등
의료 AI 개발자는 위의 분야 중 하나 또는 여러 분야에 전문화될 수 있다. 이는 각 분야에서의 깊은 지식과 기술 습득을 통해 이루어진다. 특정 분야에 전문화되면서 의료 분야에서의 문제를 해결하고 혁신적인 기술을 개발하는 데 기여할 수 있다.

4) 교육 및 자격증
의료 인공지능(AI) 개발자로 성공하기 위해서는 적절한 교육과 자격증을 획득하는 것이 중요하다. 아래에는 의료 AI 개발자에게 유용한 교육 및 자격증에 대해 말하면:
① 유용한 교육 프로그램:
• 대학 학위 프로그램:
컴퓨터 과학 (Computer Science): 머신러닝, 딥러닝, 자료 구조, 알고리즘 등의 기본 개념을 배울 수 있는 학위 프로그램
• 생물정보학 (Bioinformatics) 또는 의료 정보학 (Medical Informatics): 의료 데이터 분석과 바이오인포매틱스에 대한 전문 지식을 습득할 수 있는 학위 프로그램

· 온라인 코스 및 MOOC: Coursera, edX, Udacity 등에서 제공하는 머신러닝, 딥러닝, 의료 영상 처리 등과 관련된 강의를 수강하여 실전 기술을 익힐 수 있다.
· 전문 교육 기관과 코스: 딥러닝 전문 교육 기관인 DeepLearning.AI나 AI 교육 기관에서 제공하는 전문 코스를 수강하여 깊은 전문 지식을 습득할 수 있다.
② 유용한 자격증:
· TensorFlow Developer Certificate: TensorFlow에서 제공하는 딥러닝 자격증으로, TensorFlow를 활용한 딥러닝 모델 개발 능력을 증명할 수 있다.
· AWS Certified Machine Learning Specialty: 아마존 웹 서비스(AWS)에서 제공하는 머신러닝 자격증으로, AWS 환경에서 머신러닝 솔루션을 설계하고 구현하는 능력을 증명할 수 있다.
· Coursera Specializations: Coursera에서 제공하는 특정 주제에 관한 스페셜리제이션 자격증을 취득하여 해당 분야의 전문성을 강조할 수 있다.
· 의료 정보 기술 자격증 (Health IT Certifications): 의료 정보 기술 분야에서 유용한 자격증으로, 의료 정보 시스템과 기술에 관한 지식을 증명할 수 있다.
· 미국 의료 정보 관리협회 자격증 (AHIMA Certifications): 의료 정보 관리 분야에서의 전문성을 증명할 수 있는 자격증으로, 의료 기록 관리와 의료 정보 보안에 관한 지식을 검증할 수 있다.
이러한 교육과 자격증을 획득함으로써 의료 AI 개발자로서의 전문성을 강화하고 산업 내에서의 경쟁력을 높일 수 있다. 또한, 프로젝트나 인턴십을 통해 실무 경험을 쌓는 것도 중요하다.

5) 현업 경험
의료 인공지능(AI) 개발자로서 현업 경험 및 인턴십을 쌓는 것은

중요한 전략이다. 아래에 의료 AI 분야에서 경험을 쌓는 방법을 제시하면:
① 대학 또는 연구소 연계 프로젝트:
• 협업 프로젝트 참여: 대학이나 연구소에서 진행 중인 의료 AI 프로젝트에 참여하여 실무 경험을 쌓을 수 있다.
• 연구 조교 활동: 교수나 연구자의 연구 프로젝트에 참여하여 연구 조교로서 경험을 쌓을 수 있다.
② 의료 기관과의 협력 프로젝트:
• 인턴십: 병원이나 의료 기관에서 의료 AI 프로젝트에 참여하는 인턴십을 진행할 수 있다. 의사나 의료 기술자와의 협업을 통해 의료 분야에서의 실전 경험을 얻을 수 있다.
• 연구 협력: 대학과 의료 기관 간의 연구 협력 프로젝트에 참여하여 의료 데이터를 활용한 AI 모델을 개발할 수 있다.
③ 온라인 플랫폼 및 경진대회 참여:
• Kaggle 경진대회: Kaggle에서 열리는 의료 관련 경진대회에 참여하여 의료 데이터를 활용한 AI 모델을 개발하고 경쟁력을 키울 수 있다.
• GitHub 프로젝트 참여: GitHub에서 의료 AI 관련 프로젝트에 참여하거나 자체적으로 프로젝트를 개설하여 기여할 수 있다.
④ AI 기업 혹은 연구소에서의 경험:
• AI 기업 취업 또는 인턴십: 의료 AI 기업이나 연구소에서 취업이나 인턴십을 진행하여 실무 경험을 쌓을 수 있다.
• 연구소 협업: AI 연구소에서의 프로젝트 협업을 통해 의료 AI 기술에 대한 깊은 이해와 경험을 쌓을 수 있다.
⑤ 학회 및 컨퍼런스 참가:
• 학회 참가: 의료 AI 관련 학회나 컨퍼런스에 참가하여 다른 연구자들과의 네트워킹을 통해 현업 경험의 기회를 찾을 수 있다.
• 포스터 발표: 학회나 컨퍼런스에서 의료 AI 관련 연구 결과를 발표하여 다른 전문가들의 피드백을 받고 실전 경험을 쌓을 수

있다.
이러한 경험들은 이력서를 풍부하게 만들어주고, 의료 AI 분야에서의 실무 경험을 향상시킨다. 또한, 열정적으로 참여하고 성실하게 일을 수행하는 태도는 실무 경험을 얻는 데 큰 도움이 될 것이다.

6) 급여와 복지
의료 인공지능(AI) 개발자의 평균 급여와 복지 혜택은 국가, 경력, 기술 수준, 회사의 크기 및 위치 등 여러 요인에 따라 다르기 때문에 구체적인 숫자를 제시하기는 어렵다. 또한, 시간이 지남에 따라 시장 변동이나 산업의 특정 상황에 따라 변할 수 있다.
그러나 일반적으로 의료 AI 개발자는 다른 소프트웨어 엔지니어와 유사한 수준의 급여를 받는다. 높은 수준의 기술과 경험을 가진 의료 AI 전문가들은 더 높은 급여를 받을 수 있다. 예를 들어, 미국에서 의료 AI 개발자의 평균 연봉은 약 $120,000에서 $150,000 사이로 알려져 있다.
복지 혜택은 회사마다 다를 수 있지만 일반적으로 다음과 같은 혜택을 받을 수 있다:
• 건강 보험: 의료 보험, 치과 보험 및 시력 보험을 포함한 종합 건강 보험 혜택을 제공하는 회사가 많다.
• 퇴직 혜택: 401(k)나 연금 계획과 같은 퇴직 혜택을 포함한 장기 급여 보장 혜택.
• 연차 및 휴가: 연차, 유급 휴가, 병가 등 유연한 휴가 혜택.
• 교육 지원: 추가 교육, 학위 과정, 세미나 참가 등을 지원하는 교육 혜택.
• 워크-라이프 밸런스: 유연한 근무 시간, 원격 근무 옵션 등을 통한 워크-라이프 밸런스 지원.
• 기술 교육 및 자원: 새로운 기술을 학습할 수 있는 교육 자원

및 교육 비용 지원.
• 건강 및 피트니스: 피트니스 센터 멤버십, 원격 코칭 서비스 등을 통한 건강과 피트니스 혜택.
복지 혜택은 회사마다 상이하며, 구체적인 정보는 각 회사의 채용 정보에서 확인하는 것이 가장 정확하다.

7) 사회적 의미

의료 인공지능 개발자들은 현대 의료 분야에서 혁신을 이끌고 있다. 그들의 작업은 다양한 사회적 의미를 지닌다:
① 진단 정확도 향상: 의료 인공지능은 의료 영상, 생체 신호 및 기타 의료 데이터를 분석하여 질병과 이상을 더 빠르게 정확하게 진단할 수 있도록 도와준다. 이는 환자의 치료와 회복을 빠르게 돕고 생명을 구하는 데 기여한다.
② 개인 맞춤형 치료: 의료 AI는 환자의 개별적인 특성과 의료 기록을 기반으로 맞춤형 치료 계획을 개발할 수 있다. 이는 환자의 의료 결과를 최적화하고 치료 효과를 향상시킨다.
③ 의료 리소스 효율화: 의료 인공지능은 의사와 의료진을 보조하여 의료 리소스를 효율적으로 활용할 수 있도록 도와준다. 예를 들어, 의료 영상을 자동으로 분석하고 이상을 발견하는 데 사용될 수 있다.
④ 미래 의료 기술의 선도적 발전: 의료 AI 개발자들은 머신러닝, 딥러닝 및 데이터 과학과 같은 첨단 기술을 의료 분야에 적용하여 의학과 기술의 통합을 촉진한다. 이는 미래 의료 기술의 발전을 선도하고 의료 혁신을 촉진한다.
⑤ 세계적 의료 문제 해결: 의료 AI 기술은 세계적인 의료 문제에 대한 솔루션을 제공할 수 있다. 예를 들어, 의료 인공지능은 선진 의료 기술을 보유하지 않는 지역에서 의료 서비스를 향상시킬 수 있다.
의료 인공지능 개발자들의 노력은 의료 분야에서의 진보와 혁신

을 이끌고 있으며, 이를 통해 환자의 삶을 개선하고 전 세계적으로 의료 서비스에 대한 접근성을 향상시키는 데 기여하고 있다. 이는 사회적으로 규모 있는 긍정적인 영향을 미치고 있다.

8) 미래에 대한 비전

미래의 의료 인공지능 개발자들은 현대 의료 분야에서 더욱 중요한 역할을 할 것으로 예측된다. 여러 가지 기술적 발전과 산업 동향을 고려할 때, 의료 인공지능 개발자들의 미래에 대한 다음과 같은 비전이 나타날 수 있다:

① 개인 맞춤형 의료 서비스: 환자의 유전체 데이터, 생체 신호, 의료 기록 등을 분석하여 맞춤형 의료 서비스를 제공하는 시스템이 발전할 것이다. 이를 통해 환자의 건강 상태를 예측하고 예방하는데 중점을 둘 것이다.

② 실시간 모니터링과 의사 의사결정 지원: 실시간 건강 데이터를 모니터링하고 이를 의사들에게 실시간으로 전달하여 응급 상황에서 더 빠르고 정확한 의료 결정을 내릴 수 있도록 지원할 것이다.

③ 자동화된 의료 프로세스: 의료 AI 시스템은 진단, 처방, 의료 기록 작성, 의료 영상 분석 등과 같은 일상적인 의료 프로세스를 자동화할 것이다. 이는 의료진의 시간을 절약하고 환자들에게 더욱 효율적인 서비스를 제공할 수 있게 도와줄 것이다.

④ 연구와 의료 개발 지원: 의료 인공지능은 의학 연구를 지원하고, 새로운 치료법과 약물 개발을 가속화할 것이다. 의료 데이터를 분석하여 새로운 의료 기술과 치료법을 찾아내는 연구에 기여할 것이다.

⑤ 환자와 의료진의 경험 개선: 의료 AI는 환자와 의료진 간의 의사소통을 개선하고, 환자들의 의료 서비스 경험을 향상시킬 것이다. 이는 의료 서비스의 접근성과 편의성을 증가시킬 것이다.

⑥ 더 나은 예방과 진단: 빅데이터와 머신러닝을 활용하여 질병

의 패턴을 예측하고, 조기 진단을 돕는 시스템이 발전할 것이다. 이는 많은 질병의 조기 발견과 예방을 돕게 된다.
이러한 방향성들은 의료 AI 개발자들이 의료 분야에서 지속적으로 혁신하고 환자의 건강과 복지를 향상시킬 수 있도록 할 것으로 예상된다. 또한, 윤리적이고 안전한 사용을 위한 정책과 규제도 함께 발전하게 될 것이다.

5-6 환경 과학자 및 기술자
1) 수요와 성장 가능성
환경 과학자 및 기술가들은 미래의 지속 가능한 세계를 구축하는 데 중요한 역할을 한다. 그들의 수요와 성장 가능성은 다음과 같은 이유로 높아질 것으로 예측된다:
① 기후 변화 대응: 기후 변화로 인한 문제들은 세계적으로 증가하고 있다. 환경 과학자와 기술가들은 기후 변화에 대응하고, 친환경 기술과 해결책을 개발하는 데 필요한 전문 지식을 제공한다.
② 자연 자원 보존과 관리: 물, 토양, 대기 및 자연 생태계와 같은 자연 자원의 보존과 관리는 산업과 인구 증가로 인해 점점 더 중요해지고 있다. 환경 과학자와 기술가들은 지속 가능한 자원 관리를 지원하고 자원의 낭비를 최소화하는 데 기여한다.
③ 재생 가능 에너지 개발: 에너지 요구량이 증가함에 따라 재생 가능 에너지 (태양, 풍력, 수력 등)의 개발이 필요하다. 환경 과학자와 기술가들은 이러한 에너지원의 효율성을 향상시키고 새로운 기술을 개발하여 에너지 분야에서 혁신을 이끌고 있다.
④ 환경 오염 관리: 공해물질, 폐기물 및 화학 물질 등으로 인한 환경 오염은 급속하게 증가하고 있다. 환경 과학자와 기술가들은 오염물질을 모니터링하고 관리하며, 친환경적인 해결책을 찾는 데 기여한다.
⑤ 환경 규제 및 정책 강화: 국제적으로 환경 규제와 정책이 강

화되고 있다. 기업들과 정부 기관들은 환경 규제를 준수하고 친환경 기술을 채택하여 환경 오염을 최소화해야 한다. 이를 지원하는 전문가들의 수요가 높아진다.
⑥ 환경 교육 및 인식 증가: 환경에 대한 인식이 높아짐에 따라 환경 교육이나 환경 보호 프로그램이 확대되고 있다. 환경 과학자와 기술가들은 교육, 홍보 및 인식 증진에 기여할 수 있다.
환경 과학자 및 기술가들은 지속 가능한 미래를 구축하는 데 중요한 역할을 하며, 그들의 전문 지식과 기술은 미래의 환경 문제 해결에 기여할 것으로 기대된다.

2) 기술(스킬셋)과 역량

환경 과학자 및 기술자로서 성공하기 위해 필요한 스킬셋과 역량은 다양하다. 아래는 그중 일부를 소개하면:
① 과학적 지식
• 필수 과학 지식: 환경 과학, 생물학, 화학, 지구과학 등과 같은 기본적인 과학 지식이 필요하다.
• 데이터 분석: 대용량 데이터를 수집하고 분석하여 환경 문제를 이해하고 해결하는 능력이 중요하다.
② 기술 및 소프트웨어 활용 능력:
• 모델링 소프트웨어: 환경 시스템을 모델링하고 시뮬레이션하는 데 사용되는 소프트웨어 도구에 대한 능력이 필요.
• GIS (지리 정보 시스템): 지리 정보 시스템을 사용하여 지리적 데이터를 분석하고 시각화할 수 있는 능력이 중요.
• 통계 소프트웨어: 통계 분석 소프트웨어를 사용하여 데이터를 분석하고 해석할 수 있는 능력이 필요.
③ 문제 해결 능력: 복잡한 환경 문제에 대한 분석 및 문제 해결 능력이 필요. 다양한 변수와 상호 연결된 시스템을 이해하고 해결책을 찾을 수 있어야 한다.
④ 소통 및 협력 능력: 다양한 이해 관계자들과 원활한 소통이

가능해야 한다. 연구 결과를 이해관계자들에게 효과적으로 전달할 수 있는 능력이 중요하다. 팀 내에서 협력하고 조화롭게 일할 수 있는 능력이 필요하다.
⑤ 윤리적 판단력: 환경 문제와 관련된 윤리적 문제를 판단하고 적절한 결정을 내릴 수 있는 능력이 필요.
⑥ 연구 및 프로젝트 관리 능력: 연구 프로젝트를 계획하고 관리할 수 있는 능력이 필요. 예산을 관리하고 일정을 지키며 프로젝트를 성공적으로 이끌 수 있어야 한다.
이러한 역량들은 교육 및 꾸준한 실무 경험을 통해 개발됨. 대학 학위, 석사 또는 박사 학위, 인턴십 및 연구 경험을 통해 필요한 지식과 능력을 강화할 수 있다. 또한, 업데이트된 기술 및 도구에 대한 학습과 지속적인 전문 개발을 통해 더욱 경쟁력 있는 환경 과학자 및 기술자로 성장할 수 있다.

**역량 개발 방법
① 과학적 지식 개발 방법:
• 학위 과정: 환경 과학, 생물학, 화학, 지구과학 등과 같은 관련 학위를 취득할 수 있다.
• 연구 및 프로젝트 참여: 학교나 연구 기관에서 연구 프로젝트에 참여하여 실무 경험을 쌓을 수 있다.
• 온라인 강의 및 자기 교육: 온라인 강의와 자기 교육 자료를 통해 필요한 과학적 지식을 보충할 수 있다.
② 기술 및 소프트웨어 활용 능력 개발 방법:
• 온라인 코스 및 자습서: GIS, 통계 소프트웨어 등을 다루는 온라인 코스와 자습서를 통해 기술 능력을 향상시킬 수 있다.
• 개인 프로젝트: 자신만의 프로젝트를 통해 기술을 연습하고 실전에서 활용해보는 것이 도움이 된다.
③ 문제 해결 능력 개발 방법:
• 책과 온라인 리소스: 문제 해결 능력을 향상시키기 위한 책과 온라인 리소스를 찾아 읽고 연습할 수 있다.

- 그룹 토론 및 해결책 제시: 관련된 문제에 대한 그룹 토론에 참여하고 해결책을 제시함으로써 문제 해결 능력을 향상시킬 수 있다.

④ 소통 및 협력 능력 개발 방법:
- 발표 및 워크샵 참여: 자신의 아이디어와 연구를 다른 사람들에게 효과적으로 전달할 수 있는 발표 기회를 찾고 워크샵에 참여함으로써 소통 능력을 강화할 수 있다.
- 프로젝트 팀 참여: 다양한 배경을 가진 팀에서 협력하여 프로젝트를 수행함으로써 협력 능력을 향상시킬 수 있다.

⑤ 윤리적 판단력 개발 방법:
- 윤리적 케이스 스터디: 윤리적인 문제에 대한 다양한 케이스 스터디를 읽고 토론하여 윤리적 판단력을 향상시킬 수 있다.
- 멘토링: 윤리적인 결정을 내릴 때 멘토나 전문가의 조언을 듣는 것이 윤리적 판단력을 개발하는 데 도움이 될 수 있다.

⑥ 연구 및 프로젝트 관리 능력 개발 방법:
- 프로젝트 관리 코스: 프로젝트 관리 기술을 향상시키기 위한 온라인 코스를 수강할 수 있다.
- 실전 프로젝트 참여: 작은 규모의 프로젝트부터 시작하여 팀을 이끄는 프로젝트까지 다양한 프로젝트에 참여하며 실무 경험을 쌓을 수 있다.

지속적인 학습과 실무 경험은 이러한 역량을 발전시키는 데 큰 도움이 된다. 또한, 멘토링이나 코칭을 받아 전문적인 조언을 얻는 것도 유용하다.

3) 다양성과 전문화

환경 과학자 및 기술자들은 다양한 분야에서 활동하며 전문화된 영역에서 기술과 지식을 적용한다. 이러한 분야들은 지속 가능한 미래를 위한 다양한 문제에 대응하고 해결책을 찾는 데 기여한다. 몇 가지 구체적인 분야 및 전문화된 영역은 다음과 같다:

① 환경 모니터링 및 모델링:
• 대기 환경 모델링: 대기 중 오염 물질의 분포와 영향을 모델링하여 대기 환경 개선 방안을 제시한다.
• 수질 모니터링: 물의 품질을 모니터링하고 오염원을 추적하여 수질 오염을 예방하고 관리.
② 재생 가능 에너지 및 에너지 효율:
• 태양 에너지: 태양 전지 기술을 연구하고 개발하여 재생 가능한 에너지를 생산.
• 풍력 에너지: 풍력 발전소 설계와 운영을 연구하며 풍력 에너지를 활용.
• 에너지 효율: 건물 및 산업 프로세스에서 에너지 효율을 향상시키는 기술을 연구하고 적용.
③ 환경 정책 및 규제:
• 환경 규제: 환경 규제 및 정책을 개발하고 시행하여 환경 보호를 촉진.
• 지속 가능한 개발: 환경과 사회적 측면을 고려한 지속 가능한 개발 방안을 제시하고 구현.
④ 생물다양성 및 생태학:
• 생태학 연구: 자연 생태계의 동태와 상호 작용을 연구하여 보전 및 복원 전략을 개발.
• 보전 생물학: 멸종 위기종의 보전 전략을 연구하고 서식지를 보호.
⑤ 환경 교육 및 인식 증진:
• 환경 교육: 환경 교육 프로그램을 개발하여 사람들의 환경 인식을 높이고 지속 가능한 행동을 촉진.
• 사회적 변화: 사회적, 문화적 및 경제적 변화를 촉진하여 지속 가능한 생활 방식을 증진.
⑥ 환경 기술 및 혁신:
• 환경 기술 개발: 새로운 환경 기술과 솔루션을 개발하여 환경

문제에 대응.
• 클린 테크놀로지: 친환경적이고 지속 가능한 기술 및 제품을 개발하고 촉진.
이러한 다양한 분야에서 활동하는 환경 과학자 및 기술자들은 전문화된 지식과 기술을 활용하여 지구 환경 문제에 대응하고 지속 가능한 미래를 구축하는데 기여.

4) 교육 및 자격증
환경 과학자 및 기술자로 진로를 향해 나아가기 위해 유용한 교육과 자격증은 매우 다양하다. 이 분야에서 경쟁력을 높이고 전문성을 증명할 수 있는 교육 및 자격증에 관한 몇 가지 예시는 다음과 같다:
① 학위 프로그램:
환경 과학 및 공학 학사/석사/박사: 기본적인 환경 과학 지식과 실무 능력을 강화할 수 있는 학위 프로그램입니다.
② 전문적인 자격증:
• 환경 기사 (Certified Environmental Professional, CEP): 환경 분야에서의 전문적인 경력을 인증하는 자격증이다.
• 환경 과학 기술자 (Environmental Science Technician) 자격증: 실무 경험이나 학위와 함께 환경 분야에서 기술적인 능력을 검증하는 자격증이다.
③ 지리 정보 시스템 (GIS) 자격증:
• GIS 전문가 자격증 (GISP): GIS 분야에서 전문성을 증명할 수 있는 자격증이다. GIS 소프트웨어를 다루는 능력을 갖추고 싶은 경우 유용하다.
④ 지속 가능성 자격증:
• 지속 가능성 전문가 (LEED AP): 미국 녹색 건축 협회에서 제공하는, 친환경 건축 및 지속 가능한 건축물 디자인에 대한 전문성을 증명하는 자격증이다.

⑤ 데이터 분석과 통계 관련 자격증:
• 데이터 과학자 자격증: 데이터 분석 및 머신 러닝 기술을 갖추고 싶은 경우 관련 자격증을 취득할 수 있다.
• 통계 분석 자격증: 환경 데이터를 분석하고 해석하는 능력을 강화할 수 있는 자격증이다.
⑥ 교육 및 교육자 자격증:
• 환경 교육자 자격증: 환경 교육 분야에서 전문성을 인증하는 자격증이다. 환경 교육 및 홍보 활동에 관심이 있는 경우 유용.
이러한 교육과 자격증들은 각자의 전문 분야에서 전문성을 높이고 환경 과학자 및 기술자로서의 경력을 발전시킬 수 있도록 도와준다. 선택한 분야와 진로 목표에 따라 적절한 교육 및 자격증을 선택하는 것이 중요하다.

5) 현업 경험
환경 과학자 및 기술자가 되기 위해 유용한 현업 경험은 실무 능력과 네트워크 구축에 큰 도움을 줄 수 있다. 아래는 환경 과학자 및 기술자로서의 경력을 구축하기 위한 현업 경험의 예시이다:
① 연구 및 프로젝트 참여:
• 연구 프로젝트 참여: 대학, 연구 기관 또는 기업에서 환경 연구 프로젝트에 참여하여 연구 경험을 쌓을 수 있다.
• 실제 프로젝트 경험: 환경 문제를 해결하는 프로젝트에 참여하여 실제 문제 해결 능력을 키운다.
② 인턴십 및 산업체 경험:
• 환경 관련 회사나 기관에서의 인턴십: 실무 경험을 획득하고 산업 분야에서의 환경 문제에 대한 이해를 높인다.
• 업계 경험: 환경 기업이나 기관에서 일하는 경험을 통해 산업 환경에서의 동향과 요구 사항을 이해할 수 있다.
③ 필드 작업 및 데이터 수집 경험:

• 필드 작업 경험: 실제 환경에서 샘플을 수집하고 데이터를 분석하는 경험을 쌓을 수 있다.
• 데이터 수집 및 분석: 대규모 환경 데이터를 수집하고 분석하는 능력을 키운다.
④ 지속 가능한 프로젝트 참여:
• 지속 가능한 개발 프로젝트: 지속 가능한 에너지, 재활용, 친환경 건축 등과 관련된 프로젝트에 참여하여 지속 가능한 기술과 해결책에 대한 이해를 높인다.
⑤ 교육 및 홍보 활동:
• 환경 교육 활동: 학교나 지역사회에서 환경 교육 활동에 참여하여 지식을 전달하고 환경 보호 인식을 높인다.
• 환경 홍보 활동: 환경 단체나 기업의 환경 프로젝트를 홍보하고 참여하여 환경 보호 활동에 대한 경험을 쌓는다.
⑥ 자원 봉사 활동:
• 환경 보호 단체나 비영리 기관에서의 자원 봉사: 환경 보호와 관련된 비영리 활동에 참여하여 사회적 책임감을 키우고 환경 문제에 대한 관심을 나타낸다.
이러한 현업 경험들은 학문적인 지식과 함께 실무 능력을 기르고, 산업 환경에서의 요구 사항을 이해하며, 환경 문제에 대한 실질적인 해결책을 찾는 데 도움을 줄 수 있다.

6) 급여와 복지

한국의 환경 과학자 및 기술자들의 급여 수준과 복지 혜택은 경력, 학력, 경험, 근무하는 기관 또는 기업에 따라 다양하다. 또한, 근로자의 위치, 전문성, 기술 수준, 근속 연수 등도 영향을 미친다. 일반적으로, 대기업이나 정부 기관에서 근무하는 경우 급여와 복지 혜택이 더 풍부할 수 있다.
환경 과학자 및 기술자들의 급여와 복지 혜택은 다음과 같은 요소들을 고려할 수 있다:

① 급여 수준:
신입 환경 과학자 및 기술자: 연봉 수준은 약 3,000만 원에서 5,000만 원 사이로 시작될 수 있다.
• 경력자: 경력에 따라 연봉이 상승하며, 중간에서 고급 단계까지 다양한 연봉 수준이 존재한다.
② 복지 혜택:
• 퇴직 연금: 대부분의 기업이나 정부 기관에서는 퇴직 연금 혜택을 제공.
• 건강 보험 및 의료 혜택: 건강 보험은 대한민국의 모든 근로자에게 의무적으로 제공됨. 기업이나 정부 기관에서는 추가적인 의료 혜택을 제공할 수 있다.
• 휴가 및 휴가 수당: 연차 휴가와 유급 휴가 등을 포함한 휴가 혜택이 제공.
• 교육 지원: 근로자의 교육과 발전을 지원하기 위해 국비 지원 교육, 외부 세미나 참가 지원 등이 제공될 수 있다.
③ 추가 혜택:
• 별도의 보너스 및 인센티브: 성과에 따라 보너스나 인센티브가 지급될 수 있다.
• 기술 개발 교육: 업무에 필요한 기술 개발 교육이 지원될 수 있다.
• 자기 계발 지원: 도서 구매, 온라인 교육 등 자기 계발을 위한 지원이 제공될 수 있다.
이러한 정보는 일반적인 추세를 보여주기 위한 것이며, 실제로는 각 기업이나 정부 기관마다 상이할 수 있다. 채용 공고나 기업의 공식 웹사이트 등을 통해 구체적인 정보를 확인하는 것이 가장 정확한 방법이다.

7) 사회적 의미
환경 과학자 및 기술자들은 사회적으로 매우 중요한 역할을 한

다. 그들의 주요 사회적 의미는 다음과 같다:
① 환경 보호와 지속 가능한 발전:
• 자연 환경 보존: 환경 과학자 및 기술자들은 자연 환경을 보존하고 지구의 생태계를 유지하는 역할을 한다. 이를 통해 지속 가능한 발전을 지원하고 미래 세대들에게 깨끗하고 건강한 환경을 유지시킨다.
② 환경 문제 해결과 예방:
• 환경 오염 감시 및 관리: 환경 과학자들은 대기, 물, 토양 등의 오염을 모니터링하고 이를 관리하여 환경 오염을 예방하고 해결한다.
• 재생 가능 에너지 개발: 환경 기술자들은 재생 가능한 에너지 소스를 개발하고 활용하여 화석 연료 사용을 줄이고 친환경적인 에너지 전환을 촉진한다.
③ 환경 교육과 인식 제고:
• 사회적 인식 제고: 환경 과학자 및 기술자들은 환경 문제에 대한 인식을 높이고 환경 보호에 대한 사회적 책임감을 유도하는 역할을 한다.
• 교육 활동: 학교, 커뮤니티에서 환경 교육 활동을 통해 환경 보호에 대한 지식을 전파하고 환경 인식을 증진시킨다.
④ 환경 정책과 규제:
• 환경 규제 및 정책 개발: 정부 및 국제 기관에서 환경 정책 개발에 참여하여 환경 보호를 위한 법적 및 정책적 조치를 촉진한다.
• 기업 내 환경 책임: 기업 내에서 환경 관련 정책을 제안하고 이행하여 기업의 환경 책임을 강조한다.
⑤ 전 세계적인 환경 문제 대응:
• 국제적인 환경 문제에 대한 공헌: 환경 과학자 및 기술자들은 기후 변화, 생물다양성 보존 등의 글로벌 환경 문제에 대한 연구와 대응을 위해 국제적으로 협력하고 지원한다.

환경 과학자 및 기술자들은 지구의 생태계를 보호하고 사회적 책임을 수행함으로써 우리의 미래를 보장하는 데 큰 기여를 한다. 그들의 연구와 노력은 지구 환경을 지키고 인류의 지속 가능한 미래를 위해 필수적이다.

8) 미래에 대한 비전
환경 과학자 및 기술자들의 미래에 대한 비전은 지속 가능한 미래를 위한 노력과 혁신에 주목한다. 아래는 환경 과학자 및 기술자들의 미래에 대한 비전의 일부이다:
① 기후 변화 대응과 친환경 기술:
• 기후 변화 대응 기술 개발: 기후 변화에 대한 대응 기술과 해결책을 연구하고 개발하여 지구 온난화와 자연 재해에 대처한다.
• 친환경 기술 혁신: 환경 친화적인 에너지 생산, 재활용 기술, 친환경 제품 등을 개발하여 자원 소모를 줄이고 환경 영향을 최소화한다.
② 지속 가능한 도시 및 국토 개발:
• 지속 가능한 도시 개발: 도시 계획 및 개발에서 친환경적이고 지속 가능한 방향으로 전환하여 도시의 삶의 질을 향상시킨다.
• 자연 보호와 국토 관리: 자연 보호와 국토 관리를 통해 육상과 해양의 생태계를 보호하고 지구 생태계의 균형을 유지한다.
③ 환경 교육과 인식 제고:
• 교육과 인식 프로그램: 환경 교육 프로그램을 통해 인간들의 환경 인식을 높이고 환경 보호에 대한 사회적 참여를 증진시킵니다.
• 정보 공유와 홍보: 환경 연구 결과와 친환경 기술에 관한 정보를 공유하고 홍보하여 대중의 관심을 끌고 사회적 지원을 얻는다.
④ 데이터 과학과 인공지능 활용:
• 빅 데이터와 모델링: 빅 데이터 분석과 모델링을 통해 환경 데

이터를 해석하고 예측하여 환경 문제에 대한 신속한 대응을 지원한다.
• 인공지능 기술 활용: 인공지능과 기계 학습을 사용하여 환경 모니터링, 자원 관리, 환경 오염 감지 등에 관한 정확한 예측과 해결책을 개발한다.
⑤ 글로벌 협력과 국제 문제 해결:
• 글로벌 환경 문제 대응: 국제적인 협력을 강화하여 기후 변화, 생물다양성 보존, 환경 오염 등의 글로벌 환경 문제에 대응한다.
• 국제 기관 및 정부와 협력: 국제 기관 및 정부와 협력하여 국제적인 환경 규제와 정책을 개발하고 이행함으로써 지구 환경을 보호한다.
이러한 노력들을 통해 환경 과학자 및 기술자들은 미래 세대를 위한 지속 가능한 지구 환경을 조성하고 인류의 삶의 질을 향상시키기 위한 중요한 역할을 하게 될 것이다.

5-7 로봇 공학자 및 로봇 제어 시스템 엔지니어
1) 수요와 성장 가능성
로봇 공학자 및 로봇 제어 시스템 엔지니어는 현대 산업과 기술 분야에서 중요한 역할을 하며, 그 수요와 성장성은 계속해서 증가하고 있다. 이에 대한 이유는 다음과 같다:
① 자동화 산업의 증가:
• 자동화 산업 분야: 제조, 물류, 건설 등 다양한 산업 분야에서 로봇을 활용한 자동화 시스템이 적용되고 있다. 이로 인해 로봇 공학자 및 제어 시스템 엔지니어에 대한 수요가 계속해서 증가하고 있다.
② IoT 및 스마트 시스템의 발전:
• 인터넷 of Things (IoT): IoT 기술을 기반으로 한 스마트 로봇 및 자율 주행 차량 등의 개발이 확대되고 있다. 로봇 제어 시스템 엔지니어는 이러한 스마트 시스템을 구현하고 관리하는 역할

을 한다.
③ 의료 및 보건 분야의 적용 확대:
• 의료 로봇: 수술 로봇, 재활 로봇 등 의료 분야에서 로봇 기술이 활용되고 있다. 로봇 공학자들은 의료 로봇의 개발 및 유지보수에 참여하고 있다.
• 보건 분야: 로봇은 보건 분야에서도 활용되고 있어, 환자 모니터링, 의약품 제조 등에서 로봇 엔지니어의 수요가 증가하고 있다.
④ 물류 및 서비스 분야의 적용 확대:
• 물류 로봇: 물류 분야에서 로봇이 상품을 운반하고 창고를 관리하는 역할을 하고 있다. 로봇 제어 시스템 엔지니어는 이러한 로봇의 효율적인 운용을 위한 시스템을 설계하고 최적화 한다.
• 서비스 로봇: 호텔, 상점, 음식점 등에서 사용되는 서비스 로봇의 수요가 증가하고 있다. 이러한 로봇의 제어와 관련된 기술 개발에 로봇 공학자 및 제어 시스템 엔지니어가 참여하고 있다.
⑤ 연구 및 개발 분야의 확장:
• 기술 연구 및 혁신: 로봇 기술 분야에서의 연구 및 혁신이 확대되고 있어, 연구 개발 기관, 대학, 기업에서 로봇 엔지니어들의 수요가 증가하고 있다.
로봇 공학자 및 로봇 제어 시스템 엔지니어는 다양한 산업 분야에서 중요한 역할을 하며, 혁신적인 기술과 솔루션을 제공함으로써 미래의 산업 혁명과 혁신을 주도할 것으로 기대된다.

2) 기술(스킬셋)과 역량

로봇 공학자 및 로봇 제어 시스템 엔지니어가 갖추어야 할 주요 스킬셋과 역량은 다음과 같다:
① 기술적 지식:
• 로봇 공학: 로봇의 구조, 운동학, 다양한 센서 및 액추에이터의 이해와 경험이 필요하다.

• 제어 시스템: PID 제어, 머신 러닝, 인공 신경망 및 강화 학습과 같은 다양한 제어 시스템 알고리즘에 대한 지식이 필요하다.
② 프로그래밍 언어 스킬:
• ROS (Robot Operating System): 로봇 소프트웨어 개발을 위한 ROS에 대한 경험이 필요하다.
• 다양한 프로그래밍 언어: C++, Python, Java 등의 프로그래밍 언어에 대한 숙련도가 필요하다.
③ 로봇 모델링 및 시뮬레이션:
• 로봇 시뮬레이션 도구: Gazebo, V-REP 등의 로봇 시뮬레이션 도구를 사용하여 로봇 모델링 및 시뮬레이션 경험이 필요하다.
④ 하드웨어 이해:
• 센서 및 액추에이터: 다양한 센서 (카메라, 레이더, IMU 등)와 액추에이터 (서보 모터, 스텝 모터 등)의 이해와 활용 능력이 필요하다.
• 임베디드 시스템: 마이크로컨트롤러 및 임베디드 시스템에 대한 경험이 필요하다.
⑤ 문제 해결 능력:
• 시스템 설계 및 문제 해결: 복잡한 로봇 시스템을 설계하고 문제를 해결할 수 있는 능력이 필요하다.
• 알고리즘 개발: 다양한 로봇 제어 알고리즘을 개발하고 최적화할 수 있는 능력이 필요하다.
⑥ 협업과 소통 능력:
• 팀 협업: 로봇 프로젝트에서 팀원들과 원활한 협업 능력이 필요.
• 의사소통: 기술적인 개념을 비전문가에게 명확하게 전달할 수 있는 능력이 필요.
⑦ 지속적인 학습과 업데이트:
• 최신 기술 습득: 로봇 공학 분야의 최신 동향과 기술을 지속적으로 학습하고 적용할 수 있는 능력이 필요.

로봇 공학자 및 로봇 제어 시스템 엔지니어는 이러한 다양한 스킬셋과 역량을 통해 복잡한 로봇 시스템을 개발하고 최적화하여 다양한 산업 분야에서 혁신적인 솔루션을 제공.

역량을 개발하는 데 도움이 될 수 있는 구체적인 방법들이 있다:

① 기술적 지식:
• 온라인 강의와 코스: Coursera, edX, Udacity 등에서 로봇 공학 및 제어 시스템에 관한 온라인 강의와 코스를 수강하고 기본 지식을 쌓을 수 있다.
• 대학 과정 수강: 로봇 공학, 제어 시스템 과목을 대학에서 수강하여 깊이 있는 지식을 습득할 수 있다.

② 프로그래밍 언어 스킬:
• 온라인 코딩 플랫폼 사용: Codecademy, LeetCode 등의 온라인 코딩 플랫폼을 활용하여 프로그래밍 스킬을 향상시킬 수 있다.
• 프로젝트 개발: 로봇 프로젝트를 진행하면서 프로그래밍 언어를 실전에서 익힐 수 있다.

③ 로봇 모델링 및 시뮬레이션:
• ROS 튜토리얼 및 문서 활용: ROS의 튜토리얼과 문서를 참고하여 로봇 모델링과 시뮬레이션을 연습할 수 있다.
• Gazebo, V-REP 사용: Gazebo나 V-REP와 같은 로봇 시뮬레이션 도구를 사용하여 다양한 시나리오에서 로봇을 시뮬레이션할 수 있다.

④ 하드웨어 이해:
• 로봇 키트 사용: 로봇 키트를 구매하여 로봇을 조립하고 프로그래밍하는 경험을 쌓을 수 있다.
• 센서 및 액추에이터 연결: 다양한 센서와 액추에이터를 로봇에 연결하고 제어하는 프로젝트를 진행하여 하드웨어 이해를 향상시킬 수 있다.

⑤ 문제 해결 능력:

• 알고리즘 문제 풀이: 프로그래밍 대회 사이트나 알고리즘 문제집을 활용하여 알고리즘 문제를 해결하여 문제 해결 능력을 향상시킬 수 있다.
• 로봇 프로젝트: 복잡한 로봇 프로젝트를 진행하면서 발생하는 문제들을 해결하면서 문제 해결 능력을 향상시킬 수 있다.
⑥ 협업과 소통 능력:
• 프로젝트 팀 참여: 다양한 프로젝트에서 팀원으로 참여하여 팀 협업과 소통 능력을 향상시킬 수 있다.
• 토론 및 발표 참여: 로봇 공학 및 제어 시스템에 관한 토론이나 발표에 참여하여 기술적인 내용을 비전문가에게 명확하게 전달할 수 있는 능력을 기를 수 있다.
⑦ 지속적인 학습과 업데이트:
• 연구 논문과 기술 블로그 구독: 로봇 공학 및 제어 시스템 분야의 최신 연구 논문을 읽고 기술 블로그를 구독하여 최신 기술 동향을 파악할 수 있다.
• 커뮤니티 참여: 로봇 공학 커뮤니티나 온라인 포럼에 참여하여 다른 전문가들과 의견을 공유하고 지식을 업데이트할 수 있다.
이러한 방법들을 통해 로봇 공학자 및 로봇 제어 시스템 엔지니어로서의 역량을 계속해서 발전시킬 수 있다.

3) 다양성과 전문화
로봇 공학자 및 로봇 제어 시스템 엔지니어는 매우 다양한 분야에서 활동할 수 있다. 이 분야의 다양성은 로봇 기술의 활용 범위와 산업 분야의 다양성에서 기인한다. 여기에는 전문화된 영역과 분야의 몇 가지 예시가 있다:
① 산업 로봇 공학:
• 자동 생산 라인: 제조업에서 로봇을 사용하여 제품 생산 라인을 자동화하고 생산 효율성을 향상시키는 분야이다.
• 공장 자동화: 공장 내에서 로봇을 활용하여 원재료 운반, 조립,

검사 등의 작업을 자동화하여 인력을 절약하고 생산성을 높이는 분야이다.
② 서비스 로봇 공학:
• 의료 로봇: 병원에서 환자 돌보기, 수술 보조, 재활치료 등에 사용되는 로봇 시스템을 개발하는 분야이다.
• 서비스 및 도움 로봇: 공공 장소나 노인 홈케어에서 사용되는 안내 로봇, 청소 로봇 등의 서비스 로봇을 개발하는 분야이다.
③ 자율 주행 로봇 공학:
• 자율 주행 자동차: 자동차 산업에서 로봇 제어 시스템 엔지니어는 자율 주행 자동차의 센서 퓨전, 경로 계획, 제어 시스템을 개발하는 분야에서 활동할 수 있다.
• 무인 항공기 및 해상 로봇: 무인 비행기와 해상 로봇의 자율 주행 시스템을 개발하여 자율 주행 기술을 적용하는 분야이다.
④ 엔터테인먼트 로봇 공학:
• 로봇 게임 캐릭터: 게임 산업에서 사용되는 로봇 캐릭터의 움직임과 동작을 제어하는 시스템을 개발하는 분야이다.
• 로봇 예술 및 공연: 로봇을 활용하여 예술 작품이나 공연에서 로봇의 움직임과 퍼포먼스를 조종하는 분야이다.
⑤ 로봇 인터페이스 및 상호작용:
• 로봇 제어 인터페이스: 인간과 로봇 간의 상호작용을 위한 터치 스크린, 음성 인식, 제스처 제어 등의 인터페이스를 개발하는 분야이다.
• 사용자 경험 (UX) 디자인: 로봇의 사용자 경험을 개선하고 사용자 친화적인 인터페이스를 디자인하는 분야이다.
로봇 공학 분야에서는 기술의 다양성과 적용 분야의 다양성이 무궁무진하다. 엔지니어들은 이러한 다양한 분야에서 전문화된 지식과 기술을 활용하여 혁신적인 로봇 기술을 개발하고 새로운 산업 분야에 적용하는 역할을 한다.

4) 교육 및 자격증
로봇 공학자 및 로봇 제어 시스템 엔지니어가 되기 위해 다양한 교육 경로와 자격증이 있다. 다음은 해당 분야에서 필요한 교육과 자격증에 대한 정보이다:
① 학사 학위:
• 로봇 공학: 로봇 공학 학사 학위를 취득하여 기초적인 로봇 공학 지식을 습득할 수 있다.
• 전자공학, 컴퓨터 공학, 기계 공학: 로봇 제어 시스템 엔지니어로서의 기본적인 엔지니어링 지식을 얻기 위해 관련 분야의 학위를 취득할 수 있다.
② 석사 또는 박사 학위:
• 로봇 공학 석사/박사 학위: 깊이 있는 로봇 공학 지식과 연구 능력을 갖추기 위해 석사 또는 박사 학위를 취득할 수 있다.
• 제어 시스템 공학 석사/박사 학위: 로봇의 제어 시스템에 관련된 고급 지식과 연구 능력을 갖추기 위해 해당 분야의 석사 또는 박사 학위를 취득할 수 있다.
③ 자격증:
• 로봇 공학 관련 자격증: 로봇 공학 분야의 자격증을 취득하여 해당 분야의 전문 지식을 입증할 수 있다.
• 제어 시스템 관련 자격증: 제어 시스템 분야의 자격증을 취득하여 제어 시스템 설계 및 구현 능력을 증명할 수 있다.
④ 자율 주행 자동차 관련 자격증:
• 자율 주행 자동차 관련 자격증: 자율 주행 자동차 분야의 자격증을 취득하여 자율 주행 자동차 시스템 설계 및 개발 능력을 입증할 수 있다.
⑤ 연구 및 프로젝트 경험:
• 연구 프로젝트 참여: 대학이나 연구 기관에서 로봇 관련 연구 프로젝트에 참여하여 실무 경험을 쌓을 수 있다.
• 개인 프로젝트: 로봇 제어 시스템에 관한 개인 프로젝트를 진

행하여 실무 능력을 강화할 수 있다.
로봇 공학자 및 로봇 제어 시스템 엔지니어가 되기 위해서는 학문적인 교육과 자격증뿐만 아니라 실제 프로젝트 경험과 실무 능력을 함께 갖추는 것이 중요하다. 이를 통해 산업 현장에서의 문제 해결 능력을 키우고 새로운 기술 동향에 대응할 수 있다.

5) 현업 경험
로봇 공학자 및 로봇 제어 시스템 엔지니어에게 유리하게 작용하는 현업 경험은 실제로 로봇 시스템을 설계, 개발하고 운영해보는 것이다. 구체적인 사례로는 다음과 같은 경험들이 유용할 수 있다:
① 산업 로봇 프로그래밍 및 유지보수 경험:
• 사례: 제조업 공장에서 로봇 시스템의 프로그래밍, 작업환경 설정 및 유지보수를 담당한 경험.
• 이점: 다양한 로봇 모델과 그에 따른 제어 시스템을 이해하고 산업 현장에서의 문제를 해결하는 능력을 키울 수 있다.
② 자율 주행 자동차 시스템 개발 및 테스트 경험:
• 사례: 자율 주행 자동차의 센서 퓨전, 주행 제어 시스템 개발 및 실제 도로에서의 테스트 경험.
• 이점: 실제 교통 환경에서 로봇 시스템을 운용하며 안전 문제와 성능 문제를 해결하는 경험을 쌓을 수 있다.
③ 로봇 시뮬레이션 및 가상 환경 개발 경험:
• 사례: 로봇 시뮬레이션 도구를 사용하여 다양한 환경에서 로봇 시스템을 테스트하고 최적화하는 경험.
• 이점: 가상 환경에서 다양한 시나리오를 실험하고 로봇 시스템의 성능을 향상시키는 능력을 키울 수 있다.
④ 로봇 제어 알고리즘 개발 및 최적화 경험:
• 사례: 다양한 제어 알고리즘을 개발하고 로봇 시스템의 성능을 최적화하는 프로젝트 경험.

- 이점: 다양한 로봇 제어 알고리즘에 대한 깊은 이해와 실제 시스템에서의 적용 능력을 키울 수 있다.

⑤ 로봇 시스템 보안 및 안전성 강화 경험:
- 사례: 로봇 시스템의 보안 취약성을 분석하고 보안 및 안전성을 강화하는 프로젝트 경험.
- 이점: 로봇 시스템의 보안 및 안전 문제를 실제로 다루어보며 산업 환경에서의 신뢰성을 높이는 능력을 키울 수 있다.

이러한 경험들은 이론적인 지식 외에도 실제 현장에서 로봇 시스템을 다루고 문제를 해결하는 데 필요한 실무 능력과 창의성을 갖추게 해준다. 산업 현장에서의 경험이 로봇 공학 분야에서 성공적으로 활동하는 데 큰 장점을 제공한다.

6) 급여와 복지

로봇 공학자 및 로봇 제어 시스템 엔지니어들의 급여 수준과 복지 혜택은 경력, 회사 규모, 지역 및 업종에 따라 다를 수 있다. 그럼에도 불구하고, 대체로 다음과 같은 범위에서 급여와 복지 혜택을 받을 수 있다.

급여 수준
- 초급 엔지니어: 대부분의 업체에서 초급 엔지니어의 연봉은 3,000만원 이상부터 시작될 수 있다.
- 중급 엔지니어: 5년 이상의 경력을 가진 중급 엔지니어의 연봉은 5,000만원 이상부터 시작될 수 있다.
- 고급 엔지니어: 고급 엔지니어의 연봉은 경력과 업종에 따라 상당히 다양하며, 8,000만원 이상부터 시작될 수 있다.

복지 혜택
- 건강보험: 대부분의 회사에서 건강보험 혜택을 제공하며, 질병 및 의료 비용을 일부 또는 전액 지원.
- 퇴직 연금: 회사에 따라 퇴직 연금 혜택을 제공하며, 노후에 대비할 수 있다.

- 연례 휴가: 연례 휴가 일수 및 휴가 보상은 회사 정책에 따라 다를 수 있으며, 보통 10일 이상 제공됨.
- 교육 지원: 업무 관련 교육 및 자격증 취득을 지원하는 경우가 많다.
- 연례 보너스: 회사의 실적에 따라 연말 보너스를 받을 수 있다.
- 업무 시간 유연성: 일부 회사에서는 유연한 근무 시간 및 원격 근무 옵션을 제공하기도 함.

다양한 기업에서 다양한 혜택을 제공하므로, 구체적인 정보는 구직 중인 회사와의 협상 및 조건에 따라 달라질 수 있다. 업종과 회사의 명성, 경력과 역량에 따라 급여와 복지 혜택이 다를 수 있으므로, 직접 해당 업계의 구직 사이트나 인사 담당자와 상담하여 정보를 얻는 것이 중요.

7) 사회적 의미

로봇 공학자 및 로봇 제어 시스템 엔지니어들은 현대 사회에서 중요한 역할을 함. 그들의 활동은 다양한 산업 분야에서 혁신을 이끌고, 인류의 삶을 더 안전하고 편리하게 만드는 데 기여. 이들의 사회적 의미는 다음과 같다:

① 산업 혁신과 생산성 향상: 로봇 공학자 및 로봇 제어 시스템 엔지니어들은 자동화 및 로봇 기술을 개발하여 제조업과 다른 산업 분야에서 생산성을 향상시키고, 생산 프로세스를 혁신적으로 개선한다. 이로써 기업은 경쟁력을 높이고 지속 가능한 성장을 이룰 수 있다.

② 인간과 로봇의 협력을 통한 일자리 창출: 로봇 기술의 발전은 인간과 로봇의 협력을 통해 새로운 일자리를 창출한다. 로봇은 일상적이고 반복적인 작업을 대신하면서, 인간은 창의적이고 높은 수준의 문제 해결 능력이 필요한 작업에 집중할 수 있다.

③ 환경 보호와 에너지 절약: 로봇은 환경 보호 및 에너지 절약

을 위한 다양한 기술을 개발하는 데 기여. 예를 들어, 스마트 도시 시스템에서 로봇은 교통 흐름을 최적화하고 에너지 효율적인 방법으로 건물을 관리하는 데 사용될 수 있다.
④ 의료 분야에서의 혁신과 생명 구조: 로봇 기술은 의료 분야에서 중요한 역할을 한다. 로봇은 수술 보조 로봇, 재활 로봇, 환자 돌봄 로봇 등의 혁신적인 응용 프로그램으로 의료 현장을 변화시키고 환자의 생명을 구조함.
⑤ 비상 시 상황에서의 구조 활동: 로봇은 자연 재해, 사고 또는 전쟁 상황에서 구조 활동에 사용될 수 있다. 로봇은 위험한 환경에서 인명을 구할 수 있는 강력한 도구로 사용될 수 있다.
로봇 공학자 및 로봇 제어 시스템 엔지니어들은 이러한 방면에서 사회적으로 중요한 역할을 하며, 기술의 혁신을 통해 미래 사회의 발전을 주도하는 역할을 수행함.

8) 미래에 대한 비전

로봇 공학자 및 로봇 제어 시스템 엔지니어들은 미래에 매우 중요한 역할을 할 것으로 예측된다. 여러 기술 및 사회적 트렌드에 기반하여 미래에 이 분야에서 다음과 같은 발전이 예상:
① 인간과 로봇의 협력 강화: 인간과 로봇의 협력이 더욱 강화될 것이다. 로봇은 인간의 지식을 보완하고 인간과의 협력을 통해 보다 복잡하고 의미 있는 작업을 수행할 수 있게 될 것이다.
② 로봇의 인공 지능과 자율 주행 능력 강화: 로봇의 인공 지능 기술이 발전하여 로봇은 보다 스마트하고 자율적으로 환경을 이해하고 상황에 맞게 대응할 수 있게 될 것이다. 자율 주행 로봇과 같은 기술은 더 많은 산업 분야와 일상 생활에서 사용될 것이다.
③ 로봇의 다양한 응용 분야 확대: 로봇 기술은 더 다양한 분야로 확장될 것이다. 의료, 교육, 엔터테인먼트, 환경 보호 등 다양한 분야에서 로봇이 사용되어 인간의 삶을 더 편리하고 안전하게

만들 것이다.
④ 로봇 윤리 및 안전 문제에 대한 연구 강화: 로봇 기술의 발전은 윤리적 문제와 안전 문제를 동반하고 있다. 이에 대한 연구와 교육이 더 강화되어 로봇의 사용이 사회적으로 허용되고 안전한 방식으로 이루어질 것이다.
⑤ 로봇과 인간의 융합: 로봇은 더 많은 산업 분야에서 인간과 융합하여 일할 것이다. 이러한 융합은 더욱 혁신적인 제품과 서비스를 만들어 낼 수 있게 하며, 산업 혁명과 혁신을 주도할 것이다.
이러한 방향성으로 로봇 공학자 및 로봇 제어 시스템 엔지니어들은 미래에 더욱 극적인 변화를 주도하고 혁신적인 기술을 개발하여 사회적 문제를 해결하게 될 것이다.

5-8 게임 개발자 및 디자이너
1) 수요와 성장 가능성
게임 개발자 및 디자이너는 현대 사회에서 높은 수요와 성장 가능성을 갖고 있는 직업 중 하나이다. 여러 이유로 인해 이 분야에서의 수요가 계속해서 증가하고 있다:
① 게임 산업의 지속적인 성장: 게임 산업은 계속해서 성장하고 있다. 새로운 기술의 도입, 온라인 플랫폼의 확대, 증가하는 게임 수요 등으로 게임 시장은 계속해서 확장되고 있다.
② 모바일 및 온라인 게임의 증가: 스마트폰과 인터넷의 보급으로 모바일 게임과 온라인 게임 시장이 급속하게 성장하고 있다. 이에 따라 게임 개발자와 디자이너들의 수요도 증가하고 있다.
③ 증가하는 가상 현실(VR) 및 증강 현실(AR) 기술: 가상 현실과 증강 현실 기술의 발전으로 새로운 게임 경험을 제공하는 게임들이 늘어나고 있다. 이에 따라 VR 및 AR 게임 개발자들의 수요도 증가하고 있다.
④ 게임 기술의 다양화: 게임 엔진의 발전과 다양한 플랫폼의 등

장으로 게임을 개발하는 기술과 방법이 다양화되고 있다. 이에 대응하기 위해 다양한 전문 기술을 갖춘 게임 개발자들이 필요.
⑤ 글로벌 시장의 확대: 게임 산업은 글로벌 시장에서 큰 규모의 산업으로 성장하고 있다. 다양한 문화와 언어에 대한 이해가 필요한 게임 개발자와 디자이너들이 필요하며, 국제적인 팀 협업이 증가하고 있다.
⑥ e스포츠의 성장: e스포츠 시장도 크게 성장하고 있어 게임 관련 산업에서의 수요를 증가시키고 있다. e스포츠 팀과 대회를 위한 게임 제작 및 관리 업무에 대한 수요가 높아지고 있다.
이러한 이유로 게임 개발자와 디자이너는 높은 수요와 성장 가능성을 갖고 있으며, 기술과 창의력을 갖춘 전문가로서 산업에 기여할 수 있는 많은 기회를 가지고 있다.

2) 기술(스킬셋)과 역량

게임 개발자와 디자이너가 갖춰야 할 스킬셋과 역량은 다양하며, 아래에 나열된 것은 그 중 일부이다. 이 분야에서 성공하기 위해서는 기본적인 프로그래밍 능력부터 창의성, 문제 해결 능력, 협업 능력까지 다양한 역량이 필요하다.

게임 개발자 (Game Developers):
① 프로그래밍 언어: C++, C#, Java, Python 등의 프로그래밍 언어를 이해하고 사용할 수 있어야 한다.
② 게임 엔진 사용 능력: Unity, Unreal Engine, Godot 등의 게임 엔진을 다룰 수 있어야 함.
③ 수학과 물리학 지식: 게임 내 물리 엔진, 그래픽스, 애니메이션 등을 이해하기 위한 수학과 물리학 기초 지식이 필요.
④ 알고리즘과 데이터 구조: 효율적인 게임 로직 및 알고리즘을 개발할 수 있어야 함.
⑤ 3D 모델링과 애니메이션 이해: 게임 개발자는 3D 모델링 및 애니메이션 프로세스를 이해하여 게임 내 객체와 캐릭터를 다룰

수 있어야 함.

게임 개발자로서 요구되는 다양한 역량을 향상시키기 위해 다음과 같은 방법을 고려할 수 있다:

① 프로그래밍 언어와 게임 엔진 능력 향상:

온라인 코딩 코스 및 튜토리얼: 사이트들 like Codecademy, Coursera, Udacity 등에서 C++, C#, Python 등과 같은 프로그래밍 언어에 대한 온라인 강의를 수강할 수 있다.

게임 엔진 튜토리얼 및 예제: Unity 또는 Unreal Engine 공식 사이트에서 제공하는 튜토리얼 및 예제를 통해 게임 엔진의 기능과 사용법을 익힐 수 있다.

② 수학과 물리학 지식 강화:

수학 강의 및 책: Khan Academy나 Coursera와 같은 플랫폼에서 수학 강의를 듣고, 게임 개발에 필요한 수학적 개념을 학습할 수 있다.

수학 문제 해결 사이트: 사이트들 like Project Euler나 HackerRank에서 수학적 문제를 풀어보면서 알고리즘과 문제 해결 능력을 향상시킬 수 있다.

③ 3D 모델링과 애니메이션 이해 향상:

3D 모델링 소프트웨어 학습: Blender나 Maya와 같은 3D 모델링 도구에 대한 온라인 강의를 듣고, 기본적인 모델링 및 애니메이션 기술을 익힐 수 있다.

모델링 콘텐츠 및 튜토리얼: 다양한 모델링 콘텐츠와 튜토리얼을 유튜브나 각종 웹사이트에서 찾아보며 학습할 수 있다.

④ 게임 기획 및 디자인 능력 향상:

게임 기획 강의 및 책: 게임 기획에 관한 강의나 책을 통해 게임 시스템, 레벨 디자인, 유저 경험 등에 대한 기초를 학습할 수 있다.

게임 프로토타이핑: 게임 프로토타입을 만들어보면서 아이디어를 실현시키고, 게임의 장점과 약점을 파악하고 개선할 수 있다.

⑤ 소통과 협업 능력 강화:
개인 프로젝트 혹은 오픈 소스 참여: 개인적으로 게임 프로젝트를 진행하거나, 오픈 소스 프로젝트에 참여함으로써 팀 프로젝트 경험과 소통 능력을 향상시킬 수 있다.
게임 개발 커뮤니티 참여: 게임 개발자 커뮤니티나 포럼에 참여하여 다른 개발자들과 의견을 공유하고 피드백을 받아보며 소통과 협업 능력을 향상시킬 수 있다.
위의 방법들은 온라인 강의, 튜토리얼, 오픈 소스 프로젝트 참여, 게임 개발 커뮤니티 활동 등을 통해 게임 개발자로서 필요한 역량을 향상시킬 수 있다. 항상 새로운 기술과 트렌드에 대한 관심을 가지고 자기 계발에 힘써보시길.

게임 디자이너 (Game Designers):
① 게임 기획 능력: 게임 시스템, 레벨 디자인, 균형 맞추기 등 게임 기획 업무를 할 수 있어야 한다.
② 스토리텔링: 흥미로운 스토리를 작성하고 게임 내에 통합시킬 수 있어야 함.
③ 유저 경험(UX) 이해: 플레이어의 관점에서 게임을 평가하고 개선하기 위한 능력이 필요.
④ 게임 플로우 및 레벨 디자인: 게임의 흐름과 레벨 디자인을 설계하고 구현할 수 있어야 함.
⑤ 소통 및 협업 능력: 다른 개발자, 아티스트 및 디자이너들과 효과적으로 소통하고 협력할 수 있어야 함.
⑥ 프로토타이핑: 아이디어를 빠르게 프로토타입으로 구현하여 테스트하고 개선할 수 있어야 함.
이 외에도 게임 업계에서는 창의성, 문제 해결 능력, 프로젝트 관리 능력, 시각 및 청각적 감각 등 다양한 역량이 요구됨. 게임 개발자와 디자이너는 지속적으로 기술을 학습하고, 게임 산업의 트렌드와 변화를 주시하여 자신의 역량을 발전시켜야 함.

게임 디자이너로서 요구되는 역량을 향상시키기 위해 다음과 같은 방법을 고려할 수 있다:
① 게임 기획 능력 향상:
게임 기획 강의 및 책: 게임 기획에 관한 강의나 책을 통해 게임 시스템, 레벨 디자인, 균형 맞추기 등에 대한 기본 개념을 학습할 수 있다.
게임 프로젝트 진행: 개인적으로 게임 프로젝트를 진행해보면서 게임 기획 능력을 실전에서 향상시킬 수 있다.
② 스토리텔링 능력 강화:
문학 작품 읽기: 다양한 장르와 스타일의 소설, 만화, 영화 등을 읽고 보며 스토리텔링 기법을 학습할 수 있다.
스토리텔링 워크숍 참가: 스토리텔링 워크숍이나 강의에 참여하여 전문가로부터 피드백을 받고 스토리텔링 능력을 향상시킬 수 있다.
③ 유저 경험(UX) 이해 향상:
사용성 테스트: 게임 프로토타입을 만들고 실제 사용자들에게 플레이하게 하여 피드백을 수집하고 게임의 사용성을 개선할 수 있다.
UX 디자인 강의나 워크샵 참가: 사용자 경험에 대한 디자인 강의나 워크샵에 참여하여 이해를 높이고 관련 기술을 학습할 수 있다.
④ 게임 플로우 및 레벨 디자인 능력 향상:
유명 게임 분석: 유명한 게임의 플로우와 레벨 디자인을 분석하고 이해하는 것은 큰 도움이 됨.
레벨 디자인 콘텐츠 생성: 레벨 디자인 소프트웨어를 사용하여 실제 레벨을 디자인하고 실험해보면서 능력을 향상시킬 수 있다.
⑤ 소통과 협업 능력 강화:
게임 개발 팀 참여: 온라인 게임 개발 팀이나 개인 프로젝트에 참여하여 팀원들과의 소통과 협업 능력을 향상시킬 수 있다.

토론 및 발표 연습: 게임 디자인 아이디어를 다른 사람들에게 효과적으로 전달하기 위해 토론이나 발표 연습을 하면 소통 능력을 향상시킬 수 있다.
⑥ 프로토타이핑 능력 향상:
게임 프로토타입 제작: 다양한 프로토타이핑 툴을 사용하여 게임 아이디어를 프로토타입으로 제작해보면서 디자인 아이디어의 타당성을 테스트할 수 있다.
유용한 프로토타이핑 도구 사용 학습: Unity, Unreal Engine, Godot와 같은 게임 엔진의 프로토타이핑 도구를 사용하여 프로토타입을 만들 수 있는 기술을 익힐 수 있다.
이러한 방법들을 통해 게임 디자이너로서 필요한 역량을 향상시킬 수 있다. 항상 새로운 게임을 분석하고, 다양한 형태의 게임을 경험하는 것도 창의성을 키우고 전반적인 디자인 능력을 향상시킬 수 있는 좋은 방법이다.

3) 다양성과 전문화
게임 개발자 및 디자이너 분야에서도 다양한 전문 분야와 전문화된 영역이 존재한다. 아래에는 이들 분야에서 찾아볼 수 있는 몇 가지 구체적인 전문 분야를 소개한다:
**게임 개발자 (Game Developers)
① 게임 프로그래머 (Game Programmer): 게임 엔진 개발, 그래픽스 프로그래밍, 인공지능(AI) 개발, 네트워크 프로그래밍 등과 같이 게임의 핵심 시스템과 요소들을 개발하는 분야이다.
② 게임 엔진 개발자 (Game Engine Developer): 게임 엔진의 핵심 구성 요소를 개발하고 최적화하는 업무를 담당한다.
③ 모바일 게임 개발자 (Mobile Game Developer): 스마트폰 및 태블릿과 같은 모바일 플랫폼을 위한 게임을 개발.
④ VR/AR 게임 개발자 (VR/AR Game Developer): 가상 혹은 증강 현실을 활용한 게임을 개발하고 최적화 함.

⑤ 게임 물리 엔지니어 (Game Physics Engineer): 게임 내 물리 엔진을 개발하여 객체들 간의 물리적 상호 작용을 모델링함.

게임 디자이너 (Game Designers)

① 레벨 디자이너 (Level Designer): 게임의 레벨과 스테이지를 설계하고 구성하는 업무를 담당.
② 시스템 디자이너 (Systems Designer): 게임 시스템을 설계하고 균형을 맞추어 게임의 전반적인 경험을 디자인.
③ 스토리 디자이너 (Story Designer): 게임의 스토리라인을 작성하고 이를 게임에 통합시키는 역할.
④ UI/UX 디자이너 (UI/UX Designer): 게임의 사용자 인터페이스와 사용자 경험을 디자인.
⑤ 게임 아티스트 (Game Artist): 2D 및 3D 아트워크, 캐릭터 디자인, 애니메이션 등을 담당하여 게임의 시각적인 측면을 구성.

전문 분야에서의 다양성

① 게임 사운드 디자이너 (Game Sound Designer): 게임 내 음향 효과와 배경 음악을 디자인하고 통합시키는 역할을 함.
② 게임 테스터 (Game Tester): 게임을 플레이하여 버그를 찾고 게임의 품질을 테스트하는 역할을 함.
③ 게임 프로듀서 (Game Producer): 게임 개발 프로세스를 관리하고 프로젝트를 이끄는 역할을 함.
④ 게임 데이터 분석가 (Game Data Analyst): 게임 데이터를 분석하여 유저 행동 및 경험에 대한 통찰을 얻고 게임을 최적화함.

이처럼 게임 개발자 및 디자이너는 여러 전문 분야로 나뉘어져 있으며, 각 분야에서는 다양한 역할과 전문 지식이 요구됨. 이를 통해 게임 업계는 다양한 전문가들의 협업을 통해 혁신적이고 다양한 게임 경험을 제공하고 있다.

4) 교육 및 자격증

게임 개발자 및 디자이너로 진로를 삼으려면 다양한 교육 경로와 자격증이 있다. 아래에는 이 분야에서 요구되는 교육과 자격증에 대한 정보를 제공한다:

교육

① 컴퓨터 과학 또는 게임 개발 전공: 대학이나 대학원에서 컴퓨터 과학, 소프트웨어 엔지니어링, 게임 프로그래밍, 그래픽 디자인, 애니메이션 등과 같은 분야에서 학위를 취득할 수 있다.

② 전문 학교나 학원: 게임 개발 및 디자인 전문 학교나 학원에서 짧은 기간 동안 집중적인 교육을 받을 수 있다. 예를 들어, 게임 프로그래밍, 캐릭터 디자인, 레벨 디자인 등을 배울 수 있다.

③ 온라인 코스 및 튜토리얼: 온라인 플랫폼에서는 Unity, Unreal Engine 등과 같은 게임 엔진을 사용하는 방법부터 게임 프로그래밍, 3D 모델링, 애니메이션 디자인 등을 학습할 수 있는 다양한 코스와 튜토리얼이 제공됨.

자격증

① Unity 인증 자격증: Unity 엔진에 관한 공식 자격증으로, Unity 기초부터 고급 기능까지 다양한 레벨의 자격증을 취득할 수 있다.

② Unreal Engine 인증 자격증: Unreal Engine 사용에 대한 자격증으로, 엔진의 다양한 측면에 대한 전문 지식을 증명할 수 있다.

③ 게임 개발자 인증 (Game Developer Certification): 여러 기관과 단체에서 제공하는 게임 개발자 자격증 프로그램이 있다. 이러한 자격증은 게임 개발의 기술과 전문 지식을 입증하는 데 도움을 줄 수 있다.

④ Adobe Creative Cloud 자격증: 게임 개발에 필요한 그래픽

디자인 및 애니메이션 소프트웨어 사용에 관한 자격증을 취득할 수 있다.
자격증은 이력서를 강화하고 취업 기회를 높일 수 있는 방법 중 하나일 뿐, 실제 업무 능력을 대변하는 것은 아니다. 항상 실제 프로젝트나 경험을 통해 자기 능력을 증명할 수 있는 포트폴리오를 갖추는 것이 중요하다.

5) 현업 경험
게임 개발자 및 디자이너로서 유용한 현업 경험을 쌓기 위해서는 실제 프로젝트에 참여하고 다양한 역할을 수행하는 것이 중요. 이를 통해 실무 경험과 팀 협업 능력을 키울 수 있다. 아래는 게임 개발자 및 디자이너들에게 유용한 현업 경험에 대한 구체적인 방법이다:

① 개인 프로젝트 및 오픈 소스 기여:
- 개인 게임 프로젝트: 스스로 게임을 기획하고 개발하여 완성도 있는 게임을 만들어본다. 이를 통해 프로젝트 수행 능력을 강화할 수 있다.
- 오픈 소스 기여: 게임 개발과 관련된 오픈 소스 프로젝트에 참여하여 기여하고, 다른 개발자들과 협업하는 경험을 쌓는다.

② 게임 재미 요소의 분석 및 피드백 수집:
- 게임 분석: 다양한 게임을 분석하고, 그들의 디자인, 시스템, 그래픽, 음향 등을 자세히 분석한다. 이를 통해 성공적인 게임 디자인의 원리를 이해할 수 있다.
- 플레이 테스터로 참여: 게임 회사나 독립 개발자들이 나름의 프로젝트를 테스트하는 플레이 테스터로 참여하여 게임 플레이어의 관점에서 피드백을 제공한다.

③ 게임 개발 팀 프로젝트:
- 대학 프로젝트: 대학이나 학교에서 게임 개발 프로젝트에 참여하여 팀원들과 협업하고 프로젝트 관리 경험을 쌓는다.

• 게임 잼(Game Jam) 참여: 게임 잼에 참여하여 주어진 시간 안에 게임을 개발하는 경험을 쌓는다. 이는 빠른 개발과 협업의 능력을 향상시킨다.
④ 현업 인턴십 및 산업 프로젝트:
• 게임 회사 인턴십: 게임 개발 회사에서 인턴으로 근무하면 실무 경험을 쌓고 게임 개발의 실제 프로세스를 이해할 수 있다.
• 산업 프로젝트 참여: 게임 개발과 관련된 산업 프로젝트에 참여하여 실제 업무 환경에서 업무를 수행하는 경험을 쌓는다.
⑤ 온라인 커뮤니티 참여:
• 게임 개발 온라인 커뮤니티: 게임 개발자와 디자이너들이 모이는 포럼이나 소셜 미디어 그룹에 참여하여 다양한 토론과 프로젝트에 참여하고 지식을 공유한다.
이러한 현업 경험을 통해 실무 능력과 팀 협업 능력을 키울 수 있다.
또한, 프로젝트를 통해 만들어진 게임 및 작업물들을 포트폴리오로 정리하여 취업 시에 활용할 수 있다.

6) 급여와 복지
게임 개발자와 디자이너의 급여 수준과 복지 혜택은 경력, 기술 수준, 회사 규모 및 위치 등에 따라 다양하다. 한국의 게임 산업은 크게 성장하고 있으며, 대기업과 중소기업, 독립 게임 스튜디오 등에서 다양한 기회가 제공되고 있다. 아래는 대략적인 정보를 기반으로 한국에서의 게임 개발자와 디자이너의 평균 급여와 일반적인 복지 혜택을 설명한 것이다.
① 게임 개발자 및 디자이너의 평균 급여 (2021년 기준)
• 초급(Game Junior): 약 2,000만원 - 3,500만원
• 중급(Game Developer): 약 3,500만원 - 6,000만원
• 고급(Game Senior/Lead): 6,000만원 이상 (특히 경력과 기술에 따라 크게 변동)

② 일반적인 복지 혜택
• 건강보험 및 국민연금: 대부분의 기업에서 건강보험 및 국민연금에 가입시켜주며, 일정 비율의 급여에서 공제.
• 연차 휴가: 연차 휴가는 근속 기간에 따라 적립되며, 일반적으로 매년 사용할 수 있다.
• 매월 복지 활동: 기업마다 다르지만 매월 팀 빌딩이나 문화 활동을 통한 복지 프로그램이 제공됨.
• 자기 계발 지원: 교육 및 자격증 취득을 위한 지원을 해주는 경우가 많다.
• 연례 보너스: 회사 실적에 따라 연례로 보너스를 지급하는 경우가 많다.
이러한 정보는 일반적인 경향을 보여주는 것이며, 각 회사나 프로젝트에 따라 상세한 조건은 달라질 수 있다. 또한, 게임 산업은 계속 성장하고 있기 때문에 경력과 기술 수준에 따라 급여와 복지 혜택이 크게 상승할 수 있다. 실제 채용 공고를 참고하여 각 회사의 조건을 확인하는 것이 중요.

7) 사회적 의미
게임 개발자와 디자이너는 현대 사회에서 매우 중요한 역할을 수행하고 있다. 그들의 활동은 단순히 게임을 만드는 것을 넘어 다양한 사회적 의미를 가지고 있다:
① 문화적 영향
• 문화 유산의 형성: 게임은 문화 유산의 일부로 여겨지며, 특정 지역이나 국가의 문화를 세계에 알리는 역할을 한다.
• 창의적 예술 표현: 게임은 예술의 한 형태로, 그래픽, 음악, 스토리텔링 등 다양한 예술 분야의 결합체로 볼 수 있다.
② 경제적 영향
• 일자리 창출: 게임 산업은 수많은 일자리를 창출하며, 프로그래머, 디자이너, 작가, 아티스트, 테스터 등 다양한 직군의 사람

들이 필요.
• 산업 발전: 게임 산업은 경제에 큰 기여를 하고 있으며, 전 세계적으로 성장하고 있는 주요 산업 중 하나이다.
③ 사회적 상호 작용
• 사회적 연결성 강화: 온라인 멀티플레이어 게임은 사람들 간의 상호 작용과 소통을 촉진하며, 국경을 넘어 다양한 문화 간의 교류를 도모한다.
• 커뮤니티 형성: 게임은 특별한 관심사나 취향을 공유하는 커뮤니티를 형성하고 사람들을 연결시킴.
④ 교육적 영향
• 교육 도구로 활용: 게임은 교육 환경에서 사용되어 학습과 교육의 효과를 높일 수 있다. 교육 게임은 학생들에게 지식을 전달하고 문제 해결 능력을 향상시키는 데 도움을 준다.
⑤ 사회 문제에 대한 인식과 대처:
• 사회 문제의 인식: 게임은 사회 문제나 역사적 사건을 다룸으로써 플레이어들에게 사회 문제에 대한 인식을 높일 수 있다.
• 사회 문제 해결에 기여: 일부 게임은 사회 문제에 대한 인식을 높이고 해결책을 모색하는 데 기여하며, 기부 활동 등에 연계돼 사회적 책임을 수행하는 경우도 있다.
게임 개발자와 디자이너는 이러한 다양한 영향력을 통해 사회에 긍정적인 영향을 미치며, 현대 문화와 사회에서 필수적인 역할을 하고 있다.

8) 미래에 대한 비전
게임 개발자 및 디자이너의 미래는 기술과 산업 동향에 크게 영향을 받을 것으로 예상됨. 아래에는 이 분야의 미래에 대한 비전을 설명:
① 확장된 현실 (AR) 및 가상 현실 (VR) 게임
• 더욱 현실적인 경험: AR 및 VR 기술의 발전으로 게임은 더욱

현실적이고 몰입감 있는 경험을 제공할 것임.
• 다양한 플랫폼 개발: AR 및 VR 플랫폼에 게임을 개발하는 기회가 늘어날 것이며, 다양한 디자인과 게임플레이 아이디어가 필요.
② 클라우드 게임 및 게임 스트리밍
• 접근성 향상: 클라우드 기술을 활용한 게임 스트리밍 서비스로 게임에 접근성이 향상될 것임.
• 게임 디자인의 새로운 가능성: 실시간 렌더링 및 네트워크 기술을 활용한 게임 디자인의 새로운 가능성이 열림.
③ 인공지능 (AI) 및 기계 학습 (ML)의 활용
• 지능형 적응 게임: AI 및 ML은 게임 내에서 지능적인 적응형 게임플레이, 적 캐릭터의 향상된 행동, 퀘스트 및 스토리의 자동 생성과 같은 기능을 개발하는 데 활용될 것임.
• 개인화된 경험: 플레이어에 맞춤형 게임 경험이 제공될 것이며, 이는 게임 개발자와 디자이너에게 AI 및 ML의 이해와 활용 능력을 요구할 것임.
④ 사회적 상호 작용과 온라인 게임 커뮤니티 강화
• 더 큰 멀티플레이어 경험: 온라인 멀티플레이어 게임의 사회적 상호 작용이 더욱 풍부해질 것임.
• 게임 소셜 미디어 통합: 게임 개발자와 디자이너는 게임 소셜 미디어와의 통합을 통해 플레이어들과 더 밀접한 관계를 형성할 수 있을 것임.
⑤ 게임의 사회적 의미 강조
• 사회 문제 의식 증대: 게임은 사회 문제에 대한 인식을 높이고 해결책 모색에 기여할 것임.
• 교육 및 훈련 도구로 활용: 게임은 교육과 훈련 분야에서 더 많이 활용될 것이며, 게임 개발자와 디자이너는 이러한 분야에서 기회를 찾을 수 있다.
게임 개발자와 디자이너는 이러한 미래 동향을 이해하고 적응하기 위해 지속적인 학습과 혁신이 필요하다. 미래 게임 산업은 기술과 사회적 요소의 결합으로 더욱 다양하고 흥미로운 분야로 발전될 것이다.

5-9 블록체인 개발자
1) 수요와 성장 가능성
블록체인 기술은 분산원장 기술로도 알려져 있으며, 중앙 기관 없이 정보를 안전하게 기록하고 관리할 수 있게 해주는 기술이다. 블록체인은 암호화폐를 비롯한 다양한 산업 분야에서 혁신을 가져오고 있어 블록체인 개발자에 대한 수요가 높아지고 있다. 이에 따라 블록체인 개발자에 대한 성장 가능성은 계속해서 확대될 것으로 기대된다.

블록체인 개발자에 대한 수요:
① 암호화폐 및 블록체인 기반 서비스: 블록체인 개발자는 암호화폐 거래소, 지갑 애플리케이션, 스마트 계약 플랫폼 등 다양한 블록체인 기반 서비스를 개발할 수 있다.
② 분산 애플리케이션 (DApps) 개발: 블록체인은 분산 애플리케이션의 개발을 가능하게 하며, 블록체인 개발자는 이러한 DApps를 만들고 유지보수할 수 있다.
③ 블록체인 기반 기업 솔루션: 기업들은 블록체인을 활용해 공급망 관리, 인증 및 추적, 자산 관리 등의 문제를 해결하기 위한 솔루션을 찾고 있다.

블록체인 개발자의 성장 가능성:
① 산업 분야의 다양한 활용: 블록체인 기술은 금융, 건강 관리, 로직스, 공급망 관리, 투표 시스템, 부동산 등 다양한 산업 분야에서 활용될 수 있어 성장 가능성이 높다.
② 블록체인 기술의 발전: 블록체인 기술은 계속해서 발전하고 있으며, 더 효율적이고 안전한 블록체인 프로토콜 및 툴킷이 필요하므로 이를 개발하는 개발자에 대한 수요가 늘어날 것이다.

③ 블록체인 기술 교육의 확대: 대학 및 교육 기관에서 블록체인 기술 교육 및 인증 프로그램을 확대하고 있어, 블록체인 개발자들의 수준 또한 향상된다.
블록체인 개발자로서 성공하기 위해서는 핵심 블록체인 프로토콜 및 스마트 계약의 이해, 다양한 프로그래밍 언어 및 툴의 숙련도, 보안 및 암호화 기술에 대한 지식이 필요하다. 또한, 산업별 특정 문제를 해결할 수 있는 능력과 창의성이 중요하다. 이러한 기술과 역량을 갖춘 블록체인 개발자는 높은 수요를 누릴 수 있을 것이다.

2) 기술(스킬셋)과 역량

블록체인 개발자로서 성공하기 위해서는 다양한 기술과 역량을 갖추어야 한다. 아래는 블록체인 개발자에게 요구되는 기술과 역량이다:
① 블록체인 기술에 대한 깊은 이해:
• 블록체인 작동 원리 이해: 블록체인의 핵심 개념, 해시 함수, 분산 원장, 암호화 기술 등을 이해해야 한다.
• 스마트 계약 이해: 스마트 계약의 작동 원리를 이해하고 프로그래밍할 수 있어야 함.
② 프로그래밍 언어 숙련도:
• Solidity: 이더리움 플랫폼의 스마트 계약을 개발하기 위한 언어로 Solidity를 숙달해야 됨.
• Java, C++, Python: 블록체인 플랫폼의 개발 및 관리에 사용되는 언어로 Java, C++, Python 등의 언어를 숙련되게 사용할 수 있어야 함.
③ 분산 시스템 및 네트워크 이해:
• P2P 네트워크: 블록체인은 분산 P2P 네트워크에서 작동하므로 이에 대한 이해가 필요.
• 합의 알고리즘: 합의 알고리즘인 Proof of Work (PoW),

Proof of Stake (PoS) 등을 이해하고 구현할 수 있어야 함.
④ 보안 및 암호화 기술 이해:
• 암호화 기술: 블록체인에서 사용되는 암호화 기술에 대한 이해가 필요하다.
• 보안 관련 지식: 스마트 계약 보안, 공격 방어, 취약점 분석 등의 보안 관련 지식이 필요.
⑤ 문제 해결 능력과 창의성:
• 복잡한 문제 해결: 블록체인 기술은 다양한 문제를 해결하는데 활용됨. 이를 위해 복잡한 문제 해결 능력이 필요하다.
• 창의성: 새로운 블록체인 기반 서비스나 애플리케이션을 개발하기 위해 창의적인 아이디어와 접근 방법이 필요.
⑥ 프로젝트 관리 및 협업 능력:
• 프로젝트 관리: 소프트웨어 개발 프로젝트의 계획, 추적, 관리 능력이 필요.
• 팀 협업: 다양한 분야의 전문가와 협업하며 팀에서 원활하게 작업할 수 있는 능력이 필요.
블록체인 개발자로서는 지속적인 학습과 새로운 기술에 대한 관심을 유지하면서, 다양한 프로젝트에서 경험을 쌓아나가는 것이 중요.
필요한 역량을 개발하기 위해 아래와 같은 방법들을 고려해볼 수 있다:
① 온라인 코스와 자습서
• 온라인 교육 플랫폼: Coursera, Udacity, edX 등에서 제공하는 블록체인 관련 코스를 수강할 수 있다. 이런 코스들은 블록체인의 기초부터 심화까지 다양한 주제를 다루어준다.
• YouTube와 블로그: 블록체인 관련 채널과 블로그에서 자주 업데이트되는 강의와 튜토리얼을 찾아볼 필요가 있다.
② 오픈 소스 프로젝트 참여
• GitHub: 블록체인과 관련된 오픈 소스 프로젝트에 참여하면

실전 경험을 쌓을 수 있다. 다양한 프로젝트에서 코드를 읽고 기여함으로써 실무 능력을 키울 수 있다.
③ 개인 프로젝트 개발
• 스마트 계약 프로젝트: 자신만의 스마트 계약을 개발하고 이를 테스트해보는 것은 블록체인 개발을 배우는 데 매우 유용하다. Ethereum의 Solidity 언어를 사용해보는 것이 좋은 시작이다.
• 블록체인 기반 분산 애플리케이션(DApps) 개발: 블록체인 플랫폼에서 동작하는 분산 애플리케이션을 개발하여 실전 경험을 쌓을 수 있다.
④ 커뮤니티 참여
• 블록체인 커뮤니티: Reddit, Stack Exchange 등 블록체인 커뮤니티에 참여하면 다른 개발자들과 경험을 공유하고 질문에 답할 수 있다.
• 로컬 블록체인 이벤트 및 모임 참석: 로컬 블록체인 관련 이벤트와 세미나에 참석하여 다양한 전문가들과 네트워킹하고 경험을 나눌 수 있다.
⑤ 도서와 블로그 독서
• 전문 도서와 블로그: 블록체인에 관한 전문 도서와 블로그를 찾아 볼 필요가 있다. 실무에서 활용 가능한 깊은 지식을 얻을 수 있다.
⑥ 실전 경험 쌓기
• 인턴십 또는 프리랜서 프로젝트: 블록체인 기업에서의 인턴십 경험 또는 프리랜서로 블록체인 프로젝트에 참여함으로써 실전 능력을 키울 수 있다.
지속적인 학습과 실전 경험을 통해 위 역량들을 향상시키는 것이 중요. 특히 블록체인 기술은 지속적으로 발전하므로 새로운 기술과 트렌드를 학습하며 스스로를 발전시키는 것이 필요.

3) 다양성과 전문화

블록체인 개발 분야에서도 다양한 전문화 분야와 역할이 존재함. 여기에는 블록체인 기술을 활용한 다양한 응용 분야와 해당 분야에서 요구되는 전문성에 대한 정보를 제공하자면:

다양한 블록체인 개발 분야:

① 암호화폐 및 토큰 개발자:

역할: 새로운 암호화폐나 토큰을 개발하고 이를 블록체인 네트워크에 배포.

전문성: 새로운 토큰 및 암호화폐의 발행 및 스마트 계약 개발에 대한 전문 지식이 필요.

② 스마트 계약 개발자:

역할: 블록체인 네트워크에서 실행되는 스마트 계약을 설계하고 구현.

전문성: Solidity, Rust, Go 등의 스마트 계약 언어에 대한 전문 지식이 필요하며, 보안 및 암호화 기술에 대한 이해도 필요.

③ 분산 애플리케이션 (DApps) 개발자:

역할: 블록체인을 기반으로 한 분산 애플리케이션을 개발하고 배포.

전문성: 웹 개발 기술과 함께 블록체인 플랫폼 (예: Ethereum)에서 DApps를 개발하는 방법을 알아야 함.

④ 블록체인 네트워크 프로토콜 개발자:

역할: 블록체인 네트워크의 프로토콜을 개발하고 최적화함.

전문성: 네트워크 프로토콜, 암호화 기술, 컴퓨터 네트워크에 대한 깊은 이해가 필요함.

⑤ 블록체인 보안 전문가:

역할: 블록체인 네트워크와 스마트 계약의 보안 취약점을 찾아내고 보완한다.

전문성: 암호학, 취약점 분석, 해킹 방지 기술 등에 대한 전문 지

식이 필요함.
⑥ 블록체인 기업 솔루션 개발자:
역할: 기업들의 요구에 맞춘 블록체인 기반 솔루션을 개발하고 구현.
전문성: 기업 프로세스의 이해, 솔루션 아키텍처 설계, 블록체인 기술의 적용 능력이 필요.
전문화된 영역:
① 의료 분야 (의료 기록 관리, 환자 식별, 의약품 추적):
전문성: 의료 데이터 보안, 환자 식별 기술, 의약품 추적 시스템 등에 대한 지식이 필요.
② 금융 분야 (결제 시스템, 스마트 계약 기반 금융 상품):
전문성: 금융 거래의 스마트 계약 구현, 블록체인을 활용한 결제 시스템 설계 능력이 필요.
③ 공급망 및 물류 분야 (제품 추적, 실시간 모니터링):
전문성: 물류 관리 및 제품 추적을 위한 블록체인 솔루션 설계와 구현 능력이 필요.
④ 부동산 분야 (부동산 거래, 토지 소유권 관리):
전문성: 블록체인을 이용한 부동산 거래 프로세스의 개발과 토지 소유에 대한 블록체인 솔루션 설계 능력이 필요.
블록체인 개발 분야에서는 다양한 응용 분야와 전문화된 역할이 존재하므로, 본인의 관심과 역량에 따라 특정 분야에 집중하여 전문성을 키우는 것이 중요.

4) 교육 및 자격증
블록체인 개발자로 진로를 삼고자 한다면, 다양한 교육 및 자격증 프로그램을 통해 전문 지식을 쌓을 수 있다. 아래는 블록체인 개발자로서 요구되는 교육 및 자격증을 나열한 목록이다:
교육 프로그램
① 대학 학위 프로그램: 컴퓨터 과학, 정보 기술, 소프트웨어 공

학 등의 학위를 취득하는 것이 기본이다. 몇몇 대학은 블록체인 기술에 중점을 둔 전문 학위 프로그램을 제공한다.
② 온라인 코스 및 MOOCs: Coursera, edX, Udacity 등의 온라인 교육 플랫폼에서 제공되는 블록체인 관련 코스를 수강할 수 있다. IBM Blockchain, Ethereum Foundation, ConsenSys 등의 기관에서도 무료 강의를 제공한다.
③ 지역 커뮤니티 및 워크샵 참여: 로컬 커뮤니티 그룹이나 블록체인 워크샵 및 세미나에 참여하여 실무 경험과 네트워킹 기회를 확보할 수 있다.

자격증 프로그램
• Certified Blockchain Developer (CBD): Blockchain Training Alliance에서 제공하는 CBD 자격증은 블록체인 개발자의 기술적 능력을 검증하는 데 도움을 줌.
• Certified Ethereum Developer (CED): Ethereum Foundation에서 제공하는 CED 자격증은 이더리움 기반 애플리케이션을 개발하는 능력을 인증.
• Certified Hyperledger Fabric Developer (CHFD): Linux Foundation에서 제공하는 CHFD 자격증은 Hyperledger Fabric 기반의 블록체인 애플리케이션을 개발하는 능력을 검증한다.
• Certified Solidity Developer (CSD): Blockchain Council에서 제공하는 CSD 자격증은 스마트 계약 언어인 Solidity를 사용한 개발 능력을 인증한다.
• Certified Corda Developer (CCD): R3에서 제공하는 CCD 자격증은 Corda 플랫폼을 사용한 블록체인 애플리케이션을 개발하는 능력을 검증함.

자격증은 개발자의 기술적 능력을 증명하고 채용 과정에서 유리한 위치를 얻을 수 있도록 도와줌. 선택한 블록체인 플랫폼 및 기술에 맞는 자격증을 취득하는 것이 좋음. 또한, 지속적인 학습과 프로젝트 경험은 자격증 이외에도 매우 중요.

5) 현업 경험
블록체인 개발자로서 현업 경험을 쌓는 것은 매우 중요함. 실무 경험은 이론적 지식을 활용하고 문제 해결 능력을 향상시키는 데 도움을 줌. 아래는 블록체인 개발자로서 필요한 현업 경험을 쌓는 방법이다:
① 오픈 소스 프로젝트 참여
• GitHub 기여: 블록체인 관련 오픈 소스 프로젝트에 참여하고 코드를 기여하면서 실무 경험을 쌓을 수 있다.
• 새로운 프로젝트 시작: 자신이 관심을 가지고 있는 주제로 블록체인 기반 프로젝트를 시작하고 운영해보는 것은 매우 유용.
② 기업 프로젝트 및 인턴십 참여
• 블록체인 기업에서 인턴십: 블록체인 기업이나 스타트업에서 인턴으로 근무하면서 실무 경험을 쌓을 수 있다.
• 프리랜서로 일하기: 블록체인 관련 프로젝트에 참여하거나 기업들에게 블록체인 솔루션을 제공하는 프리랜서로 활동할 수 있다.
③ 토큰 발행 및 스마트 계약 프로젝트
• 토큰 발행: 자체적으로 암호화폐나 토큰을 발행하고 그 토큰의 거래를 관리해보는 것은 실무 경험을 얻을 수 있다.
• 스마트 계약 프로젝트: 실제 비즈니스 문제를 해결하기 위해 스마트 계약을 개발하고 배포해보는 것은 매우 유용.
④ 블록체인 기반 애플리케이션 개발
• 분산 애플리케이션 (DApps) 개발: Ethereum, Hyperledger 등의 플랫폼에서 DApps를 개발하고 블록체인을 기반으로 한 애플리케이션을 구현하는 경험을 쌓을 수 있다.
• 스마트 계약 구현: 실제 비즈니스 프로세스를 자동화하기 위해 스마트 계약을 개발하고 테스트해보는 것은 중요한 경험이다.

⑤ 블록체인 투자 및 거래 경험
• 암호화폐 투자 및 거래: 암호화폐 시장에서 투자를 하고 실제 거래를 해보면 블록체인 기술과 시장의 움직임을 이해할 수 있다.
현업 경험을 쌓기 위해서는 개인 프로젝트부터 실제 기업 프로젝트까지 다양한 경험을 쌓아보는 것이 좋다. 또한, 자주 업데이트되는 기술 동향을 파악하고 실전에서 활용할 수 있는 프레임워크와 도구들에 익숙해지는 것도 중요하다.

6) 급여와 복지
블록체인 개발자들의 급여 수준과 복지 혜택은 다양한 요인에 따라 달라질 수 있다. 경력, 기술 수준, 근무하는 회사의 규모와 종류, 지역 등이 이에 해당한다. 그럼에도 불구하고, 일반적으로 블록체인 개발자들은 높은 수준의 기술을 요구받기 때문에 높은 급여와 다양한 복지 혜택을 받는 경향이 있다.

급여 수준:
• 초급 블록체인 개발자: 대체로 3000만원에서 5000만원 사이의 연봉을 받을 수 있다.
• 중급 블록체인 개발자: 5000만원에서 8000만원 이상의 연봉이 일반적이다.
• 고급 블록체인 개발자 및 전문가: 8000만원 이상부터 시작하여 1억원 이상의 연봉을 받을 수 있다.

복지 혜택:
한국의 IT 기업들과 스타트업은 경쟁력 있는 인재를 끌어오기 위해 다양한 복리후생 제도와 혜택을 제공하고 있다. 이에는 다음과 같은 복지 혜택이 포함될 수 있다:
• 건강보험 및 의료 보험: 대부분의 기업에서 건강보험 및 의료 보험을 제공.
• 퇴직연금: 많은 기업에서 퇴직연금 제도를 운영하고 있다.

- 연차 및 휴가 일수: 연차, 유급 휴가, 경조 휴가 등이 주어짐.
- 교육 지원: 추가 교육 및 자격증 취득을 위한 지원이 제공될 수 있다.
- 플렉시블 근무제: 일부 기업에서는 유연한 근무 시간과 원격 근무를 허용하는 정책을 시행하고 있다.

물론, 이러한 혜택들은 기업에 따라 다르며, 실제 현장에서의 협상과 상황에 따라 달라질 수 있다. 그러므로 구체적인 급여와 복지 혜택은 개발자와 회사 간의 협상 결과에 의해 결정된다.

7) 사회적 의미

블록체인 개발자들은 현대 사회에서 매우 중요한 역할을 하며 여러 가지 사회적 의미를 지니고 있다:

① 탈중앙화와 민주화: 블록체인 기술은 중앙 기관 없이 정보를 저장하고 거래를 처리할 수 있는 기술을 제공한다. 이로 인해 금융 시스템, 투표 시스템, 의료 기록 관리 등에서 중앙화된 권력을 분산시키고 민주적 접근을 가능하게 한다. 블록체인 개발자들은 이러한 탈중앙화와 민주화의 원칙을 실현하는 데 기여한다.

② 금융 포용성:
블록체인 기술은 금융 서비스에 대한 접근성을 향상시키고 금융 포용성을 증가시킵니다. 금융 서비스에 접근이 어려운 지역이나 소액 결제 시스템에서 블록체인을 활용하여 금융 서비스를 제공할 수 있습니다.

③ 보안과 투명성: 블록체인은 안전하고 무결성이 보장된 트랜잭션을 제공한다. 이는 사회적으로 중요한 데이터의 무결성을 보장하고, 부정 행위를 감지하고 예방하는 데 도움이 된다. 개발자들은 안전한 디지털 환경을 만들어 투명성과 신뢰를 확립하는 역할을 한다.

④ 사회 문제 해결: 블록체인은 여러 사회 문제에 대한 해결책으로 제시됩니다. 예를 들어, 기부금 관리, 인증제도, 환경 보호 등

의 분야에서 블록체인은 투명성과 신뢰를 제공하여 사회적 문제들을 해결하는 데 활용될 수 있다. 블록체인 개발자들은 이러한 솔루션을 개발하고 구현하는 주체로 활동할 수 있다.
⑤ 블록체인 기술 확산과 교육: 블록체인 개발자들은 블록체인 기술을 홍보하고 교육하는 역할을 한다. 기술의 보급과 교육을 통해 블록체인 기술의 잠재력을 더 많은 사람들이 이해하고 활용할 수 있도록 돕는다.
이러한 방식으로 블록체인 개발자들은 사회적으로 혁신을 이끄는 중요한 역할을 하며, 블록체인 기술이 사회의 여러 측면에 긍정적인 영향을 미치도록 도와준다.

8) 미래에 대한 비전
블록체인 개발자들의 미래는 매우 밝고 다양한 가능성으로 가득 차 있다. 블록체인 기술은 지금까지 많은 분야에서 혁신을 이루어냈고, 앞으로도 새로운 기회와 도전을 제공할 것으로 예상된다.
**1. **분산화와 탈중앙화의 확대:
블록체인 기술은 더 많은 분야로 확장될 것으로 예상된다. 금융, 의료, 유통, 부동산 등 다양한 산업에서 블록체인을 활용하여 중앙 중재자를 배제하고 투명하고 효율적인 시스템을 구축할 수 있을 것이다.
**2. **스마트 컨트랙트의 증가:
스마트 컨트랙트는 블록체인에서 중요한 개념 중 하나로, 앞으로 더욱 복잡한 비즈니스 로직을 자동화하고 프로그래밍 가능한 방식으로 처리할 수 있을 것이다. 이로써 보다 안전하고 효율적인 계약 체결 및 관리가 가능해질 것이다.
**3. **탈중앙화 금융 시스템의 성장:
블록체인은 전통적인 은행 시스템을 뒤흔들고 탈중앙화 금융 시스템을 유도할 것이다. 디지털 자산, 분산 금융 앱(DApps), 디지털 통화 등 블록체인을 기반으로 한 금융 서비스가 더욱 확대될 것이다.
**4. **실세계 자산의 토큰화:
부동산, 예술품, 자동차 등과 같은 실세계 자산들이 블록체인을 기반으로 토큰화될 것이다. 이로써 자산의 소유권과 거래가 보다 효율적으로 이루어질 수 있게 될 것이다.
**5. **블록체인 기반 신원 확인 시스템의 발전:
블록체인을 기반으로 한 신원 확인 시스템은 보안과 개인정보 보호를 강화할 것이다. 블록체인을 활용한 신원 확인은 디지털 사회에서 신뢰성 있는 인증 시스템을 제공할 것이다.
**6. **환경 보호와 블록체인의 결합:
환경 보호와 관련된 프로젝트에서 블록체인은 환경 정보의 추적과 감시를 돕고, 친환경 에너지 생산과 소비에 대한 투명성을 높일 것이다. 블록체인을 통해 환경 보호에 기여하는 프로젝트가 더욱 확대될 것이다.
블록체인 개발자들은 이러한 가능성과 도전에 대응하면서 끊임없는 학습과 혁신을 통해 미래의 디지털 세계를 이끌어 나가게 될 것이다. 이러한 노력들은 금융, 기술, 환경, 사회 분야에서 혁신을 이루어 나가고 더 나은 세상을 구축하는 데 기여할 것이다.

5-10 가상 현실(VR) 및 증강 현실(AR) 개발자

1) 수요와 성장 가능성

가상 현실(VR) 및 증강 현실(AR) 개발자들에 대한 수요와 성장 가능성은 계속해서 높아질 것으로 예상된다. 이러한 기술은 다양한 산업 분야에서 혁신적인 해결책을 제공하고 있으며, 이에 따른 수요가 증가하고 있다.
① 엔터테인먼트 산업
• VR 및 AR 게임: 게임 산업에서 VR 및 AR 기술은 이미 큰 성장을 이루고 있다. 높은 수준의 현실감과 상호작용으로 게임 경

험을 향상시키는 게임이 계속해서 개발되고 있다.
• 가상 현실 영화 및 쇼: VR 영화 및 쇼는 관객에게 몰입감 있는 체험을 제공하며, 엔터테인먼트 산업에서 새로운 차원의 경험을 창출하고 있다.
② 교육 및 훈련
• 가상 현실 교육: VR은 현실에서 불가능한 실험, 여행, 역사 시뮬레이션 등 다양한 교육 활동을 가상으로 구현할 수 있다.
• 증강 현실 훈련: 증강 현실은 현실과 가상 정보를 결합하여 훈련 및 시뮬레이션을 할 수 있는 기회를 제공한다. 군대, 의료, 항공 등 다양한 분야에서 활용될 수 있다.
③ 의료 및 건강 관리
• 의료 진단 및 치료: 의료 분야에서는 VR 및 AR 기술을 활용하여 환자의 진단, 치료 및 재활에 활용하고 있다. 환자 친화적인 환경에서 치료 및 치료 효과를 높일 수 있다.
• 의료 훈련 및 교육: 의료 전문가들을 위한 가상 현실 시뮬레이션 및 교육 애플리케이션은 의료 분야에서 교육 수준을 높이고 전문가들의 역량을 향상시킨다.
④ 비즈니스 및 산업
• 가상 회의 및 협업: 비즈니스 환경에서는 VR 기술을 사용하여 전 세계에 분산된 팀 간에 실시간으로 협업할 수 있는 환경을 제공한다.
• 제품 시연 및 설계: 제품 개발 및 설계 단계에서 VR 및 AR을 사용하여 제품의 시각화된 모델을 생성하고 시연할 수 있다.
⑤ 여가 및 관광
• 가상 여행 및 체험: VR을 통해 사용자들은 세계 여러 지역을 직접 체험할 수 있다. 역사적인 장소, 관광 명소, 문화 체험 등을 현실과 거의 동일한 경험으로 즐길 수 있다.
⑥ 시장 성장과 새로운 기회
• AR 및 VR 헤드셋 시장의 성장: AR 및 VR 헤드셋의 기술적

발전과 가격 하락으로 인해 소비자들의 접근성이 향상되고, 이는 이 기술을 사용하는 애플리케이션의 다양성을 증가시킬 것이다.
• 5G 기술과의 통합: 5G 기술의 도입으로 더 높은 대역폭과 낮은 지연 시간을 활용하여 더욱 현실적인 VR 및 AR 경험이 가능해질 것이다.
이러한 이유로 VR 및 AR 개발자들은 미래에 더욱 높은 수요와 성장 가능성을 기대할 수 있다. 새로운 산업 분야에서의 응용, 기술의 진보, 그리고 사용자 경험의 지속적인 개선은 이 분야의 전망을 밝게 만들고 있다.

2) 기술(스킬셋)과 역량

가상 현실(VR) 및 증강 현실(AR) 개발자가 가져야 하는 기술과 역량은 다양하며, 이 분야에서 성공적으로 활동하기 위해서는 다음과 같은 스킬셋과 역량이 필요하다:
① 프로그래밍 언어와 개발 환경
• 언어: C++, C#, JavaScript 등의 프로그래밍 언어에 대한 이해와 숙련도가 필요.
• 게임 엔진: Unity, Unreal Engine 등의 게임 엔진에 대한 경험이 필요. 이러한 엔진은 VR 및 AR 애플리케이션을 개발하는 데 필수적임.
② 3D 그래픽과 애니메이션
• 3D 모델링: 3D 모델링 소프트웨어 (Blender, Maya, 3ds Max 등)를 사용하여 객체와 캐릭터를 디자인하고 편집할 수 있어야 한다.
• 애니메이션: 3D 애니메이션 기술과 애니메이션 소프트웨어에 대한 이해가 필요.
③ 센서와 트래킹 기술
• 센서 이해: VR 및 AR 기기에 사용되는 센서 (가속도계, 자이로스코프 등)에 대한 이해가 필요.

• 트래킹 기술: 물체 및 사용자의 움직임을 추적하는 기술에 대한 지식이 필요.
④ 사용자 경험 및 UI/UX 디자인
• UI/UX 디자인: 사용자 경험과 인터페이스 디자인에 대한 기초적인 이해가 필요. VR 및 AR에서의 사용자 경험을 최적화하기 위한 디자인 스킬이 중요.
⑤ 오디오 기술
• 3D 오디오: 3D 오디오 기술을 활용하여 사운드가 사용자 주변에서 어떻게 퍼지는지 이해하고 구현할 수 있어야 한다.
⑥ 문제 해결 능력과 협업 능력
• 문제 해결 능력: 복잡한 기술적 문제를 해결하고 새로운 기술을 습득할 수 있는 능력이 필요하다.
• 협업 능력: 팀에서 협업하고 다양한 분야의 전문가들과 소통할 수 있는 능력이 필요하다.
⑦ 업계 지식과 트렌드 파악
• 업계 지식: VR 및 AR 산업 동향과 현재 사용되는 기술, 장비, 소프트웨어에 대한 지식이 필요.
• 트렌드 파악: 빠르게 변화하는 기술 트렌드를 파악하고 새로운 기술 및 툴셋을 학습할 능력이 필요.
이러한 기술과 역량은 VR 및 AR 개발자가 프로젝트를 성공적으로 이끌고 혁신적인 경험을 제공할 수 있도록 도와줌. 또한, 지속적인 학습과 산업 동향을 파악하여 기술을 최신 상태로 유지하는 것이 중요.
아래는 가상 현실(VR) 및 증강 현실(AR) 개발자로 성장하기 위해 각 역량을 개발할 수 있는 구체적인 방법이다:
① 프로그래밍 언어와 개발 환경
• 온라인 코딩 코스 및 튜토리얼: Codecademy, Coursera, edX 등에서 C++, C#, JavaScript와 같은 언어를 가르치는 온라인 코딩 코스를 수강할 필요.

• 개인 프로젝트: 게임 개발, 앱 제작 등의 프로젝트를 진행하여 실전 경험을 쌓으라.
• 개발 커뮤니티 참여: GitHub와 같은 개발 커뮤니티에 참여하여 오픈 소스 프로젝트에 기여하거나 다른 개발자들의 코드를 리뷰해 볼 필요.
② 3D 그래픽과 애니메이션
• 온라인 강의 및 튜토리얼: Udemy, Khan Academy 등에서 3D 모델링 및 애니메이션에 관한 강의를 수강할 필요가 있다.
• 모델링 연습: 무료로 제공되는 3D 모델링 소프트웨어를 사용하여 모델링 스킬을 연습하세요.
• 예제 및 템플릿 사용: 무료 모델링 템플릿을 사용하여 어떻게 3D 모델을 제작하는지 학습할 필요.
③ 센서와 트래킹 기술
• 센서 및 트래킹 관련 강의: 온라인 강의 플랫폼에서 센서 및 트래킹 기술에 관한 강의를 수강.
• 프로토타이핑: Arduino와 같은 마이크로 컨트롤러를 사용하여 센서와 트래킹 기술을 활용한 프로토타입을 만들어 본다.
④ 사용자 경험 및 UI/UX 디자인
• UI/UX 강의 및 책: UI/UX 디자인에 관한 강의나 책을 찾아 읽고 학습요.
• 디자인 챌린지: 실제 프로젝트에서 UI/UX 디자인 챌린지에 참여하여 디자인 스킬을 연마.
⑤ 오디오 기술
• 음향 공학 강의: 음향 공학에 관한 강의를 수강하여 3D 오디오 기술을 이해할 필요.
• 사운드 디자인 연습: 사운드 편집 소프트웨어를 사용하여 다양한 환경에서 사운드를 디자인.
⑥ 문제 해결 능력과 협업 능력
• 코딩 챌린지: 온라인 코딩 챌린지에 참여하여 문제 해결 능력

을 향상.
• 프로젝트 협업: 다양한 프로젝트에 참여하여 팀원들과 협업하는 경험을 쌓기.
⑦ 업계 지식과 트렌드 파악
• 산업 동향 파악: VR 및 AR 기술의 최신 동향을 파악하기 위해 기술 뉴스, 블로그, 산업 보고서 등을 읽는다.
• 전문 웹사이트와 포럼 참여: VR 및 AR 관련 웹사이트, 포럼, 소셜 미디어 그룹에 가입하여 업계 전문가들과 소통.
이러한 방법들을 통해 각 역량을 향상시키고 더 나은 가상 현실 및 증강 현실 개발자로 성장할 수 있다. 항상 새로운 기술과 도구에 대한 호기심을 가지고 학습하고 적용하는 것이 중요.

3) 다양성과 전문화

가상 현실(VR) 및 증강 현실(AR) 개발 분야는 다양한 영역과 전문화된 분야로 나뉘어지며, 각 분야에서는 특정한 기술과 역량이 요구됨. 아래에서는 이러한 다양성과 전문화된 영역에 대해 자세히 알아보면:
**1. **가상 현실(VR) 및 증강 현실(AR) 분야의 다양성
가상 현실(VR) 분야
① 게임 개발: VR 게임 개발은 가장 흔한 분야 중 하나이다. 3D 모델링, 애니메이션, 물리 엔진, 사용자 경험 등 다양한 기술이 필요.
② 의료 및 의료 시뮬레이션: 의료 분야에서 VR은 수술 훈련, 환자 교육, 정신 건강 치료 등에 활용됨. 의료 전문가와의 협업이 필요.
③ 교육 및 훈련: 학교나 기업에서의 교육 및 훈련 시뮬레이션은 VR을 사용하여 실제 상황을 모방함. 교육 전문가와 협력해야 함.
④ 부동산 및 건축: VR은 부동산 업계에서는 가상 투어를 제공

하고, 건축 분야에서는 디자인 시뮬레이션 및 클라이언트에게 프로젝트를 시각화하는 데 사용됨.
⑤ 엔터테인먼트 및 미디어: VR은 영화, 콘서트, 예술 전시회 등에서 새로운 종류의 경험을 제공함.

증강 현실(AR) 분야
① 모바일 앱 및 게임: AR 기술은 스마트폰 앱과 게임에서 실세계와 상호 작용하는 새로운 방법을 제공함.
② 마케팅 및 광고: AR을 사용한 상품 시연이나 광고 캠페인은 소비자들과 상호 작용할 수 있는 차별화된 방법을 제공.
③ 사물인터넷 (IoT): AR은 실제 환경에 IoT 장치 정보를 시각적으로 표시하고 제어하는 데 사용됨.
④ 의료 및 의료 훈련: 의사들은 환자 데이터를 실제 환경에서 시각화하고 공유하는 데 사용할 수 있다.
⑤ 제조업 및 유지보수: 유지보수 기술 분야에서 기계 및 장비에 대한 정보를 증강 현실로 표시하여 기술자들이 빠르게 문제를 해결할 수 있도록 돕는다.

**2. 전문화된 영역
① 컨텐츠 개발자: VR 및 AR 콘텐츠의 스토리보드 작성 및 제작을 담당함.
② 3D 모델러 및 애니메이터: 가상 환경에 사용되는 객체 및 캐릭터를 모델링하고 애니메이션을 만든다.
③ 개발자 및 프로그래머: VR 및 AR 애플리케이션을 프로그래밍하고 최적화함.
④ UX/UI 디자이너: VR 및 AR 환경에서 사용자 경험과 인터페이스를 디자인.
⑤ 하드웨어 엔지니어: VR 및 AR 장비의 하드웨어를 설계하고 제작.
⑥ 데이터 과학자: 사용자 행동 및 경험 데이터를 분석하여 애플리케이션의 성능을 최적화한다.

가상 현실 및 증강 현실 분야에서의 다양한 경로와 전문화된 역할은 이 분야의 전문가들이 특정한 분야에 집중하고 깊이 있는 전문 지식을 갖추도록 허용한다. 이러한 전문화된 지식은 새로운 기술 및 프로젝트를 개발할 때 중요한 역할을 한다.

4) 교육 및 자격증
가상 현실(VR) 및 증강 현실(AR) 개발자가 되기 위해서는 컴퓨터 과학, 소프트웨어 공학, 게임 개발, 컴퓨터 그래픽스, 인터랙션 디자인 등의 관련 분야에서 학위나 전문 교육을 받는 것이 일반적이다. 여기에 몇몇 교육과정과 자격증에 대해 자세히 알아보면:
① 학사 학위 프로그램:
컴퓨터 과학, 소프트웨어 공학, 게임 개발, 컴퓨터 그래픽스, 인터랙션 디자인 등과 관련된 학사 학위를 취득하는 것이 기본.
② 석사/박사 학위 프로그램:
더 깊은 전문 지식과 연구 경험을 쌓기 위해 석사 또는 박사 학위를 취득할 수 있다. 이러한 학위는 높은 수준의 전문 지식과 연구 능력을 갖게 해준다.
③ 온라인 교육 플랫폼:
온라인 교육 플랫폼(예: Coursera, Udacity, edX)에서 VR 및 AR 개발과 관련된 강좌를 수강할 수 있다. 이러한 강좌들은 실무 중심의 프로젝트를 통해 실제 기술을 익힐 수 있는 기회를 제공한다.
④ 자격증 프로그램:
• Unity Certified Programmer: Unity 엔진에 대한 심층적인 지식과 능력을 증명할 수 있는 자격증이다.
• Microsoft Certified: Azure AI Engineer Associate: Microsoft Azure를 사용한 AI 기술을 증명하는 자격증으로, AI와 관련된 AR/VR 프로젝트에 유용하다.

⑤ 산업 인증:
일부 기업은 자체적으로 인정하는 인증 프로그램을 운영한다. 예를 들어, VR 기업이나 게임 회사에서 직접 운영하는 교육 과정을 완료하고 인증을 받을 수 있는 경우도 있다.
⑥ 개인 프로젝트 및 포트폴리오:
실제 프로젝트를 직접 수행하고 그 결과물을 포트폴리오로 정리하는 것은 매우 중요하다. GitHub 등을 활용하여 개발한 앱이나 게임, 라이브러리 등을 공개하고 공유하는 것이 도움이 된다.
언급한 교육과정과 자격증은 AR/VR 분야에서의 전문성을 강조하고 실무 능력을 입증하는데 도움이 될 것이다. 또한 학습한 내용을 실제 프로젝트나 개인 작업에 적용하여 경험을 쌓는 것이 중요하다.

5) 현업 경험

가상 현실(VR) 및 증강 현실(AR) 개발자로서 유용한 현업 경험을 쌓는 방법은 실제 프로젝트에 참여하고 실무 경험을 쌓는 것이다. 아래는 유용한 현업 경험들의 몇 가지 예시이다:
① 프로젝트 기반 경험:
• 인턴십 및 아르바이트: VR/AR 기술을 사용하는 기업이나 스튜디오에서 인턴십이나 아르바이트로 근무하면 실무 경험을 쌓을 수 있다.
• 프리랜서로 일하기: VR/AR 프로젝트를 수주하거나 프리랜서로 일하면 실제 클라이언트 요구에 부응하는 경험을 얻을 수 있다.
② 개인 프로젝트 및 오픈 소스 참여:
• 개인 VR/AR 프로젝트: 자체적으로 VR/AR 프로젝트를 기획하고 개발하여 포트폴리오로 사용할 수 있습니다.
• 오픈 소스 참여: 오픈 소스 VR/AR 프로젝트에 참여하면 다양한 경험과 협업 능력을 키울 수 있다.

③ 게임 개발 스튜디오 경험:
• 게임 스튜디오에서 일하기: VR/AR 게임 스튜디오에서 근무하면 게임 개발의 전반적인 프로세스를 경험하고 네트워크를 확장할 수 있다.
④ 학내 프로젝트 및 연구 그룹 참여:
• 대학 연구 그룹: 대학에서 VR/AR 연구 그룹에 참여하거나 학내 프로젝트에 참여하여 학문적인 지식과 실무 경험을 얻을 수 있다.
⑤ 산업체 특화 교육 프로그램 참여:
• 산업체 교육 프로그램: 산업체에서 주관하는 교육 프로그램에 참여하면 실무 기술을 배우고 실습할 수 있는 기회를 제공받을 수 있다.
⑥ 해커톤 및 공모전 참가:
• 해커톤 참가: VR/AR 해커톤에 참가하여 주어진 시간 안에 프로토타입을 개발하고 경쟁할 수 있다.
• 공모전 참가: VR/AR 관련 공모전에 참가하여 창의적인 프로젝트를 제출하여 경험과 상장을 얻을 수 있다.
이러한 경험들은 실무 능력과 협업 능력을 향상시키고, 포트폴리오를 풍부하게 만들어 실무에서의 경쟁력을 높일 수 있다. 또한 실무에서의 경험은 이후에 이루어질 프로젝트나 팀 활동에서도 큰 도움이 된다.

6) 급여와 복지

대한민국에서 가상 현실(VR) 및 증강 현실(AR) 개발자들의 급여 수준과 복지 혜택은 경력, 기술 수준, 근무하는 회사의 규모 및 업종 등에 따라 다양하게 변동된다. 또한 지역에 따라 시급 또는 연봉에 차이가 있을 수 있다. 하지만 일반적으로 대한민국에서 IT 분야의 급여 수준은 상당히 높다.
아래는 대한민국에서 일반적으로 기대할 수 있는 VR/AR 개발자들의 급여 수준과 복지 혜택의 일반적인 범위를 보여준다. 이는 2021년 기준으로 제공되는 예상치이며, 변동이 있을 수 있다.
① VR/AR 개발자의 평균 연봉:
주니어 수준 (1-3년 경력): 약 3,000만원 - 5,000만원
중급 수준 (3-5년 경력): 약 5,000만원 - 8,000만원
시니어 수준 (5년 이상 경력): 8,000만원 이상 (경력과 기술에 따라 다름)
② 복지 혜택:
• 건강보험 및 의료보장: 대부분의 기업에서 건강보험을 제공하고 의료비 일부를 지원한다.
• 퇴직연금: 대부분의 기업에서 퇴직연금을 제공.
• 연차 및 휴가: 연차 및 연차 휴가, 경조사 휴가 등이 제공.
교육지원: 교육 및 자격증 취득을 위한 지원이나 교육 예산을 제공하는 회사도 있다.
• 플렉서블한 근무환경: 원격 근무나 유연한 근무 시간을 허용하는 회사도 많아지고 있다.
이러한 급여와 복지 혜택은 회사의 규모, 업종, 그리고 개발자의 경력과 기술에 따라 다를 수 있다. VR/AR 분야는 빠르게 성장하고 있는 분야이므로 높은 수준의 기술과 경험을 가진 개발자에게는 좋은 기회가 제공될 수 있다.

7) 사회적 의미
가상 현실(VR) 및 증강 현실(AR) 개발자는 현실 세계와 가상 세계를 연결하고 혁신적인 경험을 창조하는 역할을 한다. 이들의 사회적 의미는 여러 측면에서 나타난다:
① 현실 문제 해결:
• 의료 분야: VR/AR 기술을 활용하여 의료진이 수술을 연습하거나 환자의 질병 상태를 시각적으로 파악할 수 있도록 도움을 준다.

• 교육 분야: 가상 세계에서 현실감 있는 교육 경험을 제공하여 학생들의 학습 경험을 향상시키고, 교사들에게 혁신적인 교수법을 제공한다.
• 치료 분야: VR 기술을 사용한 치료 프로그램은 심리적 문제나 뇌 질환을 가진 환자들의 치료와 재활에 도움을 준다.
② 문화와 예술 분야:
• 예술 작품: VR/AR 기술을 이용하여 예술 작품을 창조하거나 예술 경험을 혁신적으로 제공한다.
• 문화 유산 보존: 역사적인 장소나 유적지를 VR 기술을 사용하여 가상으로 복원하고 보존하는 데 활용된다.
③ 엔터테인먼트와 미디어 분야:
• 게임 개발: VR/AR 기술은 게임 산업에 혁신적인 경험을 제공하고 플레이어들에게 더 깊이 감각적인 경험을 제공한다.
• 영화와 콘텐츠 제작: VR/AR을 활용한 영화나 동영상 제작은 관객들에게 새로운 시네마틱 경험을 제공하고 새로운 스토리텔링 방법을 탐구한다.
④ 소통과 협업:
• 비즈니스 및 협업: VR/AR 기술을 사용하여 더 효과적인 원격 회의 및 협업 환경을 구축한다.
• 사회 연결: VR 기술을 활용하여 먼 거리에 사는 친구나 가족과 현실감 있는 소셜 경험을 공유할 수 있다.
이러한 방식으로, VR/AR 개발자들은 문화, 교육, 의료, 예술, 엔터테인먼트 등 다양한 분야에서 혁신적인 솔루션을 제공함으로써 사회적으로 의미 있는 역할을 하고 있다. 그들의 기술은 우리의 일상과 삶의 다양한 측면을 혁신하고 풍요롭게 만들어주고 있다.

8) 미래에 대한 비전

가상 현실(VR) 및 증강 현실(AR) 개발자들은 기술의 발전과 함께 미래에 더욱 더 중요한 역할을 할 것으로 예측된다. 여러 가지 분야에서의 혁신적인 활용과 새로운 기술 발전으로, 그들의 미래에는 다음과 같은 변화가 기대된다:

① 더 자연스러운 사용자 경험:
• 더 실감나는 환경: 더 진보된 센서 기술과 그래픽스가 사용자에게 실제와 같은 환경을 제공할 수 있게 될 것이다.
• 감각적 피드백: 햅틱 기술과 같은 감각적 피드백을 통해 사용자는 가상 현실 속에서도 현실과 같은 감각을 경험할 수 있을 것이다.

② 교육 및 의료 분야의 혁신:
• 가상 현실 교육: 실제 교실 환경을 넘어, VR을 통한 학습 경험을 제공함으로써 학생들은 더 흥미롭게 배울 수 있게 될 것이다.
• 의료 분야: VR/AR은 수술 시뮬레이션부터 환자 교육 및 치료까지 다양한 의료 분야에서 사용될 것이다.

③ 사회적 연결 및 협업:
• 더 나은 소셜 VR 경험: 더 현실적이고 자연스러운 가상 현실 소셜 경험이 개발될 것이다.
• 원격 협업: 더욱 더 효과적인 원격 협업 도구가 개발되어 다양한 지역의 팀이 협업할 때 물리적인 거리에 구애받지 않을 것이다.

④ 콘텐츠 및 엔터테인먼트:
• 더 다양한 콘텐츠: 다양한 산업 분야에서 VR/AR을 이용한 새로운 콘텐츠들이 탄생할 것이다. 예를 들어, 현실 세계와 결합한 증강 현실 미술 전시회, VR 영화 및 쇼 등이 더욱 풍부해질 것이다.

⑤ AI와의 통합:
• 더 지능적인 가상 캐릭터 및 상호 작용: AI 기술과 통합하여 더 복잡하고 지능적인 가상 캐릭터 및 상호 작용이 가능해질 것

이다.
• 개인화된 경험: AI 분석을 통해 사용자에게 최적화된 개인화된 VR/AR 경험을 제공할 수 있을 것입니다.
이러한 미래의 비전은 VR/AR 개발자들이 새로운 기술을 연구하고 적용함으로써 실현될 것이다. 이러한 기술의 발전은 사람들의 삶과 여러 산업 분야에 긍정적인 영향을 미치며, 새로운 창의적이고 혁신적인 사용자 경험을 만들어낼 것으로 기대된다.

5-11 자율 주행 자동차 엔지니어
1) 수요와 성장 가능성
자율 주행 자동차 엔지니어의 수요와 성장 가능성은 계속해서 증가할 것으로 예상된다. 이는 자율 주행 기술이 현재의 교통 시스템과 운전 경험을 혁신하고자 하는 글로벌한 추세와 관련이 있다. 여기에는 다양한 이유가 있다:
① 안전과 효율성 증대:
• 교통 안전 향상: 자율 주행 기술은 운전 중 사람의 실수로 인한 사고를 줄이고 도로 안전을 향상시킬 수 있다.
• 교통 효율성: 자율 주행 자동차는 교통 흐름을 최적화하고 교통 체증을 감소시킬 수 있어 도로 용량을 높일 수 있다.
② 기술 발전과 투자 증가:
• 센서 및 인공지능 기술 발전: 레이더, 카메라, 리더 및 인공지능 기술의 발전으로 자율 주행 자동차의 성능이 향상되고 안전한 운전이 가능해진다.
• 기업과 정부의 투자: 많은 기업과 정부는 자율 주행 기술에 대한 연구와 개발에 큰 투자를 하고 있어 기술 발전을 가속화시키고 있다.
③ 미래 교통 시스템의 일부로서:
• 도시 개발 및 교통 시스템 통합: 자율 주행 기술은 미래 도시의 교통 시스템의 중요한 부분으로 포함될 것이다. 스마트 도시

및 교통 시스템의 핵심 기술이 될 것으로 예상된다.
④ 인프라 및 정책의 지원:
• 도로 및 교통 시스템 개선: 자율 주행 자동차를 지원하기 위한 도로 인프라가 점차 구축되고 있다.
• 규제 및 정책 지원: 많은 국가 및 지역에서 자율 주행 자동차 산업을 지원하고 규제 측면에서 적극적으로 대응하고 있다.
이러한 이유로 인해 자율 주행 자동차 엔지니어의 수요는 계속해서 증가할 것으로 예상되며, 이 분야에서의 채용과 연구 개발 활동은 지속적으로 성장할 것으로 예상된다.

2) 기술(스킬셋)과 역량

자율 주행 자동차 엔지니어가 갖추어야 할 기술과 역량은 다양하며 끊임없이 진화하고 있다. 아래에는 자율 주행 자동차 엔지니어가 가져야 할 주요 기술과 역량을 구체적으로 나열하면:
① 프로그래밍 언어 및 소프트웨어 개발:
• C/C++, Python, Java 등의 언어: 자율 주행 시스템의 제어와 데이터 처리를 위한 프로그래밍 언어를 능숙하게 다룰 수 있어야 한다.
• ROS (Robot Operating System) 및 다른 로봇 프레임워크: 로봇 및 자율 주행 시스템을 개발하기 위한 표준 프레임워크에 대한 이해와 경험이 필요하다.
② 컴퓨터 비전 및 센서 기술:
• 카메라, 레이더, 리더, 초음파 센서 등의 이해: 이러한 센서들의 동작 원리를 이해하고 데이터를 처리할 수 있어야 한다.
• 컴퓨터 비전 기술: 이미지 인식, 객체 추적, 깊이 추정 등의 컴퓨터 비전 기술에 대한 지식이 필요하다.
③ 머신 러닝 및 딥 러닝:
• 머신 러닝 알고리즘: 회귀, 분류, 군집화 등의 기본 머신 러닝 알고리즘을 이해하고 적용할 수 있어야 한다.

• 딥 러닝 프레임워크: TensorFlow, PyTorch 등의 딥 러닝 프레임워크를 사용하여 신경망을 구축하고 훈련시킬 수 있어야 한다.
④ 자동차 제어 시스템:
• PID 제어, 불변량 제어 등의 제어 알고리즘: 자율 주행 자동차의 속도, 방향, 가속도 등을 제어하기 위한 제어 알고리즘을 이해하고 구현할 수 있어야 한다.
• 제어 시스템 설계: 차량 제어 시스템의 설계 및 구현에 대한 지식과 경험이 필요하다.
⑤ 시뮬레이션 및 테스트:
• 자율 주행 시뮬레이션 도구: 시뮬레이션을 사용하여 자율 주행 알고리즘을 테스트하고 디버깅할 수 있어야 한다.
• 하드웨어-인-루프(HIL) 시뮬레이션: 자율 주행 시스템의 하드웨어와 소프트웨어를 실제 환경과 유사하게 시뮬레이션할 수 있어야 한다.
⑥ 팀 작업 및 커뮤니케이션:
• 팀 프로젝트 경험: 대규모 소프트웨어 프로젝트나 로봇 공학 프로젝트와 같은 팀 기반 프로젝트 경험이 중요하다.
• 커뮤니케이션 능력: 엔지니어링 팀과 비 엔지니어링 팀 간의 원활한 커뮤니케이션 능력이 필요하다.
자율 주행 자동차 엔지니어는 이러한 기술과 역량을 보유하여 자율 주행 시스템을 설계, 개발 및 테스트하는 업무를 수행한다. 또한, 지속적인 학습과 기술 발전에 대한 열정을 가지고 있어야 끊임없이 변화하는 기술 환경에 대응할 수 있다.
자율 주행 자동차 엔지니어로서 필요한 역량을 개발하는 방법은 다양하다. 아래에는 각 역량을 향상시키기 위한 구체적인 방안을 제시해면:
① 프로그래밍 언어 및 소프트웨어 개발:
• 온라인 코딩 플랫폼 활용: 사이트들(LeetCode, Codecademy,

Coursera 등)에서 프로그래밍 언어를 학습하고 실전 문제를 풀어본다.
• 개인 프로젝트: 자율 주행 차량 시스템을 모델링하거나 간단한 로봇을 만들어보며 프로그래밍 스킬을 연마한다.
② 컴퓨터 비전 및 센서 기술:
• 강의 및 온라인 코스 수강: 컴퓨터 비전 및 센서 기술에 대한 강의와 코스를 온라인으로 수강하면 기본 원리를 학습할 수 있다.
• 오픈소스 프로젝트 참여: GitHub에서 오픈소스 컴퓨터 비전 프로젝트에 기여하며 실전 경험을 쌓아본다.
③ 머신 러닝 및 딥 러닝:
• 온라인 강의 수강: Coursera, edX 등에서 Andrew Ng의 머신 러닝 강의나 딥 러닝 전문 코스를 수강해본다.
• 프로젝트 수행: 자율 주행 차량 예측 및 제어를 위한 머신 러닝 모델을 구현해보며 실제 문제에 대한 해결 능력을 키워본다.
④ 자동차 제어 시스템:
• 전문 도서 및 논문 공부: 자동차 제어 시스템에 관한 전문 도서나 논문을 읽고 제어 알고리즘의 이해를 높인다.
• 시뮬레이션 환경에서 실험: 시뮬레이션 툴을 사용하여 자율 주행 차량의 제어 알고리즘을 테스트하고 개선해본다.
⑤ 시뮬레이션 및 테스트:
• CARLA 시뮬레이터 활용: CARLA와 같은 자율 주행 차량 시뮬레이터를 활용하여 다양한 상황에서 자율 주행 시스템을 테스트하고 디버깅해본다.
• 실제 하드웨어 사용: Raspberry Pi, Arduino 등의 플랫폼을 사용하여 로봇 자동차를 제작하고 자율 주행 시스템을 구현해본다.
⑥ 팀 작업 및 커뮤니케이션:
• 팀 프로젝트 참여: 대학이나 온라인 커뮤니티에서 팀 프로젝트

에 참여하여 협업 능력을 키운다.
• 토론 및 발표 경험 쌓기: 커뮤니케이션 기술을 향상시키기 위해 토론 대회나 발표 대회에 참여하고 연습한다.

⑦ 계속적인 학습 및 커뮤니티 참여:
• 연구 논문 읽기: 최신 연구 논문을 읽고 자율 주행 분야의 최신 동향과 기술을 파악한다.
• 엔지니어링 커뮤니티 참여: 자율 주행 엔지니어링 커뮤니티 및 온라인 포럼에 참여하여 다른 엔지니어와 경험을 공유하고 토론한다.
이러한 방법들을 통해 각 역량을 개발하고 실전 경험을 쌓아 나가면 자율 주행 자동차 엔지니어로서 더욱 더 준비된 전문가가 될 수 있을 것이다.

3) 다양성과 전문화
자율 주행 자동차 엔지니어의 분야는 다양성과 전문화가 두드러진다. 아래에서 이에 대해 더 자세히 알아보면:
① 다양성(Diversity):
자율 주행 자동차 엔지니어링 분야에서 다양성은 여러 측면에서 나타난다.
• 전공 및 배경: 컴퓨터 공학, 전기 및 전자 공학, 기계 공학, 물리학, 자동차 공학 등과 같은 다양한 학문 분야에서 나온 엔지니어들이 참여한다.
• 문화적 다양성: 다양한 국적, 문화, 언어를 구사하는 엔지니어들이 협업하여 글로벌 프로젝트를 수행한다.
• 성별 다양성: 여성 엔지니어들의 참여가 증가하면서 성별 다양성이 높아지고 있다.
② 전문화(Specialization):
자율 주행 자동차 엔지니어링은 여러 전문 분야로 나뉜다.

• 컴퓨터 비전 및 이미지 처리: 카메라 및 센서 데이터를 분석하고 해석하여 주변 환경을 이해하는 기술을 개발한다.
• 머신 러닝 및 인공 지능: 머신 러닝 및 딥 러닝 기술을 활용하여 자율 주행 알고리즘을 개발하고 학습시킨다.
• 제어 시스템: 차량의 제어 시스템을 설계하고 구현하여 주행 안정성과 효율성을 극대화한다.
• 센서 기술: 레이더, LiDAR, 초음파 센서 등 다양한 센서 기술을 연구하고 응용한다.
• 시스템 통합 및 테스트: 다양한 하드웨어와 소프트웨어 구성 요소를 통합하고 시뮬레이션 및 실제 테스트를 수행하여 시스템의 안정성과 신뢰성을 보장한다.
③ 협업과 팀워크:
자율 주행 자동차 프로젝트는 많은 전문가들의 협업이 필요하다.
• 다학제 팀 구성: 소프트웨어 엔지니어, 하드웨어 엔지니어, 데이터 과학자, 로봇 공학자 등 다양한 전문가들로 이뤄진 팀이 협력하여 프로젝트를 추진한다.
• 실전 시뮬레이션 및 테스트: 다양한 시뮬레이션 환경에서 팀원들은 자율 주행 시스템을 테스트하고 향상시키는 작업을 수행한다.
• 문제 해결 능력: 다양한 배경과 전문성을 가진 팀원들은 복잡한 문제를 해결하고 창의적인 아이디어를 제시하는 데에 기여한다.
자율 주행 자동차 엔지니어링은 빠르게 진화하고 있는 분야로, 다양한 배경과 전문성을 가진 엔지니어들이 협력하여 혁신적인 기술과 솔루션을 개발하는 데에 기여하고 있다. 이러한 다양성과 전문화가 자율 주행 기술의 발전과 혁신에 도움을 주고 있다.

4) 교육 및 자격증
자율 주행 자동차 엔지니어가 되기 위해서는 다양한 교육 및 자격증을 획득하는 것이 도움이 될 수 있다. 아래에는 자율 주행 자동차 엔지니어로 성장하기 위한 교육 및 자격증에 대한 몇 가지 예시를 제공해보면:
① 교육 (학위 및 온라인 코스):
• 전기 및 전자 공학, 컴퓨터 공학, 기계 공학 학사 또는 석사 학위: 자율 주행 시스템에 필요한 기본적인 엔지니어링 원리를 이해하기 위한 학위가 중요하다.
• 데이터 과학 또는 머신 러닝 코스: 자율 주행 시스템에 머신 러닝 및 딥 러닝 기술을 적용하는 데 필요한 지식을 습득할 수 있다. Coursera, edX, Udacity 등에서 온라인 코스를 찾아본다.
② 자격증:
• 자율 주행 자동차 엔지니어링 관련 자격증: 자율 주행 자동차 시스템에 관련된 자격증을 취득하여 해당 분야의 전문성을 인증할 수 있다. 여러 조직 및 기관에서 관련 자격증을 제공하고 있다.
• 프로그래밍 언어 관련 자격증: C++, Python 등과 같은 프로그래밍 언어의 자격증을 취득하여 프로그래밍 능력을 입증할 수 있다.
③ 경험과 프로젝트:
• 대학 프로젝트 또는 연구 경험: 대학이나 연구 기관에서 자율 주행 시스템 프로젝트에 참여하여 실전 경험을 쌓을 수 있다.
• 개인 프로젝트: Arduino, Raspberry Pi 등을 활용하여 자율 주행 차량 프로토타입을 개발하고 이를 포트폴리오로 활용할 수 있다.
④ 업계 인증 및 교육 기관에서의 교육:
• 자동차 제조사나 자율 주행 기술 기업이 주관하는 교육 프로그램 참여: 자동차 제조사들과 기술 기업들이 주최하는 교육 프로그램에 참여하여 최신 기술 및 동향을 익힐 수 있다.

자율 주행 자동차 엔지니어가 되기 위해서는 계속해서 최신 기술과 동향을 습득하고 적용할 수 있는 능력이 중요하다. 이를 위해 꾸준한 학습과 프로젝트 참여를 통해 실무 경험을 쌓는 것이 중요하다.

5) 현업 경험
자율 주행 자동차 엔지니어로 성장하기 위한 유용한 현업 경험은 다양한 분야에서의 실무 경험과 프로젝트 참여를 포함한다. 아래에는 자율 주행 자동차 엔지니어로서 유용한 현업 경험에 대한 몇 가지 예시를 제시해보면:
① 자동차 제조사 또는 기술 기업에서의 인턴십 및 실무 경험:
• 자율 주행 자동차 프로젝트에 참여: 자동차 제조사나 자율 주행 기술 기업에서 자율 주행 자동차 프로젝트에 참여하여 실제로 시스템을 구축하고 테스트하는 경험을 쌓을 수 있다.
• 센서 및 알고리즘 개발: 레이더, LiDAR, 카메라와 같은 센서 기술의 개발 및 센서 데이터를 활용한 자율 주행 알고리즘의 개발에 참여할 수 있다.
② 자율 주행 자동차 관련 연구 및 프로젝트 참여:
• 대학 또는 연구 기관의 프로젝트 참여: 자율 주행 자동차 관련 연구 프로젝트에 참여하여 알고리즘 개발, 센서 향상, 시뮬레이션 및 테스트 등 다양한 경험을 쌓을 수 있다.
• 대회 참가: 자율 주행 자동차 대회에 참가하여 실전에서 경쟁하고 기술을 향상시킬 수 있다. 예를 들어, DARPA 자율 주행 차량 챌린지 등의 대회가 있다.
③ 산업용 로봇 또는 자율 주행 로봇 프로젝트 경험:
• 산업용 로봇 시스템 개발: 산업 자동화 및 로봇 기술을 활용한 프로젝트에 참여하여 제어 시스템 및 센서 기술을 익힐 수 있다.
• 자율 주행 로봇 개발: 로봇 기술을 기반으로 한 자율 주행 로봇 시스템의 개발 및 테스트에 참여할 수 있다.

④ 빅데이터 및 머신 러닝 경험:
• 빅데이터 분석: 센서 데이터 및 자율 주행 관련 데이터를 분석하고 이를 기반으로 예측 모델을 개발할 수 있는 능력을 갖추는 것이 중요하다.
• 머신 러닝 프로젝트 참여: 자율 주행과 관련된 머신 러닝 기술을 활용한 프로젝트에 참여하여 알고리즘 개발 및 학습 경험을 쌓을 수 있다.
위의 경험들은 자율 주행 자동차 엔지니어로 성장하는 데 도움이 되는 것들이며, 이러한 경험들은 실무 능력을 키우고 산업에서 성공적으로 활동하는 데에 큰 도움을 줄 수 있다.

6) 급여와 복지

자율 주행 자동차 엔지니어의 급여 수준 및 복지 혜택은 경력, 학력, 근무 기간, 근무지역, 회사 규모 등 여러 요인에 따라 다를 수 있다. 하지만 일반적으로 자율 주행 자동차 엔지니어는 고도의 기술과 전문 지식을 요구하는 분야이기 때문에 상대적으로 높은 급여를 받는 경우가 많다.
다음은 대한민국에서 자율 주행 자동차 엔지니어의 예상 급여 수준과 일반적인 복지 혜택을 나타낸 것이다. 이는 일반적인 경향을 보여주는 것일 뿐 실제 상황은 각 회사나 직급, 경력에 따라 다를 수 있다.
① 자율 주행 자동차 엔지니어의 평균 급여:
신입 엔지니어: 연봉 3,000만원부터 5,000만원 이상 (회사와 지역에 따라 다름)
경력 엔지니어 (3~5년 경력): 연봉 5,000만원부터 1억원 이상
② 복지 혜택:
• 건강보험 및 국민연금: 대한민국의 모든 근로자는 의무적으로 건강보험 및 국민연금에 가입되어 있다.
• 퇴직연금: 많은 기업에서는 퇴직 연금 제도를 운영하여 근로자

의 노후에 대비하고 있다.
• 병가 및 연차 휴가: 병가 및 연차 휴가를 제공하는 것이 일반적이다.
• 경조사 지원: 결혼, 출산 등의 경조사에 대한 지원이 제공될 수 있다.
• 교육 및 자기계발 지원: 엔지니어의 기술 업그레이드를 위한 교육 및 자기계발 프로그램을 지원하는 경우가 많다.
③ 추가 혜택:
• 워크샵 및 세미나 참가: 기술 세미나나 워크샵 참가를 통해 최신 기술 동향을 파악하고 교류할 수 있는 기회를 제공하는 경우가 있다.
• 연구 개발 지원: 자율 주행 기술 연구 개발을 위한 예산 및 리소스를 제공하는 경우가 있다.
자율 주행 자동차 분야는 빠르게 발전하고 있는 분야이므로 기술 역량을 갖춘 엔지니어에 대한 수요가 높을 것으로 예상된다. 따라서 해당 분야에서의 경력과 기술 향상을 통해 높은 급여와 다양한 복지 혜택을 기대할 수 있다.

7) 사회적 의미
자율 주행 자동차 엔지니어의 사회적 의미는 여러 측면에서 크게 중요하다:
① 안전한 교통 환경 조성: 자율 주행 자동차 엔지니어는 안전한 교통 시스템을 구축하는 핵심 역할을 한다. 자율 주행 기술은 운전 오류로 인한 교통사고를 크게 줄일 수 있어 교통안전성을 향상시킨다.
② 환경 보호 및 교통 체증 완화: 자율 주행 자동차는 연비를 효율적으로 관리하고 교통 흐름을 최적화함으로써 환경에 대한 부담을 줄이고 교통 체증을 완화할 수 있다.
③ 접근성 향상: 노인이나 장애인 등 교통 수단 이용이 어려운

사람들에게도 편리한 교통 수단을 제공함으로써 사회적 접근성을 향상시킨다.
④ 시간 절약과 생산성 향상: 운전 중에 다른 활동을 할 수 있게 되면 시간을 효율적으로 활용할 수 있어 개인 및 기업의 생산성을 향상시킨다.
⑤ 도시 계획의 혁신: 자율 주행 기술은 도시 계획 및 교통 시스템을 혁신시키는 역할을 한다. 도로, 주차장, 교통 흐름 등을 최적화하면서 스마트 도시 구현에 기여한다.
⑥ 일자리 창출과 산업 발전: 자율 주행 자동차 산업의 성장은 새로운 일자리를 창출하고 새로운 기술 및 제품의 개발을 촉진한다. 이는 국가 경제의 성장과 발전에 기여한다.
⑦ 사회적 포용성 강화: 자율 주행 기술은 사회적 포용성을 강화할 수 있다. 노인이나 장애인 등 이동이 어려운 사람들에게 도움을 주는 동시에 경제적으로 약한 계층에게도 편의를 제공할 수 있다.
이러한 이유로 자율 주행 자동차 엔지니어들은 현대 사회의 여러 측면에서 긍정적인 영향을 미치고 있으며, 앞으로도 더 나은 교통 체계와 사회적 포용성을 위해 계속해서 기술과 지식을 발전시켜 나갈 것으로 기대된다.

8) 미래에 대한 비전

자율 주행 자동차 엔지니어의 미래는 기술과 혁신의 중심에 서 있는 역할로 더욱 굳건한 기반을 다질 것으로 전망된다. 이러한 비전은 다음과 같은 측면에서 나타날 것으로 기대된다.
① 자율 주행 기술의 지속적인 발전:
자율 주행 기술은 더욱 정교해지고 안전성을 높이며 실제 도로 환경에서의 적응성을 강화할 것이다. 센서 기술, 인공지능, 빅데이터 분석 등 다양한 분야에서 지속적인 연구와 혁신이 이뤄질 것이다.

② 스마트 도시 및 교통 시스템의 구축:
자율 주행 기술은 스마트 도시 및 교통 시스템의 핵심 요소로 자리매김할 것이다. 도로 인프라, 신호체계, 주차 공간, 교통 흐름 최적화 등 다양한 도시 인프라가 자율 주행을 고려하여 설계될 것이다.

③ 공공 안전과 보안 강화:
자율 주행 자동차는 인간의 운전 오류로 인한 교통사고를 크게 감소시킬 것으로 예상된다. 이는 공공 안전을 향상시키고, 도로 위에서의 안전한 이동을 보장할 것이다. 또한 사이버 보안에 대한 연구와 방어 체계 강화가 필요할 것이다.

④ 최적화된 교통 흐름과 에너지 효율:
자율 주행은 교통 흐름을 최적화하고, 연료 효율을 높이며, 교통 체증을 감소시킬 것이다. 이는 에너지 절약과 환경 보호에 기여할 것으로 예상된다.

⑤ 자율 주행과 공공 서비스 통합:
자율 주행은 공공 교통 시스템과 통합되어 더 나은 대중 교통 서비스를 제공할 것이다. 자율 주행 버스, 택시, 공유 자동차 등이 보다 효율적으로 운영될 것으로 기대된다.

⑥ 급격한 기술 발전으로 인한 계속적인 학습과 개발:
자율 주행 기술은 급격한 속도로 발전하고 있다. 엔지니어들은 지속적으로 새로운 기술을 학습하고, 기존 시스템을 최적화하며, 새로운 기술을 개발할 필요가 있을 것이다.

이러한 미래 비전은 자율 주행 자동차 엔지니어들이 지속적인 연구, 혁신, 교육에 투자하여 보다 안전하고 지능적인 교통 시스템을 만들어 나가는데 큰 기회를 제공할 것으로 기대된다.

5-12 그린 에너지 기술자
1) 수요와 성장 가능성
그린 에너지 기술자의 수요와 성장 가능성은 지속 가능한 에너지 소스와 환경 친화적인 에너지 기술에 대한 글로벌 관심 증가와 관련이 있으며, 매우 밝은 전망을 가지고 있다. 아래는 그린 에너지 기술자에 대한 성장 가능성을 설명한 몇 가지 이유이다:
① 기후 변화 대응: 기후 변화로 인한 문제가 전세계적으로 급속히 심각해지고 있으며, 이로 인해 정부, 기업 및 개인들은 친환경 에너지 솔루션을 찾고 도입하려는 노력을 증가시키고 있다. 그린 에너지 기술자는 이러한 솔루션을 개발하고 구현하는 핵심 역할을 한다.
② 정책 및 규제의 지원: 많은 국가가 그린 에너지 산업을 지원하고 확장하기 위한 정책과 규제를 도입하고 있다. 이로 인해 그린 에너지 기술에 대한 수요가 높아지고 있다.
③ 기술 혁신: 그린 에너지 분야에서 지속적인 기술 혁신이 이뤄지고 있으며, 이를 개발하고 적용하는 전문가들이 필요하다. 태양광, 풍력, 수력, 생물 연료 및 배터리 기술 등의 발전은 이 분야에서의 성장을 촉진하고 있다.
④ 에너지 효율성: 에너지 효율성은 기업과 개인이 에너지를 더 효율적으로 사용하고 관리하는 데 중요한 역할을 한다. 그린 에너지 기술자는 에너지 효율성을 향상시키는 솔루션을 개발하고 도입함으로써 에너지 소비를 줄이고 비용을 절감한다.
⑤ 새로운 직업 창출: 그린 에너지 산업은 새로운 일자리를 창출하는데 기여한다. 태양광 패널 설치원, 바이오 에너지 기술자, 풍력터빈 기술자 등 그린 에너지 관련 직업이 계속해서 늘어날 것으로 예상된다.
⑥ 인프라 개선: 그린 에너지 프로젝트는 에너지 인프라를 개선하고 현대화하는데 기여한다. 이로 인해 전력 공급의 안정성과 신뢰성이 향상되며 에너지 공급망이 강화된다.
⑦ 글로벌 시장 확장: 그린 에너지 기술은 국내뿐 아니라 국제 시장에서도 수요가 높아져 국제적으로 활동할 수 있는 기회를 제공한다.

이러한 이유로 그린 에너지 기술자의 수요와 성장 가능성은 매우 높으며, 미래에는 그린 에너지 분야에서 다양한 직업 및 경력 기회가 열릴 것으로 예상된다.

2) 기술(스킬셋)과 역량
그린 에너지 기술자가 가져야 할 기술과 역량은 기술적인 지식뿐만 아니라 문제 해결 능력, 협업 능력, 창의성 등 다양한 측면을 포함한다. 아래는 그린 에너지 기술자에게 요구되는 주요 기술과 역량이다:

기술 및 지식:
① 에너지 시스템 이해: 그린 에너지 시스템과 기술에 대한 깊은 이해가 필요하다. 태양광, 풍력, 지열, 수력 등의 에너지 소스 및 관련 기술을 이해해야 한다.
② 재생 에너지 기술: 태양광 발전, 풍력 발전, 지열 시스템, 수력 발전 등과 같은 재생 가능 에너지 기술에 대한 전문 지식이 필요하다.
③ 에너지 저장 기술: 배터리 기술 및 그린 에너지 저장 시스템에 대한 이해가 필요하다.
④ 에너지 효율성: 에너지 효율성 평가와 향상을 위한 기술을 이해하고 적용할 수 있어야 한다.
⑤ 스마트 그리드: 전력 네트워크와 그리드 관리 시스템에 대한 이해가 필요하다.
⑥ 환경 과학 및 생태학: 환경 영향 평가 및 지속 가능한 에너지 프로젝트의 환경 영향에 대한 이해가 필요하다.

역량:
① 문제 해결 능력: 복잡한 그린 에너지 프로젝트에서 발생할 수 있는 문제를 해결할 수 있는 능력이 필요하다.

② 협업 능력: 다양한 팀과 협력하고, 엔지니어, 환경 전문가, 정책 제안자와 효과적으로 소통할 수 있는 능력이 중요하다.
③ 창의성: 새로운 그린 에너지 솔루션을 개발하고 기존 기술을 혁신할 수 있는 창의성이 필요하다.
④ 커뮤니케이션 능력: 복잡한 기술적 정보를 비전문가들에게 명확하게 전달할 수 있는 능력이 중요하다.
⑤ 프로젝트 관리: 그린 에너지 프로젝트를 효과적으로 계획하고 관리할 수 있는 능력이 필요하다.
⑥ 지속적인 학습과 업데이트: 그린 에너지 기술은 계속해서 발전하고 있으므로, 지속적인 학습과 기술 업데이트에 대한 의지가 필요하다.
그린 에너지 기술자는 이러한 기술과 역량을 통해 지속 가능한 에너지 솔루션을 개발하고 환경에 친화적인 에너지 산업을 선도할 수 있다.
그린 에너지 기술자로서 필요한 기술과 역량을 개발하는 방법은 다양하며, 아래에는 그러한 능력을 향상시킬 수 있는 몇 가지 방법을 제시해보면:

기술 및 지식 개발 방법:
① 대학 학위 과정 및 교육기관: 대학에서 환경 과학, 재생 에너지 공학, 환경 공학 등의 관련 학위를 취득할 수 있다. 이러한 학위 프로그램은 깊은 전문 지식과 실험실 경험을 제공할 수 있다.
② 온라인 코스 및 교육 플랫폼: 온라인 교육 플랫폼에서는 재생 에너지, 환경 과학, 스마트 그리드 등의 주제로 강의가 제공된다. Coursera, edX, Udacity 등에서 관련 강의를 수강할 수 있다.
③ 연구 및 프로젝트 참여: 대학 연구실이나 연구 기관에서 연구 프로젝트에 참여하여 실제 문제를 해결하고 그린 에너지 기술을 개발하는 경험을 쌓을 수 있다.

④ 전문가와의 멘토링: 업계 전문가나 교수로부터 멘토링을 받아 전문 지식과 경험을 얻을 수 있다.

역량 개발 방법:
① 프로젝트 경험: 그린 에너지 프로젝트에 참여하거나 개인적으로 프로젝트를 진행하여 문제 해결 능력과 프로젝트 관리 능력을 향상시킬 수 있다.
② 팀 프로젝트 및 협업: 대학이나 업무 환경에서 팀 프로젝트에 참여하여 협업 능력을 향상시킬 수 있다.
③ 커뮤니케이션 훈련: 프레젠테이션 스킬, 논리적인 설득 능력, 기술적인 정보를 비전문가에게 이해시키는 능력 등을 향상시키기 위해 커뮤니케이션 훈련 프로그램에 참여할 수 있다.
④ 지속적인 학습: 그린 에너지 분야에서의 최신 동향을 파악하기 위해 학회에 가입하고, 관련 논문을 읽고 세미나 및 워크샵에 참석하여 지속적인 학습을 유지할 수 있다.
⑤ 자율 학습: 온라인 자료, 블로그, 포럼, 온라인 커뮤니티 등을 통해 새로운 기술과 개념을 학습하고 실습할 수 있다.
이러한 방법들을 통해 그린 에너지 기술자로서 필요한 기술과 역량을 효과적으로 개발할 수 있다. 중요한 것은 지속적인 학습과 실무 경험을 통해 자신의 능력을 발전시키며, 그린 에너지 분야에서의 전문성을 키울 수 있다는 점이다.

3) 다양성과 전문화
그린 에너지 기술자들은 다양한 분야와 전문화된 영역에서 활동할 수 있다. 그린 에너지 분야는 지속 가능한 에너지 소스 및 기술에 관련된 광범위한 주제를 다루기 때문에 이 분야에서 다양성과 전문화가 중요하다. 여기에는 그린 에너지 기술자의 다양한 분야 및 전문화된 영역을 설명해보면:
① 태양 에너지 기술자 (Solar Energy Technicians): 태양 에

너지 기술자는 태양광 시스템 설치, 유지보수 및 감독에 관여한다. 이들은 태양광 패널, 인버터 및 배터리 저장 장치 등의 장비를 설치하고 제어한다.
② 풍력 에너지 기술자 (Wind Energy Technicians): 풍력 에너지 기술자는 풍력 터빈 및 관련 장비의 설치, 유지보수 및 수리를 담당한다.
③ 지열 에너지 기술자 (Geothermal Energy Technicians): 지열 에너지 기술자는 지열 히트 펌프 및 지열 시스템의 설치와 유지보수를 수행한다.
④ 해양 에너지 기술자 (Marine Energy Technicians): 해양 에너지 기술자는 파력 및 조위 에너지를 수집하는 기술과 시스템을 설계하고 유지보수한다.
⑤ 에너지 저장 기술자 (Energy Storage Technicians): 에너지 저장 기술자는 배터리 기술 및 기타 에너지 저장 장치의 설치와 관리에 참여한다.
⑥ 에너지 효율성 전문가 (Energy Efficiency Specialists): 에너지 효율성 전문가는 건물, 산업 및 교통 부문에서 에너지 소비를 최적화하는 방법을 연구하고 제안한다.
⑦ 스마트 그리드 기술자 (Smart Grid Technicians): 스마트 그리드 기술자는 전력 네트워크를 모니터링하고 제어하는 스마트 그리드 시스템을 설치하고 유지보수한다.
⑧ 환경 컨설턴트 (Environmental Consultants): 그린 에너지 기술자로서 환경 컨설턴트는 환경 영향 평가, 규제 준수 및 지속 가능한 에너지 전환 전략을 개발한다.
⑨ 에너지 정책 분석가 (Energy Policy Analysts): 에너지 정책 분석가는 정부 기관, 비영리 단체 또는 기업에서 에너지 정책 및 규제에 대한 연구와 분석을 수행한다.
이러한 분야들은 그린 에너지 기술자가 참여할 수 있는 몇 가지 예시일 뿐이며, 빠르게 변화하는 그린 에너지 분야에서는 새로운

전문 분야들이 지속적으로 나타난다. 그린 에너지 기술자들은 지속적인 학습과 산업 동향을 파악하며 다양성과 전문성을 키워나가야 한다.

4) 교육 및 자격증
그린 에너지 기술자가 되기 위해서는 관련 분야에서의 학위나 교육, 그리고 인증 자격증 등이 유용할 수 있다. 아래에는 그린 에너지 기술자가 필요로 하는 교육 경로와 자격증에 대한 정보를 자세히 안내하면:
교육 및 학위 프로그램:
① 재생 에너지 공학 (Renewable Energy Engineering): 재생 에너지 공학 학위는 태양, 풍력, 지열, 해양 에너지 등의 재생 에너지 시스템을 설계하고 구현하는 데 필요한 기술과 지식을 제공.
② 환경 공학 (Environmental Engineering): 환경 공학 학위는 환경 친화적인 에너지 시스템 및 기술을 개발하는 데 필요한 지식과 기술을 제공.
③ 지구 과학 (Earth Sciences): 지구 과학 학위는 지구 환경 및 지속 가능한 에너지 자원에 대한 이해를 제공하며, 재생 에너지 연구 및 개발 분야에서 활용될 수 있다.
자격증과 인증:
① 재생 에너지 자격증 (Renewable Energy Certifications): 여러 기관에서 제공하는 재생 에너지 관련 자격증 프로그램이 있다. 이러한 자격증은 해당 분야에서의 전문성을 입증할 수 있는 도구가 된다.
② LEED (Leadership in Energy and Environmental Design) 인증: 건물 및 도시 개발 분야에서 사용되는 LEED 인증은 친환경 건물 설계와 운영에 관한 전문 지식을 입증할 수 있는 인증이다.

③ 에너지 관련 프로페셔널 자격증: AEE (Association of Energy Engineers) 및 NABCEP (North American Board of Certified Energy Practitioners)과 같은 단체에서는 에너지 전문가를 위한 자격증을 제공한다.
④ 환경 과학 및 공학 자격증: 환경 과학자 및 공학자를 위한 자격증으로는 Certified Environmental Professional (CEP)과 같은 자격증이 있다.
이러한 교육과 자격증들은 그린 에너지 분야에서의 경쟁력을 높이고 전문성을 입증할 수 있는 도구가 된다. 선택한 분야와 진로에 따라 적합한 교육과 자격증을 획득하여 그린 에너지 기술자로 성장할 수 있다.

5) 현업 경험

그린 에너지 기술자로 성공적으로 나아가기 위해서는 현업 경험이 매우 중요하다. 다양한 프로젝트와 실무 경험은 이 분야에서의 전문성을 키우고 실질적인 기술과 지식을 습득할 수 있는 기회를 제공한다. 아래에는 그린 에너지 분야에서 유용한 현업 경험의 몇 가지 예시를 제시해보면:
① 에너지 프로젝트 참여: 재생 에너지 프로젝트나 친환경 건축 프로젝트에 참여하여 설계, 구현, 운영, 유지보수의 다양한 단계를 경험해보는 것이 중요.
② 에너지 효율성 프로젝트 관리: 기업이나 공공 기관에서 에너지 효율성 개선 프로젝트를 관리하면서 프로젝트 일정, 예산, 리소스 할당, 품질 관리 등을 경험.
③ 탄소 배출 감소 프로젝트: 기업이나 정부 기관에서 탄소 배출을 줄이는 프로젝트에 참여하여 탄소 중립 및 지속 가능한 에너지 솔루션을 개발하고 구현하는 경험을 쌓을 수 있다.
④ 에너지 모니터링 및 데이터 분석: 에너지 사용량을 모니터링하고 데이터 분석하여 에너지 효율성을 높이는 프로젝트에 참여

하여 빅 데이터 및 인공지능 기술을 활용하는 경험을 얻을 수 있다.
⑤ 신재생 에너지 시스템 유지보수 및 수리: 태양광 발전 시스템, 풍력 터빈 및 지열 시스템과 같은 재생 에너지 설비의 유지보수와 수리를 담당하여 실무 경험을 쌓을 수 있다.
⑥ 에너지 정책 및 규제 준수: 에너지 정책 및 규제 준수 프로젝트에 참여하여 국가 및 지역의 에너지 규제 요건을 이해하고 이를 준수하는 데 필요한 경험을 쌓을 수 있다.
⑦ 환경 컨설팅: 환경 컨설턴트로써 기업이나 정부 기관에서 에너지 효율성 및 친환경 프로젝트에 관한 조언을 제공하고 이를 실행하는 경험을 얻을 수 있다.
이러한 현업 경험들은 그린 에너지 기술자로 성장하고 산업에서 선두 주자로 나아가기 위해 매우 중요하다. 지속적인 학습과 산업 동향을 파악하며 실무 경험을 쌓아나가는 것이 그린 에너지 분야에서의 성공에 필수적이다.

6) 급여와 복지
그린 에너지 기술자들의 급여 수준 및 복지 혜택은 경험과 학력, 근무지 위치, 기업 규모 등에 따라 다를 수 있다. 또한 대한민국의 경우 그린 에너지 분야가 현재 활발히 성장하고 있는 분야 중 하나로 인력 수요가 높아지고 있다. 아래에는 대한민국에서의 일반적인 그린 에너지 기술자들의 급여 수준과 복지 혜택에 대한 대략적인 정보를 제공해보면.
그린 에너지 기술자의 평균 급여:
그린 에너지 분야의 기술자들의 급여는 경력, 학력, 기술 성과, 회사 규모 및 위치 등에 따라 다양하다. 그러나 대체로 경력 3년 차 정도의 그린 에너지 기술자의 연봉은 약 3,000만원에서 6,000만원 사이로 알려져 있다. 이 급여는 근무지 위치와 회사 규모에 따라 큰 폭으로 변동할 수 있다.

복지 혜택:
그린 에너지 분야의 기업들은 경쟁을 위해 다양한 복리후생 혜택을 제공하는 경향이 있다. 일반적으로 다음과 같은 혜택들이 포함될 수 있다:
• 건강 보험 및 의료 혜택: 건강 보험, 의료 보험, 치과 보험 등의 의료 혜택을 제공할 수 있다.
• 퇴직 연금: 퇴직 시에 연금을 지급해주는 제도가 있을 수 있다.
• 연차 휴가: 연차 휴가 및 휴가 보너스 혜택을 제공할 수 있다.
• 교육 지원: 교육비 지원, 교육 휴가, 학습 자원을 제공할 수 있다.
• 복지 시설: 사내 헬스클럽, 도서관, 식당 등의 복지 시설을 이용할 수 있는 기회를 제공할 수 있다.
이러한 혜택은 기업의 규모와 정책, 그리고 개인의 업무 성과에 따라 다를 수 있다. 그린 에너지 기술자로서 취업을 고려하는 경우, 각 기업의 채용 공고나 면접 단계에서 제공되는 급여 및 복리후생 혜택을 주의깊게 살펴보는 것이 중요하다.

7) 사회적 의미
그린 에너지 기술자는 환경 보호와 지구 온난화 문제에 대한 대안적이고 지속 가능한 해결책을 찾는데 기여하는 역할을 한다. 그들의 주요 목표는 환경 친화적이고 지속 가능한 에너지 소스와 기술을 개발하여 환경 오염과 기후 변화에 대한 대응을 지원하는 것이다. 그린 에너지 기술자들은 다음과 같은 방법으로 사회적 의미를 지니고 있다:
① 기후 변화 대응: 그린 에너지 기술자들은 친환경 에너지 시스템을 개발하고 보급함으로써 화석 연료 사용을 줄이고 기후 변화에 대응하는 데 기여한다. 이는 지구 온난화의 억제와 지구 환경의 보호에 도움이 된다.

② 환경 보호: 그린 에너지 시스템은 대기 오염과 수자원 오염을 줄이는데 도움을 주어 자연 환경을 보호한다. 이는 생태계와 생물 다양성을 유지하고 지구 생태계를 지원하는 데 중요하다.
③ 에너지 접근성 향상: 그린 에너지 기술은 에너지 접근성을 향상시키고, 전 세계적으로 전기와 열에 대한 접근을 늘림으로써 발전 도상국가에서 에너지 빈곤 문제에 대한 해결책을 제공한다.
④ 일자리 창출: 그린 에너지 산업의 성장은 수많은 일자리를 창출하고, 새로운 직업 기회를 제공함으로써 경제적 발전에 기여한다.
⑤ 환경 교육: 그린 에너지 기술자들은 환경 교육 활동을 통해 대중에게 환경 보호와 에너지 절약의 중요성을 알리고 환경 의식을 높이는 역할을 한다.
이러한 역할들은 그린 에너지 기술자들이 사회적으로 의미 있는 일을 수행하고 지속 가능한 미래를 구축하는 데 기여하고 있음을 보여준다.

8) 미래에 대한 비전
그린 에너지 기술자의 미래는 매우 밝고 중요한 역할을 할 것으로 예상된다. 여러 이유로 인해 그린 에너지 기술은 미래에 더욱 중요해질 것으로 예측된다:
① 기후 변화 대응: 기후 변화로 인한 문제는 계속해서 더해질 것으로 예상. 그린 에너지 기술은 온실 가스 감축을 통해 기후 변화를 완화하는데 중요한 역할을 할 것이다.
② 에너지 전환: 석탄과 같은 화석 연료 대신 태양광, 풍력, 수력, 지열 등의 에너지원을 이용하는 것이 더 일반적으로 받아들여질 것이다. 이러한 에너지원의 개발과 보급에 그린 에너지 기술이 필수적이다.
③ 포용적 성장: 그린 에너지 산업은 많은 일자리를 창출하고 경제적 발전을 촉진할 것으로 예상된다. 또한 지역 사회에서도 환

경 친화적인 방향으로의 성장을 촉진할 것이다.
④ 기술 혁신: 그린 에너지 기술은 끊임없이 발전하고 있다. 더 효율적이고 경제적인 그린 에너지 솔루션들이 개발될 것으로 예상된다.
⑤ 법적 규제와 정부 지원: 국제적으로는 기후 협약과 같은 규제들이 그린 에너지 기술의 도입을 촉진할 것으로 예상된다. 또한 많은 국가들이 그린 에너지 기술 개발을 지원할 것으로 기대된다.
이러한 이유들로 인해 그린 에너지 기술자는 미래에 더 많이 필요로 할 것이다. 그들은 지속 가능한 미래를 위해 에너지 분야에서 핵심 역할을 할 것으로 기대된다. 또한 그린 에너지 기술의 혁신은 에너지 산업 전반에 긍정적인 영향을 미칠 것으로 예상된다.

5-13 건강 관리 정보 시스템 분석가
1) 수요와 성장 가능성
건강 관리 정보 시스템 분석가는 현대 의료 시스템에서 매우 중요한 역할을 한다. 의료 분야에서 정보 기술의 적용이 증가함에 따라 건강 관리 정보 시스템 분석가의 수요와 성장 가능성도 높아지고 있다. 이에 대한 주요 이유들은 다음과 같다:
① 데이터 기반 의사 결정: 의료 기관들은 환자 데이터를 활용하여 의사 결정을 내리고 환자 치료를 최적화하기 위해 건강 관리 정보 시스템 분석가의 도움을 필요로 한다. 환자 데이터의 수집, 분석, 그리고 해석을 통해 의료 기관은 환자 치료에 대한 더 나은 전략을 개발할 수 있다.
② 의료 기관의 디지털화: 많은 의료 기관들이 전자 환자 기록(Electronic Health Records, EHR) 시스템과 같은 디지털 기술을 도입하고 있다. 이러한 시스템들을 효율적으로 관리하고 최적화하기 위해 건강 관리 정보 시스템 분석가의 수요가 높아지고

있다.
③ 빅데이터와 인공지능 적용: 의료 분야에서 빅데이터와 인공지능 기술을 활용하는 것이 일반적으로 늘어나고 있다. 건강 관리 정보 시스템 분석가들은 이러한 기술들을 효과적으로 구현하고 관리함으로써 의료 분야에서의 혁신을 이끌고 있다.
④ 규제 및 보안 요구사항: 의료 데이터는 민감한 정보이기 때문에 규제 및 보안 요구사항이 매우 엄격하다. 건강 관리 정보 시스템 분석가들은 이러한 규제 및 보안 요구를 충족시키는데 필수적인 역할을 한다.
이러한 이유들로 건강 관리 정보 시스템 분석가의 수요는 계속해서 증가할 것으로 예상된다. 또한 의료 분야의 기술적 발전과 함께 이 직업의 성장 가능성도 높아질 것으로 기대된다.

2) 기술(스킬셋)과 역량

건강 관리 정보 시스템 분석가가 가져야 할 기술과 역량은 매우 다양하다. 아래는 건강 관리 정보 시스템 분석가가 필요로 하는 주요 기술과 역량이다.
① 의료 도메인 지식: 의료 분야의 용어, 프로세스, 정책에 대한 이해가 필요하다. 의학적인 용어와 의료 시스템의 작동 방식을 이해함으로써 의료 데이터를 효과적으로 분석할 수 있다.
② 데이터 분석 및 통계: 데이터를 수집, 정제, 분석하고 통계적 기법을 적용할 수 있는 능력이 필요하다. 데이터 분석 도구와 프로그래밍 언어(R, Python 등)를 사용할 수 있어야 한다.
③ 데이터베이스 관리: 건강 관리 정보 시스템은 대량의 데이터를 다루므로 데이터베이스 시스템을 다룰 수 있는 기술이 필요하다. SQL과 NoSQL 데이터베이스에 대한 이해가 필요하다.
④ 의료 정보 시스템 이해: 의료 정보 시스템의 구조와 기능을 이해하고 다양한 종류의 의료 데이터를 관리하고 분석하는 능력이 필요하다.

⑤ 빅데이터 및 머신러닝: 대규모의 데이터를 다루고, 머신러닝 알고리즘을 적용하여 의료 데이터로부터 유용한 정보를 도출할 수 있는 능력이 필요하다.
⑥ 프로젝트 관리: 복잡한 건강 관리 정보 시스템 프로젝트를 계획하고 관리할 수 있는 프로젝트 관리 능력이 필요하다.
⑦ 의사소통 능력: 의료 전문가 및 비전문가와 소통할 수 있는 능력이 필요하다. 기술적인 문제와 해결책을 비전문가에게 명확하게 전달할 수 있어야 한다.
⑧ 윤리적 고려: 의료 데이터는 민감한 정보를 포함하고 있으므로 개인 정보 보호와 관련된 윤리적인 이슈를 이해하고 준수할 수 있어야 한다.
이러한 기술과 역량은 건강 관리 정보 시스템 분석가가 의료 분야에서 데이터를 효과적으로 활용하고 의사 결정을 지원하는 데 필수적이다. 이러한 기술과 역량을 개발하기 위해 학위나 자격증 프로그램, 온라인 강의, 산업체에서 제공하는 교육과정을 참고할 수 있다.

3) 다양성과 전문화
건강 관리 정보 시스템 분석가의 업무는 매우 다양하며 다양성과 전문화는 다음과 같은 측면에서 나타날 수 있다:
① 다양한 의료 분야: 건강 관리 정보 시스템은 병원, 의원, 보건 기관, 의료 연구 기관 등 다양한 의료 분야에서 사용된다. 이에 따라 분석가는 내과, 외과, 신경학, 영상의학, 의공학, 치과, 간호학 등과 같은 다양한 의료 분야의 지식을 보유해야 된다.
② 전자 의료 기록 (EHR) 및 의료 정보 시스템 종류: EHR 및 다양한 의료 정보 시스템의 분석은 전문화된 지식을 필요로 한다. 특정 의료 정보 시스템에 대한 전문 지식을 보유한 분석가는 해당 시스템의 최적화와 개선에 기여할 수 있다.
③ 데이터 종류와 분석 방법: 의료 분야에서 사용되는 데이터는

다양하다. 환자 정보, 검사 결과, 치료 기록, 의료 인프라의 성능 데이터 등을 분석해야 한다. 이러한 데이터를 분석하는 데 필요한 통계, 머신 러닝, 딥 러닝 등의 분석 방법에 대한 전문 지식이 필요하다.
④ 개인 건강 정보 보호 및 규정 준수: 의료 정보 시스템 분석가는 환자의 개인 건강 정보를 보호하고, 의료 규정 및 법률을 준수하는 방법에 대한 전문 지식을 가져야 한다.
⑤ 의료 빅데이터와 예측 분석: 건강 관리 분야에서 빅데이터와 예측 분석을 활용하는 것이 중요하다. 의료 데이터의 특성을 이해하고, 이를 기반으로 한 예측 분석을 수행하는 데 필요한 전문 지식이 요구된다.
⑥ 의료 인공지능과 머신 러닝: 의료 분야에서 인공지능과 머신 러닝을 활용한 의사 결정 지원 시스템을 개발하고 최적화하는 데 필요한 기술적 전문 지식이 요구된다.
분석가가 이러한 다양성과 전문화를 활용하여 특정 의료 분야나 문제에 효과적으로 대응할 수 있다. 이러한 전문화된 지식은 의료 기관에서 특정 분야의 문제를 해결하거나 의사 결정을 지원하는 데 큰 도움이 될 것이다.

4) 교육 및 자격증

건강 관리 정보 시스템 분석가가 되기 위해서는 컴퓨터 과학, 정보 시스템, 의료 정보학, 통계학, 빅데이터 분석 등과 같은 분야에서 관련된 학위나 자격증을 취득하는 것이 중요하다. 아래는 관련 교육 및 자격증에 대한 몇 가지 예시이다:
① 학사 학위: 컴퓨터 과학, 의료 정보학, 정보 시스템, 의학 정보학
② 석사 또는 박사 학위: 의료 정보학 석사 또는 박사, 컴퓨터 과학 석사 또는 박사, 통계학 석사 또는 박사
③ 자격증 및 인증:

• Certified Health Data Analyst (CHDA): 의료 정보 분석 전문가 자격증으로, 의료 정보 시스템 분석가로서의 역량을 증명할 수 있다.
• Certified Professional in Healthcare Information and Management Systems (CPHIMS): 건강 관리 정보 시스템 분야에서의 전문성을 인증하는 자격증이다.
• Certified Information Systems Security Professional (CISSP): 정보 보안 분야의 국제적으로 인정받는 자격증 중 하나로, 건강 관리 정보 시스템의 보안을 담당하는 분야에서 유용하다.
④ 교육 및 교육 프로그램: 다양한 대학이나 온라인 교육 기관에서 제공하는 의료 정보학 및 정보 시스템 관련 교육 프로그램을 수강하여 전문 지식을 습득할 수 있다.
이 외에도 국가나 지역에 따라 특정 자격증이나 교육 프로그램이 요구될 수 있으므로 관련 기관이나 산업 단체의 권고 사항을 참고하는 것이 좋다.

5) 현업 경험

건강 관리 정보 시스템 분석가가 되기 위한 유용한 현업 경험은 의료 기관이나 의료 정보 시스템을 다루는 기업에서의 근무나 프로젝트 참여 등이 포함될 수 있다. 아래는 유용한 현업 경험의 몇 가지 예시이다:
① 의료 기관에서의 근무 경험: 병원, 의원 또는 의료 기관에서 의료 정보 시스템을 관리하거나 사용자 지원을 담당하는 경험은 실무에서의 중요한 통찰력을 제공한다.
② 의료 정보 시스템 관련 프로젝트 참여: 의료 정보 시스템을 개발, 구현 또는 업그레이드하는 프로젝트에 참여하여 실제 프로젝트 경험을 쌓을 수 있다. 이러한 프로젝트는 의료 기관 내부에서나 의료 소프트웨어 개발 회사에서 이루어질 수 있다.

③ 데이터 분석 및 통계 경험: 의료 데이터를 분석하고 통계적 기법을 사용하여 의료 정보 시스템의 성능을 평가하거나 개선 방안을 모색하는 경험은 중요하다.
④ 의료 정보 보안 및 규정 준수 경험: 의료 정보 보안과 관련된 업무를 수행하거나 건강 정보 규정을 준수하는 경험은 의료 정보 시스템 분석가에게 필수적인 기술과 지식을 제공한다.
⑤ 프로젝트 관리 경험: 프로젝트 관리 역할을 수행하여 의료 정보 시스템 프로젝트를 효율적으로 관리하고 조직하는 능력은 유용하다.
⑥ 인턴십 또는 산업체 특별 프로젝트 경험: 의료 정보 시스템을 다루는 기업에서의 인턴십이나 산업체 특별 프로젝트에 참여하여 실무 경험을 쌓을 수 있다.
이러한 경험들은 이력서나 포트폴리오에 잘 나타나게 되면 의료 정보 시스템 분석가로서의 경쟁력을 크게 향상시킬 수 있다.

6) 급여와 복지

대한민국에서 건강 관리 정보 시스템 분석가의 급여는 경력, 교육 수준, 근속 연수, 근무하는 기관의 규모 및 위치 등 여러 요인에 따라 다양하게 결정된다. 하지만 대체로 이 분야의 전문가들은 높은 수준의 기술과 지식을 갖추고 있어 높은 연봉을 기대할 수 있다.

복지 혜택은 회사나 기관에 따라 다르지만 일반적으로 건강 보험, 퇴직 연금, 연차 휴가, 교육 지원, 그리고 업무 관련 비용 지원 등이 포함될 수 있다.

구체적인 급여 및 복지 혜택 정보를 얻기 위해서는 해당 분야의 구인 공고를 참고하거나, 채용 관련 웹사이트나 기업의 공식 웹사이트에서 직접 확인하는 것이 가장 정확한 정보를 제공할 것이다. 또한, 인터넷 채용 사이트나 채용 중개 기관을 통해 구인 공고를 검색하여 이에 대한 정보를 확인할 수 있다.

7) 사회적 의미

건강 관리 정보 시스템 분석가는 의료 분야에서 중요한 역할을 수행하는 전문가이다. 그들은 의료 정보 시스템을 효과적으로 분석하고 설계함으로써 의료 서비스를 개선하고 환자의 건강과 안전을 보장한다. 이에 따라 건강 관리 정보 시스템 분석가의 사회적 의미는 다음과 같이 요약할 수 있다:

① 환자 안전 향상: 건강 관리 정보 시스템 분석가는 의료 정보 시스템을 최적화함으로써 의사와 간호사가 정확하고 신속한 의료 서비스를 제공할 수 있도록 돕는다. 이는 환자의 안전을 향상시키는 데 기여한다.

② 의료 비용 절감: 효율적인 의료 정보 시스템은 의료 기관이 업무 프로세스를 최적화하고 자원을 효율적으로 사용할 수 있도록 돕는다. 이는 의료 비용을 절감하고 환자들에게 더 나은 의료 서비스를 제공할 수 있도록 돕는다.

③ 의료 연구 지원: 건강 관리 정보 시스템 분석가는 의료 데이터를 수집하고 분석함으로써 의료 연구를 지원한다. 이는 새로운 치료법의 개발이나 질병의 원인과 치료 방법에 대한 통찰을 얻는 데 도움을 준다.

④ 의료 정보 보안 강화: 건강 관리 정보 시스템 분석가는 의료 정보 시스템의 보안을 강화하고 환자의 개인 정보를 안전하게 보호한다. 이는 의료 기관과 환자들 간의 신뢰를 유지하는 데 중요한 역할을 한다.

⑤ 의료 서비스의 접근성 향상: 효과적인 의료 정보 시스템은 의료 서비스에 대한 접근성을 향상시킨다. 이는 지역 사회의 의료 서비스에 대한 접근성을 높이고, 의료 서비스의 균등한 분포를 돕는다.

이러한 역할들은 건강 관리 정보 시스템 분석가가 의료 분야에서 사회적으로 중요한 위치에 있다는 것을 보여준다. 그들의 노력은 환자, 의료 기관, 의료 연구 및 사회 전체에 긍정적인 영향을 미치며, 보다 효과적이고 효율적인 의료 서비스를 가능하게 한다.

8) 미래에 대한 비전
건강 관리 정보 시스템 분석가의 미래는 기술과 의료 분야의 혁신에 크게 영향을 받을 것으로 예측된다. 여러 가지 요인들이 이 분야의 미래를 형성할 것이다:
① 인공 지능과 머신 러닝의 활용 증가: 의료 분야에서 인공 지능과 머신 러닝 기술이 보다 정교하게 사용될 것이다. 건강 관리 정보 시스템 분석가는 이러한 기술을 활용하여 의료 데이터를 분석하고, 환자 진단, 치료 및 예방에 대한 인사이트를 얻을 수 있을 것이다.
② 빅데이터와 데이터 분석의 중요성 증대: 의료 분야에서 생성되는 데이터 양은 빠르게 증가하고 있다. 건강 관리 정보 시스템 분석가는 이러한 대규모 데이터를 분석하고, 의료 정책과 환자 치료 방법을 개선하기 위한 중요한 정보를 추출할 수 있을 것이다.
③ 사이버 보안의 강화: 의료 정보는 민감한 개인 정보를 포함하고 있기 때문에 사이버 보안의 중요성이 더욱 높아질 것이다. 건강 관리 정보 시스템 분석가는 의료 정보 시스템을 보호하고, 데이터 무결성과 개인 정보 보호를 보장하기 위한 사이버 보안 전문가로서의 역할을 더욱 중요하게 수행할 것이다.
④ 의료 IoT 기술의 증가: 의료 분야에서의 사물 인터넷(IoT) 기술은 환자의 건강 상태를 실시간으로 모니터링하고 데이터를 수집하는 데 사용된다. 건강 관리 정보 시스템 분석가는 이러한 IoT 기술과 데이터를 효과적으로 관리하고 분석하여 의사 결정을 지원할 것이다.
⑤ 전자 의학의 확산: 전자 의학 기술의 발전으로 환자들은 건강 상태를 모니터링하고 의료 서비스를 받을 수 있다. 건강 관리 정보 시스템 분석가는 전자 의학 기술과 연결하여 환자 데이터를

분석하고, 의료 전반에 걸쳐 통합된 정보 시스템을 구축하는 데 기여할 것이다.
이러한 기술과 추세들은 건강 관리 정보 시스템 분석가의 역할과 책임을 더욱 확대시킬 것으로 예측된다. 그들은 의료 분야에서 혁신적인 솔루션을 제공하고, 환자의 건강을 효과적으로 관리하고 개선하는 데 핵심적인 역할을 수행할 것이다.

5-14 디지털 마케터

1) 수요와 성장 가능성

디지털 마케팅은 현재와 미래의 비즈니스 환경에서 매우 중요한 역할을 하고 있다. 여러 이유로 디지털 마케터에 대한 수요와 성장 가능성은 계속해서 높아질 것으로 예측된다:

① 온라인 비즈니스 증가: 전 세계적으로 온라인 비즈니스가 계속해서 성장하고 있다. 이에 따라 기업들은 디지털 마케팅 전문가를 필요로 한다. 온라인 플랫폼과 소셜 미디어는 기업들이 고객과 상호 작용하고 제품 또는 서비스를 홍보하는 핵심 수단이 되고 있다.

② 데이터 기반 마케팅: 대량의 데이터를 활용한 마케팅이 중요해지고 있다. 데이터 분석을 통해 고객 행동을 이해하고, 개별 고객에게 맞춤형 마케팅 전략을 수립하는 능력이 필요하다. 이를 통해 기업들은 효율적인 마케팅 전략을 구축할 수 있다.

③ 소셜 미디어의 영향력 증가: 소셜 미디어는 소비자와 기업 간의 상호 작용을 증대시키고 브랜드 인지도를 높이는 데 중요한 역할을 한다. 기업들은 소셜 미디어 전문가를 고용하여 소셜 플랫폼을 효과적으로 활용하는 전략을 개발하고 실행할 수 있다.

④ 모바일 마케팅의 증가: 모바일 기기의 사용이 증가함에 따라, 모바일 앱 및 웹사이트를 통한 마케팅이 더 중요해지고 있다. 이에 대한 전문적인 지식과 기술을 갖춘 디지털 마케터의 수요가 늘어나고 있다.

⑤ 인플루언서 마케팅의 성장: 인플루언서 마케팅은 소비자들에게 브랜드 또는 제품을 소개하는 데 효과적이다. 인플루언서와의 협업 전략을 수립하고 실행하는 디지털 마케팅 전문가는 점점 더 필요하게 된다.
이러한 이유들로 디지털 마케터에 대한 수요는 계속해서 증가할 것으로 예측된다. 이 분야에서 경험과 전문 지식을 쌓는 것은 미래의 성공적인 경력을 쌓기 위해 중요한 요소가 될 것이다.

2) 기술(스킬셋)과 역량

디지털 마케터로서 성공하기 위해 필요한 기술과 역량은 계속해서 진화하고 있다. 아래는 현대의 디지털 마케터에게 요구되는 주요 기술과 역량이다:
① 디지털 마케팅 전략: 다양한 디지털 마케팅 채널과 전략을 이해하고 효과적으로 계획하고 실행할 수 있어야 한다.
② 검색 엔진 최적화 (SEO): 웹사이트의 검색 엔진 노출을 최적화하고, 키워드 분석 및 경쟁 분석을 통해 웹사이트의 트래픽을 늘리는 기술이 필요하다.
③ 검색 엔진 마케팅 (SEM) 및 Pay-Per-Click (PPC) 광고: 구글 애드워즈와 같은 플랫폼을 활용한 광고 캠페인을 설계하고 최적화할 수 있는 능력이 필요하다.
④ 콘텐츠 마케팅: 매력적인 콘텐츠를 작성하고, 블로그, 소셜 미디어, 비디오 등 다양한 형식으로 제공하여 고객과 상호 작용할 수 있는 능력이 필요하다.
⑤ 소셜 미디어 마케팅: 다양한 소셜 미디어 플랫폼에서 효과적으로 캠페인을 실행하고 소셜 미디어를 활용하여 브랜드 인지도를 높일 수 있는 능력이 필요하다.
⑥ 이메일 마케팅: 이메일 캠페인을 계획하고 실행하며, 이메일 마케팅 소프트웨어를 사용하여 데이터를 분석하고 최적화할 수 있는 능력이 필요하다.

⑦ 데이터 분석: 웹사이트 트래픽, 소셜 미디어 인터랙션, 이메일 반응과 같은 데이터를 분석하고 이를 기반으로 마케팅 전략을 최적화할 수 있어야 한다. 데이터 분석 도구와 통계에 대한 이해가 필요하다.
⑧ 모바일 마케팅: 모바일 앱 및 웹사이트를 위한 마케팅 전략을 이해하고, 모바일 사용자들을 대상으로 한 캠페인을 계획할 수 있어야 한다.
⑨ 브랜드 전략: 브랜드 인지도와 로열티를 높이기 위한 전략을 개발하고 실행할 수 있는 능력이 필요하다.
⑩ 소프트웨어 및 도구 활용 능력: 마케팅 자동화 소프트웨어, 분석 도구, 그래픽 디자인 소프트웨어 등을 활용할 수 있는 능력이 필요하다.
디지털 마케팅 분야에서 성공하기 위해서는 이러한 기술과 역량을 연마하고 최신 동향을 계속해서 학습하는 것이 중요하다.
디지털 마케터로서 위에서 언급한 10가지 역량을 키우기 위해서는 다양한 방법과 자원을 활용할 수 있다:
① 온라인 코스와 교육: 인터넷에는 디지털 마케팅에 관한 무료 또는 유료 강좌가 풍부하게 있다. Coursera, Udemy, edX와 같은 플랫폼에서 디지털 마케팅 코스를 수강할 수 있다.
② 블로그와 뉴스레터 구독: 관련 블로그와 뉴스레터를 구독하여 최신 동향과 팁을 받아볼필요가 있다. 특히, 마케팅 전문가들이 운영하는 블로그를 찾아 구독하면 유용하다.
③ 실전 프로젝트: 실제 프로젝트를 진행해보면서 경험을 쌓는 것이 중요하다. 자신의 블로그나 소셜 미디어 계정을 이용하여 캠페인을 실행해보거나, 작은 규모의 사업 또는 비영리 단체에 봉사해 디지털 마케팅 전략을 제안해 볼필요.
④ 온라인 커뮤니티 참여: 디지털 마케터들의 온라인 커뮤니티에 참여하여 질문하고 의견을 나누는 것은 큰 도움이 된다. LinkedIn, Reddit, 페이스북 그룹 등에서 관련된 커뮤니티를 찾

아 본다.
⑤ 데이터 분석 도구 사용: Google Analytics, Facebook Insights, SEMrush 등과 같은 데이터 분석 도구를 실제 프로젝트에 적용해 본다. 이를 통해 데이터를 해석하고 마케팅 전략을 최적화하는 방법을 배울 수 있다.
⑥ 책과 블로그 글 읽기: 디지털 마케팅 분야에 관한 책과 블로그 글을 읽어보면 새로운 관점과 아이디어를 얻을 수 있다.
⑦ 자체 프로젝트 수행: 자신만의 블로그나 웹사이트를 운영해보면서 SEO 최적화, 콘텐츠 마케팅, 소셜 미디어 마케팅 등을 실험해본다. 실패와 성공을 통해 중요한 경험을 얻을 수 있다.
⑧ 인터넷 강연과 웨비나 참석: 전문가들의 강연이나 웨비나에 참석하여 실무에서 활용 가능한 팁과 트렌드에 대해 배울 수 있다.
⑨ 멘토링과 네트워킹: 업계 전문가나 성공한 디지털 마케터들과 멘토링 세션을 가지거나 네트워킹 이벤트에 참여하여 인사이트를 얻을 수 있다.
⑩ 자기 플로팅: 실패와 성공을 통해 자기 플로팅하여 자신만의 마케팅 전략을 개발하고 이를 실험해 볼필요. 지속적인 실험과 개선을 통해 역량을 키울 수 있다.

3) 다양성과 전문화
디지털 마케팅 분야는 굉장히 다양하며 여러 전문 분야로 나눌 수 있다. 이러한 다양성과 전문화는 다음과 같은 영역으로 구체화될 수 있다:
① 검색 엔진 최적화 (SEO): SEO 전문가들은 웹사이트가 검색 엔진에서 노출될 수 있도록 최적화하는데 전문화 된다. 키워드 연구, 내부 및 외부 링크 구축, 웹사이트 기술적 최적화 등이 중요한 역량이다.
② 검색 엔진 마케팅 (SEM) 및 페이퍼 클릭 (PPC): SEM 전문가

들은 구글 애드워즈, 네이버 검색 광고 등을 활용하여 광고를 만들고 최적화하여 웹사이트 트래픽을 늘리는데 전문화 됨.
③ 콘텐츠 마케팅: 콘텐츠 마케터들은 블로그 글, 소셜 미디어 게시물, 비디오, 이메일 뉴스레터 등을 통해 고객과 상호작용하고 브랜드 인식을 높이기 위한 콘텐츠를 만드는데 전문화됨.
④ 소셜 미디어 마케팅: 소셜 미디어 전문가들은 Facebook, Instagram, Twitter, LinkedIn 등의 소셜 플랫폼을 이용하여 브랜드를 홍보하고 고객과 소통하는데 전문화됨.
⑤ 이메일 마케팅: 이메일 마케터들은 유용한 콘텐츠와 프로모션을 포함한 이메일 캠페인을 만들어 고객과 상호작용하고 판매를 촉진하는데 전문화됨.
⑥ 모바일 마케팅: 모바일 마케터들은 모바일 앱, 웹사이트 및 SMS를 이용하여 모바일 사용자들에게 최적화된 경험을 제공하는데 전문화됨.
⑦ 데이터 분석 및 웹 분석: 데이터 분석가들은 웹사이트 및 마케팅 캠페인 데이터를 분석하여 고객 행동을 이해하고 비즈니스 의사 결정을 지원하는데 전문화됨.
⑧ 인플루언서 마케팅: 인플루언서 마케터들은 유명 인플루언서들과 협력하여 브랜드를 홍보하고 제품 또는 서비스를 판매하는데 전문화됨.
⑨ 컨텐츠 관리 시스템 (CMS) 관리: CMS 관리자들은 웹사이트를 관리하고 업데이트하여 최신 정보와 콘텐츠를 제공하는데 전문화됨.
⑩ 지역 마케팅: 지역 마케터들은 지역적인 타겟 마케팅 전략을 개발하고 관리하여 특정 지역 또는 지역 시장에서 성과를 내는데 전문화됨.
디지털 마케팅 분야에서는 이러한 다양한 전문 분야에서 전문화된 전문가들이 필요하며, 각 전문 분야는 특정 기술과 전략을 활용하여 성공적인 마케팅 캠페인을 수행한다.

4) 교육 및 자격증

디지털 마케터로 성공하기 위해서는 교육과 자격증을 획득하여 필요한 기술과 전문 지식을 습득하는 것이 중요하다. 아래에는 디지털 마케터가 고려할 수 있는 교육 및 자격증에 대한 몇 가지 예시를 제공하면:

① 디지털 마케팅 교육 프로그램: 많은 대학과 온라인 교육 기관에서 디지털 마케팅 전문 교육 프로그램을 제공한다. 이러한 프로그램은 전반적인 디지털 마케팅 전략 및 트렌드를 다루며, 실무 경험을 통한 학습 기회를 제공할 수 있다.

② Google Ads 인증 프로그램: Google은 Google Ads 인증 프로그램을 제공하여 검색 광고 및 디스플레이 광고 관련 기술을 갖춘 전문가임을 증명할 수 있는 기회를 제공한다. 인터넷 광고 전반에 대한 기본 원칙을 배울 수 있다.

③ Facebook Blueprint 인증 프로그램: Facebook은 Facebook 및 Instagram 광고 플랫폼을 사용하여 마케팅 전략을 개발하고 실행할 수 있는 기술을 향상시킬 수 있는 Facebook Blueprint 인증 프로그램을 운영한다.

④ HubSpot 인바운드 마케팅 자격증: HubSpot은 인바운드 마케팅 및 세일즈에 관한 교육 자료와 자격증을 무료로 제공한다. 인바운드 마케팅 전략 및 기술을 익히고 인증을 받을 수 있다.

⑤ 콘텐츠 마케팅 인스티튜트(CMI) 자격증: CMI는 콘텐츠 마케팅 전문가로 성장하고자 하는 사람들을 위한 교육 및 자격증 프로그램을 운영한다. 콘텐츠 마케팅 전략, 콘텐츠 제작, 분석 등에 관한 교육을 제공한다.

⑥ 데이터 분석 및 통계 교육: 디지털 마케터는 데이터를 분석하고 해석하는 능력이 필요하다. 데이터 분석 및 통계 교육을 통해 데이터를 활용한 의사 결정 능력을 향상시킬 수 있다.

이 외에도 여러 온라인 교육 플랫폼에서 디지털 마케팅과 관련된 강좌를 제공하고 있다. Udemy, Coursera, LinkedIn

Learning, edX 등에서 다양한 디지털 마케팅 강좌를 찾아보실 수 있다. 또한, 실무 경험을 쌓기 위해 프로젝트를 진행하거나 현장 실습을 통해 실무 능력을 키우는 것도 중요하다.

5) 현업 경험
디지털 마케터가 되기 위해 유용한 현업 경험은 다양한 디지털 마케팅 활동에 참여하고 실제 프로젝트에 참여하는 것이다. 여기에 몇 가지 유용한 현업 경험의 예시를 제공한다:
① 인턴십 또는 스타트업 경험: 디지털 마케팅 분야의 스타트업이나 디지털 마케팅 에이전시에서 인턴으로 근무하거나 프로젝트에 참여하는 것은 유용한 경험이 될 수 있다. 작은 규모의 회사에서 일하면 다양한 부분을 경험할 수 있다.
② 자유 프리랜서 활동: 플랫폼들인 Upwork, Freelancer, Fiverr 등에서 디지털 마케팅 프로젝트를 찾아 직접 클라이언트와 일하는 경험은 실무 능력을 키우는 데 도움이 된다.
③ 개인 블로그 또는 소셜 미디어 관리: 개인 블로그나 소셜 미디어 계정을 운영하면 자체적으로 디지털 마케팅 전략을 계획하고 실행하는 경험을 쌓을 수 있다. 특히 콘텐츠 마케팅 및 소셜 미디어 마케팅 관련 기술을 향상시킬 수 있다.
④ 프로젝트 관리 및 팀 협업 경험: 디지털 마케팅 프로젝트를 진행하면서 프로젝트 관리 및 팀 협업 능력을 키울 수 있는 경험은 가치가 있다. 다양한 역할을 수행하고 팀원들과 협업하며 프로젝트를 성공적으로 완료하는 경험을 쌓는 것이 중요하다.
⑤ Google Analytics 및 광고 플랫폼 활용 경험: Google Analytics와 광고 플랫폼(예: Google Ads, Facebook Ads)을 사용하여 웹사이트 및 광고 성과를 분석하고 최적화하는 경험은 디지털 마케터에게 필수적이다. 실제 프로젝트에서 이러한 도구들을 활용해 보는 것이 중요하다.
⑥ 데이터 분석 및 A/B 테스트 경험: 마케팅 결과를 분석하고

성과를 측정하기 위한 데이터 분석 및 A/B 테스트를 실제로 해보는 경험은 디지털 마케팅 역량을 향상시킨다.
이러한 경험들은 디지털 마케터로 성장하는 데 큰 도움이 될 것이다. 실무 경험을 통해 얻은 지식과 능력은 이론적 학습만큼 중요하며, 이를 통해 문제 해결 능력과 창의성을 기를 수 있다.

6) 급여와 복지

대한민국에서 디지털 마케터의 급여는 경험, 기술 수준, 근무 지역, 회사 규모 등에 따라 상당히 다양하다. 또한 회사의 성과와 산업 분야에 따라도 차이가 있을 수 있다. 이에 따라 아래는 대한민국에서 일반적인 디지털 마케터의 급여 범위를 나타내는 근사치이다.
- 초급 디지털 마케터: 2,500만 원부터 4,000만 원까지의 연봉이 일반적이다. 이는 1년 미만의 경력을 가진 직원들을 의미한다.
- 중급 디지털 마케터: 4,000만 원부터 7,000만 원까지의 연봉이 일반적이다. 2년에서 5년 사이의 경력을 가진 마케터들을 대상으로 한다.
- 고급 디지털 마케터: 7,000만 원부터 1억원 이상까지의 연봉이 가능하다. 이는 5년 이상의 경력과 특수 기술 또는 특정 산업 분야에서의 전문 지식을 가진 마케터들에게 해당된다.

복지 혜택은 회사마다 다르지만, 일반적으로 다음과 같은 혜택이 포함될 수 있다:
- 건강보험 및 의료 보험: 대부분의 기업에서 직원들에게 건강보험과 의료 보험 혜택을 제공한다.
- 퇴직 연금: 많은 기업에서는 퇴직 연금 혜택을 제공하여 직원들의 미래를 위해 저축할 수 있도록 지원한다.
- 병가 및 연차 휴가: 병가 및 연차 휴가는 근로자의 근무와 생활 균형을 도와주는 중요한 혜택 중 하나이다.
- 교육 지원: 직원들의 교육과 자기 계발을 위해 교육 지원 프로

그램을 제공하는 회사도 많다.
• 연간 보너스 및 성과급: 성과에 따라 매년 추가 보너스나 성과급을 지급하는 회사도 있다.
이러한 급여와 복지 혜택은 시장 상황에 따라 변동될 수 있으므로 구체적인 정보를 얻기 위해서는 해당 분야의 구인 공고를 참고하거나 채용 공고를 보는 것이 좋다.

7) 사회적 의미

디지털 마케터는 현대 비즈니스 환경에서 중요한 역할을 한다. 그들은 제품, 서비스 또는 브랜드를 대중에게 소개하고 판매를 촉진하는데 필수적이다. 이러한 역할을 통해 디지털 마케터는 다음과 같은 사회적 의미를 가진다:
① 일자리 창출: 디지털 마케팅 산업의 성장은 수많은 일자리를 창출하고 있다. 마케터, 콘텐츠 크리에이터, 데이터 분석가 등 다양한 분야에서 일자리가 제공되어 지역 사회와 경제에 긍정적인 영향을 미친다.
② 소상공인 및 중소기업 지원: 디지털 마케팅은 소상공인과 중소기업이 인터넷을 통해 글로벌 시장에 진출할 수 있도록 돕는다. 이는 지역 사회의 기업들이 성장하고 경쟁력을 키울 수 있게 돕는 중요한 역할을 한다.
③ 소비자 교육과 의식 제고: 디지털 마케팅은 제품이나 서비스에 대한 정보를 소비자에게 전달함으로써 소비자의 의식을 높이고 교육한다. 예를 들어, 친환경 제품의 장점이나 건강에 좋은 식품 등에 대한 정보를 제공함으로써 소비자들이 더 건강하고 지속 가능한 선택을 할 수 있도록 돕는다.
④ 문화적 영향: 디지털 마케팅은 특정 제품, 브랜드 또는 아이디어를 홍보함으로써 사회적 문화에 영향을 미칠 수 있다. 어떤 제품이나 브랜드가 사회적 가치나 트렌드를 반영하면서 소비자들의 의식에 큰 영향을 미칠 수 있다.

⑤ 소셜 캠페인과 사회 문제 홍보: 비영리 단체나 사회적 단체들은 디지털 마케팅을 활용하여 자선 활동, 환경 보호, 사회 문제 등에 대한 인식을 높일 수 있다. 이는 사회적 문제에 대한 인식과 해결에 도움을 주는 역할을 한다.
이러한 방식으로 디지털 마케팅은 사회적 의미를 지니며 소비자, 기업, 사회 단체 등 여러 층면에서 긍정적인 영향을 미치고 있다.

8) 미래에 대한 비전
디지털 마케터의 미래는 기술과 소비자 행동의 변화에 영향을 받을 것으로 예측된다. 여러 가지 요인들이 함께 작용하여 디지털 마케팅 분야를 혁신하고 변화시킬 것으로 기대된다:
① 인공지능과 자동화: 인공지능 기술은 데이터 분석, 캠페인 최적화, 콘텐츠 생성 등의 영역에서 디지털 마케터들을 지원할 것이다. 머신 러닝 알고리즘을 활용한 데이터 분석은 더 정확한 타겟 마케팅과 예측 분석을 가능하게 할 것이다.
② 증강 현실(AR) 및 가상 현실(VR): AR과 VR 기술은 제품 체험을 더 현실적으로 만들어 소비자들에게 더 많은 인상을 남길 수 있게 해준다. 마케터들은 이를 활용하여 상품 체험, 광고 캠페인, 브랜드 홍보 등을 혁신적으로 디자인할 수 있을 것이다.
③ 데이터 보안과 개인정보 보호: 소비자들의 민감한 정보를 안전하게 다루는 능력이 더욱 중요해질 것이다. 마케터들은 이를 위해 블록체인 기술과 같은 보안 기술을 활용하여 데이터의 안전성을 유지하고 소비자들의 신뢰를 얻어야 할 것이다.
④ 인플루언서 마케팅의 진화: 소셜 미디어 인플루언서들은 브랜드와 소비자 간의 다리 역할을 하고 있다. 미래에는 더 정교한 데이터 분석과 타겟 마케팅을 통해 인플루언서 마케팅이 진화할 것으로 예상된다.
⑤ 콘텐츠의 혁신: 소비자들은 더 흥미로운 콘텐츠를 원하게 될

것이다. AI를 활용한 대화형 콘텐츠, AR 및 VR을 활용한 새로운 경험, 브랜드와 소비자 간의 상호 작용을 늘리는 등의 혁신이 이뤄질 것이다.

⑥ 지속 가능성과 윤리적 마케팅: 소비자들은 환경 문제와 윤리적인 가치에 더 관심을 가지고 있다. 미래의 디지털 마케터들은 이러한 가치를 반영하고 브랜드의 사회적 책임을 강조하는 마케팅 전략을 개발할 것이다.

이러한 변화와 기술의 도입으로 디지털 마케터들은 더욱 창의적이고 효과적인 마케팅 전략을 구상하고 소비자와 브랜드 간의 관계를 더 강화하는 데 기여할 것으로 기대된다.

5-15 스마트팜 기술 전문가
1) 수요와 성장 가능성

스마트팜 기술 전문가에 대한 수요는 최근 몇 년 동안 꾸준히 증가하고 있다. 농업 분야에서의 디지털 기술과 자동화, 데이터 분석, 인터넷 기반 기술 등이 확대되면서 스마트팜 기술 전문가들에 대한 요구가 높아지고 있다. 이는 농업 생산성을 향상시키고 자원을 효율적으로 활용하는 것에 초점을 맞춘 농업 혁신의 일환으로 이해할 수 있다.

성장 가능성:
① 디지털화와 자동화: 농업 분야에서 디지털화와 자동화 기술의 도입이 증가하고 있다. 스마트 센서, IoT 기기, 자율 주행 로봇 등의 기술이 농작업을 자동화하고 농부들이 실시간으로 농작물 상태를 모니터링할 수 있게 해주고 있다.
② 데이터 분석과 인공지능: 빅데이터 분석과 인공지능 기술을 활용하여 농작물의 상태, 예측 분석, 병해충 감지 등을 수행할 수 있다. 데이터 분석은 농작업의 최적화와 농산물 생산성 향상을 지원한다.

③ 수경 농업과 세로 농장: 스마트팜은 일반 농경보다는 더 작은 공간에서 생산성을 높이는 데 적합한 기술을 사용한다. 수경 농업과 세로 농장(수직 농업)은 이러한 예시로, 작은 공간에서 더 많은 양의 농산물을 생산할 수 있다.
④ 농업용 드론 사용 확대: 드론을 사용한 농업 감시와 작물 분석이 증가하고 있다. 드론은 큰 농장에서 농작물을 더 효과적으로 관리하고 병해충 문제를 조기에 감지할 수 있는 도구로 사용된다.
⑤ 정확한 자원 관리: 스마트팜 기술은 물, 비료, 밭의 온도, 습도 등의 자원을 정확하게 관리함으로써 자원 낭비를 줄이고 농산물의 생산성을 최적화할 수 있다.
이러한 동향들로 인해 스마트팜 기술 전문가에 대한 수요는 계속해서 성장할 것으로 예상된다. 미래에는 농업 산업의 지속 가능성과 생산성 향상을 위해 스마트팜 기술 전문가들이 더욱 필수적으로 요구될 것으로 예상된다.

2) 기술(스킬셋)과 역량

스마트팜 기술 전문가가 되기 위해서는 다양한 기술과 역량이 요구된다. 아래는 스마트팜 기술 전문가에게 필요한 기술과 역량 목록입니다:
① 농업 지식: 농업 환경과 작물에 대한 기본적인 이해가 필요하다. 농업 전반에 대한 지식을 갖고 농부들과 소통할 수 있어야 한다.
② 데이터 분석 및 빅데이터: 센서 데이터, 기상 데이터, 작물 성장 데이터 등 다양한 데이터를 수집하고 분석할 수 있는 능력이 필요하다. 데이터 분석 소프트웨어 및 통계 도구 사용 능력이 요구된다.
③ 인터넷 of Things (IoT): 스마트 센서 및 장치를 사용하여 데이터를 수집하고 분석하는 기술이 필요하다. IoT 기술을 활용하

여 농작물 상태를 실시간으로 모니터링할 수 있어야 한다.
④ 머신 러닝과 인공지능: 작물 예측, 질병 감지, 수확 시기 예측과 같은 작업을 위해 머신 러닝 및 인공지능 알고리즘을 개발하고 적용할 수 있는 능력이 요구된다.
⑤ 자동화 기술: 스마트팜 시스템을 자동으로 제어하고 운영할 수 있는 자동화 기술에 대한 이해가 필요하다. 로봇 및 드론 기술을 활용한 자동화 농업 시스템 구현 능력이 요구된다.
⑥ 데이터 보안: 농업 데이터는 중요하며, 이러한 데이터를 보호하고 안전하게 저장할 수 있는 능력이 필요하다.
⑦ 소프트웨어 개발: 스마트팜 시스템을 구현하기 위해 소프트웨어를 개발할 수 있는 능력이 필요하다. 프로그래밍 언어 및 소프트웨어 개발 프레임워크에 대한 이해가 요구된다.
⑧ 커뮤니케이션 및 협업: 농부 및 기술 전문가와 원활하게 소통하고 팀 내에서 협력할 수 있는 능력이 중요하다.
스마트팜 기술 전문가는 농업 분야의 도전적인 문제들을 해결하고 농업 생산성을 향상시키기 위해 위의 기술과 역량을 적재적소에 활용할 수 있어야 한다.

3) 다양성과 전문화
스마트팜 기술 전문가는 다양한 분야에서 전문화될 수 있으며 다양한 영역에서 활동할 수 있다. 아래는 스마트팜 기술 전문가의 다양성과 전문화된 영역에 대한 예시이다:
① 센서 기술: 스마트팜에서는 다양한 센서를 사용하여 작물 상태, 토양 상태, 기상 조건 등을 측정한다. 센서 기술 전문가는 센서 개발, 센서 데이터 해석 및 활용에 전문화될 수 있다.
② 데이터 분석 및 빅데이터: 스마트팜에서 수집된 대량의 데이터를 분석하여 작물 예측, 수확 시기 예측 등의 정보를 제공한다. 데이터 분석 및 빅데이터 전문가는 이러한 데이터를 효과적으로 분석하고 활용하는 기술에 전문화될 수 있다.

③ 인공지능과 머신 러닝: 인공지능 및 머신 러닝 기술을 활용하여 작물 질병 진단, 작물 성장 예측 등에 사용된다. 이 분야에서 전문화된 전문가는 머신 러닝 알고리즘의 개발과 적용에 관한 지식을 가질 수 있다.
④ 자동화 기술: 로봇 및 드론과 같은 자동화 기술은 농작업의 자동화에 사용된다. 이 분야에서 전문화된 전문가는 자동화 기술의 개발 및 구현에 관한 전문 지식을 가질 수 있다.
⑤ 블록체인 기술: 블록체인 기술은 농산물의 원산지 추적 및 거래의 투명성을 확보하는 데 사용될 수 있다. 블록체인 기술 전문가는 농산물 유통 과정에서의 블록체인 기술 적용과 관련된 전문 지식을 가질 수 있다.
⑥ 농업 로봇 공학: 농작업에 사용되는 로봇의 개발과 운용에 관한 기술 전문가들은 로봇 공학 및 제어 시스템에 전문화될 수 있다.
⑦ 농업용 드론 기술: 드론 기술 전문가는 농작업에서 드론을 사용하여 작물을 모니터링하고 데이터를 수집하는 기술에 전문화될 수 있다.
스마트팜 기술 전문가는 위와 같은 다양한 분야에서 전문화되어 농업 분야의 다양한 문제를 해결하고 농산물 생산성을 향상시키는 데 기여할 수 있다.

4) 교육 및 자격증
스마트팜 기술 전문가가 되기 위해서는 다양한 교육과 자격증을 취득할 수 있다. 아래는 스마트팜 기술 전문가로 성장하기 위한 교육 및 자격증에 관한 정보이다:
① 농업 및 농업공학 학사 학위: 스마트팜 기술 전문가로서의 기본적인 이해를 갖기 위해 농업이나 농업공학과 같은 분야에서 학사 학위를 취득하는 것이 유용하다.
② 컴퓨터 공학 또는 전자공학 학사 학위: 스마트팜에서 센서,

로봇, 빅데이터 분석 및 인터넷 of Things (IoT) 디바이스를 개발하고 관리하기 위한 기본적인 프로그래밍 및 하드웨어 지식이 필요하다.

③ 스마트 농업 관련 석사 또는 박사 학위: 농업 자동화, 센서 기술, 데이터 분석, 빅데이터 및 인공지능을 포함한 스마트 농업 분야에서 깊은 전문 지식을 쌓기 위해 석사 또는 박사 학위를 취득하는 것이 좋다.

④ 스마트 농업 관련 국제 자격증: 스마트 농업 및 농업 IoT 분야에서 국제적으로 인정받는 자격증을 취득함으로써 기술 및 전문 지식을 입증할 수 있다. 관련된 자격증으로는 CompTIA IT Fundamentals (ITF+), Certified IoT Practitioner (CIoTP) 등이 있을 수 있다.

⑤ 국내 스마트 농업 관련 교육과정 수료 및 자격증: 대한민국에서는 스마트 농업 분야의 교육과정 및 자격증 프로그램이 제공되고 있다. 관련 기관이나 대학에서 주관하는 교육과정을 수료하거나 스마트 농업 기술을 검증할 수 있는 자격증을 취득하여 전문 기술을 습득할 수 있다.

⑥ 온라인 강의 및 MOOCs: 인터넷을 통해 제공되는 온라인 강의나 대학에서 제공하는 대규모 온라인 개방형 강좌(MOOCs)를 통해 스마트 농업 기술과 관련된 강의를 듣고 자신의 전문 지식을 확장할 수 있다.

⑦ 현장 실무 경험 및 프로젝트 참여: 실제 스마트 농업 프로젝트나 현장에서의 경험은 이론적 지식 외에도 실무 능력을 키울 수 있는 중요한 요소이다. 현장에서의 경험을 쌓으며 스마트팜 기술을 직접 적용하고 문제를 해결해보는 것이 중요하다.

이러한 교육과 자격증을 통해 스마트팜 기술 전문가로서 필요한 지식과 기술을 갖추고 미래에 대비할 수 있다.

5) 현업 경험

스마트팜 기술 전문가로서 유용한 현업 경험을 쌓는 방법은 다양한 현장에서 실무 경험을 쌓는 것이다. 아래는 스마트팜 기술 전문가로 성장하기 위한 유용한 현업 경험을 얻는 방법 몇 가지이다:

① 농장 현장에서의 경험: 농장에서 직접 작업하면서 농업 생산 과정을 이해하고 농업의 동향을 파악할 수 있다. 농장에서 일하면서 농작물 재배, 관리, 수확 및 농산물 유통에 관련된 경험을 쌓을 수 있다.

② 스마트 농업 프로젝트 참여: 스마트 농업 프로젝트나 연구에 참여하여 센서 기술, 빅데이터 분석, IoT 장치 관리 및 스마트 농업 솔루션을 경험할 수 있다. 이러한 프로젝트에서 실무 경험을 쌓으면서 기술적인 문제 해결 능력을 키울 수 있다.

③ 스마트 농기구 및 장비 운용 경험: 스마트 농기구나 장비의 설치, 운용, 유지보수 등을 경험하면서 실무 능력을 향상시킬 수 있다. 스마트 센서나 IoT 장치와 같은 기술을 직접 다루면서 기술 스킬을 향상시킬 수 있다.

④ 데이터 분석 및 빅데이터 경험: 농업 생산 데이터를 수집하고 분석하는 경험은 스마트팜 분야에서 매우 중요하다. 빅데이터 플랫폼과 데이터 분석 도구를 사용하여 농업 데이터를 분석하고 인사이트를 도출하는 경험을 쌓는 것이 유용하다.

⑤ 스마트팜 컨설팅 경험: 스마트팜 솔루션을 도입하려는 농업인들을 위한 컨설팅 경험은 스마트팜 기술 전문가로 성장하는데 도움이 된다. 농업인들과 소통하며 필요한 기술과 솔루션을 제안하고 구현하는 경험을 통해 문제 해결 능력을 키울 수 있다.

⑥ 현장 실무 경험을 위한 인턴십 또는 프리랜서 활동: 스마트 농업 분야의 기업이나 연구기관에서 인턴십을 진행하거나 프리랜서로 활동하면서 실무 경험을 쌓을 수 있다. 이를 통해 실무 능력과 네트워크를 확장할 수 있다.

이러한 경험을 통해 스마트팜 기술 전문가로서의 실무 능력과 전문성을 향상시킬 수 있다.

6) 급여와 복지
스마트팜 기술 전문가들의 급여 수준과 복지 혜택은 경험, 기술 수준, 근무 지역, 기업 규모 및 업무 책임과 같은 여러 요인에 따라 다양하게 변동될 수 있다. 또한 대한민국의 경우 시장 조건이 계속 변화하므로 정확한 정보는 시점과 기업에 따라 상이할 수 있다. 그럼에도 불구하고, 대한민국에서의 일반적인 추이를 기준으로 스마트팜 기술 전문가들의 급여 및 복지 혜택에 대한 일반적인 정보를 제공할 수 있다.

스마트팜 기술 전문가들의 평균 급여:
- 대한민국에서의 스마트팜 기술 전문가들의 평균 연봉은 경력, 기술 수준 및 근무 기간에 따라 다르지만, 일반적으로 3,000만 원 이상부터 시작될 수 있다. 경력이 쌓이면 이 급여는 더욱 증가할 수 있다.

복지 혜택:
- 건강보험 및 의료보험: 대한민국에서 근로자는 건강보험과 의료보험에 가입해야 한다. 이를 통해 의료 서비스를 제공받을 수 있다.
- 퇴직연금: 많은 기업들은 근로자에게 퇴직연금 혜택을 제공한다. 근속 기간에 따라 퇴직 시 일정한 금액을 지급받을 수 있다.
- 연차 휴가: 스마트팜 기술 전문가들은 근속 기간에 따라 연차 휴가를 적용받을 수 있다. 일반적으로 15일 이상의 연차가 부여된다.
- 교육 지원: 많은 기업들은 직원들의 전문성 향상을 위해 교육 지원 프로그램을 제공한다. 이를 통해 추가 기술을 습득할 수 있다.

이러한 급여 및 복지 혜택은 기업 및 근무 조건에 따라 상이할 수 있으므로 구체적인 정보를 얻기 위해서는 각 기업의 채용 공고나 직접 문의하는 것이 도움이 될 것이다.

7) 사회적 의미

스마트팜 기술 전문가들은 농업 분야에서 혁신과 지속 가능성을 촉진하며 사회적으로 중요한 역할을 한다. 이들의 활동은 여러 측면에서 사회적 의미를 가진다:

① 농업 혁신과 생산성 향상: 스마트팜 기술 전문가들은 최신 기술을 도입하여 농업 생산성을 향상시키고, 농작물 생산량을 증가시켜 식량 안정성을 제공한다. 이는 국가의 식량 안보를 강화하고 식량 부족 문제에 대응할 수 있도록 도와준다.

② 자원 효율성: 스마트팜 기술은 물과 에너지 사용을 최적화하고 환경에 대한 부담을 줄인다. 물 사용량을 줄이고, 비료 및 농약 사용을 최적화하여 환경 오염을 감소시킨다.

농촌 지역의 경제 발전: 스마트팜 기술의 도입은 농촌 지역에서 새로운 일자리를 창출하고 농업 경제를 활성화시킨다. 이는 지방 경제의 안정성을 향상시키고 농촌 지역의 균형 발전을 촉진한다.

③ 농업 지식 전파: 스마트팜 기술 전문가들은 농업 커뮤니티에 지식을 전달하고 농민들에게 최신 기술 및 방법을 가르쳐 농업 생산성을 향상시킨다. 이는 농민들의 수입을 증가시키고 농촌 교육 수준을 높이는 데 도움이 된다.

④ 식량 안전 보장: 스마트팜 기술은 안정적이고 예측 가능한 농작물 생산을 가능하게 하므로 식량 안전을 보장하는 데 기여한다. 기후 변화로 인한 농업 위험을 감소시키고 식량 공급 안정성을 향상시킨다.

⑤ 환경 보호: 스마트팜 기술은 환경에 친화적이다. 물을 절약하고 화학 농약 및 비료의 사용을 최소화하여 농업 환경을 보호하고 지속 가능한 농업을 실현한다.

스마트팜 기술 전문가들은 이러한 방면에서 농업 및 사회 발전에 기여하고 있어 농업 분야에서 중요한 사회적 의미를 지니고 있다.

8) 미래에 대한 비전

스마트팜 기술 전문가들의 미래는 농업 분야에서 지속 가능하고 혁신적인 변화를 이끌어낼 것으로 예측된다. 몇 가지 주요한 트렌드와 비전을 아래에 제시해면:

① 자동화와 로봇 기술: 스마트팜은 농작업에서의 자동화와 로봇 기술을 적극적으로 도입할 것이다. 농작업의 자동화된 프로세스와 로봇들이 식물의 건강을 모니터하고 유지하는데 사용될 것이며, 농부들은 농작업에 더 많은 시간과 에너지를 투자할 수 있게 될 것이다.

② 빅데이터와 인공지능 활용: 스마트팜은 빅데이터와 인공지능을 통합하여 더 정확한 농작물 예측과 진단, 생산 최적화를 가능하게 할 것이다. 센서 데이터, 기상 데이터, 토양 조건 등을 분석하여 농작물의 상태를 모니터링하고, 최적의 환경에서 재배할 수 있는 방법을 찾아낼 것이다.

③ 사물인터넷(IoT) 기술: 스마트팜에서는 센서와 IoT 기술을 활용하여 농작물, 가축, 농장 인프라 등을 연결하여 실시간으로 데이터를 수집하고 분석할 것이다. 이를 통해 생산성을 높이고 자원을 효율적으로 관리할 수 있다.

④ 지속 가능한 농업: 스마트팜은 지속 가능성을 중요시하며, 친환경적인 농업 방법과 자원 사용의 효율성을 강조할 것이다. 물 절약, 화학 농약 최소화, 재생 에너지 활용 등의 녹색 기술을 도입하여 친환경 농업을 실현할 것이다.

⑤ 농업 혁신과 교육: 스마트팜 기술 전문가들은 농부들에게 기술 및 지식을 전달하고 교육하는 역할을 할 것이다. 지역사회에서 농업 경제를 지원하고 혁신을 촉진하는데 기여하여 지역사회의 발전에도 기여할 것이다.

⑥ 세계적인 음식 생산에 기여: 스마트팜 기술은 식량 생산량을 증가시키고 식량 안보를 강화하여 세계적인 음식 생산에 기여할 것이다. 인구 증가에 따라 급증하는 식량 수요를 충족시키는 데 큰 역할을 할 것이다.

이러한 방향성과 기술의 발전은 스마트팜 기술 전문가들에게 지속적인 성장과 발전의 기회를 제공할 것으로 예상된다. 농업 분야에서 미래를 선도하며 더 나은 농업과 식량 생산을 위한 기술 혁신을 이끌어 낼 것이다.

5-16 로봇 프로세스 자동화(RPA) 전문가
1) 수요와 성장 가능성

로봇 프로세스 자동화(RPA) 전문가의 수요는 현재 매우 높으며 계속해서 증가할 것으로 예상된다. 기업들은 비즈니스 프로세스의 자동화를 통해 효율성을 향상시키고 비용을 절감하고자 한다. 이로써 RPA 기술에 대한 수요가 증가하고 RPA 전문가들의 필요성이 커지고 있다.

RPA는 다양한 산업 분야에서 활용되고 있으며, 업무 자동화, 데이터 처리, 고객 서비스, 금융 업무, 의료 기록 처리 등 여러 영역에서 사용된다. 특히, 반복적이고 규칙적인 작업들을 자동화함으로써 직원들은 더 전략적이고 창의적인 업무에 집중할 수 있게 된다.

또한, RPA 기술은 계속해서 발전하고 있으며 인공지능 및 기계학습과 통합되어 더 복잡한 업무 자동화를 가능하게 한다. 이러한 기술 발전은 RPA 전문가들에게 더 다양한 프로젝트와 기회를 제공할 것으로 예상된다.

또한, 글로벌 경제의 변화와 함께 기업들은 비즈니스 프로세스의 효율성을 증가시키고 비용을 절감하는 방법을 찾고 있다. 이러한 경제적 압력은 RPA 기술의 수요를 더욱 높일 것으로 예상된다. 이러한 이유들로 인해 RPA 전문가들은 지속적으로 높은 수요와 성장 가능성을 가지고 있다.

2) 기술(스킬셋)과 역량

로봇 프로세스 자동화(RPA) 전문가가 되기 위해서는 다음과 같은 기술과 역량이 요구된다:
① 프로그래밍 언어 이해: RPA 툴은 주로 스크립트 언어를 사용한다. Python, Java, C# 등의 언어를 이해하고 활용할 수 있는 능력이 필요하다.
② RPA 도구 숙련도: 주요 RPA 도구들인 UiPath, Blue Prism, Automation Anywhere 등을 숙련되게 사용할 수 있어야 하다.
③ 비즈니스 프로세스 이해: 비즈니스 프로세스의 이해와 문제 해결 능력이 필요합니다. 업무 프로세스를 분석하고 자동화할 수 있는 능력이 요구된다.
④ 데이터 처리 능력: 데이터를 추출하고 가공하는 능력이 필요하다. Excel, 데이터베이스 시스템 등을 다룰 수 있는 기술이 요구된다.
⑤ 시스템 통합 능력: 여러 시스템 간의 통합을 이해하고 구현할 수 있는 능력이 필요하다.
⑥ 문제 해결 능력: 복잡한 프로세스를 단순하게 자동화하기 위한 문제 해결 능력이 필요하다.
⑦ 프로젝트 관리 능력: RPA 프로젝트를 계획하고 관리할 수 있는 능력이 필요하다. 프로젝트 일정, 리소스 관리, 품질 관리 등을 이해하고 수행할 수 있어야 한다.
⑧ 보안 이해: 자동화된 프로세스가 기업의 중요 정보에 접근하므로 보안에 대한 이해와 그에 따른 조치를 할 수 있는 능력이 필요하다.
⑨ 커뮤니케이션 능력: 팀원들과 원활하게 소통하고 협력할 수 있는 능력이 중요하다.
⑩ 지속적인 학습과 업데이트: 기술은 계속 발전하고 변화한다.

새로운 RPA 툴이나 기술 동향을 학습하고 자신의 스킬을 업데이트할 수 있는 능력이 필요하다.

이러한 기술과 역량을 보유하면 RPA 전문가로서 성공적인 경력을 쌓을 수 있을 것이다.

로봇 프로세스 자동화(RPA) 전문가로 성장하기 위해 필요한 기술과 역량을 기를 수 있는 여러 가지 방법이 있다. 아래는 이를 위한 구체적인 방법들이다:

① 온라인 코스와 교육 프로그램 수강: 온라인 교육 플랫폼에서 RPA 관련 강의와 코스를 수강하면 기본 원리부터 심화 내용까지 학습할 수 있다. UiPath, Blue Prism, Automation Anywhere 등의 RPA 도구 제공 업체에서 제공하는 교육 프로그램을 찾아본다.

② 자습서와 문서 참고: RPA 도구 공식 웹사이트나 커뮤니티에서 제공하는 자습서와 문서를 참고하면 도구의 기능과 사용법을 익힐 수 있다. 이를 통해 실전 프로젝트에서 필요한 스킬을 키울 수 있다.

③ 실전 프로젝트 경험 쌓기: RPA 프로젝트에 참여하거나 개인적으로 프로젝트를 진행하여 실전 경험을 쌓아본다. 실제 업무 프로세스를 자동화하면서 문제를 해결하고 효율적인 솔루션을 찾는 데 필요한 기술을 향상시킬 수 있다.

④ 커뮤니티 활동 참여: RPA 커뮤니티나 포럼에 참여하여 다른 전문가들과 소통하고, 다양한 문제 상황에 대한 해결책을 학습할 수 있다. 이를 통해 업계의 동향을 파악하고 실무 경험을 공유할 수 있다.

⑤ 온라인 채점 과제 수행: 온라인 학습 플랫폼에서 제공하는 채점 과제나 프로젝트에 참여하여 실력을 향상시킬 수 있다. 피드백을 받으면서 부족한 부분을 보완할 수 있다.

⑥ 온라인 커뮤니티 참여: LinkedIn, GitHub 등의 온라인 커뮤니티에서 다른 전문가들과 연결하고, 프로젝트를 공유하며 피드

백을 받아본다. 이를 통해 네트워크를 확장하고 지속적인 학습 기회를 얻을 수 있다.
⑦ 학위나 자격증 취득: RPA나 관련 분야에서의 학위나 자격증을 취득하여 전문성을 갖출 수 있다. UiPath, Blue Prism 등 RPA 도구 업체에서 인증을 받을 수 있는 자격증 프로그램을 찾아본다.
이러한 방법들을 통해 RPA 전문가로서 필요한 기술과 역량을 키우고, 실무에서 안정적으로 활용할 수 있는 능력을 갖출 수 있다.

3) 다양성과 전문화
로봇 프로세스 자동화(RPA) 전문가들은 다양한 산업 분야에서 활동할 수 있으며 여러 전문화 영역에 특화될 수 있다. 몇 가지 구체적인 예시는 다음과 같다:
① 금융 분야 전문가: 금융 기관에서는 금융 거래 처리, 계정 회계, 리스크 관리 등의 프로세스를 자동화하는데 RPA를 사용한다. 금융 분야 전문가들은 금융 업무의 독특한 요구사항과 규정을 이해하고, 금융 시스템 및 데이터베이스와 연동된 RPA 솔루션을 개발할 수 있어야 한다.
② 의료 및 보건 분야 전문가: 의료 기관에서는 예약 시스템, 의료 기록 관리, 청구 처리 등을 자동화하는 데 RPA를 사용한다. 의료 및 보건 분야 전문가들은 의료 시스템의 특수한 요구사항과 개인정보 보호에 대한 이해가 필요하다.
③ 제조업 전문가: 제조업 분야에서는 생산 공정, 재고 관리, 주문 처리 등을 자동화하는 데 RPA를 활용한다. 제조업 전문가들은 생산 시스템과 제어 시스템을 이해하고, 생산 프로세스를 최적화하고 자동화하는 데 RPA를 적용할 수 있어야 한다.
④ 고객 서비스 및 판매 분야 전문가: 고객 서비스 및 판매 분야에서는 고객 케어, 주문 처리, 고객 응대 등의 프로세스를 자동

화하는 데 RPA를 사용한다. 이 분야의 전문가들은 고객 서비스 경험을 향상시키고 비즈니스 프로세스를 최적화하는 데 중점을 두며 RPA 솔루션을 구현한다.

⑤ 법률 및 컨설팅 분야 전문가: 법률 사무실이나 컨설팅 기관에서는 계약 검토, 문서 처리, 데이터 분석 등을 RPA로 자동화할 수 있다. 법률 및 컨설팅 분야 전문가들은 법적인 프로세스와 규정, 컨설팅 업무의 특수한 요구사항을 이해하고 RPA를 적용할 수 있어야 한다.

이렇게 다양한 분야에서 RPA 전문가들은 해당 분야의 독특한 프로세스와 요구사항을 이해하고 자동화 솔루션을 설계하고 구현함으로써 비즈니스 프로세스의 효율성을 높이고 비용을 절감할 수 있다.

4) 교육 및 자격증

로봇 프로세스 자동화(RPA) 전문가가 되기 위해 필요한 교육 및 자격증에 대한 구체적인 정보는 다음과 같다:

① RPA 도구 공식 교육: 주요 RPA 도구 제공 업체에서 제공하는 공식 교육 프로그램을 수강하는 것이 좋다. 예를 들어 UiPath, Blue Prism, Automation Anywhere 등은 각각 공식 교육과 자격증 프로그램을 운영하고 있다. 이러한 교육은 해당 도구를 깊이 이해하고 활용하는 데 도움이 된다.

② 온라인 코스: 인터넷에는 RPA 관련 온라인 코스가 다양하게 제공된다. Coursera, edX, Udemy, LinkedIn Learning, Pluralsight 등의 온라인 플랫폼에서 관련 강의를 찾아 수강할 수 있다. 이러한 코스들은 RPA의 기본 원리부터 고급 기술까지 학습할 수 있다.

③ 인증 자격증: 주요 RPA 도구 제공 업체의 자격증을 취득하는 것이 유용하다. UiPath의 "UiPath Certified RPA Associate"와 "UiPath Certified Advanced RPA Developer" 자격증, Blue

Prism의 "Blue Prism Developer" 자격증 등이 있다. 이러한 자격증은 해당 도구의 전문성을 입증하는 데 도움이 된다.

④ 대학 또는 전문 기관 교육: 몇몇 대학이나 전문 기관은 RPA 및 자동화 기술에 중점을 둔 교육 프로그램을 운영하고 있다. 이러한 프로그램을 찾아 대학 또는 학습 센터에 문의하여 교육을 받을 수 있다.

⑤ 자체 프로젝트와 실무 경험: 교육을 받는 동안 자체 프로젝트를 진행하거나 RPA 프로젝트에 참여하여 실무 경험을 쌓는 것이 중요하다. 이를 통해 실제 업무에서 RPA를 구현하고 문제를 해결하는 능력을 기를 수 있다.

⑥ 온라인 커뮤니티 활동: RPA 관련 온라인 커뮤니티나 포럼에 참여하여 다른 전문가들과 소통하고, 지식을 공유하며 문제를 해결하는 경험을 쌓을 수 있다.

RPA 전문가로서의 자격증과 경험은 채용 과정에서 큰 장점이 될 수 있으며, 교육과 자격증을 통해 필요한 지식과 기술을 구축할 수 있다.

5) 현업 경험

로봇 프로세스 자동화(RPA) 전문가로서 유용한 현업 경험을 쌓기 위해 다음과 같은 활동들이 도움이 될 수 있다:

① RPA 프로젝트 참여: RPA 프로젝트에 참여하여 실제 업무 과정을 자동화하는 경험을 쌓을 수 있다. 이를 통해 실무에서 발생하는 문제를 해결하고 실제 업무 프로세스를 자동화하는 방법을 익힐 수 있다.

② 다양한 업종 경험: 여러 산업 분야의 RPA 프로젝트에 참여함으로써 다양한 업무 환경을 이해하고, 각 업종에서의 특수한 요구사항을 이해할 수 있다. 은행, 금융, 제조, 의료, 고객 서비스 등 다양한 업종에서의 프로젝트 참여는 전문성을 키우는 데 도움이 된다.

③ 프로세스 분석 및 최적화 경험: RPA 전문가로서 프로세스를

분석하고 최적화하는 능력은 중요하다. 실제 업무 프로세스를 분석하고 최적화하는 프로젝트에 참여하여 업무 프로세스의 효율성을 높이는 경험을 쌓을 수 있다.
④ 문제 해결 경험: RPA 프로젝트에서 발생하는 문제를 해결하고, 새로운 도전에 대처하는 경험은 매우 중요하다. 프로젝트 중에 발생하는 문제를 해결하며 실전에서의 기술과 노하우를 향상시킬 수 있다.
⑤ 업무 프로세스 이해: 다양한 업무 분야의 프로세스를 이해하고 문제 해결에 기여할 수 있는 능력은 중요하다. 업무 프로세스에 대한 깊은 이해를 기반으로 RPA 솔루션을 제공하는 데 도움이 된다.
⑥ 업계 동향과 기술 학습: RPA 기술과 업계 동향에 대한 지속적인 학습은 중요하다. 새로운 기술과 도구를 익히고, 산업의 최신 동향을 파악함으로써 자신의 역량을 발전시킬 수 있다.
위와 같은 현업 경험들은 RPA 전문가로서의 능력과 신뢰도를 향상시키며, 다양한 프로젝트에 참여하여 실무에서의 노하우를 쌓을 수 있다.

6) 급여와 복지

한국의 로봇 프로세스 자동화(RPA) 전문가들의 급여 수준과 복지 혜택은 경험, 기술 수준, 근무지역, 회사 규모 및 업종 등 여러 요인에 따라 다를 수 있다. 그러나 일반적으로 IT 분야의 전문가로서 높은 수준의 기술과 경험을 갖고 있다면 높은 수준의 급여와 다양한 복지 혜택을 받을 수 있다.
급여 수준은 경력, 기술 수준, 근무지역, 회사 규모 등에 따라 상당히 다양하다. IT 분야에서 경력이 3년 이상인 RPA 전문가의 평균 연봉은 5,000만원 이상부터 시작되고, 경력이 증가할수록 더 높은 연봉을 받을 수 있다.
복지 혜택은 회사마다 상이하나, 통상적으로는 건강보험, 근로복지보험, 퇴직연금, 연차 휴가, 교육 지원, 경조금 지원, 복지모금 등을 포함한다. 대기업이나 글로벌 기업의 경우 더 많은 복지 혜택을 제공할 가능성이 있다.

그러나 정확한 급여와 복지 혜택은 각 회사의 정책 및 협상에 따라 상이하므로, 구체적인 정보를 얻기 위해서는 해당 분야의 구인 공고를 참고하거나, 채용 과정에서 직접 회사와 협상해보는 것이 가장 확실한 방법이다. 또한, 인터넷 취업 사이트나 기업 리뷰 사이트에서도 회사의 복지 혜택 및 급여 수준을 참고할 수 있는 정보를 얻을 수 있다.

7) 사회적 의미

로봇 프로세스 자동화(RPA) 전문가들은 조직이나 기업의 업무 프로세스를 자동화하여 효율성을 높이고 비용을 절감하는데 주요한 역할을 한다. 이는 기업이 더 스마트하게 운영되고 경쟁력을 강화할 수 있게 해주는 중요한 역할을 한다.

RPA 전문가들은 다양한 산업 분야에서 필요한 업무 자동화 솔루션을 제공함으로써 기업의 업무 프로세스를 최적화하고 고객 경험을 향상시키는데 기여한다.

이들의 작업은 반복적이고 귀찮은 업무를 자동화함으로써 조직 내의 직원들이 더 가치 있는 업무에 집중할 수 있도록 돕는다. 이는 직원들이 더 창의적이고 전략적인 일에 집중할 수 있게 함으로써 조직의 혁신성을 높이고 더 나은 비즈니스 전략을 개발할 수 있도록 지원한다. 또한, RPA의 도입은 일자리를 자동화하면서 새로운 직업과 기술을 필요로 하는 일자리를 창출하는 새로운 경제 활동을 촉진할 수 있다.

RPA 전문가들은 비즈니스 프로세스를 최적화하여 기업의 생산성을 높이고 경제적 가치를 창출합한다. 또한, 지속적인 혁신과 발전을 통해 기업의 경쟁력을 유지하고 세계적으로 경쟁력 있는 기업을 만들어 나가는데 기여한다. 그들의 역량은 기업의 성장과 미래를 지탱하는데 중요한 역할을 한다.

8) 미래에 대한 비전

로봇 프로세스 자동화(RPA) 전문가의 미래는 계속해서 밝아질 것으로 예상된다. 기술의 발전과 함께 자동화 기술은 더욱 정교해지고 다양한 산업과 업무 분야에 적용될 것이다. 이에 따라 RPA 전문가들은 더욱 다양한 분야에서 필요로 할 것이다. 몇 가지 RPA 전문가의 미래에 대한 비전을 살펴보면:

① 다양한 산업 분야에서의 적용: RPA 기술은 제조, 금융, 은행, 보험, 건강 관리, 고객 서비스 등 다양한 산업 분야에서 활용될 것이다. 이에 따라 RPA 전문가들은 이러한 분야에 대한 전문 지식을 가진 수요 높은 전문가로 성장할 수 있다.

② AI와의 통합: RPA 기술과 인공 지능 기술의 결합은 보다 지능적인 자동화 시스템을 만들어 낼 것이다. RPA 전문가들은 AI 기술과의 통합에 대한 지식을 갖추어 새로운 혁신적인 솔루션을 개발하고 기업들의 경쟁력을 향상시킬 수 있다.

③ 고급 분석과 예측 분석 기능: 미래의 RPA 시스템은 데이터를 분석하고 예측하는 더욱 정교한 기능을 제공할 것이다. RPA 전문가들은 데이터 분석 및 예측 분석에 대한 전문 지식을 가지고 기업의 의사 결정을 더욱 뒷받침해줄 수 있을 것이다.

④ 보안 및 컴플라이언스 강화: RPA 시스템은 민감한 데이터를 다루는 경우가 많기 때문에 보안과 컴플라이언스 측면에서 더욱 강화된 기능을 제공해야 한다. RPA 전문가들은 보안 및 컴플라이언스에 대한 지식과 능력을 키워야 한다.

⑤ 협업과 윤리: 로봇 프로세스 자동화가 더 많은 업무를 자동화함에 따라 인간과의 협업이 중요해진다. 또한, 이러한 기술의 사용에 대한 윤리적인 고려와 책임이 필요하다. RPA 전문가들은 이러한 협업과 윤리적 책임을 이끌어 나갈 수 있는 리더십과 능력을 필요로 할 것이다.

이러한 방향성을 고려하여 RPA 전문가들은 지속적인 역량 향상과 업무 분야에 대한 이해를 높이며 미래의 기술적 도전에 대비할 필요가 있다.

5-17 스마트 공장 전문가
1) 수요와 성장 가능성
스마트 공장 전문가에 대한 수요와 성장 가능성은 현재와 미래의 제조 산업에 매우 높다. 스마트 공장은 자동화, 인터넷 of Things (IoT), 빅 데이터 분석, 인공 지능 등의 첨단 기술을 통합하여 생산 프로세스를 최적화하고 효율성을 극대화하는 제조 환경을 나타낸다. 이로 인해 스마트 공장 전문가에 대한 수요가 크게 증가하고 있다. 여기에는 몇 가지 이유가 있다:

① 자동화와 효율화: 스마트 공장은 생산 프로세스의 자동화를 실현하고 생산 라인을 효율적으로 관리함으로써 생산성을 향상시킨다. 이를 위해 자동화 시스템을 설계, 구축 및 유지 보수할 수 있는 전문가들의 수요가 늘어나고 있다.

② 빅 데이터와 IoT 기술: 제조업에서는 센서 및 IoT 기술을 활용하여 대량의 데이터를 수집하고 분석함으로써 생산 프로세스를 최적화하고 예측 유지보수를 할 수 있다. 이를 가능케 하는 스마트 공장 전문가의 수요가 높아지고 있다.

③ 유연성과 맞춤형 생산: 스마트 공장은 고객의 요구에 신속하게 대응할 수 있는 유연한 생산 환경을 제공한다. 이를 위해 제조업체들은 생산 프로세스를 신속하게 수정하고 조정할 수 있는 전문가들을 필요로 한다.

④ 인공 지능과 머신 러닝: 스마트 공장은 인공 지능 및 머신 러닝 기술을 활용하여 생산 프로세스를 최적화하고 예측 유지보수를 할 수 있다. 이에 대한 전문가들의 수요가 증가하고 있다.

⑤ 생산 네트워크의 통합: 글로벌 제조 기업들은 분산된 생산 시설을 통합하고 최적화하기 위해 스마트 공장 전문가들을 고용하

여 복잡한 제조 네트워크를 관리하고 있다.

이러한 이유들로 스마트 공장 전문가에 대한 수요는 계속해서 증가할 것으로 예상된다. 이 분야에서 교육과 경험을 통해 스킬을 향상시키는 것은 향후 취업 기회를 높이는 데 도움이 될 것이다.

2) 기술(스킬셋)과 역량

스마트 공장 전문가가 되기 위해서는 다양한 기술과 역량이 필요하다. 이 분야에서 성공적으로 경력을 쌓고 싶다면 다음과 같은 기술과 역량을 갖추어야 한다:

① 자동화 기술: 제조 공정의 자동화를 설계, 구현, 운영할 수 있는 능력이 필요하다. 로봇 및 자동화 장비와 연관된 기술을 이해하고 다룰 수 있어야 한다.

② 인터넷 of Things (IoT): IoT 기술을 이해하고 센서, 장비 및 제어 시스템과 연결하여 데이터를 실시간으로 수집하고 분석할 수 있는 능력이 필요하다.

③ 빅 데이터 분석 및 예측 분석: 빅 데이터를 다루고 분석하여 생산 프로세스를 최적화하고 예측 유지보수를 할 수 있어야 한다. 이를 위해 데이터 분석 도구와 기술을 활용할 수 있어야 한다.

④ 인공 지능과 머신 러닝: 제조 데이터를 분석하고 예측 모델을 구축하는 등 인공 지능과 머신 러닝 기술을 활용할 수 있어야 한다.

⑤ 프로그래밍 및 소프트웨어 개발: 자동화 시스템을 제어하기 위한 프로그래밍 언어 및 소프트웨어 개발 기술이 필요하다.

⑥ 제어 시스템: 제어 시스템 설계 및 구현 능력이 필요하다. PLC (Programmable Logic Controller) 및 SCADA (Supervisory Control and Data Acquisition) 시스템을 다룰 수 있어야 한다.

⑦ 프로젝트 관리: 스마트 공장 프로젝트를 계획하고 이끌어 나갈

수 있는 프로젝트 관리 능력이 중요하다. 프로젝트 일정, 예산, 리소스 등을 관리할 수 있어야 한다.
⑧ 의사 소통 및 팀 협력: 다양한 팀과 소통하고 협력하여 문제를 해결하고 프로젝트를 성공적으로 이끌어 나갈 수 있는 능력이 필요하다.
⑨ 기술 동향 파악: 스마트 공장 기술의 최신 동향을 파악하고, 새로운 기술을 습득하고 적용할 수 있는 능력이 중요하다.
이러한 기술과 역량은 스마트 공장 전문가로서의 경쟁력을 높이고 성공적인 프로젝트 수행을 가능케 한다. 계속해서 업데이트된 기술과 도구를 학습하며 자신의 역량을 향상시키는 것이 중요하다.
스마트 공장 전문가로 성장하기 위해 필요한 기술과 역량을 쌓는 방법은 다양하다. 아래는 스마트 공장 전문가로 발전하는 데 도움이 될 수 있는 몇 가지 방법이다:
① 대학 교육 및 온라인 코스: 컴퓨터 공학, 전기 공학, 자동화 공학 등과 같은 관련 분야의 대학 학위나 온라인 코스를 수강하여 기본 이론을 익힐 수 있다.
② 전문 교육 기관: 스마트 공장에 특화된 교육 및 인증을 제공하는 교육 기관이나 트레이닝 센터에서 교육 프로그램을 찾아본다.
③ 온라인 학습 플랫폼: Coursera, edX, Udacity와 같은 온라인 학습 플랫폼에서 제공하는 스마트 공장과 관련된 강의를 수강할 수 있다.
④ 자기 주도적 학습: 인터넷에서 무료로 제공되는 자습 자료, 블로그, 유튜브 강의 등을 활용하여 기술을 학습한다. 자기 주도적 학습은 많은 기술 전문가가 사용하는 학습 방법 중 하나이다.
⑤ 프로젝트 참여: 실제 프로젝트에 참여하여 경험을 쌓을 수 있다. 대학 프로젝트, 오픈 소스 프로젝트, 또는 업계와 연계된 프로젝트에 참여해본다.

⑥ 인턴십: 스마트 공장 분야의 기업에서 인턴으로 근무하면 현업에서 필요한 기술과 역량을 배울 수 있다.
⑦ 팀 프로젝트: 공동으로 프로젝트를 수행하면서 팀원들과 의사소통 및 협력 능력을 키울 수 있다.
⑧ 커뮤니티 참여: 관련된 온라인 커뮤니티나 포럼에 참여하여 다른 전문가들과 지식을 공유하고 네트워킹을 할 수 있다.
⑨ 책과 논문 읽기: 관련 분야의 책과 논문을 읽으면 최신 기술 동향을 파악하고 깊이 있는 지식을 얻을 수 있다.
이러한 학습 방법들은 스마트 공장 전문가로 성장하기 위한 좋은 출발점이 될 수 있다. 계속해서 업데이트된 기술 동향을 주시하고, 지속적인 학습과 실전 경험을 통해 역량을 향상시킨다.

3) 다양성과 전문화
스마트 공장 전문가는 다양한 분야에서 전문화될 수 있다. 아래는 스마트 공장 분야에서 다양화된 전문 분야 몇 가지 예시이다:
① 자동화 엔지니어링: 제조 프로세스의 자동화를 설계하고 구현하는 데 전문화된 엔지니어링 분야이다. 로봇 공학, 제어 시스템, 센서 기술 등에 대한 지식이 필요하다.
② 데이터 분석 및 빅데이터: 생산 데이터 및 센서 데이터를 분석하여 생산 프로세스를 최적화하고 효율성을 높이는 전문가들이다. 빅데이터 기술과 통계학적 지식이 필요하다.
③ 인공 지능 및 기계 학습: 기계 학습과 딥 러닝 기술을 활용하여 제조 공정의 예측 유지보수, 품질 향상 등에 활용할 수 있다.
④ 사물 인터넷 (IoT) 및 센서 기술: IoT 기술과 다양한 센서를 사용하여 공장 내의 장비들을 연결하고 모니터링하는 시스템을 구축하는 전문가들이다.
⑤ 클라우드 컴퓨팅: 클라우드 기술을 활용하여 생산 데이터를 저장, 분석하고, 원격에서 제어할 수 있는 스마트 시스템을 구현하는 분야이다.

⑥ 사이버 보안: 스마트 공장 시스템의 보안을 유지하고 공격으로부터 시스템을 보호하는 전문가들이다.
⑦ 물류 및 공급망 최적화: 생산부터 유통까지의 공급망을 최적화하고 물류 프로세스를 스마트하게 관리하는 전문가들이다.
⑧ 가상 현실 (VR) 및 증강 현실 (AR) 기술: 가상 현실과 증강 현실 기술을 활용하여 제조 공정을 시뮬레이션하거나 교육 및 트레이닝을 제공하는 분야이다.
⑨ 제품 디자인 및 시뮬레이션: 제품의 디자인과 시뮬레이션을 통해 생산 과정을 최적화하고 제품의 성능을 향상시키는 전문가들이다.
스마트 공장 분야에서는 기술의 발전과 산업의 요구에 따라 계속해서 새로운 전문 분야들이 등장하고 있다. 관련 분야의 지식과 기술을 습득하며 전문화된 경력을 쌓아 나가는 것이 중요하다.

4) 교육 및 자격증
스마트 공장 전문가로 성장하기 위해 필요한 교육과 자격증은 기술 분야와 관련된 것들이 주로 요구된다. 아래는 스마트 공장 전문가로 나아가기 위한 교육과 자격증에 대한 몇 가지 예시이다:

교육:
① 전자공학, 컴퓨터 공학, 기계 공학, 자동차 공학 등과 관련된 학사 학위: 스마트 공장 분야에서 필요한 다양한 기술을 학습할 수 있는 전공을 선택하는 것이 중요하다.
② 석사 또는 박사 학위: 더 깊은 지식과 연구 능력을 갖추기 위해 석사 또는 박사 학위를 취득하는 것이 유리하다. 전문적인 분야에서 깊은 지식을 쌓을 수 있다.
③ 전문 교육과정: 스마트 공장 분야에서 특화된 교육 과정을 수료하는 것이 도움이 된다. 이러한 교육 과정은 대학교나 온라인 교육 플랫폼에서 제공될 수 있다.

자격증:

① SCADA (Supervisory Control and Data Acquisition) 인증: 스마트 공장의 자동화 및 제어 시스템에 대한 지식을 증명할 수 있는 자격증이다.
② PLC (Programmable Logic Controller) 인증: PLC 프로그래밍 및 제어 시스템에 대한 전문 지식을 증명하는 자격증이다.
③ Cisco Certified Network Associate (CCNA): 네트워크 관련 기술을 학습하고 스마트 공장에서의 네트워크 구축 및 관리에 대한 지식을 검증할 수 있는 자격증이다.
④ Six Sigma 인증: 생산 및 공정 최적화를 위한 Six Sigma 방법론에 대한 교육과 인증을 통해 품질 관리 및 효율성 개선 능력을 증명할 수 있다.
⑤ IoT (Internet of Things) 인증: 사물 인터넷 기술에 대한 이해와 IoT 기기 연결 및 관리에 필요한 지식을 증명할 수 있는 자격증이다.
⑥ 프로그래밍 언어 관련 인증 (예: Python, Java): 스마트 공장 시스템을 제어하고 데이터를 분석하기 위한 프로그래밍 언어에 대한 인증을 획득할 수 있다.
⑦ 스마트 공장 관련 벤더 자격증: 스마트 공장 시스템을 구현하는데 사용되는 특정 기업의 제품 또는 솔루션과 관련된 자격증을 취득하는 것이 유용하다.

자격증과 교육 과정의 선택은 해당 분야의 요구 사항과 개인의 경력 목표에 따라 다를 수 있다. 산업 트렌드를 주시하고 관련 기술에 대한 최신 정보를 유지하면서 자신의 경력을 발전시키는 것이 중요하다.

5) 현업 경험

스마트 공장 전문가로 성장하기 위해 유용한 현업 경험은 다양한 분야에서의 실무 경험을 쌓는 것이다. 아래는 스마트 공장 분야

에서 유용한 현업 경험의 몇 가지 예시이다:
① 제조 회사나 공장에서의 경험: 제조 공정, 생산 계획 및 관리, 품질 향상 등과 같은 제조 환경에서의 경험이 스마트 공장 분야에서 중요한 역할을 한다. 실제 제조 공정을 이해하고 제어하는 데 필요한 기술과 지식을 획득할 수 있다.
② 자동화 및 로봇 기술 경험: 자동화된 생산 라인, 로봇 시스템, PLC 제어 등에 대한 경험은 스마트 공장 분야에서 매우 가치 있다. 이러한 시스템을 설치하고 유지보수하는 경험은 중요하다.
③ 빅데이터 및 데이터 분석 경험: 스마트 공장에서는 다량의 데이터를 수집하고 분석하여 생산 프로세스를 최적화하는 것이 중요하다. 빅데이터 분석 및 데이터 시각화 도구를 사용하고 실제 데이터로 작업하는 경험이 유용하다.
④ 사물 인터넷 (IoT) 경험: 스마트 공장에서는 센서, 장치, 네트워크를 활용하여 데이터를 수집하고 분석한다. IoT 기술에 대한 이해와 실무 경험이 필요하다.
⑤ 프로그래밍 및 소프트웨어 개발 경험: 스마트 공장 시스템은 소프트웨어와 하드웨어의 통합으로 구성된다. 프로그래밍 언어 (예: Python, Java) 및 소프트웨어 개발 경험이 있는 것이 유용하다.
⑥ 프로젝트 관리 경험: 스마트 공장 프로젝트는 복잡하고 다양한 요소들을 통합해야 한다. 프로젝트 관리 경험이 있는 경우 프로젝트 일정 및 예산을 효율적으로 관리할 수 있다.
⑦ 업계 인증 및 자격증: 스마트 공장 분야에서 인정받는 자격증이나 업계 인증을 획득하는 것은 신뢰성을 높일 수 있다.
이러한 경험들은 스마트 공장 분야에서 높은 수준의 전문 지식과 실무 능력을 갖추는 데 도움을 줄 것이다. 산업 트렌드와 기술의 발전을 주시하면서 업무에 필요한 새로운 기술과 지식을 지속적으로 습득하는 것도 중요하다.

6) 급여와 복지

스마트 공장 전문가들의 급여 수준 및 복지 혜택은 경험, 기술 수준, 교육 수준, 근무 경력, 지역, 회사 규모 등 여러 요인에 따라 다를 수 있다. 또한 대한민국에서의 급여는 시장의 수요와 공급에 따라 변동될 수 있다. 하지만 대체로 스마트 공장 분야의 전문가들은 높은 수준의 기술과 지식을 보유하고 있어 높은 급여를 받는 편이다.

일반적으로 스마트 공장 전문가들은 다음과 같은 복지 혜택을 받을 수 있다:
① 기본 급여: 스마트 공장 분야에서의 기본 급여는 대체로 높은 편입니다. 경력과 기술 수준에 따라 차등이 있을 수 있다.
② 보너스 및 인센티브: 프로젝트 성과나 회사 실적에 따라 추가 보너스나 인센티브를 받을 수 있다.
③ 퇴직금 및 연차: 정규직으로 근무하는 경우 퇴직금 및 연차 제도를 이용할 수 있다.
④ 건강보험 및 의료 혜택: 대부분의 기업은 근로자에 대한 건강보험을 제공하며, 일부 기업은 추가적인 의료 혜+택도 제공한다.
⑤ 퇴직연금: 정규직 근로자로서 근무하는 경우 퇴직연금 혜택을 받을 수 있다.
⑥ 교육 지원: 추가 교육이나 자격증 취득을 위한 지원을 받을 수 있는 경우가 있다.
⑦ 연례 휴가 및 유급 휴가: 연례 휴가 외에도 가족사정 등으로 인한 유급 휴가를 사용할 수 있다.
⑧ 복지 프로그램: 식사 제공, 운동 시설 이용, 문화 이벤트 참여 등의 복지 프로그램을 이용할 수 있는 기회가 제공될 수 있다.
급여와 복지 혜택은 각 기업 및 직급, 경력에 따라 상이하므로 구체적인 정보를 얻기 위해서는 해당 기업의 채용 공고나 인사 담당자와의 직접적인 커뮤니케이션이 필요하다. 이는 기업의 규

모, 산업 분야, 지역 등에 따라 다르기 때문이다.

7) 사회적 의미
스마트 공장 전문가들은 현대 산업 분야에서 중요한 역할을 하고 있다. 그들의 주요 사회적 의미는 다음과 같다:
① 산업 혁신과 경쟁력 강화: 스마트 공장 전문가들은 최신 기술과 자동화 시스템을 도입하여 기업의 생산성을 향상시키고 비용을 절감함으로써 국내 기업의 경쟁력을 강화한다.
② 고용 창출: 스마트 공장의 구축과 유지보수에는 다양한 전문가들이 필요하다. 스마트 공장 분야에서의 일자리는 기존 공장에서의 물리적 노동보다는 더 높은 기술과 전문성을 필요로 한다.
③ 환경 보호와 에너지 절약: 스마트 공장은 생산 과정에서의 효율성을 높이고 에너지 소비를 줄여 친환경적인 생산을 도모한다. 이는 환경 보호에 기여하는 역할을 한다.
④ 기술 전파: 스마트 공장 분야의 전문가들은 최신 기술과 지식을 지속적으로 습득하고 적용함으로써 기술 전파에 기여한다. 이는 국내 기술 수준의 향상을 이끌어낸다.
⑤ 혁신과 산업 발전: 스마트 공장은 혁신적인 생산 방법을 도입함으로써 산업 분야를 선도하고 발전시키는 역할을 한다.
⑥ 데이터 기반 의사 결정: 스마트 공장은 센서 데이터와 빅데이터 분석을 통해 생산과 관련된 다양한 정보를 제공함으로써 기업의 의사 결정을 지원한다.
이러한 방식으로 스마트 공장 전문가들은 산업 혁신과 지속 가능한 발전에 기여하며 국가 경제에 긍정적인 영향을 미치는 중요한 역할을 한다.

8) 미래에 대한 비전
스마트 공장 분야는 기술의 지속적인 발전과 산업 혁신의 중심 역할을 할 것으로 예측된다. 여기에는 다음과 같은 향후 동향과

전망이 포함될 수 있다:
① 인공지능과 머신 러닝의 통합: 더 많은 스마트 공장은 인공지능과 머신 러닝 기술을 도입하여 생산 프로세스를 최적화하고 예측 분석을 수행할 것이다. 이를 통해 생산 효율성과 생산 라인의 유연성이 높아지게 된다.
② 사물인터넷(IoT)의 확대: IoT 기술을 사용하여 다양한 장비 및 센서들이 연결되고 데이터를 수집할 수 있게 된다. 이로써 실시간 모니터링 및 원격 제어가 가능해져 더 빠르고 정확한 의사 결정을 가능케 한다.
③ 로봇 공학의 진보: 로봇 기술은 스마트 공장에서 더욱 중요한 역할을 할 것이다. 더 높은 자율성을 갖춘 로봇들은 노동 집약적인 작업을 대신하고, 더 복잡한 임무를 수행할 수 있을 것이다.
④ 사이버 보안의 중요성: 스마트 공장에서는 산업 제어 시스템(ICS)과 관련된 사이버 보안 문제에 대응할 능력이 더욱 중요해질 것이다. 보안 전문가들은 스마트 공장의 안전성을 보장하고 해킹 및 데이터 유출을 방지하는 역할을 수행할 것이다.
⑤ 지능형 생산과 사용자 정의 제품: 스마트 공장은 더 많은 정교한 생산과 사용자 정의 제품을 가능하게 할 것이다. 제품 생산에서 개별 고객의 요구 사항을 반영하고 유동적인 제조 프로세스를 수행할 수 있는 능력이 강조될 것이다.
⑥ 생태계의 확장과 협업: 스마트 공장 전문가들은 다양한 산업 분야와 협력하여 생태계를 형성하고, 기술 및 지식을 공유하며 협업할 것이다. 협업과 혁신은 스마트 공장 분야의 성장을 뒷받침할 것이다.
이러한 트렌드와 발전 가능성들은 스마트 공장 전문가들에게 지속적인 학습과 기술 발전에 대한 필요성을 강조하며, 이 분야의 전문가로서 성장하고 발전할 수 있는 기회를 제공할 것으로 기대된다.

청년일자리

기본일자리

초판인쇄 / 2024년1월7일
펴낸곳 / 홍익세상

출판신고 / 제2021-000100호
주　소 / 서울특별시 종로구 삼일대로30길37 대은회관401호
전　화 / 02-735-8150
팩　스 / 02-730-8150
E-mail / koreavision@hanmail.net

ⓒ홍익세상,2021 Printed in Seoul, Korea

이 책의 저작권은 도서출판 홍익세상에 있습니다.
이 책의 무단 전재, 복제를 금합니다.
잘못 만들어진 책은 바꾸어 드립니다.